Eisenbahn-Fahrzeug-Archiv 3

Wolfgang Glatte

Diesellok-Archiv

Wolfgang Glatte

Diesellok-Archiv

3., durchgesehene Auflage

transpress
VEB Verlag für Verkehrswesen
Berlin 1988

Titelbild:
Diesellokomotive 118072-8 vor dem Personenzug 9117 bei Lietzow auf der Insel Rügen. Die Aufnahme entstand am 27. Juni 1986.
Foto: Sprang

Herrn Wolfgang Valtin, Berlin, gilt der Dank für seine Mitwirkung am Tabellenwerk des Buches.

Glatte, Wolfgang:
Diesellok-Archiv. – 3., durchges. Aufl.
Berlin: Transpress, 1988. – 196 S.:
86 Bilder, 13 Tab.

ISBN 3-344-00214-7

3., durchgesehene
Auflage 1988

VEB Verlag für Verkehrswesen
1086 Berlin
Französische Straße 13/14
VLN 162-925/163/88
Printed in the
German Democratic Republic
Gesamtherstellung:
INTERDRUCK Graphischer Großbetrieb
Leipzig, Betrieb der ausgezeichneten
Qualitätsarbeit, III/18/97
Verlagslektor: Wolfgang Schlabitz
Typografische Gestaltung:
Jacques Steckel †
Einbandgestaltung: Jürgen Schumann
LSV 3815
567 232 9
01900

Vorwort

zur 1. Auflage

Mit der vorliegenden Auflage erscheint eine vollständige Neubearbeitung des Buches Glatte/Reinhardt: Diesellok-Archiv. Es wurde in Form und Stil dem seit der letzten Auflage neuprofilierten Inhalt der Nachfolgetitel aus der Archivreihe des Verlags angeglichen. Notwendige Korrekturen wurden berücksichtigt und die durch den Zeitverlauf bedingten Ergänzungen vorgenommen.
Wiederum war es nicht möglich, alle vorliegenden Informationen vollständig zu übernehmen, da das bei vielen Baureihen bis zu Lokomotiv- und Stationierungsverzeichnissen geführt oder auch durch die Vielzahl der Einzelfahrzeuge oder Unterbaureihen den gesteckten Rahmen weit überschritten hätte. So wurde besonders interessanten und nach Ansicht des Autors zu würdigenden Einzelfahrzeugen Raum in den Beschreibungen der Baureihen eingeräumt, während Unterbaureihen zum Teil zusammengefaßt und nur in den Unterabschnitten der „Konstruktiven Merkmale" mit ihren technischen Besonderheiten und Abweichungen erwähnt sind.
Einzelfahrzeuge oder Splitterbauarten, die für die Gesamtentwicklung der Diesellokomotive in Deutschland keine überragende Bedeutung hatten, aber zur zusammenhängenden Darstellung notwendig erschienen, wurden in den entwicklungsgeschichtlichen Abriß aufgenommen und dort zum Teil auch um einige technische Angaben ergänzt.
Die Zuordnung der Baureihen und Einzelfahrzeuge zu den einzelnen Benummerungssystemen findet man sowohl in der Einführung als auch in der Kopfleiste der Kenndatentabellen. Der Tabellenteil gestattet ohne vieles Nachschlagen den Vergleich der technischen Daten und technischen Parameter untereinander. Die gleichberechtigte Betrachtung der Kleinlokomotiven schränkt den Raum für diese interessanten Fahrzeuge notwendigerweise ein. Sie würden es verdienen, zu einem späteren Zeitpunkt in einem gesonderten Buch ausreichende Würdigung zu erfahren.
Der Autor dankt dem transpress-Verlag für die Unterstützung bei der Quellenbeschaffung sowie für die gute und verständnisvolle Zusammenarbeit.

Wolfgang Glatte

zur 2. Auflage

Diese überarbeitete und ergänzte Auflage berücksichtigt alle Korrekturen und neuen Erkenntnisse, die bis zum 1. Januar 1985 erfaßt werden konnten. Teilweise war es möglich, Abbildungen durch solche mit besserer Qualität oder größerer Aussagekraft zu ersetzen.
Wiederum gilt der Dank den Mitarbeitern des transpress-Verlages sowie allen, die mit Informationen und Materialbereitstellung zum Gelingen dieses Buches beigetragen haben.

Wolfgang Glatte

Inhaltsverzeichnis

Einführung

Das vorliegende Buch soll einen Überblick über die bei deutschen Staatsbahnverwaltungen eingesetzten Diesellokomotiven geben. Es ist sehr schwierig, die richtige Zuordnung zu wählen für solche Lokomotiven bzw. Baureihen, die bei unterschiedlichen Bahnverwaltungen oder bei der gleichen Verwaltung unter verschiedenen Bezeichnungen gelaufen sind.

Es wurde nach Abwägung unterschiedlicher Darstellungsmöglichkeiten in folgender Weise verfahren:

- Diesel- bzw. Motorlokomotiven vor 1945 nach ihrer ersten Bezeichnung bei Indienststellung,
- Diesellokomotiven nach 1945 mit der jetzt gültigen EDV-gerechten Bezeichnung. (Ausnahmen bilden Lokomotiven, die zum Zeitpunkt der Vergabe von EDV-Nummern nicht mehr im Unterhaltungsbestand waren, z. B. V 36[48] der DR. Sie wurden in die Beschreibungen der Baureihen sinnvoll eingeordnet.)

Um dem Leser ein leichteres Auffinden der einzelnen Diesellokomotiven im Textteil und im Archivteil zu ermöglichen, sind am Ende dieser Einführung Übersichtstabellen aufgestellt, denen die Baureihenzuordnung bei den einzelnen Bahnverwaltungen bzw. in den einzelnen Bezeichnungssystemen zu entnehmen ist.

Im Zeitraum vor der Gründung der Deutschen Reichsbahn bzw. der Deutschen Reichsbahn-Gesellschaft hatte die Motorlokomotive bei den Länderbahnen noch keine Bedeutung. Es gab eine einzige Diesellokomotive bei der Königlich Preußischen Eisenbahn-Verwaltung (KPEV), nämlich die Diesel-Klose-Sulzer-Thermolokomotive. Sie erhielt weder Baureihenbezeichnung, Gattungszeichen noch Betriebsnummer.

1920 wurde die Deutsche Reichsbahn als Staatsbahnverwaltung gegründet. Von 1924 bis 1937 hat man sie als Deutsche Reichsbahn-Gesellschaft und ab 1937 wieder als Deutsche Reichsbahn bezeichnet. Um klare Unterscheidungen zu treffen, werden in diesem Buch für den gesamten Zeitraum 1920 bis 1945 die Bezeichnungen „Deutsche Reichsbahn-Gesellschaft“ bzw. „DRG“ benutzt. Die Benennungen „Deutsche Reichsbahn“ bzw. „DR“ bleiben der Bahnverwaltung der Deutschen Demokratischen Republik vorbehalten.

Die Deutsche Reichsbahn-Gesellschaft führte 1922 ein einheitliches Bezeichnungs- und Nummernsystem für ihre Triebfahrzeuge ein. Wenn bei den Dampflokomotiven wenigstens eine grobe Zuordnung der Baureihenbezeichnungen zu Gattungsgruppen erfolgte, so erhielten die Lokomotiven mit Antrieb durch Verbrennungsmotoren Betriebsnummern, die keinerlei Aussagekraft über technische Daten oder Einsatzmöglichkeiten hatten. Die Betriebsnummer bestand aus dem Stammbuchstaben V und einer vier- oder fünfstelligen Ordnungsnummer. Die ersten zwei bzw. drei Ziffern der Ordnungsnummer sollten einer Baureihenbezeichnung vorbehalten sein, während die beiden letzten Ziffern für die laufende Numerierung innerhalb der Baureihe gedacht waren (z. B. V 3201, V 3601, V 3602, V 6001 bis V 6017, V 16 101). Wegen der fehlenden Aussagekraft der Betriebsnummer sah man die zusätzliche Kennzeichnung mit Gattungszeichen vor, die denen bei den deutschen Dampflokomotiven voll entsprechen.

Ein Kennbuchstabe gab den Hauptverwendungszweck an: S für Schnellzug-, P für Personenzug- und G für Güterzuglokomotive. Zwei folgende Ziffern drückten das Kupplungsverhältnis der Radsätze aus (Anzahl der Kuppelradsätze ⟨Treibradsätze⟩ und Anzahl der Radsätze insgesamt). Nach einem Punkt folgte die Angabe der Radsatzfahrmasse in t. Die V 3201 (später V 120 001) hatte z. B. das Gattungszeichen P 37.18, d. h. Personenzuglokomotive, drei Kuppelradsätze, Gesamtzahl der Radsätze sieben, Radsatzfahrmasse 18 t.

Weitere Beispiele:

V 6001 (später V 16 001)
Gattungszeichen G 22.15,
V 6007 (später Kö 4003)
Gattungszeichen G 22.6.

Dieses Kennzeichnungssystem befriedigte bei Verbrennungsmotorlokomotiven nicht und wurde 1930 durch ein neues, aussagefähigeres Baureihen- bzw. Betriebsnummernsystem ersetzt.

Bei dem neuen System war wieder die Gliederung in eine Stammnum-

Baureihenzuordnung der Deutschen Reichsbahn-Gesellschaft und ihrer Nachfolger

Allgemeine Bezeichnung	DRG		DR		DB	
	bis 1929	ab 1930	bis 30. 6. 1970	ab 1. 7. 1970	bis 31. 12. 1967	ab 1. 1. 1968
Diesel-Klose-Sulzer-Thermo-Lokomotive[1])	–	–	–	–	–	–
–	V 3001	–	–	–	–	–
–	**V 3201**	V 120 001	–	–	–	–
–	V 3401	–	–	–	–	–
–	V 3601	–	–	–	–	–
–	**V 3602**	–	–	–	–	–
–	V 3801	–	–	–	–	–
–	**V 6001**	V 16 001	–	–	–	–
–	–	**V 16 004**	A 20 090	–	–	–
(V 16 101)[2])	–	**V 140 001**	–	–	V 140 001	–
Deutz-2'B 2'-Versuchslokomotive	–	–	–	–	–	–
WR 200 B 14[3])	–	–	V 20	–	V 20, V 22	270
WR 360 C 14[3])	–	–	V 36	103	V 36	236
WR 550 D 14[3])	–	–	–	–	–	–
D 311[3])	–	–	–	–	V 188	288
2021/s.01[4])	–	V 12 901	–	–	–	–
2000.01[4])	–	V 15 001	–	–	–	–
2040/s.01[4])	–	V 15 901	–	–	–	–
2020.01[4])	–	V 20 001	–	–	–	–
2070/s.01[4])	–	V 20 901	–	–	–	–
2041/s.01[4])	–	VT 137 332[5])	–	–	–	–
	V 6004 bis V 6006	Kb 4000[6]) bis Kb 4002	–	–	–	–
	V 6007 bis V 6015	Kö 4003[6]) bis Kö 4011	–	–	–	–
	V 6016 bis V 6017	Kö 0001[6]) bis Kö 0002	–	–	–	–

[1]) KPEV
[2]) Irrtümliche Bezeichnung 1935
[3]) Wehrmachtslokomotiven
[4]) Bis 1938 Bundesbahnen Österreich (BBÖ)
[5]) Wegen Gepäckabteil als Gütertriebwagen eingeordnet
[6]) Kleinlokomotiven, noch im Lieferjahr 1930 umgezeichnet

halbfett: Die Diesellokomotive wird im Archivteil unter dieser Bezeichnung beschrieben.

mer und eine Ordnungsnummer vorhanden. Die Stammnummer setzte sich aus dem Kennbuchstaben V für Verbrennungsmotorlokomotive und einer zwei- oder dreistelligen Kennzahl zusammen, die ungefähr den zehnten Teil der installierten Motorleistung in PS angab. Auch hierzu einige Beispiele: Die frühere V 3201 der DRG wurde mit einer Leistung von 1 200 PS als V 120 001 neu eingeordnet. Die DR ordnete später ihre Neubau-Diesellokomotiven mit 2× 900 PS Motorleistung als V 180 und die Rangierdiesellokomotiven mit 650 PS Motorenleistung als V 60 ein. Dabei dienten Kennbuchstabe und Kennzahl als Baureihenbezeichnung von Lokomotiven, die gleiche technische Kenndaten hatten und die unter gleichen Bedingungen eingesetzt werden konnten (z. B. gehörten V 180 001 bis V 180 087 zur Baureihe V 180).

Die folgende Ordnungszahl war eine drei- oder vierstellige Zahl, die aus der fortlaufenden Numerierung von Lokomotiven gleicher Baureihe entstand. Die erste oder die ersten beiden Ziffern dieser Ordnungsnummer wurden meistens zur Kennzeichnung von Unterbaureihen benutzt:

- V 180 001 bis V 180 087
  als Baureihe V 180^0
  mit 2× 900 PS (2× 662 kW)
  Motorleistung
  und der Achsfolge B'B',
- V 180 101 bis V 180 182
  als Baureihe V 180^1
  mit 2× 1 000 PS (2× 736 kW)
  Motorleistung
  und der Achsfolge B'B',
- V 180 201 bis V 180 406
  als Baureihe V 180^{2-4}
  mit 2× 1 000 PS (2× 736 kW)
  Motorleistung
  und der Achsfolge C'C'.

Da die Diesellokomotiven immer stärker für einen universellen Einsatz ausgelegt wurden, war eine Einteilung in P- oder G-Lokomotiven nicht mehr sinnvoll, und die bei den Dampflokomotiven weiterhin üblichen Gattungszeichen entfielen.

Bei der Einführung des neuen Betriebsnummernsystems im Jahre 1930 wurde auch festgelegt, daß die Ordnungsnummern 901 bis 999 grundsätzlich den Schmalspur-Diesellokomotiven vorbehalten sein sollten (z. B. die österreichischen Schmalspur-Diesellokomotiven von 1938 bis 1945 bei der DRG V 15 901 bis V 15 903 und V 25 901 oder später die DB-Lokomotiven V 11 901 bis V 11 903 und V 29 951 bis V 29 953). Außerdem waren ähnliche Ordnungsnummerngruppen bestimmten Schmalspurweiten vorbehalten, wobei sie zum Teil nach unten bis zur 801 erweitert wurden, um mehr als 99 Lokomotiven einordnen zu können.

Beispiele:
3801 bis 3999 für 600-mm-,
4801 bis 4999 für 750-mm- und
5901 bis 5999 für 1 000-mm-
Spurweite.

Danach erhielten auch die nicht in Serie gegangenen 750-mm-Schmalspur-Diesellokomotiven der DR die Betriebsnummern V 36 4801 und V 36 4802.

An dieser Stelle soll erwähnt werden, daß das Betriebsnummernsystem des Jahres 1930, wie schon aus den angeführten Beispielen hervorgeht, sowohl bei der Deutschen-Reichsbahn-Gesellschaft als auch bei der Deutschen Reichsbahn (bis 1970) und der Deutschen Bundesbahn (bis 1968) angewandt wurde.

Mit dem Betriebsnummernsystem des Jahres 1930 wurde auch der Begriff „Kleinlokomotive" geprägt und als eine Lokomotive mit einer installierten Leistung unter 55,2 kW (75 PS) definiert. Später wurde dann die obere Leistungsgrenze auf 109,6 kW (149 PS) neu festgelegt. Die Betriebsnummer dieser Lokomotivart untergliederte sich ebenfalls in eine Stammnummer und eine Ordnungsnummer. Die Stammnummer setzte sich aus dem großen Stammbuchstaben K (Kleinlokomotive) und weiteren Kleinbuchstaben sowie aus einer Kennzahl (römische Ziffer) zusammen:

erster Kleinbuchstabe
ö = Dieselmotor (**Ö**lmotor)
b = Vergasermotor (**B**enzinmotor)
d = Dampfmotor oder **D**ampfmaschine
s = Batterie (elektrischer **S**peicher),

zweiter Kleinbuchstabe
f = hydraulische Kraftübertragung (**F**lüssigkeitsgetriebe)
e = **e**lektrische Kraftübertragung,

ohne Kleinbuchstabe
= mechanische Kraftübertragung.

Die Kennzahl unterteilte die Kleinlokomotiven nach der Motorleistung in
Leistungsgruppe I bis 28,7 kW (39 PS)
und
Leistungsgruppe II 29,4 kW (40 PS) bis 109,6 kW (149 PS)
sowie später bei der Deutschen Bundesbahn noch zusätzlich in
Leistungsgruppe III über 110,3 kW (150 PS).

Mit dem großen Stammbuchstaben, den Kleinbuchstaben und der Kennzahl konnte die Stammnummer gebildet und die Baureihe bezeichnet werden (z. B. Kö I, Kö II, Köf II oder Köe II).

Da die Kennzahl der Leistung (Leistungsgruppe I und II) nicht in der Betriebsnummer, d. h. in der Aufschrift an der Lokomotive, erschien, wurde die Einordnung in bestimmte Ordnungsnummern nach der Leistungsgruppe vorgenommen:

Leistungsgruppe I	0001 bis 3999
Leistungsgruppe II	4000 bis 9999

Die fortschreitende Einführung der elektronischen Datenverarbeitung in Planung, Kontrolle und Abrechnung aller technischen, betrieblichen und verkehrsökonomischen Vorgänge bei den Bahnverwaltungen führte zur internationalen Einführung von einheitlichen Ziffernkennzeichen für Güter- und Reisezugwagen im gesamten UIC- und OSShD-Bereich. Daraufhin wurden von einzelnen Bahnverwaltungen auch für Triebfahrzeuge EDV-gerechte Betriebsnummern eingeführt, die schon zum eigenen Vorteil genutzt werden konnten, aber auch eine Vorbereitung auf die eventuell zu erwartende Einführung von einheitlichen internationalen zwölfstelligen Triebfahrzeugnummern darstellen. Die entsprechenden Bedingungen dafür sind in UIC-Empfehlungen zusammengefaßt, nach denen zur nationalen Kennzeichnung eine siebenstellige Nummer zur Verfügung steht.

Nach eingehender Untersuchung mehrerer Ziffernsysteme wurde durch die Deutsche Reichsbahn im Jahre 1970 das folgende System eingeführt:

Anwendung eines sechsstelligen Schlüssels mit zwei Zifferngruppen von je drei Ziffern, einem waagerechten Strich und einer Kontrollziffer.

Als **erste Stelle** werden vergeben an:

Triebfahrzeuge mit Verbrennungsmotoren die Ziffer 1,
elektrische Triebfahrzeuge die Ziffer 2,
Dampflokomotiven die Ziffern 0 oder 3 bis 9.

Die 1 für Diesellokomotiven und -triebwagen erschien zweckmäßig, da sie im Triebfahrzeugpark der DR zum Zeitpunkt der Einführung der EDV-Betriebsnummern am stärksten vertreten waren. Die Ziffern für Dampflokomotiven werden zugelassen, zumal mit Einstellung der Dampftraktion diese Belegungen sowieso ausscheiden.

Die **zweite Stelle** dient der weiteren Untergliederung:

Lokomotiven führen die Ziffern 0 bis 6,
Triebwagen die Ziffern 7 bis 9,
später nur noch 7 und 8, da die 9 den Schmalspur-Dieseltriebfahrzeugen vorbehalten wurde. (Dampflokomotiven bilden hierbei eine Ausnahme und sind an dieser Stelle nicht weiter zu betrachten.)

Die **dritte Stelle** steht für eine weitere Feingliederung zur Verfügung.

Die **vierte bis sechste Stelle** der Ziffernfolge wird als Ordnungsnummer der Triebfahrzeuge verwendet oder dient auch noch teilweise für zusätzliche Feingliederungen.

Die **siebente Stelle** ist nach den UIC-Richtlinien eine errechnete Kontrollziffer, um der Datenverarbeitung die Kontrolle der eingegebenen Ziffernfolgen zu ermöglichen.

Die Baureihenbezeichnung für alle Großdiesellokomotiven wurde in folgender Weise gebildet:

Das V als bisheriger Kennbuchstabe entfällt. Die erste Ziffer ist eine 1 als Kennzeichnung der Traktionsart. Die zweiten und dritten Ziffern entsprechen den bisherigen ersten beiden Ziffern der alten Baureihenbezeichnung. So wurde die Baureihe V 180 zur neuen Baureihe 118. Hatte die alte Baureihenbezeichnung nur zwei Ziffernstellen (V 15, V 60), so wird als zweite neue Baureihenziffer eine 0 eingefügt und nur die erste alte Baureihenziffer nun als dritte der neuen Baureihe übernommen (101, 106).

Beispiele:

frühere Bezeichnung	neue Bezeichnung
V 60 1551	106 551-5
V 180 222	118 222-9

Damit war aber auch gleichzeitig im neuen EDV-System durch die zweite und dritte Ziffer die ungefähre Leistung in PS weiterhin erkennbar:

Beispiele:

BR 106	≙	650 PS
BR 118	≙	1 800 PS bis 2 000 PS
BR 130, 131, 132	≙	3 000 PS
BR 142	≙	4 000 PS

Da auch die Kleinlokomotiven in das neue Bezeichnungssystem eingeordnet werden mußten, entfielen die großen Stammbuchstaben und Kleinbuchstaben (Kö, Köf). Da bei der DR nur Kleinlokomotiven mit Verbrennungsmotorantrieb im Einsatz sind, erhielten sie alle als erste Ziffer die 1 und als weitere spezifische Kennzeichnung zwei Nullen, so daß alle Kleinlokomotiven ohne Rücksicht auf ihre bisherige Leistungsgruppe als erste dreistellige Zifferngruppe die 100 führen.

Zur Unterscheidung von Unterbaureihen wird, wie bereits erwähnt, die vierte Stelle der Ziffernfolge (erste Stelle der Ordnungsnummer) genutzt. Das trifft auch auf die Unterscheidung der bisherigen Leistungsklassen bei Kleinlokomotiven zu.

Im Schriftverkehr wird zur Unterscheidung von Unterbaureihen zwischen der dreistelligen Baureihennummer und der ersten Ziffer der Ordnungsnummer ein Punkt gesetzt.
Beispiele:
118.0 früher V 180^0
100.0 früher Kleinlokomotive der Leistungsgruppe I.
Bei Angabe der vollständigen Lokomotivnummer entfällt dieser Punkt und wird durch einen Abstand ersetzt: 110 124–5
Gegenüberstellung der 1970 umgezeichneten Diesellokomotivbaureihen der Deutschen Reichsbahn:

alte Bezeichnung	neue Bezeichnung
V 15	101.0
V 15$^{20-23}$	101.1 bis 101.3
V 23^0	102.0
V 23^1	102.1
V 36	103
V 60$^{10-11}$	106.0 bis 106.1
V 60^{12}	106.2 bis 106.9
V 75	107
V 100	110
V 180^0	118.0
V 180^1	118.1
V 180$^{2-4}$	118.2 bis 118.4
V 200	120
V 300	130
V 400	140

Ergänzungen wurden durch die DR in der Zwischenzeit verfügt für die Baureihenerweiterung der 106.2 bis 106.9, auf die zusätzliche Belegung der Baureihennummer 105, für die neue Baureihe 119 sowie die Schaffung der Unterbaureihen 104, 108, 111, 112, 114, 131, 132 und 142.
Weitere Baureihen- bzw. Unterbaureihenbezeichnungen führte die Deutsche Reichsbahn am 1. Januar 1981 ein. Sie betreffen die Diesellokomotiven der Baureihen 110 und 118, die im Rahmen planmäßiger Ausbesserungen modernisiert und mit 883- bzw. 736-kW-Dieselmotoren sowie Strömungsgetrieben mit entsprechend höherer Übertragungsleistung ausgerüstet werden. Die 883-kW-Fahrzeuge der Baureihe 110 erhalten unter Beibehaltung der bisherigen Ordnungsnummern die neue Baureihenbezeichnung 112.
Beispiel:
110 457 geändert in 112 457.
Bei leistungsgesteigerten Lokomotiven der Baureihe 118 werden dagegen die Ordnungsnummern erhöht, und zwar die der Unterbaureihe 118.0 beim Einbau von zwei 736-kW-Dieselmotoren um die Zahl 500 und die der Unterbaureihen 118.2 bis 118.4 mit 2 × 883 kW installierter Leistung um die Zahl 400. Die Baureihenbezeichnung wird beibehalten. Damit sind die neuen Unterbaureihen 118.5 und 118.6 bis 118.8 entstanden.
Beispiele:
118 063 geändert in 118 563,
118 211 geändert in 118 611,
118 406 geändert in 118 806.
Im Jahre 1983 wurden weitere Lokomotiven der Baureihe 110 mit leistungsfähigeren Dieselmotoren (1 100 kW) und verstärkten hydraulischen Getrieben versehen. Für sie wurde die Unterbaureihe 114 eingeführt, wobei wiederum die Ordnungsnummer beibehalten wird.
Beispiel:
110 314 geändert in 114 314.
Bei den letztgenannten Unterbaureihen ändern sich die EDV-Kontrollziffern entsprechend den festgelegten Bildungsgesetzen.
Gegenüberstellung der 1970 umgezeichneten Kleinlokomotiven der Deutschen Reichsbahn:

alte Bezeichnung	neue Bezeichnung
Kö Leistungsgruppe I	100.0
Kö Leistungsgruppe II (mechanisches Getriebe)	100.1 bis 100.7
Köf Leistungsgruppe II (hydraulisches Getriebe)	100.8 bis 100.9

Hierbei war die Unterbaureihe 100.9 zunächst für die Bezeichnung von Schmalspur-Kleinlokomotiven benutzt, 1973 erfolgte jedoch eine nochmalige Umnumerierung, und die Schmalspur-Diesellokomotiven wurden generell der Baureihe 199 zugeordnet.

Mit dem gleichen Grundanliegen wie bei der Deutschen Reichsbahn war auch bei der Deutschen Bundesbahn im Jahre 1968 eine Umstellung der Betriebsnummern erfolgt. Auch hier stand nach den UIC-Richtlinien eine siebenstellige Ziffernfolge zur Verfügung, von der eine Ziffer zur Kontrolle verwendet werden mußte. Abweichend von der Deutschen Reichsbahn sah die Deutsche Bundesbahn bei der ersten Stelle die 2 zur Kennzeichnung von Lokomotiven mit Verbrennungsmotoren vor. Die anderen Ziffern der ersten Stelle wurden dabei wie folgt vergeben:
0 Dampflokomotive
1 Elektrolokomotive
3 Kleinlokomotive
4 Elektrischer Triebwagen
6 Verbrennungsmotortriebwagen.
Die Bildung der neuen Baureihennummern erfolgte auch bei der DB unter teilweiser Weiterverwendung von ein oder zwei Ziffern aus der alten Baureihenbezeichnung (z. B. V **45** in 2**45** oder V **100**^{10} in 2**11**). Die Unterscheidung von Unterbaureihen wurde weitgehend mit in der Baureihennummer erfaßt.

Baureihenzuordnung von Diesellokomotiven der Deutschen Reichsbahn vor und nach der Einführung der EDV-gerechten Betriebsnummern

bis 30.6.1970	ab 1.7.1970
V 15^{10}	101.0
V 15^{20-23}	101.1 bis 101.3
V 20	–
V 23	102.0
–	102.1
V 36	103
–	104
–	105
V 60^{10}	106.0 bis 106.1
V 60^{12}	106.2 bis 106.9
V 75	107
–	108
V 100	110.0 bis 110.1
–	110.2 bis 110.9
–	111
–	112
–	114
V 180^{0}	118.0
V 180^{1}	118.1
V 180^{2}	118.2 bis 118.4
–	118.5
–	118.6 bis 118.8
–	119
V 200	120
V 300	130
–	131
–	132
–	142
V 36^{48}	–
–	199 301 [1])
Kö Leistungsgruppe I	100.0
Kö Leistungsgruppe II	100.1 bis 100.7
Köf Leistungsgruppe II	100.8 bis 100.9
Kö/Köf Schmalspur	199.0[2])

[1]) Von 1970 bis 1973: 103 901
[2]) Von 1970 bis 1973: 100.9

Baureihenzuordnung von Diesellokomotiven der Deutschen Bundesbahn vor und nach der Einführung der EDV-gerechten Betriebsnummern

bis 31.12.1967	ab 1.1.1968
–	202 001
–	202 002 bis 202 004
–	210[4])
V 100^{10}	211
V 100^{20}	212
V 100^{23}	213
–	215
V 160	216
V 162	217
V 164	218
V 169	219
V 200^{0}	220
V 200^{1}	221
V 300	230
V 320	232
V 36	236
V 45	245
V 50	–
V 51	251
V 52	252
–	259
V 60[1])	260
V 60[2])	261
V 65	265
V 20, V 22	270
V 80	280
V 188	288
V 90	290
–	291
V 29	299
Kö Leistungsgruppe I	311
Köf Leistungsgruppe II Mechan. Bremse, 30 km/h	321
Köf Leistungsgruppe II Druckluftbremse, 30 km/h	322
Köf Leistungsgruppe II Druckluftbremse, 45 km/h	323/324
V 11^{9}[3])	329
Köf Leistungsgruppe III Rollenkette, 30 km/h	331
Köf Leistungsgruppe III Rollenketten, 45 km/h	332
Köf Leistungsgruppe III Gelenkwellen, 45 km/h	333

[1]) Dienstmasse bis 50 t [2]) Dienstmasse 54 t
[3]) Vor 1967 noch zwischenzeitlich als Köf 99^{5} eingeordnet
[4]) Seit 1980/81 nach Ausbau der Gasturbinen als 218.9 eingeordnet

Beispiele:

V 60	bis 50 t Dienstmasse	260
V 60	53 t Dienstmasse	261
V 100^{10}		211
V 100^{20}		212
V 100^{23}	(Steilstreckenlokomotive)	213

Die Umnumerierung der Kleinlokomotive erfolgte wesentlich differenzierter als bei der DR. Das ergab sich vor allem daraus, daß die DB noch weitere Kleinlokomotiven beschafft und in die Leistungsgruppen II und III eingeordnet hatte, während die entsprechenden Neubaufahrzeuge der DR als Baureihen 101 (V 15) und 102 (V 23) und nicht als Kleinlokomotiven bezeichnet wurden. Als erste Ziffer vergab die DB für Kleinlokomotiven die 3, die zweite Stelle kennzeichnet die frühere Leistungsgruppe I, II oder III, jetzt allerdings in arabischer Ziffer, und die dritte Stelle dient der Kennzeichnung weiterer konstruktiver Unterschiede (Bremsarten, Höchstgeschwindigkeit usw.).

Gegenüberstellung der 1968 umgezeichneten Diesellokomotivbaureihen der Deutschen Bundesbahn:

alte Bezeichnung	neue Bezeichnung
V 20	270
V 29	299
V 36	236
V 45	245
V 51	251
V 52	252
V 60 Dienstmasse bis 50 t	260
Dienstmasse bis 53 t	261
V 65	265
V 80	280
V 90	290
V 100^{10}	211
V 100^{20}	212
V 100^{23} (Steilstreckenlokomotive)	213
V 160	216
V 162	217
V 164	218
V 169	219
V 188	288
V 200^{0}	220
V 200^{1}	221
V 300	230
V 320	232

Später verfügte die Deutsche Bundesbahn noch die Einordnung einzelner Musterlokomotiven in die Baureihen 201, 202 und 259 sowie die Schaffung der neuen Baureihen 210, 215 und 291.

Kleinlokomotiven der Deutschen Bundesbahn:

alte Bezeichnung	neue Bezeichnung
Köf I	311
Köf II Höchstgeschwindigkeit 30 km/h, mechanische Bremse	321
Köf II Höchstgeschwindigkeit 30 km/h, Druckluftbremse	322
Köf II Höchstgeschwindigkeit 45 km/h, Druckluftbremse	323 und 324
Köf II 1 000-mm-Schmalspur	329
Köf III Höchstgeschwindigkeit 30 km/h, Kettenantrieb	331
Köf III Höchstgeschwindigkeit 45 km/h, Kettenantrieb	332
Köf III Höchstgeschwindigkeit 45 km/h, Gelenkwellenantrieb	333

Die Kennzeichnung der Achsfolge richtet sich bei den Lokomotiven mit Verbrennungsmotorantrieb genauso wie bei den anderen Triebfahrzeugen nach den 1908 vom VDEV (Verband Deutscher Eisenbahnverwaltungen) aufgestellten und später vom VMEV (Verband Mitteleuropäischer Eisenbahnverwaltungen) überarbeiteten und letztlich von der UIC (Union Internationale des Chemins de Fer) im Kodex 612 V bestätigten Regeln.

Die Anzahl der Laufradsätze wird durch arabische Ziffern, die der Treibradsätze mit lateinischen Großbuchstaben entsprechend der Stelle im Alphabet gekennzeichnet. Sind die Treibradsätze gekuppelt, so entfällt eine Zusatzbezeichnung. Bei einzeln angetriebenen Radsätzen stellt man dem die Anzahl kennzeichnenden Großbuchstaben eine kleine 0 (Null) nach. Ein hochgestellter Beistrich kennzeichnet vom Hauptrahmen der Lokomotive unabhängige Radsätze oder Radsatzgruppen (Drehgestelle). Gehören mehrere Buchstaben oder Ziffern zu einer zu bezeichnenden Radsatzgruppe, so faßt man diese Bezeichnung in Klammern zusammen.

Besteht die Lokomotive aus mehreren Einheiten, die auch getrennt fahrbar oder einsetzbar sind, sind die Achsformeln der Einheiten durch Pluszeichen zu verbinden.

Die Achsformeln beginnen bei dem ersten Radsatz oder der ersten Radsatzgruppe der Lokomotive und enden bei der letzten. Da für die Anordnung von vier mittels durchgehendem Gelenkwellenstrang gekuppelte Radsätze, die in zwei zweiachsigen Drehgestellen zusammengefaßt sind, im UIC-Kodex 612 V keine Festlegungen getroffen worden sind, hat sich allgemein

Beispiele für Achsformeln nach UIC-Kodex 612 V

Lokomotive	Laufwerk	Achsformel
BR 106 der DR	vier Kuppelradsätze	D
BR 118.0 der DR	je zwei gekuppelte Treibradsätze in je zwei Drehgestellen	B'B'
BR 118.2 der DR	je drei gekuppelte Treibradsätze in zwei Drehgestellen	C'C'
V 120 001 der DRG	einem Drehgestell mit zwei Laufradsätzen folgen drei Kuppelradsätze und ein weiteres Laufdrehgestell mit zwei Radsätzen	2'C2'
BR 132 der DR	je drei einzeln angetriebene Treibradsätze in zwei Drehgestellen	Co'Co'
BR 110 der DR	vier gekuppelte Treibradsätze, die getrennt in zwei zweiachsigen Drehgestellen untergebracht sind	<u>B'B'</u>
BR D311	Doppellokomotive mit Antrieb jeder Lokomotivhälfte durch vier einzeln angetriebene Treibradsätze	Do + Do

eingeführt, dieses besondere Kupplungsverhältnis durch Unterstreichen der sonst üblichen Achsformel zu kennzeichnen <u>B'B'</u>.

Lokomotiven mit Antrieb durch Verbrennungskraftmaschinen in Deutschland und bei der Deutschen Reichsbahn-Gesellschaft (DRG)

Dieseltriebfahrzeuge gehören heute zum alltäglichen Bild auf den Eisenbahnstrecken der meisten Länder. Die Dampftraktion ist fast vollständig verdrängt, und selbst auf elektrifizierten Streckenabschnitten hat die Diesellokomotive vielfältige Aufgaben im Rangier- und Baudienst zu erfüllen.
Angesichts der hochmodernen und imposanten Diesellokomotiven ist es schwer vorstellbar, daß die ersten Ideen zur Entwicklung von Lokomotiven mit Antrieb durch Verbrennungsmotoren zwar schon über 100 Jahre alt sind, daß aber die eigentliche stürmische Entwicklung dieser Traktionsart erst in den dreißiger Jahren unseres Jahrhunderts begann und die breite Einführung bei den Bahnen sogar erst in den fünfziger Jahren einsetzte.
Viele Erfinder entwickelten in den Jahren 1860 bis 1893 unabhängig voneinander den Verbrennungsmotor (1860 – Gasmotor von Lenoir, 1867 – Viertaktmotor von Otto und Langen, 1875 – Viertaktbenzinmotor von Marcus, 1883 – verbesserte Viertaktbenzinmotoren von Daimler und Benz, 1893 – Dieselmotor von Rudolf Diesel).
Zu den Anwendungsbereichen des Verbrennungsmotors zählten zunächst der stationäre Einsatz und der Antrieb von Straßenfahrzeugen und Schiffen. Aber auch als Antrieb für Eisenbahntriebfahrzeuge schien die neue Kraftmaschine geeignet zu sein. Obwohl der Kraftstoffverbrauch noch sehr ungünstig war, konnte man zu jener Zeit schon damit rechnen, daß ein Verbrennungsmotor je Leistungseinheit drei- bis viermal weniger Kraftstoff verbraucht als eine Dampfmaschine Brennmaterial benötigt. Dazu kommt noch, daß für den Fahrbetrieb kein Kesselspeisewasser mitgeführt werden muß. Deshalb dachte man auch in den ersten Jahren vor allem daran, den Verbrennungsmotor in Lokomotiven einzubauen, mit denen Strecken durch größere wasserlose Steppen und Wüsten befahren werden. Als weiteren Anwendungsbereich sah man Werkbahnen in feuergefährdeten Betrieben, wo Motorlokomotiven die Dampflokomotiven ersetzen und damit Funkenflug und Explosionsgefahr vermeiden sollten.
Anfangs ging die Entwicklung der Lokomotive mit Verbrennungsmotorantrieb nur sehr langsam vor sich. Das dürfte vor allem daran gelegen haben, daß die damaligen Motoren noch nicht genügend betriebssicher waren. Dazu kam, daß in Deutschland der Kraftstoff infolge fehlender eigener Erdölvorkommen zu teuer, aber die vorhandene Kohle billig war, was zugunsten der Dampflokomotive sprach.
Die größte technische Schwierigkeit, die den Bau von Verbrennungslokomotiven fast fünfzig Jahre lang entscheidend hemmte, war das Fehlen einer geeigneten Kraftübertragung zwischen Motor und Treibradsätzen. Die Dampfmaschine eignet sich aufgrund ihrer Anpassungsfähigkeit an die stark veränderlichen Betriebsbedingungen im Zugförderungs- und Rangierdienst und wegen ihrer Elastizität viel besser für den direkten Antrieb der Lokomotivräder als ein Verbrennungsmotor, der nur in bestimmten Drehzahlbereichen wirtschaftlich arbeitet und beim Anlassen noch keine Leistung abgeben kann. Zwischen Verbrennungsmotor und Treibradsätzen muß also eine Kraftübertragung geschaltet werden, die ein Anfahren der Lokomotive unter Last bei laufendem Motor gestattet. Die Regelkennlinien der Kraftübertragung müssen die fehlende Elastizität ausgleichen und außerdem ermöglichen, den Motor im wirtschaftlichsten Betriebsbereich zu betreiben. Damit ist die Kraftübertragung neben dem Verbrennungsmotor die wichtigste Baugruppe in einer Motorlokomotive. Es kann mit Recht behauptet werden, daß die Geschichte der Verbrennungsmotorlokomotive im wesentlichen die Geschichte der Kraftübertragungsanlagen ist.
An Versuchen mit den verschiedenartigsten Kraftübertragungen hatte es nicht gefehlt. So wurden langsamlaufende Dieselmotoren direkt mit den Treibrädern gekuppelt, wobei man zum Anfahren Zusatzeinrichtungen, wie besondere Dampf- oder Druckluftzylinder oder Druckluftbetrieb des Dieselmotors bzw. ähnliche Einrichtungen benutzte.
Andere Konstruktionen verwendeten die pneumatische Kraftübertragung, das heißt, der Verbrennungsmotor trieb einen Luftverdichter an,

und die Druckluft arbeitete wie der Dampf in Dampflokzylindern.
Eine ganze Reihe vor allem leichter Lokomotiven erhielt mechanische Kraftübertragungen. Sie entsprachen etwa der in Kraftfahrzeugen üblichen Übertragung. Man verwendete in der Regel lösbare Kupplungen, die mechanisch, elektromagnetisch, pneumatisch oder ölhydraulisch geschaltet wurden mit einem anschließenden Wechselgetriebe. Als für andere Industriezweige (z. B. den Papiermaschinenbau) hydrostatische Antriebe entstanden, erkannte man den Wert dieser Übertragungsart für die Motorlokomotive. Schon sehr zeitig wurde auch die elektrische Kraftübertragung in die Betrachtungen einbezogen und in einigen Fällen praktisch ausgeführt. Mehrmals war auch vor 1880 schon die Idee aufgetaucht, den Gas-, Petroleum- oder Benzinmotor zur Beförderung von Eisenbahnfahrzeugen oder -zügen einzusetzen. Darunter war auch eine Patentanmeldung des damaligen Hanomag-Direktors Conrad Krauss (1878). So war es kein Wunder, daß im Jahre 1880 die Lokomotivfabrik Hanomag einen ersten Versuch wagte. Es entstand eine zweiachsige „Lokomotive", die zwar weit von dem Erscheinungsbild unserer modernen Diesellokomotiven entfernt war, aber dennoch die heute selbstverständlichen Baugruppen wie Antriebsmotor, Kraftübertragung, Lokomotivrahmen und -laufwerk, Hilfseinrichtungen sowie Steuerung besaß (Bild unten links).
Als Traktionsmotor diente ein stehender Einzylinder-Zweitakt-Benzinmotor mit einer Leistung von 1,45 kW (2 PS). Ein Riemenpaar und ein schaltbares Zweistufen-Zahnradgetriebe bildeten die Kraftübertragung, die auf den hinteren Radsatz wirkte (also Achsfolge 1 A). Die beiden Riemen waren wahlweise einrückbar, einer von ihnen war gekreuzt und bewirkte die Fahrtrichtungsumkehr, eine einfache „Wendeschaltung". Abgebremst wurde das Fahrzeug mit einer fußbetätigten Hebelbremse, die über einen einfachen Klotz auf die Lauffläche eines Rades wirkte.
Die Versuche sollen nach kurzer Erprobungszeit eingestellt worden sein, wahrscheinlich mit negativen Ergebnissen, denn von der Firma Hanomag sind in den Folgejahren keine Aktivitäten mehr auf diesem Gebiet bekannt geworden.
Dann nahmen sich die Väter des deutschen Automobils auch der Lokomotiventwicklung an. Carl Friedrich Benz baute 1888, also drei Jahre nach seinem ersten Straßenmotorwagen, eine Motorlokomotive, die im gleichen Jahr auf der Münchener Kraftmaschinenausstellung gezeigt wurde. Daten und Ergebnisse der Lokomotive sind allerdings nicht überliefert.
Vom 16. Dezember 1883 datiert das erste Daimlersche Grundpatent für Motoren zum Einbau in Fahrzeuge und vom 29. August 1885 ein weiteres Patent für Fahrzeuge aller Art mit Gas- bzw. Petroleum-Kraftmaschinen. Nachdem bereits 1887 eine Motorstraßenbahn in Stuttgart-Bad Cannstadt sowie ein Motortriebwagen und eine Motordraisine für eine württembergische Bahnstrecke gebaut worden waren, folgte 1891 die erste Daimler-Lokomotive. Sie wurde von der Daimler-Motoren-Gesellschaft in Stuttgart-Bad Cannstadt gemeinsam mit der Maschinenfabrik Esslingen als Werklokomotive für die Firma Hynecken gebaut (Bild unten rechts).

2,95-kW-Schmalspurlokomotive (Daimler, 1891)

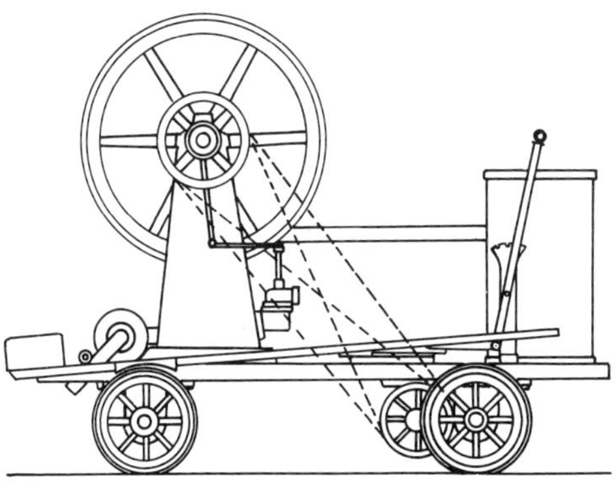

Erste „Motorlokomotive" mit 1,45-kW-Benzinmotor und Riemenantrieb (Hanomag, 1880)

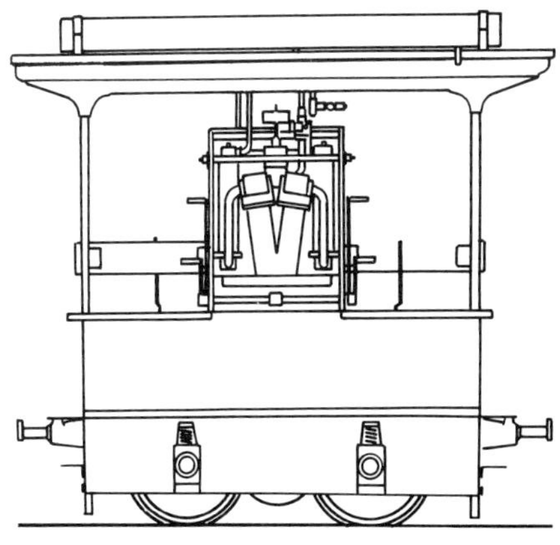

5,9-kW-Petroleummotor-Lokomotive (Deutz, 1892)

Ein 2,95-kW-Automobilmotor (4 PS) trieb beide Radsätze über ein Zahnradgetriebe und Rollenketten an. Diese Lokomotive soll mehrere Jahre erfolgreich Kipplorenzüge auf der schmalspurigen Werkbahn befördert haben.
Die Gasmotorenfabrik Deutz baute im folgenden Jahr (1892) einen liegenden Einzylinder-Petroleummotor von 5,9 kW (8 PS) bei 180 U/min auf ein Güterwagenfahrgestell (Bild oben).
Über einen Riementrieb wurde die Leistung auf eine Zahnradübersetzung übertragen, von dort mittels einer Rollenkette zum ersten Radsatz und über eine Kuppelkette zum zweiten. Die Höchstgeschwindigkeit betrug 6,3 km/h bei 35 U/min der Treibräder. Die Chemische Fabrik Radebeul hatte diese dritte deutsche Motorlokomotive als Rangierlok für die Werkbahn bestellt. Dadurch sollte die Feuergefahr im Werk durch Vermeidung von Funkenflug herabgesetzt werden. Im Jahre 1892 baute die Automobilfabrik Daimler gemeinsam mit der Maschinenfabrik Esslingen in deren Stuttgarter Werk weitere Lokomotiven. Im allgemeinen entsprachen sie der Ausführung des Vorjahres, hatten jedoch als Antriebsmotor einen 7,35-kW-Vergasermotor (10 PS). Sie dienten als Werk- und Lagerplatzlokomotiven, eine war sogar noch bis zum Jahre 1918 im Einsatz.
Im gleichen Jahr begann auch MAN, sich mit der Anwendung des Verbrennungsmotors in Eisenbahntriebfahrzeugen zu beschäftigen. Während die Lokomotiventwürfe auf dem Papier blieben, wurden in den folgenden Jahren mehrere Triebwagenprojekte ausgeführt. Auch aufgrund der Lokomotivbauerfahrungen der Daimler-Motoren-Gesellschaft und der Maschinenfabrik Esslingen entstanden Motortriebwagenkonstruktionen, die in den Jahren 1893/94 gebaut wurden und bereits 1894 zu brauchbaren Fahrzeugen führten. Die Württembergischen Staatseisenbahnen setzten sie im Streckendienst ein.
Während die bisherigen Lokomotiven mit mechanischer Kraftübertragung, ähnlich den damaligen Kraftwagen, ausgerüstet waren, unternahm die Gasmotorenfabrik Deutz 1893 den ersten Versuch mit einer pneumatischen Übertragung. Ein stehender Einzylinder-Petroleummotor von 9 kW (12 PS) trieb einen Luftverdichter an. Die Druckluft wurde in einem Druckbehälter unter dem Dach der Lokomotive gespeichert und unter Zusatz von Wasserdampf zum Antrieb eines Luftmotors benutzt, der seinerseits die beiden Radsätze der Lokomotive antrieb. Die Versuche mit dieser Lokomotive sollen wegen Unwirtschaftlichkeit abgebrochen worden sein.
Das damalige preußische Kriegsministerium ließ sich im Jahre 1894 eine Benzinmotor-Lokomotive für die Versorgungsbahn im Kriegshafen von Wilhelmshaven bauen. Diese Lokomotive entstand ebenfalls als Gemeinschaftsarbeit der Daimler-Motoren-Gesellschaft und der Maschinenfabrik Esslingen. Äußerlich glich sie der im Bild S. 17 dargestellten Lokomotive. Die Übergabeversuche am 30. April 1894 verliefen unbefriedigend. Ihr weiteres Schicksal blieb unbekannt.
Ein Blick ins Ausland zeigt, daß in diesen Jahren auch andernorts viel geplant und entworfen wurde. Zu den wenigen ausgeführten Projekten gehört die erste brauchbare Motorlokomotive in England. Sie wurde 1894 von William Dent Priestman gebaut. Priestman besaß seit 1885 das Patent für einen Ölmotor und produzierte diesen bereits ab 1890 in großer Stückzahl für stationäre Zwecke. Seine zweiachsige Motorlokomotive lief auf Normalspurgleisen und wurde von einem stehenden Zweizylinder-Ölmotor mit 22 kW (30 PS) angetrieben. Das bemerkenswerte an dieser Lokomotive war ihr langjähriger Einsatz auf der Alexandra-Dock-Anschlußbahn der North Eastern Railway in Hull.
In Deutschland war es wiederum die Gasmotorenfabrik Deutz, die im Jahre 1895 den Schritt zu einer neuen Kraftübertragung, der elektrischen, wagte. Ein stehender 9-kW-Petroleummotor (12 PS) trieb über Riemen einen Generator an. Der erzeugte Strom speiste einen in Lokomotivmitte angeordneten

Grubenlokomotive mit 4,4-kW-Benzinmotor (Deutz, 1896)
Werkfoto: Deutz

Elektromotor mit 600 U/min, der über ein Stirnradpaar (1:4) und zwei Rollenketten (1:1,58) die beiden Lokomotivradsätze antrieb. Bei einer Höchstdrehzahl der Treibräder von 95 U/min erreichte die Lokomotive eine Geschwindigkeit von 12,5 km/h. Ihre praktische Einführung kam allerdings nicht in Frage, da die Herstellung zu teuer und die Baugruppen zu störanfällig waren.

Ebenfalls aus dem Jahre 1895 stammt eine Schmalspurlokomotive mit Petroleummotor der Firma Grob & Co. aus Leipzig-Eutritzsch. Von dieser Lokomotive sind weder technische Daten noch Betriebserfahrungen bekannt.

In den neunziger Jahren des vorigen und in den ersten Jahren des zwanzigsten Jahrhunderts haben zweifellos sehr viele Hersteller Motorlokomotiven mit wechselnden Erfolgen entworfen und gebaut. Über die meisten Lokomotiven sind jedoch in der Literatur nur spärliche oder gar keine Hinweise zu finden. Der bekannteste und erfolgreichste Produzent dieser Zeit war die Gasmotorenfabrik Deutz. Da sowohl der pneumatischen als auch der elektrischen Kraftübertragung nicht der gewünschte Erfolg beschieden war, blieb Deutz, wie auch die meisten anderen Lokomotivhersteller, vorläufig bei der mechanischen Kraftübertragung. So wurden in den Jahren 1896 bis 1898 zahlreiche Motorlokomotiven für Werk-, Gruben- und Feldbahnen (Spurweiten 500 bis 700 mm) mit Ein- und Zweizylinder-Ottomotoren und ein- oder zweistufigen mechanischen Getrieben mit Wendeschaltung und Rollenkettenübertragung zu den Treibradsätzen gebaut (Bild oben).

1898/99 baute Deutz die erste Normalspur-Motorlokomotive. Sie ähnelte in ihrem Äußeren den damaligen Straßenbahnwagen. Ein liegender Verbrennungsmotor trieb ein mechanisches Vierstufengetriebe mit Wendeschaltung an. Die weitere Kraftübertragung verlief über Rollenketten auf die beiden Radsätze mit einem Achsstand von nur 1 120 mm. Die Länge über Puffer betrug lediglich 5 440 mm. Die Lokomotive war für den Rangierdienst bestimmt und mit den damals üblichen Stangenpuffern sowie einer normalen Zughakenkupplung ausgerüstet.

1906 gründeten Diesel, München, Klose, Berlin-Halensee, und die Firma Sulzer, Winterthur, die „Gesellschaft für Thermolokomotiven, Diesel-Klose-Sulzer G. m. b. H.“ Diese Gesellschaft machte es sich zur Aufgabe, Diesellokomotiven zu konstruieren und zu fertigen.

Auf ein entsprechendes Angebot bestellte die Königlich Preußische Eisenbahn-Verwaltung am 16. April 1909 eine 2'B2'-Diesellokomotive mit direktem Antrieb.

Während alle vorhergebauten Motorlokomotiven für schmalspurige Industrie- und Feldbahnen oder für normalspurige Werkbahnen bestimmt waren, kann die Diesel-Klose-Sulzer-Lokomotive (vgl. S. 42) als erste normalspurige Großdiesellokomotive für den Streckendienst angesehen werden.

Interessant ist, daß sich also auch bei dieser Triebfahrzeugart die erste Etappe der Dampflokomotiventwicklung wiederholte:

Auch die ersten Dampflokomotiven der Jahre 1811 bis 1825 fuhren ausschließlich auf Werk- und Grubenbahnen.

Bei der Wertung der Motorlokomotive muß besonders berücksichtigt werden, daß gerade um die Jahrhundertwende der Dampflokomotivbau einen sehr hohen technischen Stand erreicht hatte und die Motorlokomotive mit ihren Kinderkrankheiten für den Streckendienst als noch nicht konkurrenzfähig galt.
Die Entwicklung der Diesellokomotiven in Deutschland bekam auch vom Ausland Impulse. In den Jahren 1909 bis 1913 leitete Meineke in der Lokomotivfabrik Kolomna in Rußland die Projektierungsarbeiten für eine 735-kW-Diesellokomotive (1 000 PS) mit elektrischer Kraftübertragung. Zwei Dreizylinder-Dieselmotoren sollten gemeinsam einen zwischen ihnen angeordneten Generator mit 300 U/min antreiben. (Diese Grundidee wurde 55 Jahre später bei der französischen Diesellokomotive CC 70 000 verwirklicht.) Die Lokomotive sollte die Achsfolge (1 Bo1)(1 Bo1) und eine Länge über Puffer von 20 000 mm haben. Das Projekt wurde jedoch nicht ausgeführt. Die Antriebsanlagen wären bei der niedrigen Motordrehzahl sehr schwer geworden, und die daraus resultierenden hohen Biegemomente hätten sehr große Materialquerschnitte im Rahmen erfordert. Diese Erkenntnisse kamen zweifellos nach der Rückkehr Meinekes nach Deutschland auch den deutschen Lokomotivbauern zugute. Es gab auch in den kommenden Jahren kaum eine deutsche Diesellokomotive mit elektrischer Kraftübertragung.
Bis zum ersten Weltkrieg befaßten sich immer neue Motoren- und Maschinenfabriken mit der Konstruktion und dem Bau von Motorlokomotiven für Schmal- und Normalspur, die zunächst auch weiterhin meist für Werk-, Feld- und Anschlußbahnen vorgesehen waren. Die bekanntesten Hersteller waren unter anderen Deutz (1 000 Motorlokomotiven bis 1912), Ruhrtaler Maschinenfabrik Mülheim, Maschinenfabrik Esslingen, Badische Lokomotivwerke Mosbach und Henschel. Im Laufe der Zeit verdrängten Diesel- und Glühkopfmotoren die anfangs dominierenden Benzol-, Benzin-, Petroleum- und Gasmotoren. Neben unterschiedlichsten Kraftübertragungen, die meistens nicht aus dem Experimentierstadium herauskamen, baute man damals hauptsächlich mechanische Stufengetriebe in die Motorlokomotiven ein.
Außer dem eingeschränkten Bau von Feldbahn- und Werklokomotiven, die meistens für militärisch wichtige Betriebe und Versorgungslager bestimmt waren, kam der Diesellokomotivbau in Deutschland während des ersten Weltkrieges fast vollständig zum Erliegen. Wesentliche Fortschritte auf dem Weg zum schnellaufenden Dieselmotor ergaben sich aus der Erfüllung militärischer Forderungen für den Einsatz in U-Booten, Motorschnellbooten und Luftschiffen.
Als im Jahre 1919 in fast allen deutschen Lokomotiv- und in vielen Waggonbauwerken eine sehr rege Entwurfstätigkeit einsetzte, standen den Motorlokomotiv-Konstrukteuren wesentlich bessere Antriebsmotoren mit geringerer Masse, höherer Drehzahl und größerer Zuverlässigkeit zur Verfügung.
Die Maschinenfabrik Esslingen bearbeitete in dieser Zeit drei größere Projekte, die aber alle nicht ausgeführt wurden. Klose schlug den Bau einer 590-kW-2'C2'-Schnellzuglokomotive (800 PS) und einer 220-kW-Nebenbahn-Rangierlokomotive (300 PS) vor, deren Dieselmotoren mit Schwinghebeln arbeiten sollten.
Ein Entwurf von Mayer sah den Bau einer Diesel-Dampf-Lokomotive von 1 000 kW (1 350 PS) mit der Achsfolge 2'C2' vor. Zwei außenliegende Dampfzylinder sollten bei dieser Lokomotive das Anfahrproblem lösen. Sie sollten beim Anfahren mit Dampf beaufschlagt werden und bei normaler Fahrt als Ladepumpen für die Dieselmotoren benutzt werden. Den Anfahrdampf hatte ein öl- und abgasbeheizter Kessel zu liefern. Je zwei innenliegende, waagerechte, doppeltwirkende Dieselzylinder sollten auf den ersten und dritten Treibradsatz wirken.
Da die zu lösenden Probleme die Möglichkeiten der einzelnen Betriebe oft weit überschritten, wurden mehrere Arbeitsgemeinschaften gebildet, in denen sich Lokomotiv-, Motor- und Getriebehersteller zusammenschlossen. Die bedeutendste Arbeitsgemeinschaft war die „Motorlokomotiv-Verkaufsgesellschaft Baden", der die Badischen Lokomotivwerke Mosbach (Gmeinder & Co.), die Maschinenbaugesellschaft Karlsruhe und die Motorenwerke Mannheim (MWM) angehörten.
1921 vollendete die „Motorlokomotiv-Verkaufsgesellschaft Baden" die erste deutsche Nachkriegsdiesellokomotive. Bei dieser zweiachsigen Rangierlokomotive trieb ein Dreizylinder-Viertakt-Dieselmotor von 22 kW (30 PS) bei 500 U/min ein hydrostatisches Getriebe, Bauart Lentz, an. Das Getriebe bestand aus einer von dem Dieselmotor angetriebenen Ölpumpe, deren Fördermenge regulierbar war und deren Druckleitung über einen Um-

145-kW-Diesellokomotive mit hydrostatischem Antrieb (Schwartzkopff, 1924)
Werkfoto: Schwartzkopff

steuerschieber zu einem Ölmotor führte. Der Ölmotor konnte durch die Umsteuerung wahlweise von beiden Seiten beaufschlagt werden. Auf diese Weise wurde die Fahrtrichtung gewechselt. Die weitere Übertragung geschah, wie bei anderen Lokomotiven mit Lentz-Getriebe, durch Blindwelle über Treib- und Kuppelstangen auf die Radsätze.

1923 bauten die gleichen Hersteller eine ähnliche Lokomotive, jedoch mit der Achsfolge C und einer Motorleistung von 59 kW (80 PS).

Das Jahr 1924 bildete einen vorläufigen Höhepunkt in der Diesellokomotiventwicklung. Anläßlich der Eisenbahntechnischen Tagung in Berlin wurden mehrere Vorträge über die Konstruktion und den Bau von Motorlokomotiven gehalten. Der deutsche Motorlokomotivbau stellte auf der zur gleichen Zeit veranstalteten Eisenbahntechnischen Fahrzeugausstellung in Seddin sieben Normalspur- und zwei Schmalspur-Motorlokomotiven aus.

Außer der für die Deutsche Reichsbahn-Gesellschaft bestimmten Lokomotive der „Motorlokomotiv-Verkaufsgesellschaft Baden" (V 16 001, vgl. S. 51) stellte Schwartzkopff zwei 145-kW-Diesellokomotiven (200 PS) aus, die für den Rangier- und Zubringerdienst gedacht waren. Eine dieser Lokomotiven hatte eine hydrostatische Kraftübertragung, System Huwiler. Der Dieselmotor war mit einer Kapselpumpe direkt gekuppelt. Eine Druckölleitung führte zu einem Ölmotor, der auf der Blindwelle befestigt war. Eine Verdrängerkonstruktion, die bei Pumpe und Motor die beaufschlagten Flügelflächen veränderte, sorgte für die Regelung. Der weitere Antrieb dieser Lokomotive mit der Achsfolge B verlief über Blindwelle und Treibstangen (Bild oben). Die zweite Schwartzkopff-Lokomotive hatte die gleiche Achsfolge, aber eine pneumatische Kraftübertragung nach Patenten der WuMAG, Görlitz. Die Abgase des Dieselmotors wurden in einem Verdichter auf 1,0 bis 1,5 MPa (10 bis 15 kp/cm^2) Überdruck verdichtet und zur Arbeitsleistung im Lokomotivzylinder ausgenutzt.

Die zur gleichen Zeit von Schwartzkopff im Auftrag der DRG gefertigte, aber nicht ausgestellte B 1-Lokomotive V 3602 wird im Archivteil behandelt (vgl. S. 48).

Eine von Linke-Hofmann für den eigenen Bedarf gebaute zweiachsige Rangierlokomotive mit 90 kW (120 PS) Leistung hatte als Übertragung ein hydrostatisches Lentz-Getriebe und war mit Blindwelle sowie mit Treib- und Kuppelstangen ausgerüstet. Sie wurde bereits 1923 in- und ausländischen Fachleuten im Streckendienst vorgeführt, konnte aber nicht restlos überzeugen. So fiel die Fahrgeschwindigkeit in Steigungen bis auf 5 km/h ab, und die Kraftübertragung begann auf Gefällestrecken bei 25 km/h zu klopfen und zu vibrieren. Dennoch war diese Lokomotive in Seddin zu sehen (Bild S. 22).

Die Magdeburger Werkzeugmaschinenfabrik zeigte eine weitere Rangierlokomotive. Ein Zweitakt-Dieselmotor leistete 33 kW (45 PS)

90-kW-Diesellokomotive mit Lentz-Getriebe (Linke-Hofmann, 1923)
Werkfoto: Linke-Hofmann

bei 500 U/min und trieb die Radsätze über ein hydrostatisches Lauf-Thoma-Getriebe mit Blindwelle, Treib- und Kuppelstangen an. Besonders gelobt wurden die stoßfreie und stetige Regelung bis zur Höchstgeschwindigkeit von 40 km/h sowie die leichte Bedienbarkeit.
Deutz, Henschel und Lentz hatten sich zur „Öllokomotiv-Gesellschaft m. b. H." zusammengeschlossen und stellten eine gemeinsam gebaute Diesellokomotive mit Lentz-Getriebe vor. Außer einer 44-kW-Sauggaslokomotive von Borsig waren noch Schmalspurlokomotiven der Firmen Christoph & Unmack sowie Pintsch auf der Ausstellung zu sehen. Die Pintsch-Lokomotive hatte ebenfalls einen Sauggasmotor.

Obwohl die Dampflokomotiven natürlich im Mittelpunkt der Eisenbahntechnischen Tagung und Fahrzeugausstellung standen, so beeindruckten dennoch die ausgestellten Motorlokomotiven und Dieseltriebwagen sehr. Das führte dazu, daß nach der Seddiner Ausstellung die Entwicklung und der Bau von Motorlokomotiven noch stärker vorangetrieben wurde. So bauten 1926/27 nicht wenige der zahlreichen damaligen Hersteller, nämlich die Firmen Orenstein & Koppel, Linke-Hofmann, Lanz, Ruhrtaler Maschinenfabrik, Motorlokomotiv-Verkaufsgesellschaft Baden und Öllokomotiv-Gesellschaft Köln, insgesamt 57 verschiedene Schmalspur- und Normalspur-Motorlokomotiven, die teils mit Diesel-, teils mit Benzin- oder Benzolmotoren ausgerüstet waren. Eine Lokomotive von

9-kW-„Schienenbulldog" bis 1 000 mm Spurweite (Lanz, 1926)
Sammlung Glatte

der Firma Lanz erhielt dabei den Bulldog-Glühkopfmotor (Bild S. 22) als Antriebsmaschine.
Eine dieser Lokomotiven aus dem Jahre 1926 wurde als V 3601 (Gattungszeichen P 23.17) an die DRG geliefert. Sie wurde von der „Motorlokomotiv-Verkaufsgesellschaft Baden" gebaut. Ihr MWM-Sechszylinder-Viertakt-Dieselmotor leistete 185 kW (250 PS) bei 400 U/min. Die Motorleistung wurde über ein hydrostatisches Lentz-Getriebe, Blindwelle und Kuppelstangen auf die beiden Treibradsätze übertragen. Die Lokomotive hatte die Achsfolge 1 B und eine Dienstmasse von 45 t. Als Höchstgeschwindigkeit erreichte die Lokomotive 45 km/h. Sie hat sich im Einsatz offensichtlich nicht bewährt, denn sie wurde nach kurzer Betriebszeit ausgemustert.
Die angegebene Zahl von 57 Motorlokomotiven enthält auch Diesellokomotiven von Linke-Hofmann, von denen drei ein fast gleiches Äußeres aufwiesen, sich jedoch durch die Achsfolgen 1 B1, C1 und D (Bild rechts) unterschieden. Die Lokomotiven waren mit Sechszylinder-Viertakt-Dieselmotoren eigener Bauart ausgerüstet, die bei 450 U/min eine Leistung von 295 kW (400 PS) abgegeben haben. Als Kraftübertragung erhielten sie ein hydrostatisches Lentz-Getriebe, eine Blindwelle, Treib- und Kuppelstangen.
Die DRG übernahm die 1 B1-Lokomotive im Jahre 1926 als V 3001 mit dem Gattungszeichen P 24.15. Diese Lokomotive erreichte 60 km/h und hatte bei 10,7 km/h eine Zugkraft am Haken von 54 kN (5,5 t). Bei Höchstgeschwindigkeit betrug die Zugkraft noch 13 kN. 1927 erhielt die DRG eine weitere Lokomotive. Sie bekam die Betriebsnummer V 3801 und führte das

295-kW-Diesellokomotive mit Lentz-Getriebe und der Achsfolge D (Linke-Hofmann, 1926/27)
Foto: transpress-Archiv

Gattungszeichen P 34.15. Dieselmotor und hydrostatisches Getriebe waren die gleichen wie in der V 3001. Diese 1 C-Lokomotive erreichte aufgrund der höheren Reibungsmasse auch höhere Zugkräfte, die mit 78,5 kN bei 7,2 km/h und mit 19,8 kN bei v_{max} = 40 km/h angegeben wurden. Beide Lokomotiven wurden noch vor 1930 wieder ausgemustert. Obwohl diese Ausführungen den deutschen Motorlokomotiven vorbehalten sind, muß doch über einige Lokomotiven berichtet werden, die in Deutschland für ausländische Auftraggeber gefertigt wurden und an denen die deutschen Motorlokomotivbauer wertvolle Erfahrungen sammeln konnten.
In den zwanziger Jahren hatten sich die Deutsche Reichsbahn-Gesellschaft, das Volkskommissariat für Verkehrswesen der UdSSR und maßgebliche deutsche Lokomotivfabriken zu einer Entwicklungsgemeinschaft für Diesellokomotiven zusammengeschlossen. In der Sowjetunion bestand besonders im Süden auf weiten Strecken durch wasserarme Gebiete ein echtes Bedürfnis für den Einsatz von Diesellokomotiven. Erdöl stand in ausreichender Menge zur Verfügung und wurde übrigens seit etwa 1870 schon als Brennstoff in russischen Dampflokomotiven benutzt. Sogar Masut, ein Rückstand der Erdöldestillation, das ebenfalls in Dampflokfeuerungen verheizt wurde, eignete sich als Kraftstoff für die damaligen Dieselmotoren. Auf dieser sicheren Rohstoffbasis stellte man ein großzügiges Entwicklungs-

Diesellokomotive $Э^{ЭЛ}2$ mit elektrischer Kraftübertragung und Achsfolge 1'Eo1' für die Sowjetunion (Maschinenfabrik Esslingen, 1924, Fabriknummer 4126)
Foto: transpress-Archiv

programm für Diesellokomotiven auf, das in W. I. Lenin einen großen Förderer fand. Im Rahmen dieses Programms vergab man drei Bauaufträge an deutsche Lokomotivhersteller:
1924 vollendete die Maschinenfabrik Esslingen eine von Lomonossow entworfene 1'Eo1'-Diesellokomotive mit elektrischer Kraftübertragung und lieferte sie nach eingehender Erprobung auf dem Rollenprüfstand an die UdSSR aus (Bild oben). Ein Sechszylinder-U-Boot-Dieselmotor von MAN (900 kW ⟨1 200 PS⟩ bei 400 U/min) trieb einen direktgekuppelten Hauptgenerator an, der die fünf Tatzlagermotoren mit Fahrstrom versorgte. Die elektrischen Maschinen stammten von BBC. In der Sowjetunion wurden mit dieser Lokomotive ausgedehnte Versuche durchgeführt, wobei im ersten Betriebsjahr insgesamt 21 015 km zurückgelegt wurden. Die Versuche verliefen so erfolgreich, daß man diese Lokomotive als erste einwandfrei arbeitende Diesellokomotive für den Streckendienst bezeichnen kann. Nach einigen Vereinfachungen der Hilfsantriebe und dem Umbau der Kühleranlage betrug die maximale Radsatzfahrmasse statt 20 nur noch 18 t. Damit konnte die Loko-

Kühltender der $Э^{ЭЛ}2$

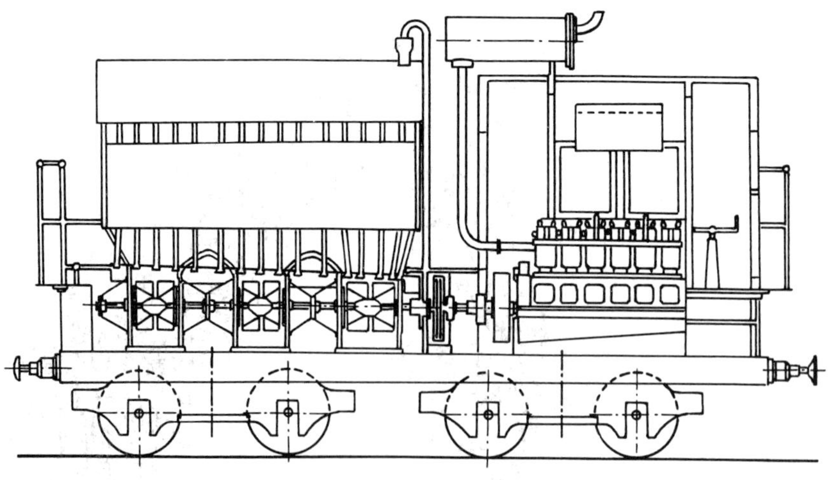

motive freizügig auf den meisten Hauptstrecken der sowjetischen Eisenbahnen verkehren. Sie war dann auch lange Zeit zwischen Moskau und dem Kaukasus sowie auf Strecken im wasserarmen Turkestan im regelmäßigen Einsatz. Dabei machte es sich allerdings erforderlich, die Kapazität der Kühleranlage während der Sommermonate durch einen vierachsigen Kühltender zu erhöhen (Bild S. 24).
Die Hohenzollern AG in Düsseldorf baute 1926 die zweite Diesellokomotive für die Sowjetunion. Sie hatte die Achsfolge 2′E1′, arbeitete mit mechanischer Kraftübertragung und war für den Güterzugdienst bestimmt (Bild unten). Der Entwurf zu dieser Lokomotive stammte ebenfalls von Lomonossow. Als Antriebsmotor wurde auch ein MAN-Sechszylinder-Dieselmotor (900 kW ⟨1 200 PS⟩ bei 400 U/min) verwendet, der über eine Hauptmagnetkupplung (Magnet-Werk Eisenach), die gleichzeitig als Motorschwungrad ausgebildet war, ein mechanisches Dreistufengetriebe (Krupp) antrieb. Die Zahnräder waren ständig im Eingriff und wurden durch weitere Magnetkupplungen geschaltet. Die Kraftübertragung vom Getriebe zu den Treibradsätzen verlief über die

Hauptdaten der beiden für die Sowjetunion gelieferten Diesellokomotiven

Sowjetische Typenbezeichnung		Э^{ЭЛ}2	Э^{МХ}3
Kraftübertragung		elektrisch	mechanisch
Achsfolge		1′Eo1′	2′E1′
Länge über Puffer	mm	13 822	16 696
Gesamtachsstand	mm	10 400	11 945
Kuppelachsstand	mm	5 720	5 720
Dienstmasse	t	119	131
Größte Zugkraft	kN	225	172
Höchstgeschwindigkeit	km/h	50	50

Blindwelle sowie Treib- und Kuppelstangen. Die Prüfstandversuche und die Streckenerprobungen in der Sowjetunion bewiesen die hohe Reife auch dieser Lokomotive. Vergleichsversuche mit der vorher beschriebenen Diesellokomotive mit elektrischer Kraftübertragung ergaben auf der Strecke Moskau–Baku sogar eine 5 % größere Zugkraft und einen 10 % geringeren Kraftstoffverbrauch.
Ursprünglich sollte noch eine dritte Lokomotive gleicher Leistung, jedoch mit hydrostatischer Kraftübertragung, gebaut werden. Für sie lag ein Entwurf der Hohenzollern AG bereits vor. Die negativen Ergebnisse der Vorführfahrten von Linke-Hofmann im Jahre 1923 und die für so große Leistungen noch nicht ausgeführten hydraulischen Übertragungselemente waren der Anlaß, dieses Vorhaben zurückzustellen.
Im Rahmen des deutsch-sowjetischen Entwicklungsprogramms hatte die Deutsche Reichsbahn-Gesellschaft die Auftragserteilung für die Entwicklung und den Bau einer gleichstarken Diesellokomotive mit einer weiteren Kraftübertragungsart übernommen. Diese Lokomotive war mit Druckluftübertragung ausgeführt und wurde mit dem gleichen MAN-Motor ausgerüstet, wie er auch in den sowjetischen Lokomotiven verwendet wurde. Die DRG ordnete die Lokomotive unter der Betriebsnummer V 3201 und mit dem Gattungszeichen P 37.18 ein, als sie 1929 ausgeliefert wurde. Bereits 1930 erfolgte die Umnumerierung in V 120 001 (vgl. S. 45).
Ein Auslandsauftrag leitete die Entwicklung einer ganz neuen Fahrzeuggattung ein, die später auch bei der Deutschen Reichsbahn-Gesellschaft große Bedeutung erlan-

Diesellokomotive Gattung Э^{МХ}3 mit mechanischer Kraftübertragung, Magnetkupplung und Achsfolge 2′E1′ für die Sowjetunion (Hohenzollern, 1924)
Zeichnung: Glatte

29,5-kW-Schleppfahrzeug für die Niederländischen Staatsbahnen (Schwartzkopff, 1928)
Werkfoto: Schwartzkopff

gen sollte. Nach den von Labrijn (Niederländische Staatsbahnen) aufgestellten technischen Bedingungen baute die Berliner Maschinenbau AG, vormals Schwartzkopff, im Jahre 1928 ein offenes 29,5-kW-Schleppfahrzeug (40 PS), das der Urahne der späteren Kleinlokomotiven werden sollte (Bild oben).

Die amerikanische Boston & Maine Railroad ließ in der Germaniawerft von Krupp eine 2'D2'-Diesellokomotive mit einer Leistung von 1 050 kW (1 450 PS) und mit mechanischer Kraftübertragung bauen. Diese Lokomotive wurde 1929 fertiggestellt und war damals die leistungsstärkste Diesellokomotive überhaupt. Der stehende, aufgeladene Sechszylinder-Viertakt-Dieselmotor gab seine Leistung über eine hydraulische Hauptkupplung auf das mechanische Vierganggetriebe ab. Elektromagnetische Kupplungen schalteten die einzelnen Getriebestufen. Die weitere Übertragung verlief über Blindwelle sowie Treib- und Kuppelstangen. Außer einigen Funktionsschwierigkeiten mit der hydraulischen Kupplung und dem Stufengetriebe erfüllte diese Lokomotive auch andere Forderungen des Auftraggebers nicht zur Zufriedenheit, und die Abnahme wurde verweigert. Der Versuch, diese Lokomotive auf Strecken der Deutschen Reichsbahn-Gesellschaft einzusetzen, scheiterte an der zu hohen Radsatzfahrmasse von 22,65 t. Sie wurde daher abgestellt und später verschrottet.

In den Jahren 1929 und 1930 begann die äußerst erfolgreiche Entwicklung der Kleinlokomotive, der die Deutsche Reichsbahn-Gesellschaft besonderes Interesse entgegenbrachte und die später zur Einheitslokomotive weiterentwickelt wurde. Dieser besonderen Bauart von Motorlokomotiven, die mit ihrer relativ geringen Leistung in ihrem speziellen Einsatzgebiet beste wirtschaftliche Ergebnisse erzielte, wird ein eigener Abschnitt gewidmet: „Einheitskleinlokomotiven mit Antrieb durch Verbrennungsmotoren".

Um 1930 entstand bei der Firma Deutz eine Diesellokomotive mit direktem Antrieb. Sie blieb bis zu ihrer Zerstörung bei einem amerikanischen Bombenangriff während

Von 1925 bis 1930 an ausländische Auftraggeber ausgelieferte Diesellokomotiven

Baujahr	Hersteller	Importland	Achsfolge	Nennleistung (kW)	(PS)	Kraftübertragung	Anzahl
1925	Maschinenbau-Gesellschaft Karlsruhe	Italien	1'C1'	185	(250)	hydrost.	3
1928	Deutz AG	Frankreich	B	80	(110)	mechanisch	1
1928	Deutz AG	Frankreich	B	74	(100)	mechanisch	1
1928	Berliner Maschinenbau AG Wildau	Marokko	1'C1'	110	(150)	mechanisch	
1929	Maschinenfabrik Esslingen	Japan	1'C1'	440	(600)	elektrisch	1
1930	Deutz AG	Frankreich	B	52	(70)	mechanisch	6
1930	Maschinenfabrik Esslingen	Argentinien	Bo'Bo'	220	(300)	elektrisch	3

Erstes Strömungsgetriebe für Schienenfahrzeuge, Typ 2,8e1 (Voith, 1932)
Werkfoto: Voith

des zweiten Weltkrieges Eigentum des Herstellers. Obwohl mit ihr mehrere Jahre planmäßige Zugfahrten auf Strecken der DRG durchgeführt wurden, erhielt die Lokomotive keine DRG-Betriebsnummer. Die Lokomotive ist im Archivteil (vgl. S. 59) beschrieben.

In den Jahren 1931 und 1933 wurden von der Firma Krupp nochmals zwei Diesellokomotiven an die UdSSR geliefert:

- eine 2'Eo1'-Lokomotive von 772 kW (1 050 PS) und elektrischer Kraftübertragung, Bauart BBC, Betriebsnummer $Э^{эл}5$,
- eine 2'Eo1'-Lokomotive mit einer Leistung von 1 214 kW (1 650 PS) und elektrischer Kraftübertragung, Bauart Secheron, Betriebsnummer $Э^{эл}8$.

Aufbauend auf der Erfindung Föttingers und auf seinen Patenten aus dem Jahre 1905 entwickelte die Firma Voith im Jahre 1932 das erste für Eisenbahnfahrzeuge brauchbare hydrodynamische Getriebe (Bild oben). Im Prinzip gleicht die hydrodynamische Kraftübertragung der schon früher angewendeten hydrostatischen nur darin, daß beide einen Primär- und einen Sekundärteil haben und daß als Übertragungsmedium eine Hydraulikflüssigkeit benutzt wird. Bei der hydrodynamischen Kraftübertragung ist die Flüssigkeitsströmung der Energieträger, während es bei der hydrostatischen Kraftübertragung der

Einzelteile des Voith-Getriebes 2,8e1. Im Hintergrund die Gehäuseteile aus Silumin, im Vordergrund die Läuferteile der Turbokupplung (links) und des Drehmomentwandlers (rechts)
Werkfoto: Voith

Flüssigkeitsdruck ist. In beiden Kraftübertragungsarten können Primär- und Sekundärteil getrennt oder in einem gemeinsamen Gehäuse untergebracht werden. Das besondere Verdienst Föttingers war, die bis dahin bekannten Kreiselpumpen und Turbinen zu einem kurzen „Strömungskreislauf" in einem Gehäuse vereinigt zu haben, wodurch die Verluste in den bisher getrennten Gehäusen und vor allem in den Rohrleitungen vermieden wurden. Je nach der konstruktiven Auslegung ergeben sich Strömungskupplungen oder Drehmomentenwandler. Zum Strömungswandler gehören drei Grundelemente (Bild S. 27): das Pumpenrad, (Primärteil), das Turbinenrad (Sekundärteil) und der Leitapparat, der mit dem Wandler- bzw. Getriebegehäuse fest verbunden ist und das Differenz- oder Abstützmoment aufnimmt. Der Strömungswandler ist dadurch in der Lage, das aufgenommene Drehmoment zu wandeln, d. h., der Sekundärteil des Getriebes gibt bei niedrigen Drehzahlen einen höheres und bei höheren Drehzahlen ein niedriges Drehmoment ab. Dieses Merkmal macht die Wandler besonders im Anfahrbereich für die Dieseltriebfahrzeuge geeignet. Die Strömungskupplung hat nur das Pumpen- und das Turbinenrad. Daraus ergibt sich, daß Eingangs- und Ausgangsmoment stets gleich groß sind. Die Strömungskupplung arbeitet dafür mit einem höheren Wirkungsgrad als der Strömungswandler. Im allgemeinen sind die in Diesellokomotiven verwendeten Strömungsgetriebe mehrstufig. Sie bestehen aus mehreren Kupplungs- oder Wandlerstufen sowie aus verschiedenen Zahnradübersetzungen. Das in den Bildern dargestellte erste Voith-Strömungsgetriebe Typ T 2,8 e 1 wurde in einem zweiachsigen Motortriebwagen der Austro-Daimler-Puchwerke AG eingebaut.

Im gleichen Jahr (1932) lieferte Voith weitere 53 Strömungsgetriebe gleicher Bauart für Motortriebwagen verschiedener Hersteller und Bahnverwaltungen.

Auf die Prinzipien dieser Kraftübertragungsart und auf ihre ersten Anwendungen in Triebfahrzeugen wurde besonders eingegangen, weil sie in den folgenden Jahren in immer größerem Maße Verwendung fanden und bis zum Import der dieselelektrischen Großlokomotiven aus der Sowjetunion durch die Deutsche Reichsbahn im Jahre 1966 bei den Dieseltriebfahrzeugen aller deutschen Bahnverwaltungen dominierten. 1977 wurde eingeschätzt, daß in der ganzen Welt über 23 000 Strömungsgetriebe in Eisenbahntriebfahrzeugen installiert sind und annähernd 10 Mill. kW Traktionsleistung übertragen.

In den ersten beiden Produktionsjahren 1932/33 hatten diese Strömungsgetriebe als Serienfertigung eine maximale Eingangsleistung von etwa 295 kW (400 PS). Als die

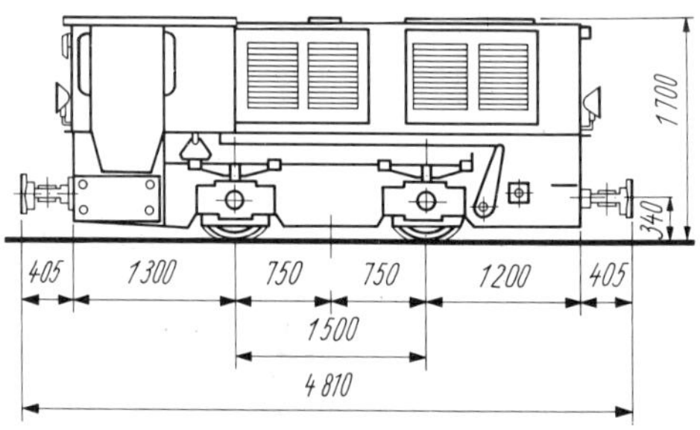

Heeresfeldbahnlokomotive HF-50B (Gmeinder, 1939)

Heeresfeldbahnlokomotive HF-50B (Gmeinder, 1939) *Werkfoto: Carl Kaelble und Gmeinder*

Heeresfeldbahnlokomotive HF-130C (Gmeinder, 1939)
Werkfoto: Carl Kaelble u. Gmeinder GmbH & Co.

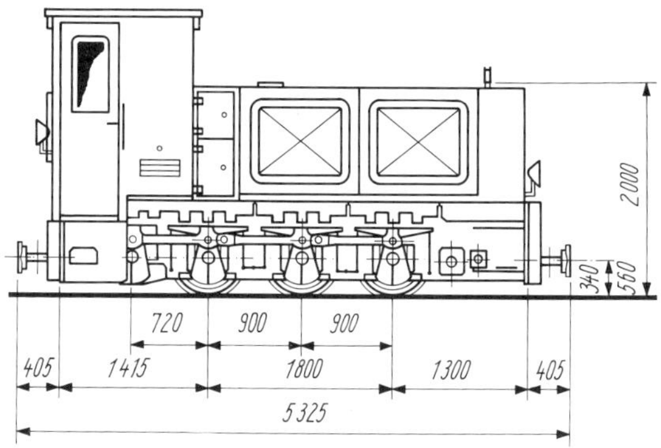

Heeresfeldbahnlokomotive HF-130C (Gmeinder, 1939)

Deutsche Reichsbahn-Gesellschaft 1934 eine 1000-kW-(1400 PS)-Nebenbahn-Diesellokomotive in Auftrag gab, entschloß man sich zum Bau einer hydrodynamischen Kraftübertragung auch für diese Leistungsgröße. Die damit ausgerüstete Diesellokomotive V 140 001 wird auf Seite 56 behandelt.

Die Deutsche Reichsbahn-Gesellschaft beschaffte in den dreißiger Jahren außer der V 140 001 und den Kleinlokomotiven keine weiteren Diesellokomotiven. Selbst das Projekt einer 150-PS-Kleinlokomotive der Leistungsgruppe III wurde nicht ausgeführt, da die materialökonomischen Belange der Kriegsvorbereitung den Einsatz weiterer Dieselkraftstoffmengen für Zugförderungszwecke nicht zuließen.

Anders stand es mit der Frage des Kraftstoffeinsatzes für direkte militärische Zwecke. Um militärisch wichtige Zugförderungsaufgaben im Bereich der ehemaligen deutschen Wehrmacht ohne die verräterische Rauchentwicklung der Dampflokomotiven und mit der schnellen Verfügbarkeit von Diesellokomotiven ohne lange Vorbereitungszeiten realisieren zu können, stellte die Wehrmacht ein eigenes Diesellokomotiv-Bauprogramm auf. Hinsichtlich der Kraftstoffsituation wurde darauf verwiesen, daß der Bedarf für die Traktionszwecke im Vergleich zum Gesamtbedarf des Militärbereiches kaum eine Rolle spielte.

Für Transport- und Nachschubbahnen auf feldmäßig verlegten Schmalspurgleisen im frontnahen Bereich wurde eine Gruppe Schmalspur-Dielselloks von einer Arbeitsgemeinschaft deutscher Lokomotivfabrikanten entwickelt. Das Forderungsprogramm enthielt drei Leistungsgruppen: 36,5 kW, 95 kW und 145 kW (50, 130, 200 PS) bei Spurweiten von 600 bis 750 mm und 900 bis 1 067 mm sowie Radsatzfahrmassen von 4 t bis 6 t. Von diesen als „Heeresfeldbahn-Diesellokomotiven" bezeichneten Fahrzeugen entstanden folgende Standardtypen:

HF-50 B	36,5 kW, Achsfolge B, Radsatzfahrmasse 4 t
HF-130 C	95 kW, Achsfolge C, Radsatzfahrmasse 5,5 t
HF-130 D	95 kW, Achsfolge D, Radsatzfahrmasse 4 t
HF-200 D	145 kW, Achsfolge D, Radsatzfahrmasse 6 t

Die 36,5-kW-Lokomotive HF-50 B (Bilder auf S. 28) hatte mechanische Kraftübertragung mit Dreiganggetriebe (5, 11 und 20 km/h). Alle anderen Typen waren mit hydraulischen Getrieben (Bauart Wandler/Kupplung) ausgerüstet:

die 95-kW-Lokomotive mit 20 km/h, die 145-kW-Lokomotive bei 600 bis 750 mm Spurweite mit 25 km/h und bei 900 bis 1 067 mm mit 35 km/h Höchstgeschwindigkeit. Die Lokomotiven wurden in großer Anzahl gebaut. Von den 95-kW-Loks mit dem hydraulischen Voith-Getriebe L 22 wurden durch die Lokomotivhersteller BMB, O & K, Jung, Deutz, Gmeinder und Windhoff insgesamt 385 Stück gebaut (Bilder S. 29). Sie erfüllten voll die in sie gesetzten Erwartungen, besonders hinsichtlich der einfachen Bedienung auch durch ungeübtes Personal und wegen ihres einfachen Aufbaus mit zahlreichen Austauschteilen. Viele dieser Lokomotiven wurden durch Kriegseinwirkungen zerstört. Einige erfüllten jedoch nach dem Krieg noch auf Werkbahnen beim Wiederaufbau sinnvollere als die ihnen ursprünglich zugedachten Aufgaben. Zweifellos stammen auch die bei der DR verbliebenen Schmalspurlokomotiven 100 901 und 100 902 aus diesem Fahrzeugbestand. Weitere Lokomotiven dieser Bauart sind oder waren z. B. in Österreich (ÖBB 2092, Zillertalbahn, Steyrische Landesbahnen), in der Bundesrepublik Deutschland (DB: Köf 99 501; Nassauische Kleinbahn: V 17 und V 18), in Frankreich und in der VR Polen eingesetzt. 16 Lokomotiven wurden 1946 noch von der Firma Gmeinder für Werkbahnen nachgebaut.

Eine andere Gruppe Diesellokomotiven ließ die ehemalige deutsche Wehrmacht als normalspurige Zugmittel für Eisenbahngeschütze, Eisenbahnpioniergeräte sowie für den Einsatz in Kriegshäfen, auf Militärflughäfen, auf Schießplätzen und auf Anschlußgleisen anderer militärischer Objekte entwickeln. Diese Entwicklung übernahm Mitte der dreißiger Jahre eine Arbeitsgemeinschaft, in der fast alle deutschen Lokomotivhersteller mitwirkten. Die Entwürfe erfolgten nach einheitlichen Gesichtspunkten und sahen eine Typenreihe mit den Leistungen 145, 175, 265 und 405 kW (200, 240, 360 und 550 PS) vor. Es wurde auf die weitgehende Anwendung von Austauschteilen geachtet, und alle Lokomotiven sollten hydraulische Kraftübertragung haben. Die drei Vorauslokomotiven mit 145, 175 und 265 kW (200, 240 und 360 PS) hatten alle die Achsfolge B. Langsamlaufende Dieselmotoren (wahlweise von Deutz oder MWM) trieben über Voith-Getriebe L 33y oder L 37 (beide: Bauart Wandler/Kupplung/Kupplung), Blindwellen und Treibstangen die beiden Radsätze an. Die zweiachsige 265-kW-Lokomotive erreichte mit 36 t Dienstmasse eine zu hohe Radsatzfahrmasse und wurde auf die Achsfolge C umkonstruiert. Von der zweiachsigen 175-kW-Lokomotive wurden noch drei Stück gebaut (1937). Sie hatte hydraulische Getriebe der Bauart L 35 bzw. L 37 und entsprach weitgehend der 145-kW-Lokomotive.

405-kW-Diesellokomotive WR 550 D 14 (Schwartzkopff, 1939) *Werkfoto: Voith*

Aus einer konstruktiven Überarbeitung entstanden die endgültigen Standardbaureihen von Wehrmachts-Rangierlokomotiven (WR):
WR 200 B 14
WR 360 C 14
WR 550 D 14
Bei diesen Bezeichnungen bedeutet die dreistellige Zahl die installierte Leistung in PS, der folgende Buchstabe gibt die Achsfolge an und die letzte Zahl die Radsatzfahrmasse in t. Die später noch bei den deutschen Bahnverwaltungen eingesetzten WR 200 B 14 und W 360 C 14 werden im Archivteil besprochen. Von der Baureihe WR 550 D 14 (Bild S. 30) wurden 1939/40 nur sechs Stück gebaut (fünf Lokomotiven bei Schwartzkopff, eine Lokomotive vom Maschinenbau- und Bahnbedarf Potsdam-Babelsberg). Der Fahrzeugteil dieser Lokomotive war nach den gleichen Baugrundsätzen wie bei der WR 360 C 14 gestaltet. Der MAN-Dieselmotor W 6 V 30/38 (405 kW ⟨550 PS⟩ bei 600 U/min) trieb über ein Voith-Strömungsgetriebe L 37y (Wandler/Kupplung/Kupplung) mit nachgeschaltetem Wendegetriebe und Blindwelle sowie über Treibstangen den dritten Radsatz an. Die Übertragung zum ersten, zweiten und vierten Radsatz geschah über Kuppelstangen. Wegen der größeren Motorabmessungen mußte die Blindwelle hinter dem vierten Radsatz untergebracht werden. Bei einer Anfahrzugkraft von 107,9 kN entwickelte die Lokomotive eine Dauerzugkraft von 27,5 kN bei 23 km/h. Zwei Einzellokomotiven konnten mit den Führerständen einander zugewandt als Doppellokomotive gekuppelt und eingesetzt werden. Die Führung beider Lokomotiven geschah von einem Führerstand aus, wobei die Handsteuerräder (für die Regelung der Motordrehzahl und das Ein- und Ausschalten des Strömungsgetriebes) der beiden Lokomotiven über Rollenketten und einer unter den Pufferbohlen einsetzbaren Kardanwelle verbunden wurden. Durch die geöffneten hinteren Stirntüren und eine Übergangsbrücke konnte man von einem Führerstand in den anderen gelangen, um die Wendeschaltung oder andere Bedienelemente zu betätigen, die einzeln geschaltet werden mußten.

Offensichtlich sind alle sechs Lokomotiven dieser Bauart durch Kriegseinwirkungen zerstört worden, da von ihrem Einsatz bei deutschen oder ausländischen Bahnen nach 1945 nichts bekannt geworden ist.

Aufbauend auf Betriebserfahrungen mit den zuletzt beschriebenen Lokomotiven wurden neue Forderungen für eine dieselhydraulische Lokomotive gestellt, die mit 800 t Zugmasse in der Ebene etwa 80 km/h erreichen konnte. Die zu installierende Leistung wurde mit 1 850 kW (2 500 PS) ermittelt. Ein Entwurf lehnte sich stark an die WR 550 D 14 an und bestand aus zwei 925-kW-Lokomotiven (1 250 PS) mit der Achsfolge 1'C1' (Bild S. 32/33). Diese Variante war bis zum Kriegsende in allen Einzelheiten durchkonstruiert. Das dazu entwickelte hydraulische Getriebe war von Voith bereits fertiggestellt und teilweise erprobt.

Ein weiterer ebenfalls nicht ausgeführter Entwurf sah die Erfüllung des gleichen Forderungsprogramms mit einer 1'E1'-Diesellokomotive vor, die eine Leistung von 1 850 kW bringen sollte (Bild S. 32). Auch der Plan, für die Beförderung schwerer Züge eine leistungsstarke Lokomotivserie ähnlich der V 140 001 bauen zu lassen, kam nicht zur Ausführung.

Dagegen wurde eine dieselelektrische Doppellokomotive für den Einsatz bei der ehemaligen deutschen Wehrmacht entwickelt und ausgeführt. Die bemerkenswerte Wahl der elektrischen Kraftübertragung hing sicherlich mit dem militärischen Forderungsprogramm zusammen, wonach die Lokomotive im Stand auch als dieselelektrisches Kraftwerk einsetzbar sein sollte. Die nach dem Krieg erhalten gebliebenen sechs Lokomotiven dieser Baureihe kamen als V 188 001 bis V 188 003 (später Baureihe 288) zur Deutschen Bundesbahn und sind im Archivteil (Seite 72) ausführlich behandelt.

Außer den bereits genannten Entwicklungsarbeiten und Bauten von Diesellokomotiven für die Wehrmacht stagnierte die Entwicklung auf diesem Gebiete während des Krieges 1939/45 vollständig. Am 1. Juli 1942 wurde sogar eine Anordnung über das Verbot des Baues von Lokomotiven mit Verbrennungsmotoren erlassen, deren § 1 lautete: „Für die Dauer des Krieges dürfen Lokomotiven mit Verbrennungsmotoren nicht mehr angeboten, hergestellt und ausgeliefert werden."

Ausnahmen waren nur in besonderen Einzelfällen mit militärischen oder sonstigen kriegswirtschaftlichen Begründungen möglich. Im Bau befindliche Motorlokomotiven, für die solche kriegswirtschaftlichen Gründe nicht vorlagen oder die nicht für den Bergbau bestimmt waren, durften nicht fertiggestellt werden. Material und Arbeitskräfte mußten dem Bau von Kriegsdampflokomotiven zugeführt werden. Auch die Liefermöglichkeiten von Motorlokomotiven für militärisch

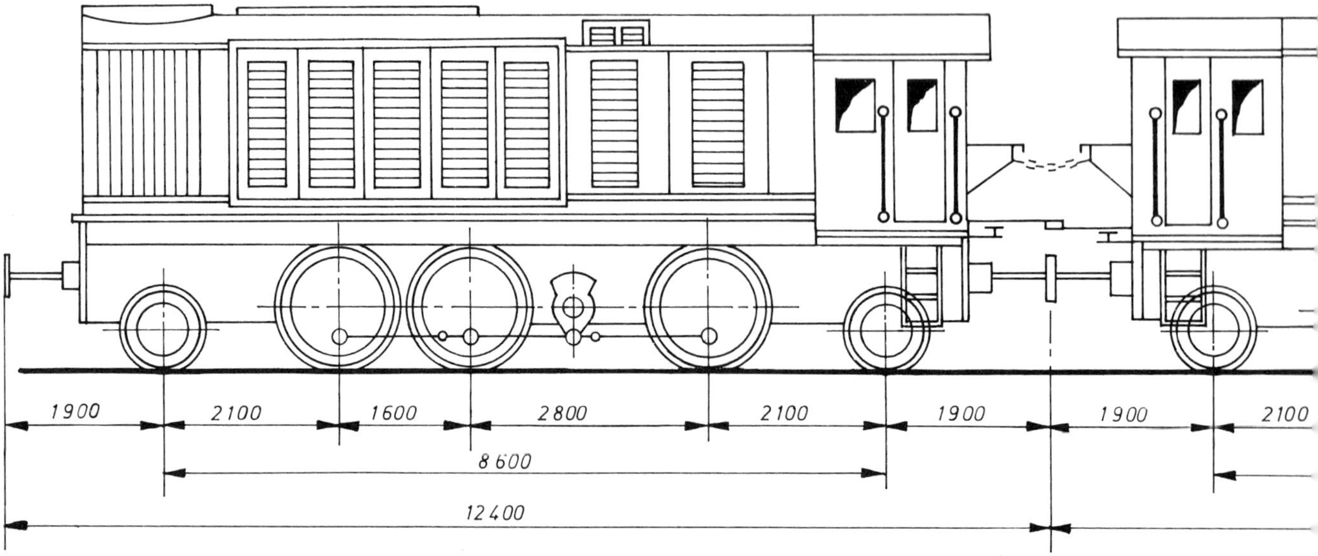

Entwurf einer 1850-kW-Doppeldiesello-
komotive 1'C1' + 1'C1

Entwurf einer 1'E1'-Diesellokomotive
mit 1850 kW

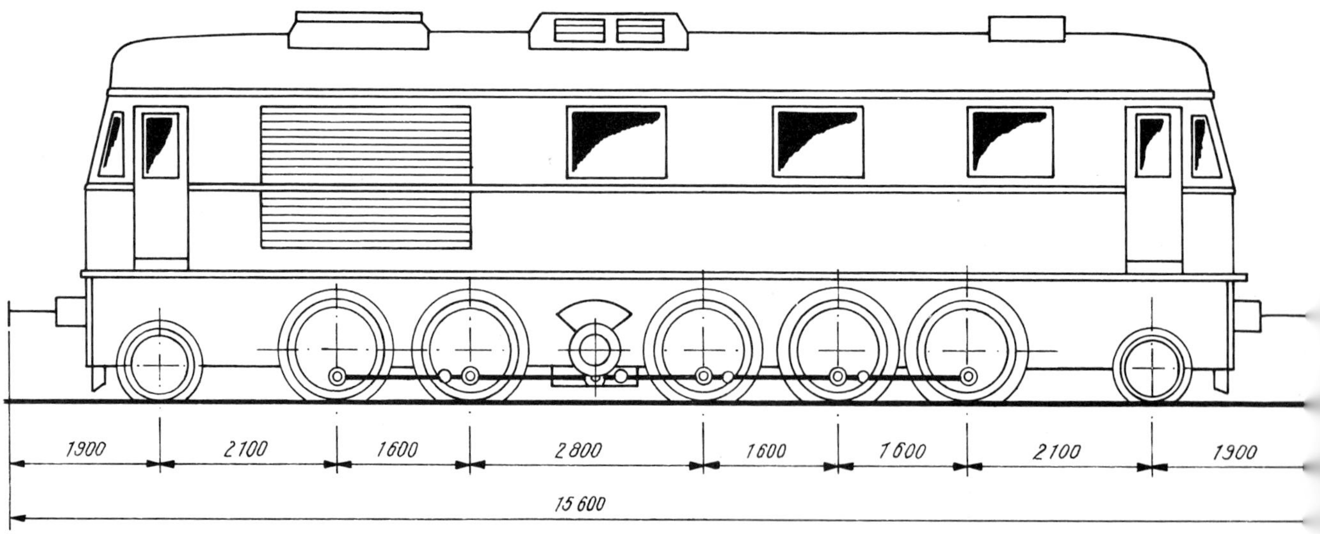

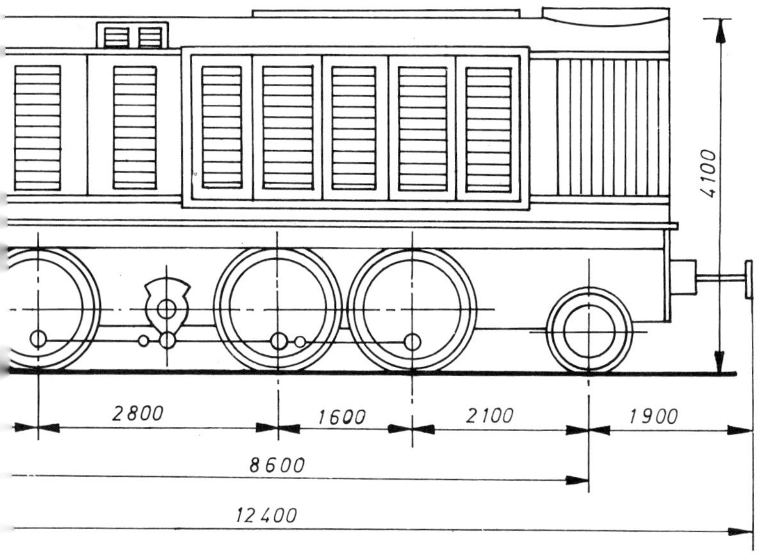

und kriegswirtschaftlich begründete Einzelfälle wurden nur auf sieben Typen von Kriegsmotorlokomotiven (KML) beschränkt:

Normalspur

KML 1 WR 360 C 14 (vgl. S. 66)
KML 2 Kleinlokomotive der Leistungsgruppe II mit hydraulischer Kraftübertragung (vgl. S. 263)

Schmalspur

KML 3 HF 130 C (vgl. S. 29)
KML 4 HF 50 B (vgl. S. 29)
KML 5 MD 2 (dieselmechanisch, 18,4 kW (25 PS), Achsfolge B, Dienstmasse 4,5 t, Spurweiten 500 bis 762 mm)

sowie zwei zweiachsige Grubenbahnlokomotiven KML 6 und KML 7. Damit war auch der hochentwickelte Diesellokomotivbau in Deutschland ein Opfer des Krieges geworden.

Erwähnt werden soll noch an dieser Stelle das Projekt einer von der Hitler-Diktatur geplanten 3000-mm-Breitspurbahn. Es mußte ab 1941, d. h. nach Beginn des Überfalls auf die Sowjetunion, von deutschen Lokomotiv- und Waggonfabriken bis fast zum Ende des zweiten Weltkrieges bearbeitet werden. Diesem Projekt lagen aggressive und strategische Motive zugrunde, daher fiel es auch nicht unter das obengenannte Verbot. Die Arbeiten an den Lokomotiven kamen aber nicht über die Entwurfsphase hinaus. Einen Eindruck vermitteln die von der Firma Henschel & Sohn, Kassel, angefertigten Entwurfsunterlagen (s. Tab. S. 34) für je eine dieselelektrische Reisezuglokomotive und eine Güterzuglokomotive (Bilder S. 34/35).

Die Darstellung der Entwicklung von Lokomotiven mit Antrieb durch Verbrennungsmotoren bei der DRG wäre ohne die folgenden Fahrzeuge unvollständig:

1938 vergrößerte sich der Bestand der Dieseltriebfahrzeuge der Deutschen Reichsbahn-Gesellschaft durch die Übernahme von 19 Diesellokomotiven (zwei Normalspur- und 17 Schmalspurlokomotiven mit 760-mm-Spur) der Bundesbahnen Österreich (BBÖ). Diese Triebfahrzeuge werden hier unter den Betriebsnummern vorgestellt, die sie nach 1938 bei der DRG hatten.

Als V 12 901 wurde eine 760-mm-Schmalspurlokomotive bezeichnet, die 1930 von der Wiener Lokomotivfabrik AG an die Bundesbahnen Österreich geliefert worden war. Sie führte bei den BBÖ die Betriebsnummer 2021/s. 01 (Bild S. 36 oben).

Die Lokomotive mit der Achsfolge Bo hatte eine Dienstmasse von 12 t und erreichte eine Höchstgeschwindigkeit von 40 km/h. Ursprünglich war sie mit einem 88-kW (120 PS)-Vergasermotor (Warchalowski 30) ausgerüstet, den jedoch später ein Saurer-Dieselmotor BXD mit ebenfalls 88 kW (120 PS) ersetzte. BBC und Elin lieferten die elektrische Kraftübertragung. Diese Lokomotive ist noch heute bei den Österreichischen Bundesbahnen mit der neuen Betriebsnummer 2090 001 im Dienst und wird von der Zugförderungsstelle Waidhofen/Ybbs eingesetzt.

Im Jahre 1936 ließen die BBÖ eine leichte Rangierdiesellokomotive bauen, die nach den positiven Erfahrungen der Niederländischen Staatsbahnen entwickelt wurde. Der Serienbau kam infolge des gewaltsamen Endes der BBÖ nicht mehr zustande. Die Musterlokomotive wurde von der Wiener Lokomotivfabrik AG gefertigt und hatte eine Masse von 22 t. Die österreichische Betriebsnummer 2000.01 wurde bei der Deutschen Reichsbahn-Gesellschaft in V 15 001 geändert (Bilder S. 36 Mitte, unten).

Als Antriebsanlage diente der Simmeringer Achtzylinder-V-Dieselmotor SV 8. Er leistete 92 kW (125 PS)

Entwurfsunterlagen für eine dieselelektrische Reisezug- und Güterzuglokomotive mit 3000 mm Breitspur

		Reisezug-lokomotive	Güterzug-lokomotive
Anzahl der Sektionen	–	4	2
Achsfolge	–	3'Co2' + 2'Co2' + 2'Co2' + 2'Co3'	Do'Do'Do' + Do'Do'Do'
Spurweite	mm	3000	3000
Länge über Puffer	mm	etwa 60000	etwa 48000
Achsstand			
Triebgestell	mm	4200	5000
Laufgestell, zweiachsig	mm	2300	–
Laufgestell, dreiachsig	mm	3000	–
größte Breite	mm	5000	5700
größte Höhe über SO	mm	6650	6650
Treibraddurchmesser	mm	1800	1250
Laufraddurchmesser	mm	1200	–
Dienstmasse	t	750	800
Reibungsmasse	t	300	800
mittlere Radsatzfahrmasse	t	25	33,3
größte Zugkraft	kN	735,5	1961
Leistungsziffer	kW/t	21,57	20,23
Höchstgeschwindigkeit	km/h	250	100
Hauptdieselmotoren			
Anzahl	–	4	4
Leistung	kW	4045	4045
Drehzahl	min^{-1}	700	700
Kraftübertragung	–	elektrisch	elektrisch
Bauart	–	Vorschaltgetriebe-Gleichstrom-generator und -fahrmotoren	
Hilfsdieselmotoren			
Anzahl	–	4	2
Leistung	kW	220	440
Drehzahl	min^{-1}	1100	600
Kraftstoffvorrat	l	etwa 30000	etwa 30000

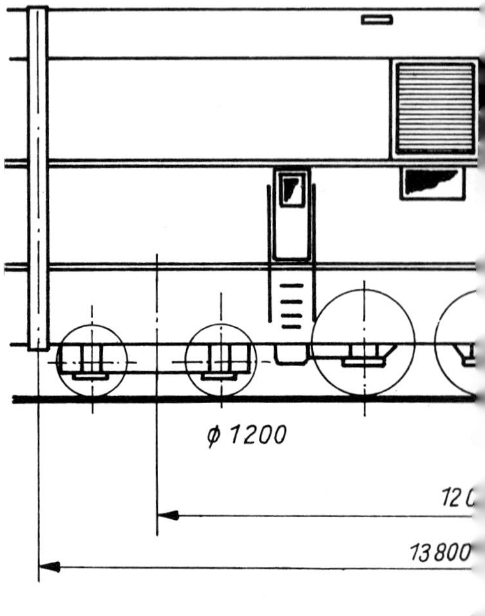

Entwurf einer Reisezuglokomotive für 3000-mm-Breitspur

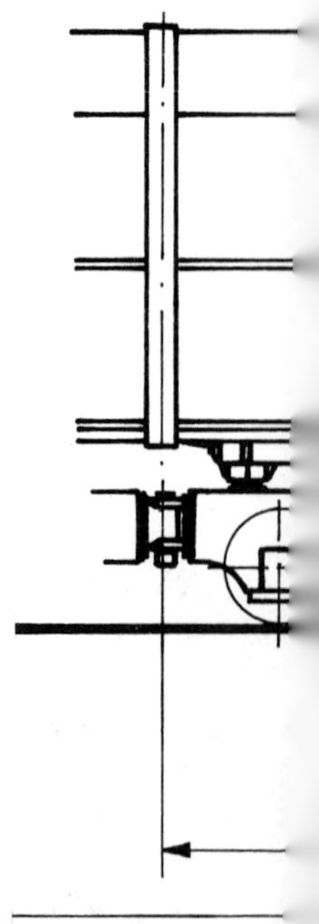

Entwurf einer Güterzuglokomotive für 3000-mm-Breitspur

bei 1250 U/min. Die elektrische Kraftübertragung von den Österreichischen Siemens-Schuckert-Werken arbeitete nach dem System Gebus. Die Lokomotive wurde durch Kriegseinwirkungen zerstört.
Die V 15901 bis V 15903 (Bilder S. 37 Mitte, unten) waren ebenfalls Lokomotiven für die 760-mm-Schmalspurstrecken Österreichs. Sie wurden 1934 von der Maschinen- und Waggonbaufabrik AG, Simmering, entwickelt. Diese Lokomotiven sollten eine Dienstmasse von etwa 12 t haben und eine Höchstgeschwindigkeit von 45 km/h erreichen. Die Lokomotiven mit der österreichischen Bezeichnung 2040/s. 01 und 2040/s. 02 wurden 1934 auf der Strecke Rup-

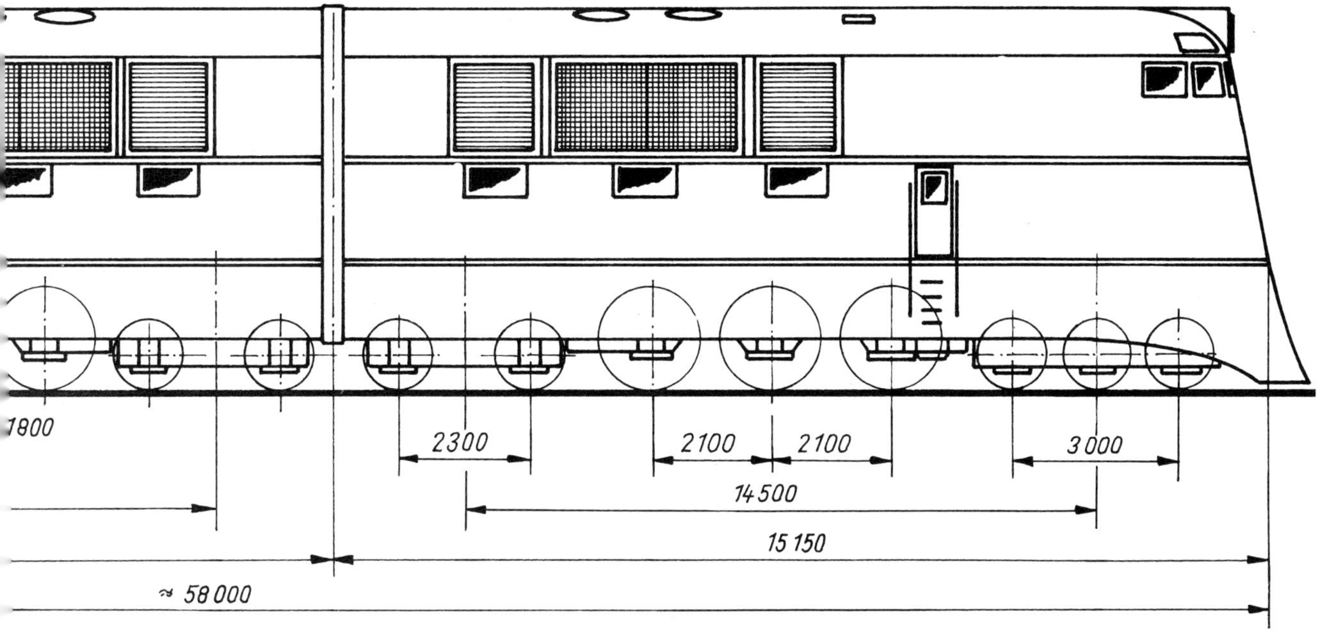
1800
2300
2100
2100
3000
14500
15150
≈ 58000

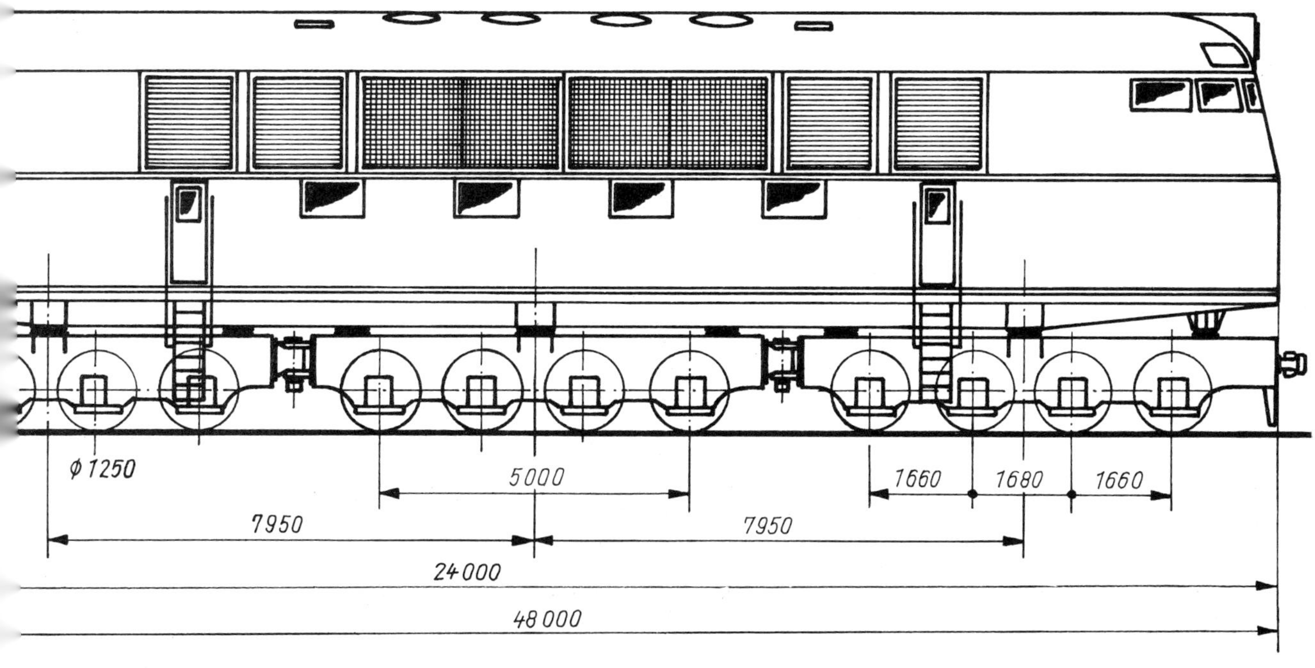
ϕ 1250
5000
1660
1680
1660
7950
7950
24000
48000

rechtshofen–Gresten in Dienst gestellt, wo sie sich sehr gut bewährt haben. Sie erreichten eine Dauerzugkraft von 7,06 kN und eine Stundenzugkraft von 9,3 kN. Als 1936 eine dritte Lokomotive angeschafft wurde, nahm man dennoch einige Veränderungen an der elektrischen Anlage vor. Mit den neuen elektrischen Maschinen erreichte die 2040/s. 03 eine Dauerzugkraft von 8,3 kN und eine Stundenzugkraft von 12,75 kN. Sie konnte Zugmassen von 30 t auch auf längeren 25-%-Steigungen befördern. 1938 wurden diese Lokomotiven als V 15 901 bis V 15 903 in den Fahrzeugpark der Deutschen Reichsbahn-Gesellschaft übernommen. Nach dem Kriege wurden sie wieder Eigentum der ÖBB und sind als Baureihe 2190.o eingesetzt worden. Die 2190.02 wurde 1982, die 2190.01 im Jahre 1983 ausgemustert, während die 2190 003 auch 1987 noch von St. Pölten AB aus ihren Dienst versieht.

Der einfache, außenliegende Blechrahmen trägt die Aufbauten, bestehend aus Führerhaus und dem Vorbau, in dem Dieselmotor, Kühler, Generator und Hilfseinrichtungen untergebracht sind. Die Bremsaus-

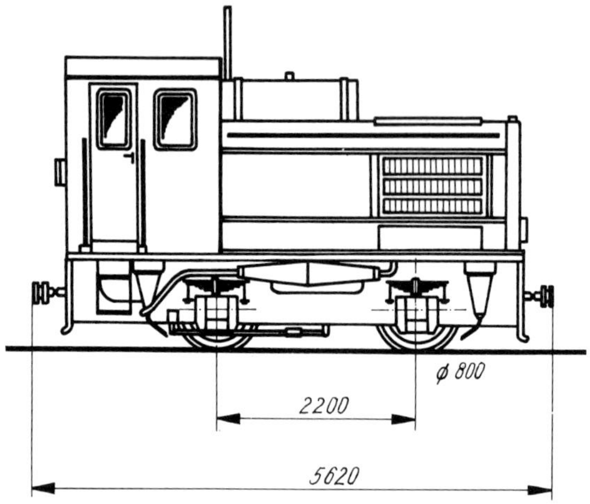

Schmalspur-Diesellokomotive V 12 901

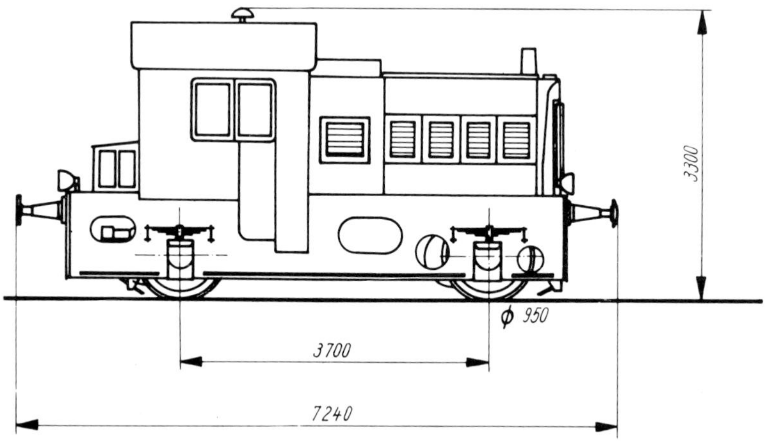

Diesellokomotive V 15 001

Diesellokomotive V 15 001
Foto: Eisenbahnmuseum ÖBB

rüstung besteht aus einer Luftsaugbremse, Bauart Hardy, und einer Handbremse.
Der Dieselmotor SV 8 (Hersteller: Maschinen- und Waggonbaufabrik AG, Simmering) leistet bei 1 500 U/min 107 kW (145 PS) und arbeitet nach dem Vorkammerverfahren. Er zeichnet sich durch hohe Bahnfestigkeit und geringen Unterhaltungsaufwand aus.
Die elektrische Kraftübertragung, System Gebus, wurde von den Österreichischen Siemens-Schukkert-Werken (ÖSSW) geliefert. Die Fahrmotoren sind in Fahrzeuglängsrichtung eingebaut und treiben über eine elastische Kupplung und eine David-Brown-Schnecke (1:13,67) die Radsätze an. Das Gehäuse des Schneckengetriebes ist mit Tatzlagerung ausgeführt. Die Lokomotive 2040/s. 03 wurde mit einem neuen Generator sowie mit neuen Fahrmotoren ausgerüstet.
Anzeigeinstrumente überwachen die Maschinenanlage. Zur Einmann-Bedienung wurde die Lokomotive mit einer mechanischen Sicherheitsfahrschaltung ausgerüstet. Ein ölhydraulisches Zeitverzögerungselement verhindert das sofortige Bremsen. Wenn der Triebfahrzeugführer den Sifa-Hebel losläßt, wird nach einer einstellbaren Verzögerungszeit das Bremsen eingeleitet.
Ein Fahr- und Wendeschalter dient zur Leistungseinstellung und Fahrtrichtungsänderung.
Als V 20 001 übernahm die Deutsche Reichsbahn-Gesellschaft eine Nebenbahn-Diesellokomotive mit elektrischer Kraftübertragung, die 1927 von der Grazer Waggonfabrik hergestellt und bei den BBÖ mit der Betriebsnummer 2020.01 auf der Nebenstrecke Arnoldstein–Kötschach–Mauthen eingesetzt war (Bilder S. 38 oben, unten). Diese Lokomotive hatte die Achsfolge A1A und eine Dienstmasse von 39,1 t. Sie erreichte eine Höchstgeschwindigkeit von 45 km/h. Der Sechszylinder-Viertakt-Dieselmotor (Graz-Hesselmann HSS) leistete 147 kW (200 PS) bei 400 U/min und trieb den schnellaufenden Hauptgenerator (n_{Gen} = 1900 U/min) an. Die 14stufige Regelung arbeitete nach dem System Ward-Leonard. Die AEG-Union lieferte die elektrische Kraftübertragung. Die Lokomotive

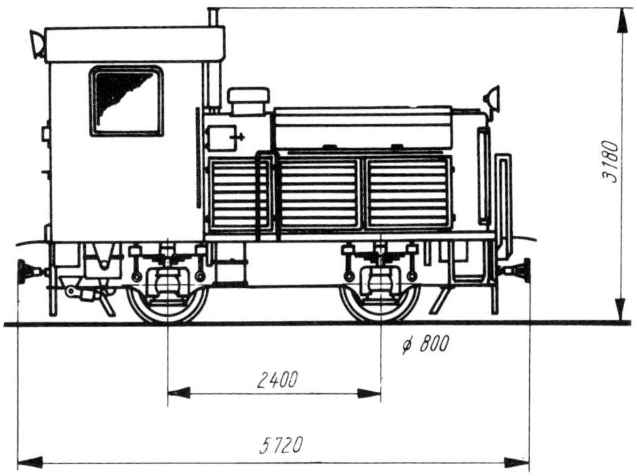

Schmalspur-Diesellokomotive V 15 901

Schmalspur-Diesellokomotive V 15 901
Foto: Eisenbahnmuseum ÖBB

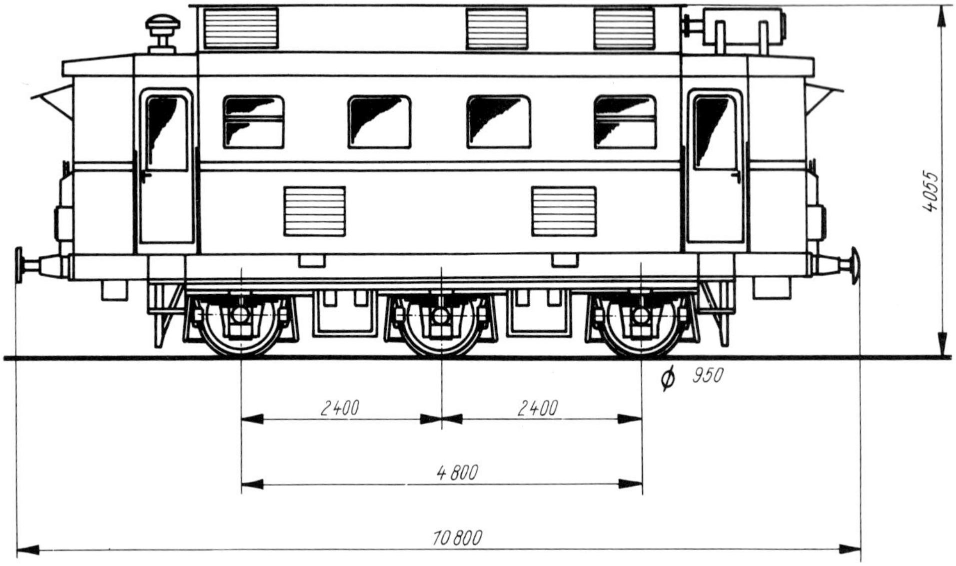

Diesellokomotive V 20 001

Diesellokomotive V 20 001
Foto: Eisenbahnmuseum ÖBB

erhielt nachträglich eine Zugheizeinrichtung. Offensichtlich hat sie sich als Einzelgänger nicht bewährt, denn sie wurde im Jahre 1939 von der DRG ausgemustert und zerlegt.

Da man anfangs gute Betriebsergebnisse mit der Normalspur-Nebenbahnlokomotive BBÖ 2020.01 (DRG V 20 001) erwartet hatte, beschafften die Bundesbahnen Österreich eine ähnliche Lokomotive, je-

Schmalspur-Diesellokomotive V 20 901

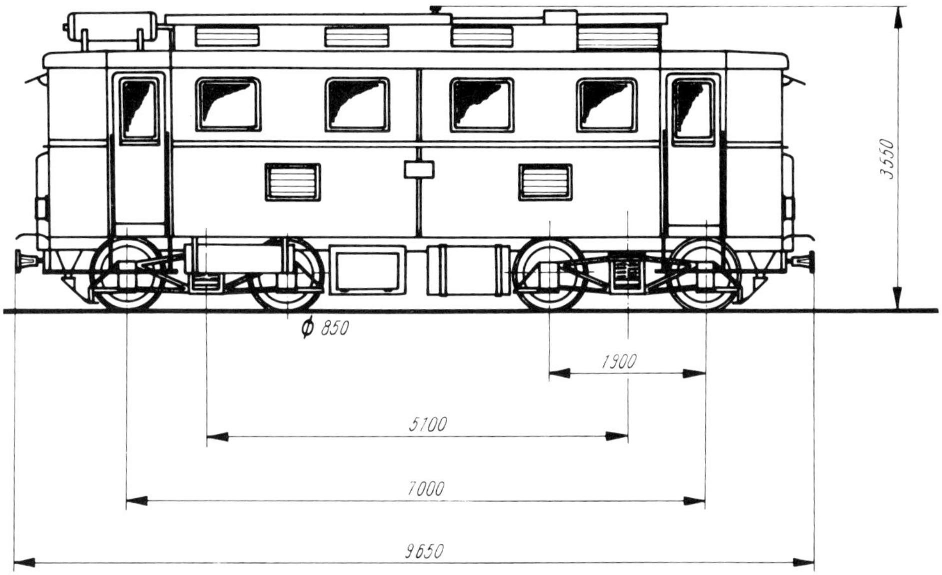

Schmalspur-Diesellokomotive V 20 901
Foto: Eisenbahnmuseum ÖBB

doch für das 760-mm-Schmalspurnetz. Wegen der auf diesen Strecken zulässigen maximalen Radsatzfahrmasse von 9 t und der Forderung nach guten Laufeigenschaften bei kleinen Bogenhalbmessern wurde die Achsfolge Bo'Bo' gewählt (Bilder auf dieser Seite). Diese Lokomotive wurde von der Grazer Waggonfabrik hergestellt, und sie erhielt die Betriebsnummer 2070/s. 01. Während ihrer Zugehö-

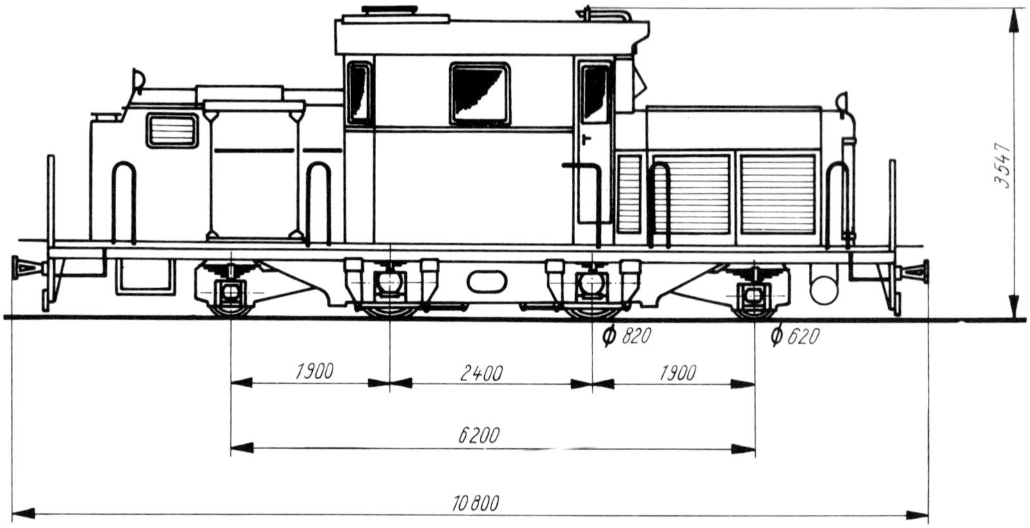

Schmalspur-Diesellokomotive mit Gepäckabteil VT 137 342

Schmalspur-Diesellokomotive mit Gepäckabteil VT 137 342
Foto: Eisenbahnmuseum ÖBB

rigkeit zur Deutschen Reichsbahn-Gesellschaft wurde sie als V 20 901 bezeichnet. Die Dienstmasse der Lokomotive beträgt 34 t. Ursprünglich wurde ein 147-kW (200 PS)-Sechszylinder-Viertakt-Reihendieselmotor (Graz-Hesselmann HSS) eingebaut. Nach 1945 ersetzte ihn ein Simmering 154-kW-Dieselmotor R 8 (210 PS). Die Österreichischen Siemens-Schuckert-Werke lieferten die elektrische Kraftübertragung. Die Regelung ist 20stufig. Entsprechend der Bremsausrüstung des Schmalspur-Wagenparks erhielt diese Lokomotive eine Vakuumbremsanlage. Sie ist bei den ÖBB mit der Betriebsnummer 2093 001 noch im Einsatz (Zugförderungsstelle St. Pölten).

Eine weitere Schmalspur-Lokomotivbaureihe, ebenfalls von den Bundesbahnen Österreich übernommen, wurde wegen des eingebauten Gepäckabteils bei der Deutschen Reichsbahn-Gesellschaft als Triebwagen bezeichnet. Diese Lo-

Übersichtstabelle der österreichischen Diesellokomotiven bei der DRG

BBÖ bis 1938	DRG	ÖBB ab 1945[1])
2021/s.01	V 12 901	2090.01
2000.01	V 15 001	–
2040/s.01...2040/s.03	V 15 901...V 15 903	2190.01...2190.03
2020.01	V 20 001	–
2070/s.01	V 20 901	2093.01
2041/s.01...2041/s.12	VT 137 332...VT 137 343	2091.01...2091.12

[1]) Die ÖBB führten ab März 1985 EDV-gerechte Betriebsnummern ein.
Beispiele: 2090.01 jetzt 2090 001-5
2093.01 jetzt 2093 001-2

komotive soll der Vollständigkeit halber hier beschrieben werden.
In den Jahren 1936 bis 1939 bauten die Waggonfabrik Simmering und die Wiener Lokomotivfabrik AG, Wien-Floridsdorf, zwölf Lokomotiven der Baureihe 2041/s. 01 bis 2041/s. 12. Während der gewaltsamen Eingliederung Österreichs in das Gebiet Deutschlands hatten diese Lokomotiven die Betriebsnummern VT 137 332 und folgende. Der Fahrzeugrahmen ruht auf zwei angetriebenen Radsätzen und zwei Laufradsätzen, die in Bissel-Gestellen (Achsfolge 1'Bo1') geführt sind (Bilder S. 40 oben, unten). Der Lokomotivaufbau besteht aus dem Vorbau mit Kühler, Dieselmotor, Generator und den anderen Hilfseinrichtungen, dem geräumigen Führerstand, in dem auch der ölgefeuerte Dampfkessel eingebaut ist, sowie dem hinteren Vorbau, der als niedriger Gepäckraum eine Grundfläche von 5 m² hat. Als Antriebsmotor wurde der Simmeringer Achtzylinder-V-Motor R 8 eingebaut, der 154 kW (210 PS) bei 1 350 U/min leistet. Die Österreichischen Siemens-Schuckert-Werke lieferten den Generator GMB 306/18 mit 128 kW Dauerleistung (Gebus-Schaltung) und die beiden Bahnmotoren GMB 187/17 (2× 57 kW), die über eine doppelte Stirnradübersetzung (1:14,5) die beiden Treibradsätze antreiben. Die Bremsausrüstung und die mechanische Sicherheitsfahrschaltung entsprachen der 2040/s. (V 15 901 bis V 15 903). Der ölgefeuerte Heizdampferzeuger hat eine selbsttätige Speiseeinrichtung und liefert eine Dampfmenge von 150 kg/h. Die ersten Lokomotiven dieser Baureihe wurden im Winter 1935/36 auf der Strecke Zell am See–Krimml in Dienst gestellt. Bereits nach kurzer Betriebszeit hatte sich diese Lokomotive bewährt, so daß weitere beschafft wurden, und im Jahre 1938 stellten sie den Standardtyp der österreichischen Schmalspur-Diesellokomotiven dar. Seit 1945 gehören sie wieder zum österreichischen Fahrzeugpark. Im neuen Nummernsystem der ÖBB sind diese Lokomotiven als 2091 001 bis 2091 012 eingeordnet, wobei die 2091.06 inzwischen aus dem Bestand ausgeschieden ist.

Diesel-Klose-Sulzer-Thermolokomotive

2'B 2'

1912 bis 1914

Techn. Daten: Seite 182

Im Jahre 1906 hatte sich Rudolf Diesel bemüht, seinem Motor auch auf den Schienen ein neues Anwendungsgebiet zu erschließen. Mit Oberbaurat A. Klose in Berlin-Halensee und der Firma Gebrüder Sulzer in Winterthur (Schweiz) gründete er die „Gesellschaft für Thermolokomotiven, Diesel-Klose-Sulzer GmbH".

Diese Gesellschaft machte es sich zur Aufgabe, Projekte und Angebote für Diesellokomotiven zu erarbeiten und den Bahnverwaltungen vorzulegen, um möglichst bald anhand konkreter Aufträge die Realisierbarkeit einer betriebssicheren Diesellokomotive nachweisen zu können. Ein solches Angebot wurde auch der Königlich Preußischen Eisenbahn-Verwaltung vorgelegt. Es sah eine 2'B2'-Diesellokomotive mit direktem Antrieb vor. Die Lokomotive sollte mit der Hauptmaschine in der Waagerechten einen 200-t-Schnellzug mit 90 km/h und bei Aufladung durch ein Hilfsdiesel-Luftverdichter-Aggregat einen Zug gleicher Masse bei 10 ‰ Steigung noch mit mindestens 50 km/h befördern können. Nach eingehender Prüfung erteilte die KPEV am 16. April 1909 den historischen Auftrag zum Bau der ersten Großdiesellokomotive der Welt.

Die Bauausführung übernahmen die Firmen Sulzer, Winterthur, und Borsig, Berlin, gemeinsam. Sulzer fertigte seit mehreren Jahren bereits umsteuerbare Schiffsdieselmotoren und lieferte die Maschinenanlage. Der fahrzeugtechnische Teil wurde nach dem Entwurf von Klose durch Borsig, Berlin-Tegel, ausgeführt.

Nach ihrer Fertigstellung im September 1912 wurde die Diesel-Klose-Sulzer-Lokomotive auf Strekken der näheren Umgebung von Winterthur einer ersten Erprobung unterzogen. Dabei stellte sich außer einigen anderen Schwächen heraus, daß die Kühleranlage falsch ausgelegt war. Vor einem Schnellzug wurden die Motorzylinder so warm, daß die Lokomotive in Steigungen stehenblieb. Der Kühlwasservorrat mußte bei der gewählten Konstruktion bereits nach einer Fahrstrecke von 70 km ergänzt werden. Die Firma Sulzer baute daraufhin eine zusätzliche Rückkühlung ein.

Nach diesen Änderungsarbeiten konnten im März 1913 die Versuche auf der Strecke Winterthur–Romanshorn (Streckenlänge 35 km) wieder aufgenommen werden. Nach dem Nachweis einer ausreichenden Betriebssicherheit wurde die Lokomotive in den Tagen vom 31. März bis zum 4. April 1913 von Winterthur über Basel, Straßburg, Ludwigshafen, Worms, Hanau und Nordhausen nach Berlin-Grunewald überführt. Von Basel nach Straßburg und von Ludwigshafen nach Worms war die Diesellokomotive einem Eilgüterzug vorgespannt,

Die erste Großdiesellokomotive der Welt, die Diesel-Klose-Sulzer-Thermolokomotive mit direktem Antrieb
Zeichnung: Glatte

wobei sie zeitweise den ganzen Zug einschließlich Dampflokomotive zog und dabei eine Geschwindigkeit von immerhin 70 km/h erreichte. Während der Überführungsfahrt wechselte die Fahrgeschwindigkeit entsprechend dem aufgestellten Fahrplan zwischen 20 und 100 km/h.
Die eigentlichen Versuchsfahrten vor dem Meßwagen fanden im Sommer 1913 von Grunewald aus statt. Gleich zu Beginn der Erprobungen brach jedoch eine Achswelle, und die Versuche mußten aus diesem Grunde sechs Monate lang unterbrochen werden.
Beim Einsatz vor Personenzügen reichte die Anlaßluft für das oftmalige Anfahren nicht aus, so daß die Lok häufig stehenblieb, bis das Hilfsdiesel-Luftverdichter-Aggregat die Druckluftflaschen wieder aufgefüllt hatte. Außerdem machte sich beim Anfahren die Unterkühlung der Motorzylinder infolge der Entspannung der Druckluft ungünstig bemerkbar. Der Riß eines Motorzylinders während der 14. Versuchsfahrt von Berlin-Grunewald aus und schließlich der Kriegsausbruch 1914 beendeten alle weiteren Versuche mit dieser Lokomotive. Sie wurde später verschrottet, ohne je im Betriebsdienst eingesetzt gewesen zu sein.
Die KPEV hatte ursprünglich an der Thermolokomotive sehr großes Interesse, da die Vorstellung bestand, die Dampflokomotiven auf den Strecken der Berliner Ring- und Vorortbahn gegebenenfalls durch Diesellokomotiven zu ersetzen. Diese Pläne wurden aufgegeben, als die Elektrifizierung der Berliner Stadt- und Vorortbahnen ins Auge gefaßt wurde.

Konstruktive Merkmale

Rahmen kastenförmig aus 22,5-mm-Blechen, mittlere Querversteifung durch Stahlgußgehäuse des Dieselmotors. Weitere aus Blechen und Profilen gebaute Querträger als Drehzapfenträger und Aufnahmekasten für Zugstangen. Stangenpuffer und Schraubenkupplung.
Aufbauten: Kastenaufbau aus Profilen und Stahlblech ohne Trennwände mit Maschinenraum zwischen den schmalen Stirnführerständen (etwa 1 300 mm breit). Im Maschinenraum Hauptantriebsdieselmotor, Hilfsdieselmotor mit Luftverdichter, Anlaßluftflaschen und weitere Hilfseinrichtungen, wie Pumpen usw.
Ein Kraftstoff- und drei Kühlwasserbehälter an den vier Fahrzeugecken neben den Führerständen in halbhohen Aufbauten. Stirnwandtüren zum Übergang in Reisezugwagen.
Laufwerk: Zwei Kuppelradsätze mit Gegenmassen zum Ausgleich der hin- und hergehenden Massen des Antriebs. Blattfedern unter den Radsätzen mit zusätzlicher Federung der Hängeeisen in Doppelspiralfedern. Zweiachsige Laufdrehgestelle. Seitliche Verschiebbarkeit gegen Blattfedern.
Aufbau und Rahmen stützten sich mit Gleitplatten auf tiefliegendem, wiegenartigem Träger im Drehgestell über Blattfedern ab.

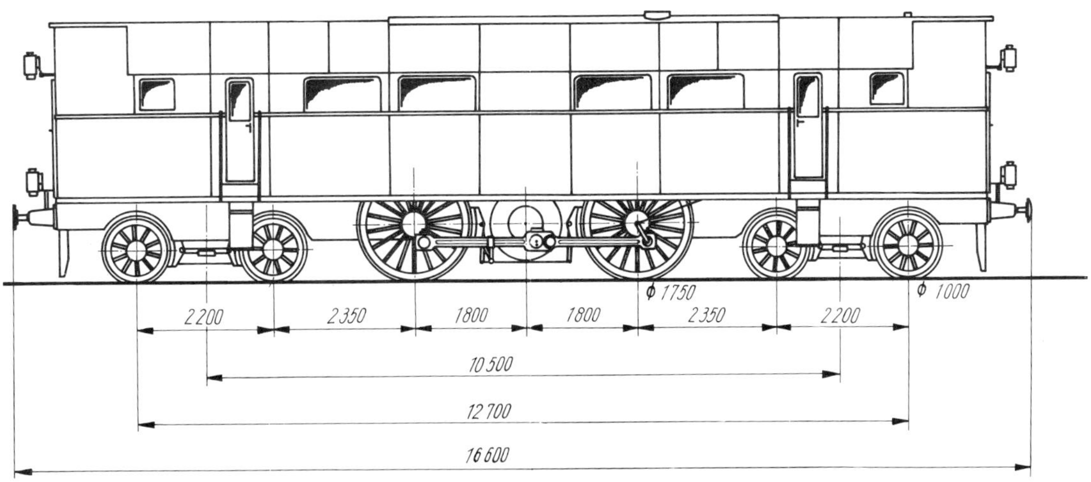

Diesel-Klose-Sulzer-Thermolokomotive mit direktem Antrieb

Bremsen: Westinghouse-Druckluftbremse wirkte einseitig auf alle Kuppel- und Laufräder, die Kniehebel-Handbremse als Feststellbremse auf die beiden Kuppelradsätze.
Dieselmotor von Sulzer nach Erfahrungen und positiven Betriebsergebnissen mit umsteuerbaren, einfach wirkenden Zweitakt-Schiffsdieselmotoren entwickelt und gebaut. 883-kW-Vierzylinder-V-Dieselmotor (1 200 PS) quer zur Fahrtrichtung angeordnet. 90°-V-Stellung. Bohrung 380 mm, Hub 550 mm. Zweifach gekröpfte Kurbelwelle gleichzeitig Blindwelle für Antrieb.
Anfahren mit Druckluft (4,9 MPa ⟨50 kp/cm^2⟩) aus Flaschenbatterie. Anlaßvorgang des Dieselmotors unter Last bis zu einer Geschwindigkeit von 8 bis 10 km/h mit reinem Druckluftbetrieb, hierzu speziell Steuerverteiler für die einzelnen Zylinder. Oberhalb dieser Fahrgeschwindigkeit Kraftstoffeinspritzung und Selbstzündungsverbrennung in den Zylindern, d.h., Arbeitsbereich des Dieselmotors mit Verbrennungsprozeß von etwa 30 U/min entsprechend 10 km/h bis 304 U/min entsprechend 100 km/h. In diesem Bereich ständig mit geringer Aufladung 39,2 kPa (0,4 kp/cm^2), bei größerer Belastung war höhere Aufladung möglich. Ladeluft aus zwei doppelt wirkenden Spülluft-Kolbenpumpen zwischen den Dieselzylindern oder ebenfalls aus der Druckluftflaschenbatterie.
Einblaseluft (6,87 MPa ⟨70 kp/cm^2⟩) von dreistufiger Luftpumpe, die mit den beiden vorderen Arbeitszylindern des Dieselmotors über deren Schubstangen sowie mit Kipphebeln und Gelenkstangen angetrieben wurden.
Kraftübertragung: direkt von Blindwelle (Kurbelwelle des Dieselmotors) auf Kuppelradsätze mit Kuppelstangen.
Hilfseinrichtungen: 184-kW-Zweizylinder-Hilfsdieselmotor (250 PS) mit dreistufigem Kolbenverdichter auf gemeinsamer Kurbelwelle und in einem Gehäuse. Motorzylinder stehend (Bohrung 305 mm, Hub 380 mm), Verdichterzylinder waagerecht liegend. Druckluft von 4,9 bis 6,87 MPa (50 bis 70 kp/cm^2) zum Auffüllen der Flaschenbatterie.
Gleicher Hilfsdieselmotor trieb Pumpen für Kühlwasser, Schmieröl und Kraftstoffförderung an.
Vorschmieren der Dieselmotorlager vor dem Anfahren mittels Handpumpe vom Führerstand aus.
Kühlung vor dem Umbau mit Kühlwasser aus drei Behältern, das nach Erwärmen in den Kühlräumen und -kanälen im Dieselmotor auf die Strecke abgelassen wurde. Vorrat war nach jeweils 70 km Fahrstrecke verbraucht!
Kühleinrichtung nach dem Umbau bestand aus Wabenkühler und Verdampfungskühler mit veränderlicher Berieselung, angeordnet über den Führerständen.
Ölgefeuerter Heizkessel zur Beheizung von Reisezugwagen im Maschinenraum.
Druckluftsandstreuer, Druckluftpfeife
Steuerung: von beiden Führerständen aus möglich:
Anfahren (0 bis 10 km): Anlaßventil zum gesteuerten Beaufschlagen der Dieselmotorzylinder mit Druckluft.
Fahren (10 bis 100 km): Regeln der Kraftstoffzufuhr und Ladeluft je nach Leistungs- und Geschwindigkeitsbedarf. Richtungsänderung: Umsteuern des Dieselmotors in die entgegengesetzte Drehrichtung.
Überwachung: mit Anzeigeinstrumenten für Motortemperatur, Anfahrluftdruck, Bremsluftdruck, Schmieröldruck, Motordrehzahl und anderes.
Registrierender Geschwindigkeitsmesser.

Literatur:

E 13 (1960) 8./9. – S. 150–151
SBZ 62 (1913) 22. – S. 297–302
VDI 57 (1913) 34. – S. 1 325–1 331

V 3201

V 120 001

2'C 2'

1929 bis 1935

Techn. Daten: Seite 182

Im Rahmen eines deutsch-sowjetischen Entwicklungsprogramms für Diesellokomotiven hatte die Deutsche Reichsbahn-Gesellschaft im Jahre 1924 die Auftragserteilung für eine Diesellokomotive mit pneumatischer Kraftübertragung (Diesel-Druckluft-Lokomotive) übernommen. Die Sowjetunion ließ im Rahmen der gleichen Vereinbarung nach den Entwürfen von Lomonossow in Deutschland eine Diesellokomotive mit elektrischer (1'Eo1') und eine mit mechanischer (2'E1') Kraftübertragung bauen. Da alle drei Lokomotiven den gleichen Motortyp erhalten sollten, legte diese Vereinbarung das Leistungsprogramm fest. Nach einer überschläglichen Bilanzierung der Massen entschied man sich für die Achsfolge 2'C2' bei einer Radsatzmasse von 18 t. Damit wollte man in Leistung und Aufbau zu einer der Dampflok-Baureihe 78 (ehemaliger pr. T 18) ähnlichen Lokomotive kommen, die sich seit über zehn Jahren bestens bewährt hatte. Die neue Diesellokomotive sollte wie die T 18 im Personenzugdienst auf Haupt- und Nebenbahnen eingesetzt werden und 230-t-Züge auf einer Steigung von 25 ‰ mit 20 km/h befördern. Als Anfahrzugkraft waren 117,7 kN vorgegeben.
Man hatte die Druckluft-Kraftübertragung gewählt, weil man glaubte, die zahlreichen Erfahrungen mit Dampflokomotiven – und hier besonders die einfachen Regelorgane – anwenden zu können. Außerdem versprach damals die pneumatische Kraftübertragung, die wirtschaftlichste Lösung zu sein. Die hydraulische Kraftübertragung wurde für diese Leistungsklasse noch nicht beherrscht. Die Kosten der elektrischen, mechanischen und pneumatischen Kraftübertragung verhielten sich nach damaligen Kalkulationen wie 100:82:63.
Die Entwicklung führten die Maschinenfabrik Esslingen und die Maschinenfabrik Augsburg-Nürnberg (MAN) zusammen mit dem Konstruktionsdezernat des Reichsbahn-Zentralamtes aus.
Die Maschinenfabrik Esslingen konstruierte den Fahrzeugteil in Anlehnung an Rahmen und Laufwerk der Einheitsdampflokomotiven. Der Bau dieser Lokomotive begann 1924 und zog sich über drei Jahre hin, ehe die erste Probefahrt stattfand.
Während der Bauzeit unterzog MAN die Antriebsanlage vor dem Einbau in die Lokomotive umfangreichen Prüfstandsversuchen. Nach Fertigstellung der Lokomotive schlossen sich Versuche auf dem Rollenprüfstand der Maschinenfabrik Esslingen an. Daraufhin erfolgten erste Versuchsfahrten auf Strecken der RBD Stuttgart. Nach den umfangreichen Versuchen und Änderungen, die die Ablieferung der Lokomotive an die DRG verzögerten, fand am 22. November 1929 die amtliche Abnahmefahrt von Obertürkheim nach Augsburg und zurück statt. Die Überführungsfahrt zur weiteren Erprobung in der Lokomotivversuchsabteilung beim RAW Berlin-Grunewald war am 11./12. Dezember 1929. Dabei wurde ein 233 t schwerer fahrplanmäßiger Eilzug ohne Schiebelokomotive mit 20 km/h über die Geislinger Steige (25 ‰) gezogen. Bereits die Überführungsfahrt bewies, daß das gewählte Übertragungsverfahren in der Bedienung der Lokomotive kaum Unterschiede zu einer Dampflokomotive zeigte. Die dann folgende Erprobung in Berlin-Grunewald brachte teilweise zufriedenstellende Ergebnisse, so daß die Diesellokomotive später der RBD Stuttgart zum Einsatz übergeben werden konnte. Sie war dort mehrere Jahre im Betrieb, ohne jedoch wirklich zu befriedigen.
Die ursprüngliche Bezeichnung V 3201 wurde 1930 in V 120 001 geändert. Die Lokomotive wurde Mitte der dreißiger Jahre verschrottet.

Konstruktive Merkmale

Rahmen: Barreninnenrahmen, versteift durch Verschraubung des Obergurtes mit gemeinsamer Grundplatte für Dieselmotor und Luftverdichter, Stirnseiten trugen auswechselbare Pufferträger mit normaler Zug- und Stoßeinrichtung. Kuppelradsätze in Gleitbakken im Rahmen geführt.
Aufbauten: allseitig geschlossener Fahrzeugkasten mit Wasser-

und Ölkühlern an den Stirnseiten, linke Fahrzeugseite mit langer Fensterreihe zwischen den Führerständen, rechte Fahrzeugseite mit geschlossener Blechwand.
Hinter vorderen Stirnkühlern (Motorkühlwasser-Kühler, Lageröl-Kühler, Einspritzwasser-Kühler) und Wasservorratsbehälter folgten: Führerstand 1, hinter einer Trennwand mit Durchgangstür der Maschinistenplatz und der Maschinenraum mit Dieselmotor, Druckluftverdichter, Anlaßdruckluftbehälter, Lufterhitzer, Heizkessel und weitere Hilfseinrichtungen, hinter einer weiteren Trennwand der Führerstand 2 mit darunterliegendem Kraftstoffbehälter und an der Stirnwand Kolbenölkühler sowie Hochbehälter für Einspritzkühlwasser. Beide Führerstände mit zwei Einstiegtüren, Stirn- und Seitenfenstern.
Wasserkasten auf linker Fahrzeugseite.
Laufwerk entsprach Einheitsdampflokomotiven der DRG.
Drei Kuppelradsätze gleitgelagert. Vier Laufradsätze sicherten gute Laufeigenschaften in beiden Fahrrichtungen, je zwei in einem Drehgestell zusammengefaßt, Blattfederung.
Bremsen wie bei Einheitsdampflokomotiven.
Durchgehende selbsttätige und nichtselbsttätige Druckluftbremse. Handbremse. Führerbremsventil und Zusatzbremsventil in jedem Führerstand. Einseitige Abbremsung aller Räder mit Graugußbremsklötzen.
Dieselmotor: Derzeit kein Eisenbahn-Dieselmotor verfügbar. MAN-U-Boot-Dieselmotor Typ Lo 6 Vu 45/42, bezüglich geringer Masse und Abmessungen sowie Betriebszuverlässigkeit beste Lösung. Dauerleistung 735 kW (1 000 PS) bei 400 U/min, kurzzeitige Höchstleistung 883 kW (1 200 PS) bei 450 U/min. Sechszylinder-Reihenmotor, Bohrung 450 mm, Hub 420 mm.
Kraftstoffeinspritzung durch Einzeleinspritzpumpe je Zylinder. Obenliegende Dieselmotornockenwelle auf Schwungradseite durch Stirnradgetriebe angetrieben, wirkte auch auf Einspritzpumpen. Füllungs- und Drehzahlregelung der Einzeleinspritzpumpen von besonderen Steuerwellen werden betätigt durch einen hydraulisch ver-

V 120 001 (ex V 3201), rechte Fahrzeugseite

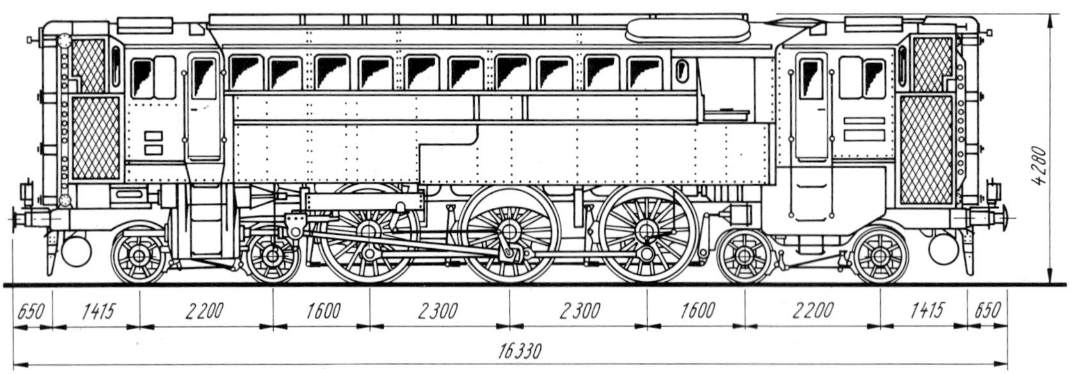

V 120 001 (ex V 3201), linke Fahrzeugseite

V 120 001 (ex V 3201), rechte Fahrzeugseite
Foto: transpress-Archiv

V 120 001 (ex V 3201), linke Fahrzeugseite
Foto: transpress-Archiv

stärkten Fliehkraftregler (Servomotor).
Fallkraftstoff aus Hochbehälter zu den Einspritzpumpen. Hochbehälter im Maschinenraum durch mechanisch angetriebene Zahnradpumpe aus tiefliegendem Vorratsbehälter gespeist.
Ansaugluft durch drei Dachfilter und Rohrleitungen zum Motor.
Motorabgase vom Sammelrohr zum Wärmetauscher für Arbeitsmedium, dahinter mit Rohrleitung über das Dach ins Freie. Druckluftanlassung gespeist aus vier Hochdruck-Stahlflaschen.
Kraftübertragung mit Druckluft. Speziell entwickelter Zweizylinder-Kolben-Luftverdichter mit Dieselmotor auf gemeinsamer Grundplatte in einem Maschinengehäuse vereinigt, arbeitete einstufig und erreichte 785 kPa Enddruck. Konstruktiv und experimentell optimierte Verdichterkühlung durch direkte Wassereinspritzung (Einspritzdruck 19,6 MPa), ähnlich Kraftstoffeinspritzanlage.
Pleuel der Verdichterkolben auf verlängerter Kurbelwelle des Dieselmotors laufend, die beiden Kurbelzapfen um 180° versetzt.
Verlängerte Nockenwelle aes Dieselmotors steuert auch Ansaugventile des Verdichters. Automatische Druckauslaßventile. Verdichterluft über großen Filter im Lokomotivdach angesaugt. Verdichtete Arbeitsluft im Gegenstrom-Lufterhitzer durch Motorabgas von etwa 200 auf annähernd 350 °C erwärmt.
Erhitzte Druckluft arbeitete in nor-

malem Lokomotivzylinder (700 mm Durchmesser, 700 mm Hub), wurde durch Rohrleitung über das Führerhausdach ins Freie ausgestoßen.
Triebwerk entsprach dem der damaligen Dampflokomotiven. Treibstange auf mittleren Radsatz, Verbindung mit Kuppelstangen zu äußeren Radsätzen.
Heusinger-Steuerung ebenfalls wie bei Dampflokomotive. Kolbenschieber steuerte doppelte Einströmung. Zu- und Abschalten sowie Regeln der Leistung mit Ventilregler.
Hilfseinrichtungen: Von Kurbelwelle über Zahnradgetriebe und Rutschkupplung angetriebener Generator und Bleibatterie für elektrische Stromversorgung.
Signalleuchten mit wahlweise roten Vorsteckscheiben an beiden Stirnseiten
Je Fahrtrichtung eine Signalpfeife zur akustischen Signalgebung.
Wärmeabführung des Dieselmotors in zwei Stirnkühlern aus auswechselbaren und einzeln abschaltbaren Wabenkühlelementen. Jede Stirnkühlergruppe mit Lüfterrad (von 11-kW-Elektromotor angetrieben). Getrennte Kühlkreisläufe für Motorkühlwasser, Motorschmieröl, Kolbenkühlöl und Einspritzwasser zur Verdichterkühlung.
Umwälzpumpen für Wasser- und Ölkreisläufe mit mechanischem Antrieb vom Dieselmotor über Zahnradgetriebe.
Ölgefeuerter Stehkessel erzeugte Dampf für Reisezugbeheizung. Verbrennungsluft mit Gebläse zugeführt (3,7-kW-Elektromotor), Regelung manuell durch Maschinisten im Maschinenraum. Luftverdichter für Nebenbetriebe und Bremse ebenfalls vom Dieselmotor mechanisch angetrieben. Hauptluftbehälter (je 360 l) unter dem Fahrzeugrahmen vor den Drehgestellen.
Zentralschmierung für Kolben, Kolbenstange, Steuerschieber und Kreuzkopf für jede Triebwerkseite über Anlenkhebel vom dritten Kuppelradsatz angetrieben.
Steuerung ähnlich der einer Dampflokomotive, d. h. Anfahren und Leistungseinstellung mit Reglerhebel und Steuerrad. Drehzahl- und Leistungseinstellung des Dieselmotors mit zwei zusätzlichen kleinen Handrädern auf dem Führerstand 1. Dort auch Regelhandrad für Kühlwassereinspritzung im Traktionsluftverdichter.
Weitere Bedienungselemente (z. B. für Anlassen des Dieselmotors) im Maschinistenstand direkt am Dieselmotor hinter Führerstand 1.
Überwachung aller Betriebszustände von Dieselmotor, Kraftübertragungsanlage und Hilfseinrichtungen mit Anzeigeinstrumenten in den Führerständen (abzulesen z. B. Kühlwasser- und Schmieröltemperatur, Temperatur der Arbeitsdruckluft, Strom und Spannung der elektrischen Energieversorgung).

Literatur:

em 15 (1977) 11. – S. 28–29, S. 38–40
GA 53 (1930) 3. – S. 35–39
GA 54 (1931) 11. – S. 93–100
VDI 74 (1930) 10. – S. 289–296

V 3602

B 1

1925 bis 1929

Techn. Daten: Seite 182

In den Jahren 1920 bis 1924 untersuchten einige Lokomotivhersteller die Verwendbarkeit des Dieselmotors und verschiedener Kraftübertragungsarten für den Eisenbahnbetrieb. Die Berliner Maschinenbau AG, vorm. Schwartzkopff, Berlin-Wildau, hatte schon zu dieser Zeit viele Erfahrungen mit einem hydrostatischen Getriebe nach dem Patent des Schweizer Ingenieurs Huwiler sammeln können. Diese Getriebebauart hatte sich bereits als Übertragungselement für Papiermaschinen bewährt. Seiner Kennlinie entsprechend war anzunehmen, daß sich dieses Getriebe auch für den stufenlosen Antrieb von Eisenbahntriebfahrzeugen eignet.
Nachdem auf der Eisenbahn-Fahrzeugausstellung in Seddin 1924 bereits eine B-Lokomotive mit Schwartzkopff-Huwiler-Antrieb gezeigt worden war, wurde zur gleichen Zeit eine Diesellokomotive mit dem gleichen Antrieb, aber mit der Achsfolge B1 für die Deutsche Reichsbahn-Gesellschaft gebaut.

Angaben über das ursprünglich geforderte Leistungsprogramm waren nicht mehr zu ermitteln. Die Lokomotive sollte im leichten Personenzugdienst auf Hauptbahnen eingesetzt werden. Ihre Hauptaufgabe war jedoch, die hydrostatische Kraftübertragung Bauart Schwartzkopff-Huwiler in Dieseltriebfahrzeugen unter den Bedingungen des Eisenbahnbetriebes experimentell zu erproben. Zunächst wurden aber Dauerversuche mit dem Getriebe auf einem Prüfstand der Technischen Hochschule Dresden durchgeführt. Dabei wurde ein Wirkungsgrad von über 82 % ermittelt.

Nach einer ausgedehnten Erprobung der Lokomotive auf dem Versuchsgleis des Herstellerwerkes, bei der vor allem die Umsteuerbarkeit und die Regelung der Schwartzkopff-Huwiler-Kraftübertragung untersucht wurden, folgten Versuchsfahrten auf der 58 km langen Nebenbahnstrecke Königs Wusterhausen–Grunow (Lausitz). Dabei wurde der von der TH Dresden ermittelte Getriebewirkungsgrad nicht mehr ganz erreicht. Es wurde vielmehr ein Wirkungsgrad von 76 % festgestellt. Trotzdem befriedigten die Leistungen der Lokomotive bei Zugfahrten mit Zugmassen von 123 bis 150 t. Wahrscheinlich rechtfertigten jedoch die späteren Betriebserfahrungen hinsichtlich Betriebskosten und Unterhaltsaufwand nicht den weiteren Einsatz dieser Lokomotive. Sie wurde nach recht kurzer Betriebszeit noch vor 1930 ausgemustert.

162-kW-Diesellokomotive mit hydrostatischem Schwartzkopff-Huwiler-Antrieb V 3602 der DRG
Zeichnung: Glatte

Konstruktive Merkmale

Rahmen: Blechinnenrahmen. Längsträgerbleche mit Ausschnitten für Radsatzlagergehäuse und für Blindwellenlagerung. Stirnseitig angenietete Pufferträger mit Stangenpuffern und leichten Schraubenkupplungen.

Aufbauten aus Profilen und Stahlblechen. Dreigliederung: vorderer Maschinenraum mit Dieselmotor, Schaltkupplung, Hilfs-Ottomotor mit Luftverdichter und Kühlanlage; Führerstand mit je einem Fahrpult für beide Fahrtrichtungen und unter dem Fußboden angeordnetem hydrostatischen Motor mit Blindwelle; hinterer Maschinenraum mit der hydrostatischen Pumpe und der Drehschieber-Steuereinrichtung der Schwartzkopff-Huwiler-Kraftübertragung. Maschinenvorbauten oben zur besseren Streckensicht auf etwa 1 800 mm Breite eingezogen. Führerstand über volle Fahrzeugbreite.

Laufwerk: gleitgelagerte Radsätze, Lagergehäuse in Rahmenausschnitten mittels Gleitbacken geführt. Blattfedern unter den Radsatzlagergehäusen.

Bremsen: durchgehende Druckluftbremse. Ein Bremszylinder wirkte über Gestänge einseitig mit Grauguß-Bremsklötzen auf die zwei Treibradsätze (Laufradsatz nicht abgebremst).

Dieselmotor: 162-kW-Sechszylinder-Viertakt-Dieselmotor (220 PS) mit Kraftstoffeinblasung und höch-

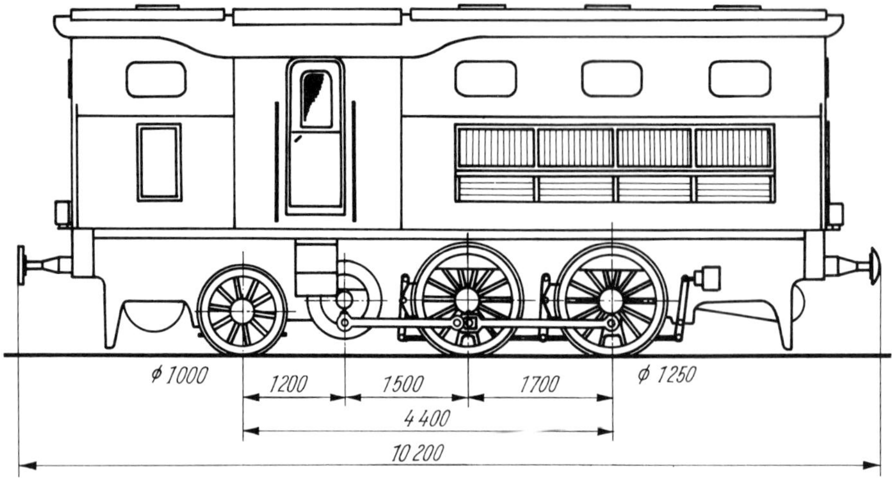

162-kW-Diesellokomotive mit hydrostatischer Kraftübertragung (System Schwartzkopff-Huwiler)

ster Drehzahl von 450 U/min, Bauart Görlitz, Kraftstoffeinblasung mit Druckluft.
Druckluftanlassung.
Aufbau des Motors mit Hilfsrahmen auf dem Lokomotivrahmen.
Kraftübertragung: Dieselmotor trieb über schaltbare Reibungskupplung, Welle und starre Kupplung Hydraulik-Kapselpumpe. Hochdruckölleitung über Steuerdrehschieber zum Ölmotor. Drucköl trieb hydrostatischen Motor, in dem Druckenergie wieder in Bewegungsenergie umgewandelt wurde. Weitere Leistungsübertragung vom Ölmotor über einstufiges Zahnradvorlege (Übersetzung 1:1,75) auf Blindwelle, von dort über Treibstangen auf zweiten Radsatz und über Kuppelstangen auf ersten Radsatz.
Hilfseinrichtungen: Hochdruckluftverdichter direkt am Dieselmotor angebaut, arbeitete auf Stahlflaschen unter dem vorderen Maschinenraum für Anlaßluft und Kraftstoffeinblasung. Im vorderen Vorbau quer eingebauter und schnellaufender Vierzylinder-Ottomotor trieb mechanisch Lüfterflügel der Kühlanlage, Kühlwasserumwälzpumpe und abkuppelbaren Zusatzluftverdichter. Kühlwasser beider Motoren und Getriebeöl wurden in den seitlichen acht Röhrenkühlern rückgekühlt. Alle acht Lüfterflügel durch Wellen, Kegel- und Zahnräder mechanisch miteinander gekuppelt. Zusatzluftverdichter versorgte auch Druckluftbremsanlage. Bremsluftbehälter im Rahmen am Fahrzeugende.
Akustische Signalgebung mittels Luftpfeife.
Wagenlampen auf Pufferträger als Spitzen- und Schlußsignal aufsteckbar.
Steuerung: Bedienungs- und Anzeigeinstrument jeweils rechts im Führerstand auf den diagonal gegenüberliegenden Fahrpulten. Anfahren sowie Zu- und Abschalten der Kraftübertragung durch Ein- und Ausschalten der Reibkupplung mit Handrad. Mit Druckluftsteuerventil wurde Regelhülse in der Hydraulikpumpe pneumatisch verstellt, hierbei vergrößerte oder verkleinerte sich der wirksame Arbeitsraum der Pumpe. Bei herausgezogener Regelhülse war Arbeitsraum am größten, was maximaler übertragbarer Leistung entsprach.
Mit weiterem Handrad Fahrtrichtungswechsel durch Betätigung des Drehschiebers, der den Ölkreislauf und damit die Drehrichtung des Motors umkehrte.
Überwachung mit Instrumenten: Fahrtgeschwindigkeit, Motordrehzahl, Kühlwassertemperatur, Anlaß- und Bremsdruckluft. Zusätzlich Stellungsanzeige für Regelhülse der Kraftübertragung auf dem Fahrpult.

Literatur:
Org 83 (1928) 19. – S. 425
VDI 72 (1928) 18. – S. 603–604

V 6001 bis V 6003

V 16 001 bis V 16 003

B

1924 bis

Techn. Daten: Seite 182

Anfang der zwanziger Jahre entwickelte die deutsche Lokomotiv-, Waggon- und Motorenindustrie auf dem Gebiet des Diesellokomotivbaus eine große Entwurfs- und Bauaktivität. Die „Motorlokomotiv-Verkaufsgesellschaft mbH Baden“, zu der sich die Badischen Lokomotivwerke Mosbach (heute Carl Kaelble und Gmeinder), die Maschinenbau-Gesellschaft Karlsruhe und die Motorenwerke Mannheim zusammengeschlossen hatten, bot ein besonders reichhaltiges Programm an.
Die Deutsche Reichsbahn-Gesellschaft bestellte drei zweiachsige Diesellokomotiven, die bereits in ähnlicher Ausführung für Industriebahnen geliefert wurden. Die Fahrzeugteile wurden von der Maschinenbau-Gesellschaft Karlsruhe und die Dieselmotoren von den Motorenwerken Mannheim (vormals Benz & Co.) hergestellt. Die DRG wollte die Lokomotiven im Rangierdienst einsetzen und stellte folgende Leistungsforderungen: Dienstmasse 30 t, Beförderung einer Schleppmasse von 170 t in der Waagerechten bei einer Höchstgeschwindigkeit von 24 km/h. Bei 8 km/h sollten 600 t in der Waagerechten und 290 t bei 5 ‰ Steigung befördert werden.
Die V 6001 wurde auf der Seddiner Fahrzeugausstellung der Eisenbahntechnischen Tagung 1924 gezeigt und im Betrieb vorgeführt. Sie soll anschließend als Werkstättenfahrzeug im Aw Schwetzingen eingesetzt worden sein. Später wurden noch die V 6002 und V 6003 geliefert. 1930 erhielten sie die neuen Betriebsnummern V 16 001. bis V 16 003. Die Aussonderungsjahre konnten nicht ermittelt werden.

Konstruktive Merkmale

Rahmen als einfacher Blechrahmen mit Ausschnitten für Radsatzlagergehäuse und Durchbrüchen für die Blindwellenlagerung. Pufferbohlen trugen Hülsenpuffer und Schraubenkupplungen. Tritte und Handstangen für Rangierpersonal an allen vier Fahrzeugecken.
Aufbauten aus Profilen und Stahlblechen genietet. Vorderer längerer Maschinenaufbau mit Dieselmotor, Führerhaus mit Fahrpult und Druckflasche für Anlaßluft sowie darunter im Rahmen angeordneter Ölmotor mit Blindwelle. Hinterer Maschinenaufbau mit Kühlanlage und hydrostatischer Ölpumpe. Führerhaus in Breite des Rahmendeckbleches (2550 mm), beide Vorbauten zur besseren Streckensicht und Sicht auf Puffer eingezogen auf 1 600 mm Breite. Seitlicher Umlauf zur Wartung der Maschinenanlage und Hilfseinrichtungen durch Türen und Klappen.

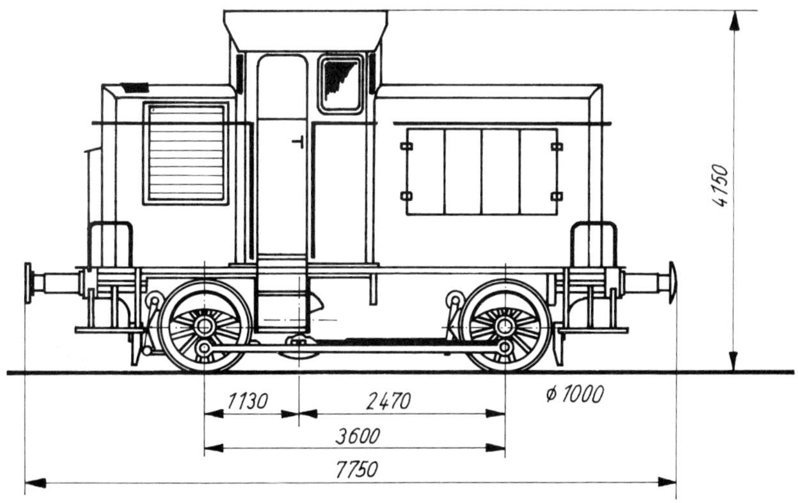

118-kW-Rangierdiesellokomotive V 6001 der DRG

Rangierdiesellokomotive V 6001 der DRG
Foto: Sammlung Glatte

Laufwerk: zwei gleitgelagerte Treibradsätze, Blattfedern über den Radsatzlagergehäusen.
Bremsen: mittels Graugußbremsklötzen einseitig auf alle vier Räder. Handbremse Bauart Exter.
Dieselmotor: Vierzylinder-Viertakt-Benz-Dieselmotor von MWM mit Kraftstoffeinspritzung. Bohrung 250 mm, Hub 350 mm, 118 kW (160 PS) bei 375 U/min.
Druckluftanlassung.
Direkter Motoraufbau auf Rahmendeckblech.
Kraftübertragung hydrostatisch nach den Patenten von Lentz. Eigenherstellung aller Bauteile durch die Badischen Lokomotivwerke. Dieselmotor trieb über Welle (unter Fahrerhaus) mit starrer Kupplung hydrostatische Ölpumpe. Diese hatte drei Kapselgehäuse, die mit Steuerschieber einzeln auf die Druckölleitung zum hydrostatischen Ölmotor geschaltet wurden. Dadurch bei gleicher Pumpendrehzahl drei Drehzahlstufen des Ölmotors, d. h. drei Geschwindigkeiten 8, 16, 26 km/h. Umsteuerschieber auf Ölmotorgehäuse diente der Wendeschaltung zum Fahrtrichtungswechsel. Ölmotorwelle über Rahmenbreite verlängert als Blindwelle.
Treibstange von Blindwelle zum ersten Radsatz und Kuppelstangen zum zweiten Radsatz.
Hilfseinrichtungen: Kühlaggregat im hinteren Vorbau für Dieselmotor-Kühlwasser und Antriebsöl der hydrostatischen Kraftübertragung, dieses über Wärmetauscher, der gleichzeitig Ausgleich- und Vorratsbehälter war. Kühlerlüfter und Kühlwasserumwälzpumpe mechanisch von Dieselmotor mit Keilriemen angetrieben. Drucklufterzeugung durch Dieselmotor.
Luftpfeife zur akustischen Signalgebung.
Elektrische Führerstandbeleuchtung.
Steuerung vom Führerstand an der vorderen Führerhauswand mit Steuerhandrad. Drehen bewirkte Einschalten der ersten, zweiten und dritten Fahrstufe nacheinander. Bei Fahrt ohne Leistung und bei Schubfahrt mußte zum Schutz vor zu hohen Drücken im Übertragungssystem ein Getriebe-Fahrventil geöffnet werden.
Fahrtrichtungsumkehr mittels Wendehebel, der den Umsteuerschieber auf dem Ölmotor betätigte (nur bei stehender Lokomotive und laufendem Dieselmotor zulässig).
Überwachung mit Anzeigeinstrumenten am Fahrstand für Drücke und Temperaturen am Dieselmotor und der Kraftübertragung. Druckluft in der Stahlluftflasche und einem Deuta-Geschwindigkeitsmesser.

Literatur:

GA 95 (1924) 11. – S. 297–298
GA 100 (1927) 8. – S. 117–127
L 22 (1925) 9. – S. 165
VDI 69 (1925) S. 647–652

V 16 004

DR V 16 004
A 20 090

Co

1933 bis 1972

Techn. Daten: Seite 183

Nach den ersten Erfolgen mit den Kleinlokomotiven der Leistungsgruppen I und II erteilte die Deutsche Reichsbahn-Gesellschaft den Siemens-Schuckert-Werken den Auftrag für eine Zweikraft-Lokomotive, die ähnliche Aufgaben erfüllen sollte wie die Kleinlokomotiven. Das Speichertriebfahrzeug mit zusätzlichem Diesel-Elektro-Ladeaggregat sollte auf größeren Personenbahnhöfen das Bereitstellen von Zügen bis 600 t, aber auch das Bereitstellen einzelner Post- oder Gepäckwagen übernehmen. Die mittlere Belastung wurde mit etwa 15 % der maximalen Leistung angenommen. Man glaubte, diese Forderungen durch eine hohe Speicherleistung und eine relativ geringe Leistung des Dieselmotors erfüllen zu können.

Die V 16 004 wurde nach ihrer Auslieferung (SSW ⟨Siemens-Schuckert-Werke AG⟩ Fabriknummer 2947) im Jahre 1933 zunächst in Berlin auf dem Anhalter-Bahnhof eingesetzt. Dabei reichte die Leistung des Ladeaggregats aus, um den der Speicheranlage entnommenen Leistungsbedarf stets zu ergänzen. Grundsätzlich war die Antriebsanlage so konzipiert, daß je nach der Belastung der Lokomotive die Fahrmotoren entweder nur aus der Batterie oder nur vom Generator oder aus Batterie und Generator gemeinsam gespeist wurden.

Die Lokomotive hatte sich vom Standpunkt der einfachen Bedienung und ihrer Wirtschaftlichkeit (niedrige Betriebs- und Wartungskosten) sowie durch Erfüllung der DRG-Forderung nach Ein-Mann-Bedienung voll und ganz bewährt.

Nach 1945 war die Lokomotive lange Zeit im Bw Brandenburg nichtbetriebsfähig abgestellt. Bei der Generalreparatur erhielt sie einen neuen Dieselmotor und einen neuen Speicher, so daß die V 16 004 im Jahre 1957 wieder als Rangierlokomotive zur Verfügung stand. Sie wurde in der Rbd Berlin hauptsächlich auf den Berliner Bahnhöfen eingesetzt. Bei Ausbesserungsarbeiten im Jahre 1960 wurde die Betriebsnummer V 16 004 geändert. Es wurde die der Lokart entsprechende Betriebsnummer A 20 090 festgelegt:

A 20 = Stammnummer, Baureihenbezeichnung
A = Kennbuchstabe (Akkulokomotive)
20 = Kennzahl der BR (200 PS Fahrmotorleistung)
090 = Ordnungsnummer

Später wurde sie vermietet und im Betonwerk Berlin eingesetzt. Da es sich bei dieser Lokomotive um ein Einzelfahrzeug handelte, wurde sie 1966 an das Wohnungsbaukombinat Berlin zum Einsatz im Betonwerk verkauft.

Bei der letzten großen Schadausbesserung im Herbst 1967 erhielt die Lokomotive einen modernen Außenanstrich, ähnlich den Diesellokomotiven BR 106.2. Die Betriebsnummer A 20 090 wurde dabei durch die Werksbezeichnung BWB 25 ersetzt.

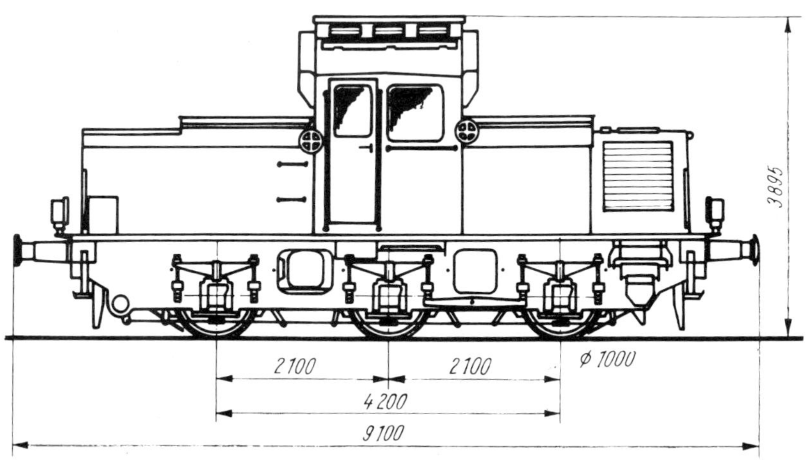

55-kW-Zweikraftrangierlokomotive V 16 004 der DRG

In der Zwischenzeit ist dieses technisch interessante Fahrzeug ausgesondert und verschrottet worden, da es sich um einen von allen anderen Triebfahrzeugen der DR und Werkbahnen in der DDR stark abweichenden Einzelgänger handelte, dessen weitere Erhaltung offensichtlich unwirtschaftlich war.

Konstruktive Merkmale

Rahmen: vollständig geschweißter Blechrahmen. Äußere Längsträger mit Ausschnitten zur Aufnahme und Führung der Radsatzlagergehäuse, unten mit Stegen abgeschlossen. Je zwei Öffnungen an den Außenträgern dienten dem Zugang zum Bremsgestänge usw. Stirnseiten der Rahmen trugen übliche Zug- und Stoßeinrichtungen.
Aufbauten: halbhoher Maschinenvorbau mit querstehendem Diesel-Elektro-Ladeaggregat, Batteriekästen (64 Zellen), Kraftstoffbehälter und Luftverdichter. Mittenführerstand mit je einem Fahrpult für jede Fahrtrichtung. Anfahrwiderstände unter dem Führerstandsdach. Hinterer halbhoher Maschinenvorbau enthielt weitere Batteriekästen (96 Zellen) und zwei Druckluftbehälter. Deckel über den Batteriekästen abrollbar, der hintere zusätzlich hochklappbar.
Laufwerk: gleitgelagerte Radsätze. Blattfederung oberhalb der Radsatzlagergehäuse mit zusätzlichen Schraubenfedern an den Spannschrauben. Ausgleichhebel zwischen erstem und zweitem Radsatz.
Bremsen: Druckluftbremse beiderseitig auf alle Räder. Wurfhebelbremse im Führerstand wirkte als

Zweikraftrangierlokomotive V 16 004 im Auslieferungzustand (1933)
Werkfoto: Siemens

Ehemalige V 16 004 als Werkslokomotive nach 1967
Foto: transpress-Archiv

Feststellbremse über Gestänge der Druckluftbremse auf alle Räder.
Dieselmotor: bei Auslieferung Vierzylinder-Viertakt-Deutz-Dieselmotor, Typ A 4 M, 55 kW (75 PS) bei 900 U/min. Seit der Generalreparatur Vierzylinder-Viertakt-Dieselmotor 4 KVD 18 SRW vom damaligen VEB Motorenwerk Johannisthal gemeinsam mit Generator auf Hilfsrahmen. Dieser saß elastisch auf Lokomotivrahmen quer vor dem vorderen Batterieraum (damit gute Schallisolierung gegenüber Führerstand). Zweistufenregler, Leerlaufdrehzahl 480 U/min, Vollastdrehzahl 900 U/min. Ansaugluft durch Kiemenöffnungen im Vorbau und ölbenetzten Luftfilter.
Motorabgase durch Schalldämpfer und Rohrleitung über Vorbaudach. Elektrisches Anlassen mit Generator, der dafür als Elektromotor umgepolt wurde.
Fallkraftstoff.
Kraftübertragung: elektrisch. Bestand aus Stromerzeuger (Generator), Stromspeicher (Batterie), Fahrmotoren und Radsatzantrieben sowie zugehörigen Regeleinrichtungen.
SSW-Gleichstrom-Nebenschlußgenerator (Dauerleistung 48 kW bei 900 U/min, 320 V) mit dem Dieselmotor direktgekuppelt.
Speicheranlage: 455-Ah-Batterie, Typ 7GT mit 160 Zellen, kurzzeitig bis 1 000 A belastbar.
Drei Tatzlager-Fahrmotoren, Gleichstrom-Reihenschlußmotoren mit zusätzlicher Nebenschlußwicklung, Stundenleistung 50 kW bei 600 U/min, Radsätze über einfache Stirnradvorgelege angetrieben.
Schutzrelais für Generator gegen Rückstrom und Überstrom.
Hilfseinrichtungen: Elektroenergie für Beleuchtung, Dreilicht-Spitzensignal und elektrische Führerstandheizung (2 × 500 W) aus Speicheranlage. Kühlanlage des Dieselmotors: Kühlerelemente mit vom Motor über Riemen angetriebenem Lüfter. Bei Frosttemperaturen Kühlerschutzmatte.
Elektrisch angetriebener Luftverdichter Typ VV 100/75 versorgte zwei Hauptluftbehälter (je 200 l), Elektroenergie ebenfalls aus Traktionsbatterie.
Je Fahrtrichtung eine Druckluftpfeife auf Führerstandsdach. Sandungseinrichtung (vier Streustellen) sandete jeweils die Räder des vorauslaufenden Radsatzes.
Steuerung: Leistung wurde mit Nockenfahrschaltern eingestellt. Beide Nockenfahrschalter der zwei Fahrpulte liefen gemeinsam (Verbindung über Kegelräder und Zwischenwelle).
Bei laufendem Dieselmotor (d. h. Generator lieferte Traktionsstrom) und eingeschalteten Fahrmotoren je nach Belastung und Ladezustand des Speichers folgende Betriebszustände:
- Fahrmotorstrom geringer als Generatorstrom: Speicherbatterie wurde geladen,
- Fahrmotorstrom gleich Generatorstrom: Speicherbatterie wurde nicht geladen, nur Versorgung der Fahrmotoren,
- Fahrstrom größer als Generatorstrom: Speicherbatterie deckte den Mehrbedarf.

Fahrmotoren in den Fahrstufen 1 bis 6 hintereinander, in den Fahrstufen 7 bis 14 parallel geschaltet.
Bei geringer Belastung und Leerfahrten der Lokomotive Steuerung mit Feldschwächung (≤ 40 km/h).
Wendeschaltung mit Schalthebel (mechanische Verbindung der Hebel beider Fahrpulte) auf Umschaltwalze, bewirkt Umpolen der Fahrmotorfelder.
Überwachung mit Anzeigeinstrumenten. Für Dieselmotor: Kühlwassertemperatur und Schmieröldruck.
Lade- oder Entladevorgang des Speichers überwacht durch Amperemeter mit mittlerer Nullstellung.
Bremsluftdruckanzeige.

Literatur:
Org 90 (1935) 15./16. – S. 271–281
VDI 79 (1935) 20. – S. 613

V 140 001

DB V 140 001

1'C 1'

1935 bis 1954

Techn. Daten: Seite 183

Die wenig befriedigenden Ergebnisse mit der V 120 001 konnten den Wunsch nach einer leistungsstarken Diesellokomotive nicht zum Verstummen bringen. Die hydraulische Kraftübertragung in den neuen Kleinlokomotiven hatte bereits in den ersten Betriebsjahren so überzeugt, daß sich die Deutsche Reichsbahn-Gesellschaft 1934 entschloß, verschiedene Entwürfe für Großdiesellokomotiven mit hydraulischer Kraftübertragung ausarbeiten zu lassen. Dem kam entgegen, daß die Firma Voith zu dieser Zeit bereits Strömungsgetriebe für Triebwagen bis 440 kW baute und auch die Lieferung eines hydraulischen Getriebes mit der entsprechend höheren Übertragungsleistung möglich war.

Das Forderungsprogramm der DRG verlangte u. a. auch die Beförderung von Güterzügen auf Nebenbahnstrecken, deren Reisezugverkehr auf Personentriebwagen umgestellt werden sollte. Damit wären die aufwendigen Behandlungsanlagen für Dampflokomotiven überflüssig geworden.

Nach dem aufgestellten Leistungsprogramm sollte die Lokomotive

- auf Nebenbahnen Zugmassen von 500 t bei Steigungen 1:100 mit einer Geschwindigkeit von 30 km/h fördern,
- auf Hauptbahnen übergehen können und dort eine Höchstgeschwindigkeit von 100 km/h erreichen,
- mit Einrichtungen für den Wendezugbetrieb ausgestattet sein,
- die Versorgung der Zugbeleuchtung mit Elektroenergie übernehmen können und
- für den Einsatz vor leichten Güterzügen (Leig-Einheiten) Stirnwandtüren mit Übergangseinrichtungen besitzen.

Ab Sommer 1934 wurde in enger Zusammenarbeit zwischen der Firma Krauss-Maffei und dem Reichsbahn-Zentralamt München sowie den Firmen MAN und Voith einer der vorliegenden Entwürfe für eine 1030-kW-Diesellokomotive (1 400 PS) mit hydraulischer Kraftübertragung und der Achsfolge 1'C1' konstruktiv durchgearbeitet.

Von mehreren möglichen Getriebekonzeptionen wurde ein Wandler-Kupplung-Getriebe ausgewählt, da damit ein günstiger Wirkungsgrad über dem gesamten Fahrgeschwindigkeitsbereich und die beste Ausnutzung der installierten Dieselmotorleistung erreicht werden konnten.

Nach nur achtmonatiger Bauzeit wurde die Lokomotive bereits am 13. Juli 1935 fertiggestellt. Sie konnte anschließend anläßlich der Hundertjahrfeier der deutschen Eisenbahnen in Nürnberg erstmalig besichtigt werden.

Die eingehende Erprobung dieser Lokomotive, für die ursprünglich die unzutreffende Betriebsnummer V 16 101 reserviert worden war, die dann aber doch ihre richtige Nummer V 140 001 erhielt, verlief positiv. Bei Streckenfahrten ergab sich, daß die errechneten Zugkräfte in den Kupplungsbereichen mit denen im Vorversuch übereinstimmten. Im Wandlerbereich war die gemessene Zugkraft wegen des ungünstigeren Wirkungsgrades etwas geringer als die errechnete. Insgesamt wurde aber die Zughakenleistung der Dampflokomotive BR 38 erreicht und in einzelnen Geschwindigkeitsbereichen sogar überschritten.

Die während der Erprobung aufgetretenen Mängel wurden beseitigt. So hatte sich z. B. herausgestellt, daß die Kühlung des Schmieröls für das Wendegetriebe nicht notwendig war. Die freiwerdende Kühlfläche wurde zur Vergrößerung des Strömungsgetriebeölkühlers verwendet. Des weiteren erwies sich die Wendeschaltung als vollkommen unzureichend. Die Schaltung wurde dahingehend geändert, daß Federkraft die Vor- bzw. Rückwärtsstellung sichert. Um Fehlschaltungen zu vermeiden, wurde der Steuerstrom zusätzlich über Endkontakte des Wendegetriebes und über den Wendeschalter im Führerstand geführt. Erst wenn die Stellung des Wendegetriebes übereinstimmte, konnte die Diesellokomotive anfahren. Nach Überwindung der „Kinderkrankheiten" übernahm die DRG 1936 die Diesellokomotive. Die V 140 001 befriedigte im Betriebseinsatz; sie erfüllte die an sie gestellten Forderungen.

Als erste Großdiesellokomotive mit hydrodynamischer Kraftübertragung wurde sie 1937 auf der Weltausstellung in Paris der Öffentlichkeit vorgestellt.

Während des Krieges war sie, wie auch viele andere Dieseltriebfahrzeuge, teilweise „kalt" abgestellt. Danach wurde die V 140 001 wieder betriebsfähig hergerichtet. Wegen der schwierigen Beschaffung der Ersatzteile kam es zu immer größeren Betriebsunterbrechungen, so daß sich die Deutsche Bundesbahn 1954 entschloß, sie auszumustern.
Die bahnbrechende Konstruktion dieser Diesellokomotive, besonders der Bau des Strömungsgetriebes mit einer Eingangsleistung von 1 030 kW (1 400 PS), gab Veranlassung, die Diesellokomotive V 140 001 der Nachwelt zu erhalten. Sie wurde 1957 nochmals überholt und in der Fahrzeughalle der Technischen Hochschule Karlsruhe als Leihgabe des Verkehrsmuseums Nürnberg zu Lehr- und Studienzwecken vorübergehend aufgestellt. 1978 fand sie einen endgültigen Aufstellungsort im Deutschen Museum in München.

Konstruktive Merkmale

Rahmen: geschweißter Innenrahmen aus 25-mm-Stahlblech, Kurbelkastengehäuse des Hauptdieselmotors und Getriebekasten in Paßblechen im Rahmen eingesetzt und verschraubt als Versteifungselement des Rahmens einbezogen, zusätzliche Querversteifungen aus Blechen. Pufferbohlen mit Hülsenpuffern und Standardschraubenkupplungen an den Rahmenstirnseiten angenietet.
Aufbauten aus Profilen und Stahlblechen. Zwei Stirnführerstände mit geräuschisolierenden Trennwänden vom dazwischenliegenden Maschinenraum abgeteilt. Drei Dachsektionen abnehmbar zum Ein- und Ausbau des Hauptdieselmotors und Getriebes. Entsprechende Seitenwandteile ebenfalls abnehmbar zum Aus- und Einbau der Kühlerelemente, des Hilfsdieselmotors und des Heizkessels.
Laufwerk: Gleitlagerung aller Lauf- und Treibradsatzlager. Beide Laufradsätze als Bissel-Lenkgestell-Deichselradsatz mit Rückstellvorrichtung. Blattfedern unter den Treibradsatzlagergehäusen mit Ausgleichhebeln zwischen den Radsätzen. Blattfedern der Laufradsätze über den Lagergehäusen.

Nebenbahn-Diesellokomotive V 140 001 der DRG (Krauss-Maffei, 1935)
Werkfoto: Krauss-Maffei

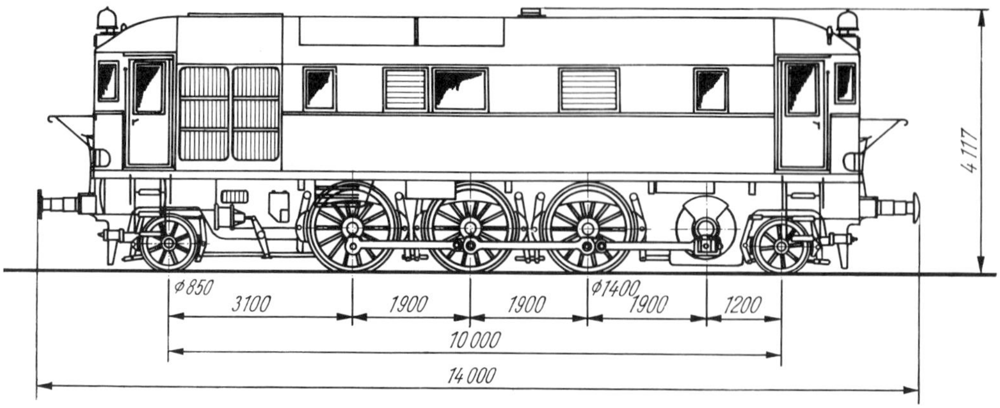

Nebenbahn-Diesellokomotive V 140 001 der DRG

Bremsen: Knorr-Druckluftbremse für Güter- und Personenzüge ausgelegt. Grauguß-Bremsklötze wirken beiderseitig auf alle Räder. Abbremsung der Treibradsätze und des je nach Fahrtrichtung nachlaufenden Laufradsatzes 80 % der Radsatzkraft (Normalkraft der Radsatzfahrmasse), der vorauslaufende Radsatz nur mit 50 % abgebremst. Umschaltung mit fahrtrichtungsabhängigem Druckminderventil vom Wendeschalter des Getriebes mitbetätigt. Erstmalige bewußte Anwendung des Strömungsgetriebes als Zusatzbremse; bei schneller laufendem Turbinenrad des gefüllten Wandlers und Motorleerlauf wirkt Kreislauf als Strömungsbremse. Fahrschalter erhielt zur Einschaltung dieses Betriebszustandes besondere Bremsstufe.
Handbremse als Feststellbremse.
Dieselmotor: langsamlaufender Achtzylinder-Reihendieselmotor MAN Typ W 8 V 30/38, 618 kW (920 PS) bei 700 U/min. Durch Abgasturboaufladung Leistung erhöht auf 1 030 kW (1 400 PS) bei 700 U/min. Vorverdichtung der Ladeluft auf 127,5 kPa (1,3 kp/cm^2). Bohrung 300 mm, Hub 380 mm. Zylinderblock aus einem Gußstück. Einzelne Zylinderköpfe mit je zwei Ein- und Auslaßventilen.
Kurbelgehäuse und Ölwanne aus neun einzelnen Stahlgußteilen zusammengeschweißt.
Zweistufenregler. Druckluftanlassung.
Fallkraftstoff aus Hochbehälter unter dem Dach.
Ansaugluft durch Großflächenfilter seitlich im Dach.
Abgas vom Austritt des Abgasturboladers durch kurzes injektorartiges Rohr über das Dach ins Freie.
Kraftübertragung hydraulisch. Antrieb vom Dieselmotor über Voith-Maurer-Kupplung (Überlastungsschutz). Voith-Strömungsgetriebe JJg 2M (Übertragungsleistung 1 015 kW ⟨1 380 PS⟩) enthält Hochtrieb, Anfahrwandler, Kupplung I, Kupplung II, Stoeckicht-Getriebe sowie angeflanschtes Kegelrad-Getriebe. Hochtrieb am Getriebeeingang 1:2,58.
Innenräder des Wandlers und der Kupplung II direkt auf Kegelradabtrieb. Zwischen Turbinenrad der Kupplung I und Abtrieb Stoeckicht-Planetengetriebe (Untersetzung 1,41:1) angeordnet.
Eigene Kreiselpumpe zum Füllen der Kreisläufe, Schmieren und Steuern des Getriebes mit Antrieb vom Primärteil. Zweiter Antrieb vom Sekundärteil sorgte für Schmierung bei abgestelltem Dieselmotor und fahrender Lokomotive.
Schaltung der Kreisläufe durch Fliehkraftregler über Steuerblock selbsttätig nach der Fahrgeschwindigkeit: für Wandler 0 bis 48 km/h, für Kupplung I 48 bis 70 km/h und für Kupplung II 70 bis 100 km/h.
Kegelradritzel auf Ausgangswelle des Strömungsgetriebes. Tellerräder verschiebbar auf Wendegetriebewelle. Damit Wendeschaltung (Untersetzung Wendegetriebe 2:1).
Anschließendes doppeltes Stirnradpaar von Wendewelle zur Blindwelle (Untersetzung 2,33:1), von dort über Treibstangen zum ersten Treibradsatz und mit Kuppelstangen zum zweiten und dritten Treibradsatz.
Hilfseinrichtungen: Hilfsdieselmotor MAN W 6 V 15/18. Sechszylinder-Reihenmotor 88 kW (120 PS) bei 1 110 U/min, Bohrung 150 mm, Hub 180 mm, trieb 220-V-Gleichstromgenerator und zweistufigen Hochdruckluftverdichter. Hilfsdie-

selmotor elektrisch angelassen. Aggregat mit Zwischenrahmen elastisch auf Rahmendeckblech. 500-W-Lichtmaschine des Hilfsdieselmotors speiste 24-V-Beleuchtungsanlage der Lokomotive und lud 24-V-Batterie (400 Ah). Gleichstromgenerator mit Haupt- und Nebenschlußwicklung versorgte elektrisch betriebene Pumpen, Luftpresser für Brems- und Steuerluft sowie die Zugbeleuchtung. Hochdruckluftverdichter, über schaltbare Kegelkupplung angetrieben, lieferte Anlaßluft (5,89 MPa Überdruck ⟨60 kp/cm^2⟩) in Druckflaschen (2 × 160 l).
Kühlanlage mit Kühlerblöcken für Motorkühlwasser, Motorschmieröl, Strömungsgetriebeöl und Schmieröl für Wendegetriebe an Rückwand des hinteren Führerstandes angeordnet. Kühlluft durch Kühlelemente in den Seitenwänden von Lüfter angesaugt und über das Dach ausgeblasen. Umwälzpumpen und Lüfter elektrisch angetrieben.
Optische Signaleinrichtung als Dreilicht-Spitzensignal, Schlußlicht und Falschfahrtsignal mittels roter Vorsteckscheiben. Akustische Signale mit Luftpfeife und Druckluftläutewerk über beiden Führerständen.
Sandstreueinrichtung sandete jeweils vorauslaufende Treibräder.
Zugheizeinrichtung mit Krauss-Maffei-Heizkessel. Feuerung abhängig vom Dampfdruck geregelt.
Elektrische Scheibenwischer an Führerstandstirnfenstern.
S t e u e r u n g elektropneumatisch. Leistung des Dieselmotors durch Füllungsregelung. Zehnstufiger Fahrschalter auf Magnetventile, deren Steuerluft pneumatisches Stellgerät und damit erforderliche Einspritzmenge einstellte.
Mit Einstellen der Fahrstufe 1 wurde Strömungsgetriebe eingeschaltet: Füllen des Wandlerkreislaufes. Weitere Schaltung selbsttätig in Abhängigkeit der Fahrgeschwindigkeit. Hydrodynamische Bremsstufe einstellbar.
Wendeschaltung ebenfalls elektropneumatisch: Wendeschalter steuerte über Magnetventile Druckluft, die mit Pneumatikarbeitskolben die Wendeschaltung betätigte. Wendeschalter in Nullstellung abziehbar, unterbrach dabei gesamten Steuerstrom. Wendezugsteuerung mit 24-V-Gleichspannungs-Steuerstromkreis arbeitete auch elektropneumatisch. (Im Wendezugbetrieb war Lokomotive während der Heizperiode zur Überwachung des Heizkessels mit einem Mann besetzt.)
Ü b e r w a c h u n g mit Anzeigeinstrumenten und Meldeleuchten in den Fahrpulten beider Führerstände (z. B. Fahrgeschwindigkeit, Motorkühlwassertemperaturen, Getriebeöltemperatur, Voltmeter für Gleichstromgenerator, Drehzahl des Ladegebläses, Heizkesselbetrieb).

Literatur:

Org 90 (1935) 15./16. – S. 281–283
Org 93 (1938) 4. – S. 63–73
VDI 79 (1935) 41. – S. 1 229–1 232

Deutz-Versuchslokomotive

2'B 2'

1933 bis 1944

Techn. Daten: Seite 183

Parallel zu zahlreichen anderen Lokomotiv- und Motorenherstellern befaßte sich in den zwanziger Jahren auch die Firma Humboldt-Deutzmotoren AG mit der Problematik des Einsatzes von Verbrennungsmotoren als Lokomotivantrieb. Etwa ab 1927 wurden verstärkt alle Möglichkeiten untersucht, bei direktem Antrieb durch zusätzliche Aufladung und Kraftstoffeinspritzung auch bei niedrigen Drehzahlen eine gleichbleibende hohe Leistung zu erreichen und vor allem die Frage des Motoranfahrens unter Last zu lösen.
Nach Vorversuchen mit einem Einzylinder-Versuchsmotor auf dem Prüfstand folgten Erprobungen an einer speziell umgebauten B-Diesellokomotive mit mechanischer Kupplung (während der Versuche ständig eingerückt), Zahnradgetriebe, Blindwelle und Stangenantrieb. Ihre Leistung betrug 73,6 kW (100 PS). Aus diesen Versuchen, zahlreichen theoretischen Untersuchungen und einigen Versuchsent-

Deutz-Diesellokomotive mit direktem Antrieb (1933)
Foto: Klöckner-Humboldt-Deutz AG

würfen entschied man sich nach dem vorgesehenen Einsatz als leichte Schnellzuglokomotive für eine Achsfolge 2'B2', die in beiden Fahrtrichtungen gleiche Fahreigenschaften aufweisen sollte und in ihrem Leistungsprogramm etwa der Dampflokomotive P 8 (spätere Baureihe 38^{10-40}) entsprechen sollte.
1930 begann der Bau der Probelokomotive, wobei laufende theoretische Arbeiten, wie z. B. die Dissertation von Dr.-Ing. Finsterwalter 1931, noch berücksichtigt wurden. Der Dreizylinder-Dieselmotor wurde in drei Einzelzylinder aufgeteilt und analog einer Dreizylinder-Dampflokomotive mit zwei Zylindern außerhalb des Rahmens und einem Zylinder zwischen dem Rahmen angeordnet.
Im Mai 1933 verließ die Lokomotive mit eigener Kraft die Montagehalle. Nach kurzen Versuchsfahrten auf den Werksgleisen begann eine lange und intensive Untersuchung auf einem speziell für diese Zwecke errichteten Prüfstand. Hierbei wurden besonders das Anfahren unter Last mit mehreren Hundert t Zugmasse und der Übergang vom Anfahren mit Aufladung zum normalen Dieselbetrieb simuliert und eingehend studiert. Etwa ab 1936 schlossen sich umfangreiche Versuchsfahrten auf Reichsbahnstrekken an, hauptsächlich im Reisezugverkehr zwischen Köln und Niederlahnstein. Dabei wurden bis Dezember 1937 40 000 km, davon 16 000 km im Plandienst, mit einer Zugförderleistung von 3,3 Mill. Btkm gefahren. Es waren vorrangig Strecken mit kurzen Haltestellenentfernungen (durchschnittlich 5 km) ausgewählt, um gerade über den kritischen Anfahrbetrieb umfassende Kenntnisse zu erlangen. 1937 wurde ein größerer Umbau der Ladeluftversorgung vorgenommen. Während bis dahin zwei Rootsgebläse in Tatzlageranordnung von den Radsätzen des hinteren Drehgestells angetrieben wurden, installierte man einen zweiten Hilfsdieselmotor, der einen Kreiselverdichter als Ladegebläse antrieb.
Am 17. Juni 1938 erfolgte mit einer Schnellfahrt von Köln über Hannover die Überführung zum Lokomotivversuchsamt Berlin-Grunewald. Mit zahlreichen Fahrten vor dem Meßwagen wurden sowohl Flachland- als auch Gebirgsstrecken (z. B. nach Erfurt und Zella-Mehlis) befahren. Zwischendurch erfolgten immer wieder Einsätze vor planmäßigen Reisezügen. Während des zweiten Weltkrieges war die Lokomotive zu Fristarbeiten im Herstellerwerk. Sie wurde dort bei einem Bombenangriff schwer beschädigt und daraufhin verschrottet.
Das vorgesehene Erprobungsprogramm war noch nicht endgültig abgeschlossen. Die vorliegenden Ergebnisse hatten die Eignung der Lokomotive für einen wirtschaftlichen Einsatz bei hohen Geschwindigkeiten (bis 100 km/h) in der Ebene bewiesen. Im Vergleich zur Dampflokomotive Baureihe 38^{10-40} zeigte sich eine geringere Zugkraft am Haken bis zu einer Geschwindigkeit von 40 bis 50 km/h.
Diese Lokomotive war die erfolgreichste Diesellokomotive mit direktem Antrieb. Ein Nachbau oder eine Weiterentwicklung unterblieb, da nach Ende des zweiten Weltkrieges sowohl der schnellaufende Mehrzylinder-Dieselmotor als auch die hydraulische und elektrische Kraftübertragung sehr schnell einen so hohen konstruktiven und technologischen Entwicklungsstand erreichten, daß der direkte

Antrieb uninteressant geworden war. Die 2'B2'-Probelokomotive blieb bis zu ihrer Verschrottung Eigentum des Herstellers.

Konstruktive Merkmale

Rahmen im vorderen Teil bis hinter den zweiten Treibradsatz als Barrenrahmen, dahinter als Blechrahmen. Querträger an den Stirnenden, an den Drehgestellagerungen und am Übergang vom Barren- zum Blechrahmen.

Aufbauten: Mittelführerstand unsymmetrisch zwischen kurzem vorderen und langem hinteren Maschinenraum.

Im vorderen Maschinenvorbau Stirnkühler für Dieselzylinder mit elektrisch angetriebenem Lüfter, Kühlwasserpumpen, Auspuff, schräg liegender Innenzylinder.

Im Führerstand Brennstoffpumpen, Ölsteuerung der Druckluft, oberer Teil der Steuerwelle mit Kegelradgetriebe, Bedienungstisch, Instrumententafel, elektrischer Schaltkasten.

Hinterer Maschinenvorbau für Sandkasten, Kraftstoffbehälter, Druckluftflaschen in seitlichen Außenkästen, Spülluft-Steuerventil, Aufladegebläse, Hilfs-Spülgebläse, Generator-Hilfsdieselmotoren, Kompressor, Stirnkühler für Kompressor mit mechanisch angetriebenem Lüfter.

Maschinenvorbauten zur besseren Streckensicht nicht über volle Fahrzeugbreite, für Wartung und Reparaturen mit mehreren Türen und Klappen. Dach mit Hauben und Klappen zum Ein- und Ausbau der Aggregate und Hilfseinrichtungen.

Laufwerk: Treibradsätze im Barrenrahmen in Gleitlagern, Blattfedern mit Ausgleichhebeln zwischen den inneren Federenden beider Radsätze.

Vorderes zweiachsiges Drehgestell mit Innenrahmen. Hinteres ebenfalls zweiachsiges Drehgestell mit Außenrahmen.

Federung der Drehgestelle mit Blattfedern.

50 mm Seitenausschlag der Drehzapfen gestattete Befahren von Gleisbogenhalbmessern bis minimal 120 m.

Im hinteren Drehgestell anfangs zwei von den Radsätzen angetriebene Rootsgebläse in Tatzlageraufhängung als Ladegebläse. 1937 ausgebaut und ersetzt durch einen vom inneren Radsatz über Keilriemen angetriebenen Generator.

Bremsen: Selbsttätig wirkende Knorr-Druckluftbremse mit Zusatzbremse. Abbremsung aller Radsätze einseitig, der Radsätze des vorderen Drehgestells außen, Treibradsätze von vorn und hintere Laufradsätze innen abgebremst. Handspindelbremse.

Dieselmotor: drei einzelne Motorzylinder, Zweitakt-Verfahren doppelt wirkend. Wie bei Dampflokomotive seitlich je ein Zylinder außen am Barrenrahmen waagerecht angeordnet. Antrieb über Kreuzkopf und Treibstange auf zweiten Treibradsatz. Mittlerer schräg angeordneter Zylinder zwischen dem Barrenrahmen über Kreuzkopf auf ersten Treibradsatz, Bohrung 380 mm, Hub 600 mm. Druckluft zum Anfahren vom Kompressor geliefert. Einspritzung des Kraftstoffes langsam mit feiner Zerstäubung. Zündung mittels spezieller Glühkerzen. Luftfüllung und Kraftstoffmenge bei zunehmender Geschwindigkeit immer mehr gedrosselt. Bei etwa 70 km/h wurde ohne

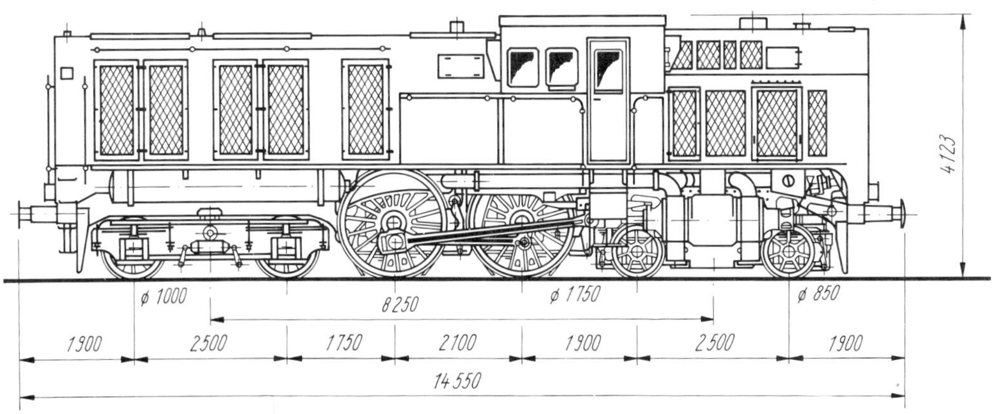

Deutz-Diesellokomotive mit direktem Antrieb (1933)

Zuladung und Zusatzeinspritzung reiner Dieselbetrieb erreicht. Spülluft dabei von Spülgebläse.
Zugkrafterhöhung auch über 70 km/h mittels Aufladung und Zusatzeinspritzung möglich.
Kraftübertragung unmittelbar vom aufgegliederten Dieselmotortriebwerk auf die Treibradsätze.
Hilfseinrichtungen: Dreizylinder-Viertakt-Dieselmotor, 96 kW (130 PS), 240 mm Bohrung, 430 mm Hub, trieb direkt gekuppelten dreistufigen Luftverdichter für Druck- und Spülluft sowie über Keilriemen Lüfter für Kühler des Kompressors und Generator zur Speisung der Kühlwasserpumpen und anderer elektrischer Verbraucher. Flaschenbatterie von etwa 2 m^3 Inhalt als Druckluftspeicher. Zwei Rootsgebläse für Spülluftversorgung bei reinem Dieselbetrieb mit Tatzlagerung im hinteren Drehgestell durch Radsätze angetrieben. Wegen Störungsanfälligkeit später durch zweiten Hilfsdieselmotor (103 kW ⟨140 PS⟩) mit Kreiselverdichter ersetzt. Um Platz zu sparen und Masse zu senken, wurde dafür Kraftstoffvorrat verringert.
Im hinteren Drehgestell zusätzlicher, mit Keilriemen angetriebener 15-kW-Generator zur Stromversorgung bei reinem Dieselbetrieb. Anlaßbatterien für elektrisches Anlassen der Hilfsdieselmotoren.
Steuerung: Einfache Steuerung vom Bedientisch mit den drei Bedienelementen

- Hauptbrennstoffhebel für normale Fahrt im Flachland bei mittlerer und hoher Geschwindigkeit,
- Zusatzbrennstoffhebel zum Anfahren, sowie zur Erhöhung der Zugkraft durch Aufladung bei Beschleunigung und auf Steigungen sowie
- Steuerrad zum Fahrtrichtungswechsel und zur Füllungsänderung der Ladeluft.

Steuerwelle im Führerstand angeordnet, wirkt auf Einspritzpumpen und hydraulische Ladeluftregelung.
Antrieb über Kegelradgetriebe und Gelenkwelle vom zweiten Treibradsatz.
Überwachung vom Führerstand nach Anzeigeinstrumenten.

Literatur:

em 18 (1980) 1. – S. 38–40
GA 121 (1937) 11. – S. 179–184
GA 75 (1951) 2. – S. 41–43
Org 93 (1938) 4. – S. 79–80
Org 93 (1938) 20. – S. 379–381
VDI 77 (1933) 48. – S. 1 287–1 288

WR 200 B 14

und ähnliche Splittergruppen
DR V 20
DB V 20, ab 1968: 270

B

1938 bis 1981

Techn. Daten: Seite 183

Wie im Abschnitt über die historische Entwicklung der Diesellokomotive bis 1945 dargelegt, bestand ein von der DRG unabhängiges Entwicklungsprogramm der ehemaligen deutschen Wehrmacht.
Aus den für Normalspur vorgesehenen vier Standardtypen wurden zwei in größerer Stückzahl und zwei nur in wenigen Exemplaren gebaut. Die leistungsschwächste der Standardreihe war eine 145-kW(200 PS)-Lokomotive, die in Gemeinschaftsarbeit von den Firmen Deutz, Gmeinder, Jung, Krupp, Orenstein & Koppel sowie Schwartzkopff zur Serienreife entwickelt und später in 125 Exemplaren gebaut wurde. Wie bei den anderen Wehrmachtslokomotiven

Wehrmachts-Rangierdiesellokomotive WR 200 B 14

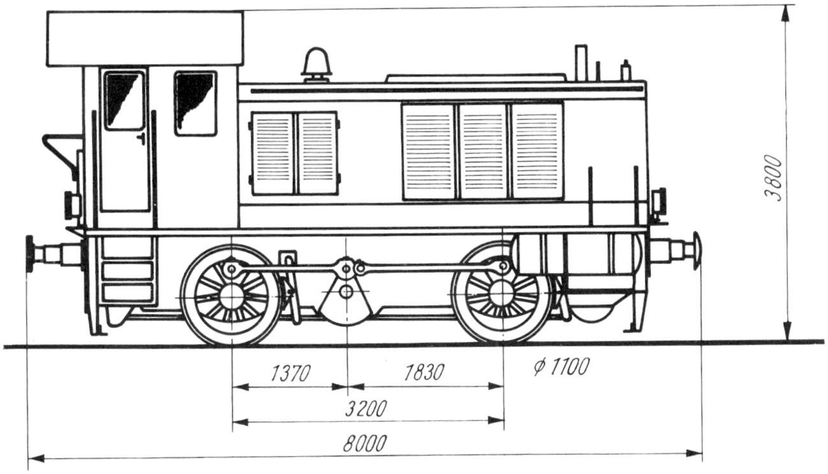

sollte der Einsatz als Zugmittel für Eisenbahngeschütze und für Bauzüge der Eisenbahnpioniere sowie als Rangierlokomotiven in militärischen Objekten mit Anschlußbahnen erfolgen. Nach dem Forderungsprogramm war hydraulische Kraftübertragung geplant. Es war eine einfache Bedienung vorzusehen, und durch Anwendung zahlreicher gemeinsamer Tauschteile mit den anderen drei Standardbaureihen sowie durch einfachen übersichtlichen Aufbau sollten auch Wartung und Reparatur rationell durchzuführen sein. 1936 wurde eine Vorauslokomotive gefertigt, die bereits im wesentlichen alle Bedingungen erfüllte und der späteren Serie entsprach. Die Lokomotive hatte Blindwellenantrieb, die Achsfolge B und war für den wahlweisen Einbau der langsamlaufenden Viertakt-Dieselmotoren von Deutz (6 M 324) oder MWM (RMS 236 S) vorgesehen. Das hydraulische Getriebe von Voith L 33y hatte eine Anfahrwandler- und zwei Kupplungsstufen. Die Baumusterlokomotive hatte eine Dienstmasse von 26 t.

Nur mit geringen Änderungen folgten in den Jahren 1938 bis 1943 die Serienlokomotiven, die dann die Baureihenbezeichnung WR 200 B 14 trugen. Eingesetzt in vielen Ländern Europas waren von 125 Lokomotiven nach dem Zusammenbruch des „Dritten Reichs" auf den Territorien der damaligen Besatzungszonen einige dieser Fahrzeuge mit mehr oder weniger großen Schäden aufgefunden worden.

Beide deutsche Bahnverwaltungen gliederten die reparaturfähigen Lokomotiven nach ihrer Instandsetzung in die Baureihe V 20 ein. Sie wurden hauptsächlich im Rangier- und Arbeitszugdienst eingesetzt. In einigen Fällen war auch der Einsatz als Streckenlokomotive zu beobachten.

Bei der DR wurden die 145-kW-Lokomotiven mit der Achsfolge B, die zunächst fälschlicherweise als V 36 622, V 36 668 und V 36 669 bezeichnet waren, sowie die V 2 001 in V 20 005 bis V 20 008 umgenummert. Zur Zeit der Einführung der EDV-Nummern war eine neue Nummernvergabe für diese Lokomotiven nicht mehr vorgesehen, da sie schon aus dem Bestand ausgeschieden oder zur Abstellung bestimmt waren.

Bei der DB befanden sich 25 Lokomotiven der Baureihe WR 200 B 14, die die Nummern V 20 001, V 20 002, V 20 005 bis V 20 008, V 20 015,

Lokomotiven, ähnlich denen der Baureihe WR 200 B 14, die von der DB übernommen wurden

Stammnummer	Anzahl (St.)	Achsfolge	Leistung (kW)	v_{max} (km/h)
V 15 001 … V 15 005	5	B	110 (150 PS)	31
V 16 001 V 16 002 V 16 003	3	B	117 (160 PS)	28
V 16 100	1	B	120 (165 PS)	33
V 22 001 … V 22 009	4	B	160 (220 PS)	40
V 22 015 V 22 016	2	B	160 (220 PS)	35
V 22 100	1	C	172 (235 PS)	36

V 20 020 bis V 20 024, V 20 030 bis V 20 041 und V 20 050 bekamen.
Außerdem wurden ähnliche Lokomotiven mit unterschiedlichen Motorleistungen und mechanischen Getrieben aufgefunden und von der DB übernommen (s. Tab. S. 63).
Die Lokomotiven V 22 001 bis V 22 009 und V 22 015 wurden überholt, erhielten Dieselmotoren von MaK (Maschinenbau Kiel) MS 24 (145 kW ‹200 PS›) und die neuen Betriebsnummern V 20 054, V 20 057, V 20 055, V 20 059, V 20 056, V 20 053, V 20 051, V 20 052, V 20 058, V 20 060. Am 1. Januar 1968, als das neue DB-Nummernsystem in Kraft trat, waren die V 15- und V 16-Loks bereits ausgeschieden und teilweise verkauft, z. B. V 16 100 (1936 von Deutz gebaut) im Jahre 1953 an die Mindener Kreisbahnen (dort als V 5). Diese Lok gehört seit 1969 einer Eisenerzgrube. Die V 22 100 (Deutz, 1940) war ebenfalls ab 1953 bei den Mindener Kreisbahnen als V 4 eingesetzt und gehört jetzt der niederländischen Museumsbahn Hoorn-Medemblik.
31 ehemalige V 20-Lokomotiven erhielten die neue Baureihenbezeichnung 270. Vier V 20 waren zu diesem Zeitpunkt schon ausgeschieden. Während 1978 noch zehn 270 bei der DB im Bestand waren, befanden sich 1979 nur noch zwei Lokomotiven dieser Baureihe bei der DB im Einsatz: 270 035 im Bw Hamburg-Harburg und die 270 054 im Bw Ludwigshafen.
Die 270 035 wurde 1980 an eine private Museumsbahn verkauft, die 270 054 schied als letzte Lokomotive dieser Baureihe am 25. Juni 1980 aus dem DB-Bestand aus. Es besteht ein Beschluß der Deutschen Bundesbahn, wonach zwei Fahrzeuge für Museumszwecke erhalten bleiben (V 20 036, V 20 051).

V 20 038 kurz nach Kriegsende im Einsatz bei den Eisenbahnen der damaligen Westzonen
Foto: transpress-Archiv

Es kamen auch einige WR 200 B 14 ohne vorherige Zugehörigkeit zur DR oder DB zu Privat- oder Werkbahnen. Eine von Schwartzkopff 1941 mit der Fabriknummer 11 399 ausgelieferte Lokomotive wurde beispielsweise 1945 von der Osthannoverschen Eisenbahnen AG (OHE) übernommen, als DKL 0601

270 036 im Einsatz bei der DB
Foto: transpress-Archiv

bezeichnet und 1953 an die Neukölln-Mittenwalder Eisenbahn-Gesellschaft (NME) verkauft. Dort ist sie noch heute als ML 00601 auf der in Westberlin betriebenen 16,6 km langen Strecke zwischen Neukölln und Rudow-Süd der NME eingesetzt.

Konstruktive Merkmale

Rahmen: zusammengeschweißt aus zwei Seitenträgern, verstärkten Stirnplatten, mehreren Querträgern und Umlaufblechen mit Konsolstreifen. Ausschnitte in Rahmenwangen für Radsatzlagerung, unten durch Stege verbunden. Stirnplatten tragen normale Zug- und Stoßeinrichtungen. Rahmenlänge in der ursprünglichen 145-kW-(200 PS)-Variante 8000 mm, in der früheren 160-kW-(220 PS)-Ausführung 7700 mm.

Aufbauten: Vorbauhaube aus Blechen und Profilen zusammengeschweißt oder -genietet. Mit Rahmen verschraubt (abnehmbar zum Ein- und Ausbau des Motors). Steckbleche und Türen zur Wartung und Reparatur der Maschinenanlage und Hilfseinrichtungen.

Geschlossener Führerstand mit zwei Seitentüren und hinterer Stirnwandtür, Stirn- und Seitenfenster für ausreichende Streckensicht. Führerhaus der ehemaligen 160-kW-Lokomotiven geräumiger.

Einige V 20 bzw. 270 der DB mit hochliegendem Führerstand.

Laufwerk: über Stangen angetriebene gleitgelagerte Radsätze. Unterschiedliche Radsatzstände (3 200 und 2 900 mm) und Treibraddurchmesser (1 100 und 1 000 mm). Blattfedern unter Radsatzlagern.

Bremsen: Selbsttätige Druckluftbremse Bauart Knorr mit Einfachsteuerventil. Lokomotivzusatzbremse. Ein Bremszylinder links hinten am Rahmen bremst alle Räder einseitig von vorn ab.

Wurfhebelbremse als Feststellbremse wirkt über Gestänge der Druckluftbremse auch auf alle vier Räder.

Dieselmotor: Ursprünglich 145-kW-Motoren von Deutz (6 M 324, 145 kW bei 800 U/min), MWM (RMS 326 S, 145 kW bei 900 U/min) sowie 160-kW-Motoren von DWK (Deutsche Werke Kiel).

Nach Überholung bei den Bahnverwaltungen einheitlich 145-kW-Motoren Deutz A 6 M 324 und MaK M 524 installiert. Viertakt-Sechszylinder-Reihenmotoren. Zweistufenregler. Fallkraftstoff aus hochliegenden Behältern. Verbrennungsluft durch Kiemen in Seitenwänden in den Maschinenraum, von dort über ölbenetzte Filter vom Motor angesaugt. MaK-Motor mit elektrischem Anlasser, Deutz-Motor mit Druckluft angelassen.

Kraftübertragung: hydraulische Getriebe Voith L 33y Anfahrwandler/Kupplung/Kupplung. Übertragungsleistung 132 kW (180 PS). Füllen und Entleeren automatisch in Abhängigkeit von Fahrgeschwindigkeit. Nachgeschaltetes Zweistufen-Wendegetriebe (Höchstgeschwindigkeit 27 bzw. 55 km/h).

Ehemalige V 22-Lokomotiven der DWK hatten mechanische Getriebe. Bei Überarbeitung ebenfalls auf hydraulische Getriebe L 33y umgerüstet.

Weiterer Verlauf der Kraftübertragung vom Wendegetriebe über Blindwelle und Stangen auf Treibradsätze.

Hilfseinrichtungen: Elektrische Stromversorgung mit 24-V-Lichtmaschine, Bleibatterie und Reglerschalter für Beleuchtung, Stirnlampen, akustische Signaleinrichtung, Glühkerzen und beim MaK-Motor Anlasser.

Stirnkühler mit Jalousien oder Wärmeschutz abgedeckt, kühlt Motorkühlwasser, Motorschmieröl und Getriebeöl über Wärmetauscher, Lüfterflügel von Dieselmotor über Keilriemen angetrieben.

Vorwärmen und Warmhalten des Kühlkreislaufes durch DOFA-Koksofen unter Umlaufblechen (zum größten Teil abgebaut, nur bei früheren V 22 beibehalten).

Dieselmotor treibt mit Keilriemen zweistufigen Dreizylinder-Luftverdichter VV 100/100. Speicherung der erzeugten Druckluft in zwei 160-l-Behältern, die an unterschiedlichen Stellen an den Lokomotiven angeordnet sind.

Druckluftschlagglocke.

Räder können in beiden Fahrtrichtungen gesandet werden.

Zwei Handfeuerlöscher im Führerstand.

Steuerung: Mechanische Übertragungsglieder für Leistungseinstellung, Ein- und Ausschalten des Strömungsgetriebes, Stufen- und Wendeschaltung. Einfache und übersichtliche Anordnung der Bedienelemente am Fahrpult. Mehrere Lokomotiven zur Erleichterung der Ein-Mann-Bedienung umgebaut auf doppelte Bedienelemente, rechts und links am Fahrpult.

Überwachung mit einfachen Anzeigeinstrumenten und Leuchtmeldern. Einige für den Streckendienst bei der DB vorgesehene Loks erhielten Sicherheitsfahrschaltung.

Literatur:

em 16 (1978) 10. – S. 22–24
GA 72 (1948) 3. – S. 35–36
L 38 (1941) 3. – S. 33–42

WR 360 C 14

und ähnliche Splitter-gruppen
DR V 36, ab 1970: 103
DB V 36, ab 1968: 236

C

1937 bis 1984

Techn. Daten: Seiten 183/184

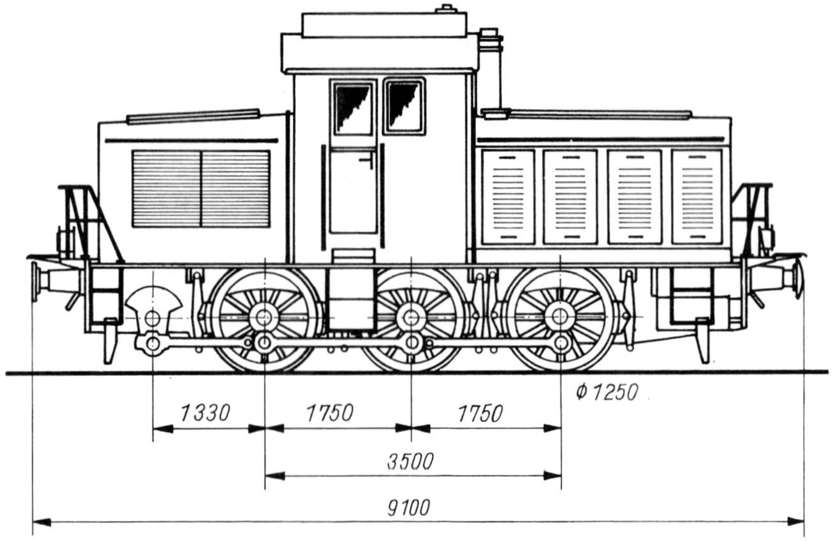

Im Entwicklungsprogramm der Wehrmacht war neben 145-, 175- und 405-kW-Lokomotiven eine Baureihe mit 265-kW-Motoren (360 PS) vorgesehen. Eine Musterlokomotive mit der Achsfolge B wurde erprobt und erwies sich als zu schwer für den vorgesehenen Einsatzzweck im militärischen Bereich, wo mit schlechten Gleisanlagen gerechnet werden mußte. Es erfolgte eine Umkonstruktion auf drei Treibradsätze. Diese Baureihe erhielt die Bezeichnung WR 360 C 14 (360 PS, Achsfolge C, 14 t mittlere Radsatzfahrmasse). Die Standardausführung wurde mit hydraulischer Kraftübertragung in 293 Exemplaren

Musterlokomotive aus dem Jahre 1938 mit Mittenführerstand (DWK). Bei der DB zunächst als V 36 310, später als Schienenschleifzug-Lokomotive 9678 im Betrieb

Dieselmechanische Rangierlokomotive V 36 301 der DB

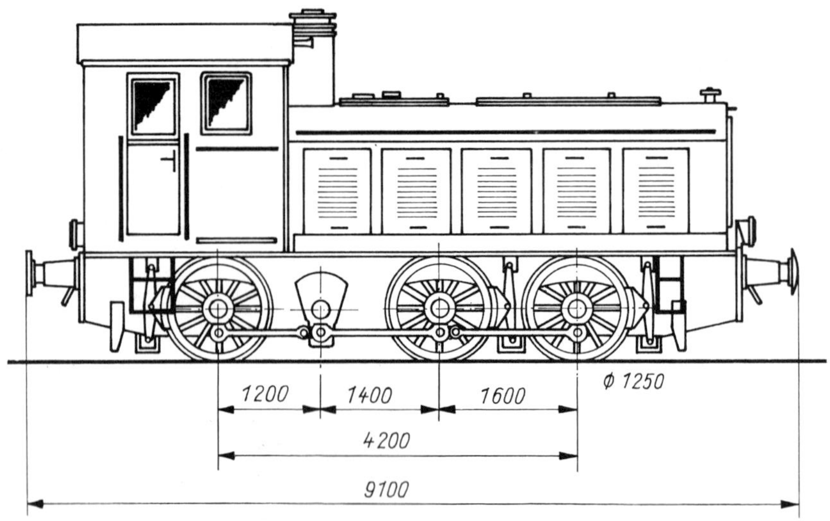

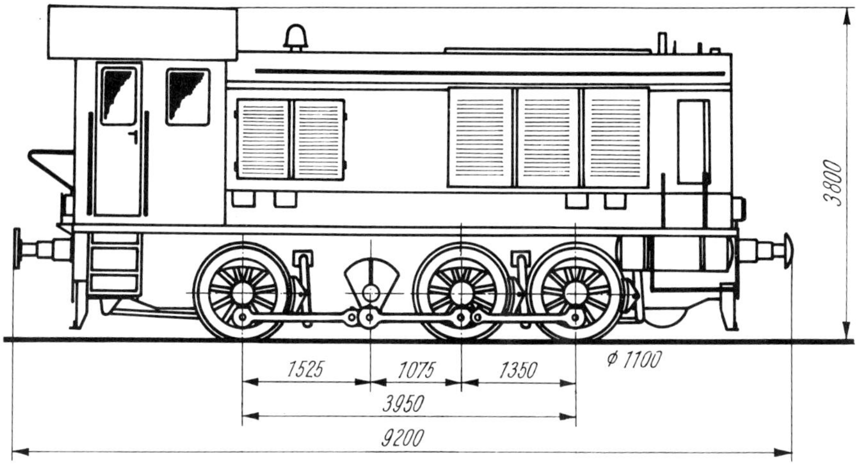

Wehrmachts-Rangierdiesellokomotive WR 360 C 14 (Standardbauart)

gebaut und stellte damals den am häufigsten gebauten Diesellokomotivtyp in Europa dar. Hersteller waren die Lokomotivfabriken Krupp, Orenstein & Koppel, Henschel, Schwartzkopff, Deutz und Jung. Zusätzlich wurde eine Anzahl Lokomotiven mit der gleichen installierten Leistung und Achsfolge, aber mit mechanischer Kraftübertragung vor allem von den Deutschen Werken Kiel gebaut. Eine Musterlokomotive im Jahre 1938 wurde von DWK mit außenliegender Blindwelle und einem Achsstand von 3 500 mm sowie Mittelführerstand ausgeführt. Die Lokomotive zeigte unbefriedigende Laufeigenschaften, so daß die folgenden 14 Lokomotiven mit einem verlängerten Achsstand (4 200 mm) und zwischen dem zweiten und dritten Treibradsatz liegender Blindwelle gebaut wurden. Außerdem war der Führerstand wie bei den Standardlokomotiven an das Fahrzeugende verlegt worden. Die Probelokomotive und acht weitere dieselmechanische Loks dieser Splitterbauart gelangten als V 36 310 und V 36 301, V 36 311 bis V 36 315, V 36 317 und V 36 318 nach 1945 zur DB. Die V 36 310 und V 36 301 waren vor Schienenschleifzügen eingesetzt. Alle anderen dieselmechanischen V 36 wurden bis 1955 an Privatbahnen verkauft.
So gelangten schon allein sechs zu den Mindener Kreisbahnen (MKB), wo sie zwischenzeitlich wegen fehlender Ersatzteile ausgemustert wurden.
Die größte Anzahl der 265-kW-Lokomotiven zeigte nur unwesentliche Bauunterschiede und war während des zweiten Weltkrieges in Europa und Nordafrika im Einsatz. Zahlreiche Lokomotiven wurden Opfer der Kriegsereignisse. Wie in anderen europäischen Ländern verblieben auf dem Territorium der damaligen Besatzungszonen in Deutschland einige Lokomotiven, die einsatzfähig oder reparaturwürdig waren. So gelangten etwa 40 Maschinen zur Deutschen Reichsbahn und etwa 70 zur Deutschen Bundesbahn. Aufgebaut und in den Einsatzbestand aufgenommen wurden bei der DR 35 Lokomo-

Ehemalige Wehrmachtslokomotive WR 360 C 14 als V 36 053 bei der DR
Foto: transpress-Archiv

tiven. Sie wiesen zunächst zum Teil unrichtige Baureihenbezeichnungen auf (V 10, V 11 und V 21). 1957 nummerte sie die DR entsprechend den verwendeten Dieselmotoren bzw. der geplanten Verwendung um:

V 36 015 bis V 36 039
für Deutz-Motoren,
V 36 050 bis V 36 059
für DWK-Motoren,
V 36 060 bis V 36 069
für MWM-Motoren,
V 36 080 bis V 36 099
für MWJ-Motoren.

Belegt wurden die Betriebsnummern V 36 015 bis V 36 036, V 36 050 bis V 36 053, V 36 060 bis V 36 067 und V 36 080.

Die Lokomotiven dieser Baureihe wurden vorwiegend im Rangierdienst eingesetzt. Sie waren aber auch vor Arbeitszügen, Leig-Einheiten, Nahgüterzügen und sogar im leichten Reisezugdienst auf Nebenstrecken zu sehen. Betrieblich und wirtschaftlich hat sich die V 36 bewährt, obwohl ihre Laufeigenschaften über 40 km/h nicht befriedigten.

Die V 36 080 (alte Nr. 11 466) erhielt Mitte der fünfziger Jahre eine Maschinenanlage, die für die Neubau-Diesellokomotiven der DR vorgesehen war: schnellaufender Achtzylinder-V-Motor des MWJ: 8 KVD 21 und ein neuentwickeltes dreistufiges Strömungsgetriebe. Die Ergebnisse in der V 36 befriedigten jedoch nicht. Aus dem Rangier- und Nebenstreckendienst wurde die V 36 durch die Neubautriebfahrzeuge V 60 und VT 2.09.1 (jetzt 106 und 171/172) verdrängt, so daß sie nur noch auf Anschlußgleisen, in Ausbesserungswerken sowie in Werk- und Hafenbahnen eingesetzt wurde.

Mitte der sechziger Jahre baute man in die V 36 030 den langsamlau-

Ehemalige Wehrmachtslokomotive WR 360 C 14 nach dem Umbau auf Ein-Mann-Bedienung mit hochliegendem Führerstand (Dachkanzel) als V 36 119 der DB
Foto: BZA München

236 416 der DB mit Dachkanzelaufbau

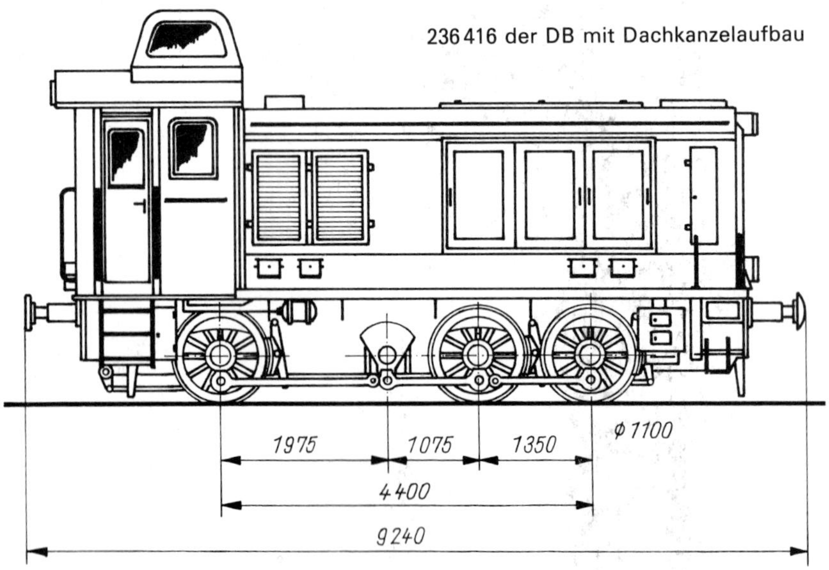

Ehemalige Wehrmachtslokomotive WR 360 C 14 nach dem Umbau auf Einmannbedienung mit hochliegendem Führerstand (Dachkanzel) als 236 213 der DB
Foto: Sammlung Steckel

fenden SKL-Sechszylinder-Reihenmotor 6 NVD 36 ein. Er bewährte sich so gut, daß er in etwa 25 weiteren Loks als Ersatz für nicht mehr aufarbeitungswürdige Altbaumotoren Verwendung fand. Ein Teil der Lokomotiven erhielt auch Explosions-Schutzeinrichtungen.

Bei der Einführung der EDV-Betriebsnummern bei der DR wurde für die Baureihe V 36 die neue Baureihennummer 103 vergeben.

Zwischenzeitlich wurden viele Lokomotiven dieser Baureihe ausgemustert.

Die letzten sechs Lokomotiven waren in den Bw Neuruppin (103 016, 103 019, und 103 022) sowie Wismar (103 015, 103 027, 103 033) beheimatet. Nach Fristablauf wurden alle abgestellt mit einer Ausnahme: Die 103 027 ist vom Ministerium für Verkehrswesen der DDR als „historisches Triebfahrzeug" eingestuft worden. Die Lokomotive ist museumsgerecht aufgearbeitet und wird von der Reichsbahndirektion Schwerin betriebsfähig unterhalten.

Bei der Deutschen Bundesbahn verblieben etwa 70 dieselhydraulische Lokomotiven der Standardbauart WR 360 C 14 sowie einige geringfügig abweichende Fahrzeuge, wie z. B. die als V 36 002 und V 36 003 eingeordneten Loks mit verringertem Gesamtachsstand von 3 600 mm, geringerer LüP von 8 700 mm sowie verringerter Dienstmasse von 36 t und v_{max} von 45 km/h. Sie wurden an Privatbahnen verkauft. Die anderen aufarbeitungswürdigen WR 360 C 14 wurden instandgesetzt und bald als V 36 bei der DB im Rangier- und Nebenstreckendienst eingesetzt.

Sie trugen die Betriebsnummern V 36 101 bis V 36 126 und V 36 201 bis V 36 239.

Aufgrund ihrer Bewährung und des bestehenden Triebfahrzeugmangels wurden zunächst 14 Lokomotiven (V 36 150, V 36 151, V 36 251 bis V 36 262) durch MaK fast unverändert nachgebaut (1947/48). Diesen folgte 1950 eine weitere modifizierte Nachbauserie von 18 Lokomotiven, ebenfalls von MaK (V 36 401 bis V 36 418). Sie erhielten eine verbesserte Variante des bewährten Strömungsgetriebes L 37, größere Kraftstoff- und Luftvorratsbehälter. Letzteres führte zu einer Verlängerung des Achsstandes auf 4 400 mm und der LüP auf 9 240 mm.

Da wegen Lokomotivmangels bei der DB ein verstärkter Einsatz im Reisezugdienst auf Nebenbahnen erforderlich wurde, erfolgten bei mehreren Loks Umbauten der Bedienungs- und Überwachungseinrichtungen auf Ein-Mann-Bedienung sowie die Ausrüstung mit einer einfachen Tonsignalsteuerung für Wendezugeinsatz. Ein Teil der auf Ein-Mann-Bedienung umgebauten Loks erhielt einen zusätzlichen Kanzelaufbau auf dem Führerhausdach (z. B. V 36 119, V 36 120, V 36 123, V 36 214).

Der Lokführer stand bei diesen Lokomotiven auf dem Fahrpult. Alle für die Bedienung und Überwachung erforderlichen Bedienelemente und Anzeigeinstrumente wurden entsprechend höher gelegt. Das Führerhaus der V 36 238 wurde vollständig umgebaut und

gestattete eine wesentlich verbesserte Streckensicht.
Spätere Umbauten auf Ein-Mann-Bedienung erfolgten durch doppelte Anordnung aller wichtigen Bedien- und Anzeigeinstrumente auf beiden Seiten des Fahrpults.
Am 1. Januar 1968 kam es zur Einführung der EDV-Betriebsnummern bei der DB. Die 89 noch im Einsatzbestand befindlichen V 36 erhielten entsprechende Nummern der neuen Baureihenbezeichnung 236: 236 101 bis 236 102, 236 104 bis 236 115, 236 117 bis 236 126, 236 150, 236 201 bis 236 210, 236 212 bis 236 226, 236 229 bis 236 238, 236 251 bis 236 261 und 236 401 bis 236 418.
Durch ständige Zuführung von Neubaufahrzeugen wurde auch die Baureihe 236 von den Strecken verdrängt. Sie führte auch bei der DB nur noch Aufgaben in Ausbesserungswerken und auf Anschlußbahnen aus. Zahlreiche Loks wurden an Privat- und Werkbahnen verkauft, weitere verschrottet.
Unter den von Werkbahnen genutzten Lokomotiven existierte eine mit besonderer Rarität: die Lokomotive 2018 der Stadtwerke Frankfurt (Main). Bei ihr war ein Scherenstromabnehmer auf dem Motorvorbau montiert. Sie war auch auf Straßenbahnstrecken eingesetzt und betätigte mit dem Schleifstück des Stromabnehmers die Signal- und Weichenschaltungen. Außerdem wurde über den Stromabnehmer die elektrische Führerstandsheizung versorgt.
Bei der DB waren 1977 noch 54 Loks einsatzfähig, 1978 waren es noch 22, 1979 noch neun und 1980 schließlich nur noch fünf. Die letzten Lokomotiven der Baureihe 236 wurden am 22. August 1981 bei der DB ausgemustert (236 253 Awst Oldenburg und 236 405 Bw Frankfurt [Main] 2). Die DB hat zwei Lokomotiven für Museumszwecke durch das AW Bremen aufarbeiten lassen: Die V 36 108 und die V 36 123 mit Dachkanzel. Mehrere private Museumsbahnen haben sich ebenfalls zur Erhaltung einiger ehemaliger WR 360 C 14 entschlossen. So hat die Deutsche Gesellschaft für Eisenbahngeschichte eV zwei Lokomotiven erworben (236 204 und 236 231) und führt mit historischem Wagenpark Sonderfahrten bei Stadt- und Streckenjubiläen durch.
Wie bereits erwähnt, wurden 1945 auch bei anderen europäischen Bahnverwaltungen ehemalige WR 360 C 14 aufgefunden. Dazu zwei Beispiele:
Bei der Tschechoslowakischen Staatsbahn (ČSD) waren die Lokomotiven als T 333.1 und T 334 eingestellt. Obwohl sie sich gut bewährten, wurden sie wegen fehlender Ersatzteile ab 1957 durch Neubau-Diesellokomotiven ersetzt.
Die Nationalgesellschaft der Französischen Eisenbahnen (SNCF) übernahm zehn Lokomotiven als 030 DB 1 bis 030 DB 10. Sie wurden 1961 umgezeichnet in Y 50 101 bis Y 50 110. Ihre Ausmusterung erfolgte in den Jahren 1971 bis 1973.

Konstruktive Merkmale

Rahmen als Innenrahmen aus zwei Längsträgern, mehreren Querträgern, kastenförmigen Stirnträgern sowie mit konsolenversteiften Laufblechen zusammengeschweißt. Entsprechend den Achsabständen unsymmetrisch angeordnete Ausschnitte für Radsatzlager. Achsgabelstege. Zwischen zweitem und drittem Radsatz Durchbruch für Blindwellenlager. Normale Zug- und Stoßeinrichtungen an den Stirnträgern.
Aufbauten: Maschinenvorbau aus Blechen und Profilen geschweißt und genietet, auf Umlaufblechen aufgeschraubt. Seitliche Wartungstüren, obere Montageklappe für Ein- und Ausbau des Dieselmotors. Endführerstand über volle Fahrzeugbreite. Seitentüren mit Tritten, zusätzliche Tür an hinterer Stirnwand mit Übergangsbrücke zu zweiter Lok der gleichen Bauart. Vierte Tür auf linkes Umlaufblech. Neuere Loks mit Schallisolierung. Sonderumbauten des Führerstandes für Einmannbedienung bei der DB.
Laufwerk: drei Radsätze mit asymmetrischem Achsstand, Gleitlager, Blattfederung mit Ausgleichhebeln zwischen erstem und zweitem Treibradsatz.
Bremsen: selbsttätige Druckluftbremse, Knorr-Einfachsteuerventil Gr 12, Zusatzbremse. Bremszylinder links hinten am Lokomotivrahmen, über Gestänge auf alle sechs Räder einseitig von vorn wirkend. Wurfhebelbremse als Feststellbremse über Gestänge der Druckluftbremse auf alle Räder.
Dieselmotor: ursprünglich Deutz V 6 M 436, MWM 335 und DWK 6 M 30.
Bei DR: Aufbrauch der installierten Motoren, bis Ersatz erforderlich wurde, dann vorwiegend unaufgeladener Sechszylinder-Viertakt-Reihen-Dieselmotor von SKL, Bauart 6 NVD 36.
Füllungsregelung, Zweistufenregler, Fallkraftstoff aus hochliegendem Behälter, Verbrennungsluft über ölbenetzte Filter in Maschi-

Eine der letzten WR 360 C 14 als 103019 im Einsatz bei der DR
Foto: Glatte

nenraum. Anlassen des Dieselmotors mit Druckluft.
Bei DB: Ursprungsmotoren von Deutz, MWM und weiterentwikkelte Bauartvarianten. Regelung, Kraftstoff, Verbrennungsluftfilter, Anlasser wie oben.
Kraftübertragung hydraulisch. Voith-Strömungsgetriebe L37 (Wandler/Kupplung/Kupplung), Übertragungsleistung 250 kW (340 PS), Nachschalt-, Stufen- und Wendegetriebe (Rangiergang 30 km/h, Streckengang 60 km/h), Blindwelle, Treibstangen zum zweiten und dritten Radsatz. Kuppelstange vom zweiten auf ersten Radsatz.
Hilfseinrichtungen: 24-V-Stromversorgungsanlage mit keilriemengetriebener Lichtmaschine, Bleibatterie und Reglerschalter für Beleuchtung des Führerstandes und Maschinenraumes und Stirnlampen, teilweise auch elektrisches Signalhorn.
Stirnkühler mit Jalousien für Motorkühlwasser, Motor- und Strömungsgetriebeöl. Lüfterflügel vom Dieselmotor über Keilriemen angetrieben. Vorwärmung und Warmhalten durch Koksofen. Führerhausheizung aus Kühlkreislauf.
Keilriemengetriebener zweistufiger Dreizylinder-Luftverdichter für 0,6 bis 0,8 MPa (6 bis 8 kp/cm^2) füllt zwei Luftbehälter mit je 300 l Inhalt.
Zusätzlich zwei Druckluftflaschen von 250 l bei 2,9 MPa (30 kp/cm^2) für Anlaßluft, aus besonderen Aufladeventilen aus den ersten beiden Zylindern des Dieselmotors gefüllt.
Einige 103 der DR mit Explosionsschutz: wassergekühltes Abgasrohr, Wassereinspritzung, Wasservorlage, Plattenschutz.
Sandstreueinrichtung für die äußeren Radsätze in beiden Fahrtrichtungen.
Keine Zugheizeinrichtung, aber durchgehende Dampfleitung.
Steuerung mechanisch betätigt: Leistung des Dieselmotors, Ein- und Ausschalten des hydraulischen Getriebes (Kreisläufe werden automatisch in Abhängigkeit von der Fahrgeschwindigkeit gefüllt und entleert), Stufen- und Wendeschaltung.
Zwei Lokomotiven der Baureihe 103 oder 236 lassen sich ohne Zusatzeinrichtung mit den Führerständen zueinander kuppeln. Drehbewegung eines Handrades über Rollenkette, Gelenkwellen unter Führerstand zur zweiten Lok und über Rollenkette auf Steuerrad dieser Lok. Stufen- und Wendeschaltung muß in jeder Lok einzeln erfolgen.
Einige 236 der DB mit pneumatischer Doppelsteuerung.
Wendezugsteuerung mit Tonsignal bei einigen DB-Lokomotiven.
Überwachung mit Anzeigeinstrumenten und Leuchtmeldern.
Sicherheitsfahrschaltung in einigen Lokomotiven der DR und DB, wegabhängig.
In einigen 236 der DB Fahrzeugeinrichtungen für punktförmige Zugbeeinflussung.

Literatur:

EJ 8 (1982) 3. – S. 28–36
em 16 (1978) 10. – S. 22–24
em 17 (1979) 10. – S. 13
ETR 5 (1956) 4. – S. 138
GA 72 (1948) 3. – S. 35–36
GA 86 (1962) 11. – S. 457–461
L 38 (1941) 3. – S. 33–42
ME 12 (1963) 6. – S. 167
Sfz 11 (1967) 6. – S. 219–220

D 311

DB V 188, ab 1968: 288

Do + Do

1941 bis 1971

Techn. Daten: Seite 184

Im Jahre 1937 erhielt die Firma Krupp von der ehemaligen deutschen Wehrmacht den Entwicklungsauftrag für das überschwere 40achsige Eisenbahngeschütz „Dora" mit einem Kaliber von 80 cm. Als Zugmittel für das in sieben Transportlasten zerlegbare Geschütz, dessen Gesamtmasse 1350 t betrug, war dem gleichen Hersteller die Entwicklung einer Diesellokomotive mit der Bauartbezeichnung D 311 übertragen worden. Außer der Traktion zum Einsatzort enthielt das Fahrzeugprogramm noch die folgende Aufgabenstellung:
Wegen der großen Abmessungen und Masse des Geschützes war keine konstruktive Lösung für Seitenrichtungsänderungen zu finden, so daß am Einsatzort ein besonderes Gleisbogenstück als Schießkurve verlegt werden mußte, auf dem das Geschütz durch zwei Diesellokomotiven D 311 bewegt wurde.
Die Antriebsanlagen waren außerdem als fahrbares Diesel-Elektro-Aggregat zur Energieversorgung der Spezialkrane beim Aufbau des Geschützes sowie zur Speisung des elektrischen Munitionsaufzuges eingesetzt. Dieser zuletzt genannte Einsatzzweck begründete auch die für die damalige Zeit in Deutschland ungewöhnliche Wahl der dieselelektrischen Kraftübertragung.
Die Lokomotiven wurden mit einem Endführerstand ausgeführt; ihr Einsatz war als Doppellokomotiven vorgesehen.
Von der Firma Krupp wurden nachweislich vier Doppellokomotiven gebaut: im Oktober 1941 D 311.01 a + b (Fabriknummern 2198 und 2199) und D 311.02 a + b (2200 und 2201) sowie im August 1942 D 311.03 a + b (2468 und 2469) und D 311.04 a + b (2470 und 2471). Über die Auslieferung oder den Anarbeitungsstand der weiteren Lokomotiven sind keine überprüfbaren Unterlagen vorhanden.
Nach 1945 existierten auf westdeutschem Gebiet – eine Lokomotiveinheit war im Bereich der Krupp-Werke durch Bomben zerstört worden – nur noch sechs Einzellokomotiven. Daraus wurden zwei einsatzfähige Doppellokomotiven zusammengestellt, die beiden restlichen Einheiten dienten als Ersatzteilspender. Eine Aufarbeitung im Auftrage der DB erfolgte 1951/52 bei der Firma Krauss-Maffei, München. Entsprechend der ursprünglich installierten Dieselmotorleistung von 2 × 940 PS erhielten diese Lokomotiven bei der DB die Betriebsnummern V 188 001 a + b und V 188 002 a + b. Es handelte sich dabei um Fahrzeuge des Lieferjahres 1942 (Fabriknummern 2468 bis 2471). Anfangs wurden beide Lokomotiven im schweren Schiebedienst auf der Steilstrecke von Laufach nach Heigenbrücken im Spessart als Schiebelokomotiven eingesetzt. Die hohe Zugkraft und ihre Bewährung im Betrieb brachten der Baureihe V 188 beim Personal den Spitznamen „Bulle" ein.
1956/57 erfolgte ein weiterer Umbau, bei dem u. a. Änderungen der Dachpartie vorgenommen wurden und die zugelassene Höchstgeschwindigkeit von 60 auf 75 km/h

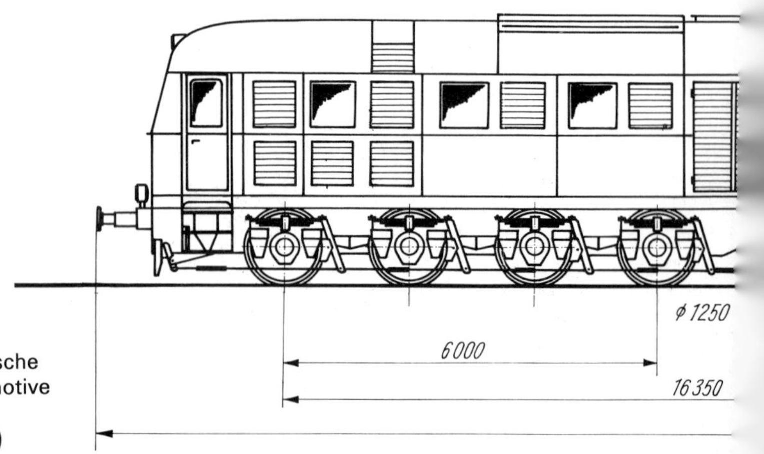

Dieselelektrische Doppellokomotive D 311 (Krupp, 1942)

Dieselelektrische Wehrmachtslokomotive D 311 mit improvisiertem Tarnanstrich
Foto: transpress-Archiv

erhöht wurde. Noch mehrere Jahre bewältigten die Lokomotiven von den Bw Aschaffenburg, Gemünden (Main) und Bamberg aus den schweren Güterzugdienst.
Nach dem Umzeichnungsplan der DB vom 1. Januar 1968 erhielten sie die neuen Betriebsnummern 288 001 a + b und 288 002 a + b. Die 288 001 a + b wurde nach der Abstellung 1968 im Folgejahr ausgemustert und bekam daher gar nicht erst die neue Beschriftung. Die 288 002 a + b war bis zu ihrer Abstellung im Dezember 1971 noch im Bw Bamberg im Einsatz. Sie war noch betriebsfähig und es wurde über einen Verkauf nach Italien verhandelt. Da dieser nicht zustande kam, war auch für die Baureihe 288 der Schrottplatz die Endstation.

Konstruktive Merkmale

Rahmen jeder Fahrzeughälfte aus durchgehenden Längsträgern, Querträgern und zusätzlichen Verstärkungen zusammengeschweißt. Pufferträger an den äußeren Rahmenenden mit normalen Zug- und Stoßeinrichtungen, innere Fahrzeugenden tragen am Kuppelkasten Kurzkupplung und zwei Stoßpuffer. Abstützung der Fahrzeugmasse über Blattfedern und Längsausgleichhebel auf den Achslagergehäusen.
Ausschnitte im Längsrahmen dienen als Achslagerführungen. Von den gleitgelagerten Radsätzen jeweils die beiden mittleren seitenverschiebbar.
Aufbauten aus Profilstahl und Blechen zusammengeschraubt, -geschweißt und -genietet. Führerstand jeweils an einem Ende des Kastenaufbaus. Zugang über Seitentüren. Maschinen- und Generatorraum durch Zwischenwand getrennt. Verbindung zwischen den Lokomotivhälften durch Übergangstüren und -brücke.
Bremsen in jeder Halblokomotive als eigene selbsttätige Druckluftbremse mit G-P-Wechsel. Abbremsung der vier Radsätze durch zwei Bremszylinder unter den Stirnführerständen über verstellbare Bremsgestänge. Äußere Radsätze

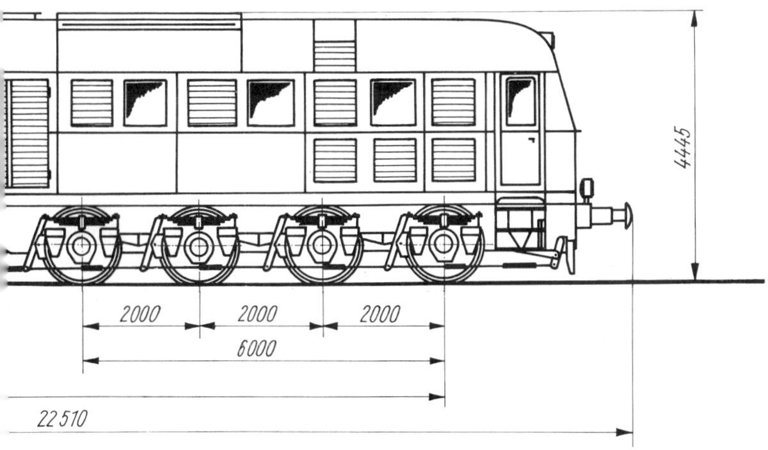

Ehemalige Wehrmachtslokomotive D 311 als 288 002 der DB
Foto: Sammlung Steckel

einseitig, alle anderen beidseitig mit doppelten Grauguß-Bremsklötzen abgebremst.
Feststellbremse wirkt aus den Führerständen der Maschine über Zusatzhebel auf Gestänge einer Lokomotivhälfte.
Dieselmotor: ursprünglich MAN-Dieselmotor W 6 V 30/38. Unaufgeladener Sechszylinder-Reihenmotor mit 300 mm Bohrung, 380 mm Hub und 691 kW bei 700 U/min wurde bei Rekonstruktion im Jahre 1952 mit Abgasaufladung auf 772 kW bei 700 U/min eingestellt. Wegen Überalterung bald ersetzt durch bei der DB bewährte Bauart Maybach bzw. MTU-Motoren (MD 12 V 538 AT mit 810 kW bei 1 500 U/min).
Kraftübertragung elektrisch. Wegen Einbau der schnellaufenden Dieselmotoren Untersetzungsgetriebe (2:1). Zwischen Motor und Getriebe drehelastische Kupplung und Gelenkwelle.
Kraftübertragung von Siemens-Schuckert geliefert: Hauptgenerator, Erregergenerator und vier fremdbelüftete Tatzlagerfahrmotoren. Traktions-, Erreger- und Hilfsgenerator auf gemeinsamer Welle. Fahrmotoren treiben Radsätze über doppelseitige, schrägverzahnte Stirnradgetriebe an.
Hilfseinrichtungen: Hilfsgenerator versorgt 220-V-Stromkreise für Elektromotoren der Kühlerlüfter, Fahrmotorenlüfter, Luftverdichter, Anlaßluftverdichter sowie für Führerhausheizung und Lokomotivsteuerung. Mechanisch über Keilriemen angetriebene 24-V-Lichtmaschine speist Stromkreise der Beleuchtung, optische Signaleinrichtung, Sicherheitsfahrschaltung sowie Elektromotoren der Kühlwasser-, Kraftstoff- und Schmierölpumpen und lädt die Batterie.
Kühlanlage für Motorkühlwasser und Motorschmieröl enthält Vorwärmeinrichtungen mit elektrischer oder Dampfheizung.
Steuerung erfolgt mit 13stufigem Fahrschalter. Stufen eins bis elf schalten Feldschwächungswiderstände direkt zu bzw. ab. 12. und 13. Stufe Shuntierungsstufen.
Traktionsmotoren sind in Reihe oder parallel schaltbar.
Reihenschaltung: je zwei parallele Traktionsmotoren hintereinander.
Paralellschaltung: alle Traktionsmotoren einer Lokomotivsektion parallel.
Steuerung beider Maschinenanlagen einer Doppellokomotive von einem der Führerstände. Elektrische Übertragung der Steuerfunktionen von Sektion zu Sektion über 42polige und 35polige Steuerleitung.
Überwachung der Maschinenanlage durch Kontroll- und Anzeigeinstrumente. Gefährdete Anlage wird automatisch stillgesetzt. Sicherheitsfahrschaltung ist wegabhängig. Indusi vorhanden.

Literatur:

EJ 8 (1982) 4. – S. 20–24
em10 (1972) 12. – S. 12–15

Diesellokomotiven bei der Deutschen Reichsbahn (DR)

Als 1945 der zweite Weltkrieg fast ganz Europa in ein Trümmerfeld verwandelt hatte, war auch auf dem Gebiet der damaligen sowjetischen Besatzungszone das Verkehrswesen in einem hoffnungslosen Zustand. Ursachen dafür waren die Folgen der letzten großen Kampfhandlungen, die sinnlosen Verwüstungen der deutschen Sprengkommandos nach der Taktik der „verbrannten Erde", die konzentrierten anglo-amerikanischen Luftangriffe auf Bahnanlagen und Industriewerke sowie der im Frühjahr 1945 durchgeführte Abtransport von allem noch verwendbaren rollenden Eisenbahnmaterial nach dem Westen Deutschlands.

So kam es, daß die aufbauwilligen Eisenbahner in der damaligen sowjetischen Besatzungszone auf einem Drittel des ehemaligen deutschen Streckenanteiles nur noch ein Fünftel des früheren deutschen Fahrzeugparks vorfanden. Dieser war fast ausschließlich schwer beschädigt und stark überaltert. In der ersten Phase kam es daher darauf an, von den zerstörten und vernachlässigten Triebfahrzeugen wieder einige einsatzbereit zu machen, um die notwendigsten Transporte realisieren zu können. Auf ökonomische Gesichtspunkte konnte dabei noch keine Rücksicht genommen werden. So standen z. B. 1946 bereits wieder etwa 4800 Dampflokomotiven dem Betrieb zur Verfügung, die fast 200 Baureihen oder Unterbaureihen zuzuordnen waren und bei denen wegen Überalterung die Schadanfälligkeit noch weiter zunahm.

Unter den aufgefundenen Triebfahrzeugen befand sich keine einzige Großdiesellokomotive, sondern lediglich 45 bis 50 ehemalige Wehrmachtslokomotiven mit Motorleistungen von 147 kW (200 PS) bis 265 kW (360 PS) und eine größere Anzahl Kleinlokomotiven der Leistungsgruppen I und II. Auch sie wurden fast ausschließlich als Schadfahrzeuge in den Nachkriegsbestand übernommen und unter Verwendung von Teilen aus nicht aufarbeitungswürdigen Fahrzeugen für den Einsatz hergerichtet. Im Gesamtfahrzeugpark und in der Traktionsleistung spielten diese Fahrzeuge jedoch kaum eine Rolle.

Die steigenden Transportleistungen für den Aufbau der Industrie und der Landwirtschaft sowie zur Versorgung der Bevölkerung waren deshalb zunächst nur mit Dampflokomotiven zu erbringen. Die Gattungsbereinigung durch Aussonderung alter und unwirtschaftlicher Dampflokomotiven war in der nächsten Etappe der Rationalisierungsschwerpunkt für den Triebfahrzeugpark. Die Anzahl der Dampflokomotivbaureihen belief sich

1946 auf 200,	1974 auf 26,
1949 auf 156,	1977 auf 20.
1959 auf 86,	

Parallel dazu wurde ein sehr umfangreiches Rekonstruktionsprogramm für die leistungsfähigsten und erhaltungswürdigen Dampflokomotivbaureihen begonnen. Im Rahmen dieses Programms, das gemeinsam von der Deutschen Reichsbahn und der Lokomotivbauindustrie in Angriff genommen worden war, wurden bis 1965 über 660 Dampflokomotiven der Baureihen 01, 03, 39, 41, 50, 52 und 58 rekonstruiert. Die Modernisierung mit Neubaukesseln usw. ging weit über das normale Maß einer Generalreparatur hinaus und entsprach fast einem Neubau. Wenn auch damit eine wesentlich geringere Störanfälligkeit, höhere Wirtschaftlichkeit und größere Laufleistungen als mit dem überalterten Triebfahrzeugpark erreicht wurden, war die Anzahl der Triebfahrzeuge zur Erfüllung der gestiegenen Verkehrsaufgaben zu gering, und es stand die Beschaffung von Neubautriebfahrzeugen an. Das schnellere Wirksamwerden war beim Einsatz von Neubau-Dampflokomotiven zu erwarten, da für Großdiesellokomotiven keine Konstruktions- und Betriebserfahrungen vorlagen. Außerdem waren keine geeigneten Dieselmotoren und Kraftübertragungen vorhanden, und die stationären Anlagen für Elektrotraktion konnten ebenfalls nicht kurzfristig errichtet werden.

So begann der VEB Lokomotivbau „Karl Marx" Babelsberg im Jahre 1954 mit der Fertigung von Neubau-Dampflokomotiven und baute bis 1960 etwa 360 Stück für die Deutsche Reichsbahn.

Gleichzeitig waren aber bereits in den fünfziger Jahren Kleinlokomotiven und Industriebahn-Diesellokomotiven für Normal- und Schmalspur in diesem Werk produziert worden. Dazu zählten z. B. auch 32 Kleinlokomotiven Kö II für die Deutsche Reichsbahn, die bis 1958 gebaut wurden.

Während die Fertigungskapazität des Werkes in Babelsberg bis 1960 weitgehend mit Aufgaben des Rekonstruktionsprogramms und dem Neubau von Dampflokomotiven ausgelastet war, begann bereits, lange bevor die letzte Neubau-Dampflokomotive 50 4088 Ende 1960 das Babelsberger Werksgelände verließ, die konstruktive und technologische Vorbereitung auf den Bau von Rangier- und Streckendiesellokomotiven.

Für die Zukunft des Verkehrswesens der DDR spielten nun nicht mehr die Aspekte der ersten Nachkriegsjahre die entscheidende Rolle, sondern jetzt standen u. a. schon die Lösung ständig steigender Transportanforderungen eines modernen Industriestaates, erhöhte Reisebedürfnisse der Bevölkerung, Verbesserung der Arbeitsbedingungen des Triebfahrzeugpersonals, energiewirtschaftlicher und betrieblicher Nutzen im Vordergrund. Diese Forderungen konnten nur mit einer ausreichenden Anzahl neuer, wartungsarmer und zuverlässiger Triebfahrzeuge erfüllt werden. Das bedeutete die konsequente Vorbereitung und Durchführung des Traktionswechsels von der Dampf- zur Elektro- und Dieseltraktion. Die Relation der Traktionsanteile wurde dabei weitgehend von den zur Verfügung stehenden Energiequellen, dem Streckennetz, den Streckenbelastungen usw. bestimmt. Für die Verhältnisse der Deutschen Reichsbahn fiel die Entscheidung zur Elektrifizierung von ausgewählten höchstbelasteten Hauptstrecken. So begann die Elektrifizierung bereits 1952 mit der Strecke Halle–Köthen–Magdeburg.

In ökonomisch sinnvoller Weise war der Übergang des übrigen Streckennetzes und des gesamten Rangierdienstes von der Dampf- zur Dieseltraktion vorgesehen. Nach umfangreichen Voruntersuchungen und der Optimierung mehrerer Planvarianten wurde im Jahre 1955 der Beschluß gefaßt, mit der Einführung der Dieseltraktion in der DDR zu beginnen. Dazu war von der DR in Zusammenarbeit mit dem Institut für Schienenfahrzeuge ein Typenprogramm für Neubau-Dieseltriebfahrzeuge ausgearbeitet worden. Es enthielt neben einem Leichttriebwagen und einem Schnelltriebwagen für den internationalen Fernverkehr die Diesellokomotiven:

V 15 Kleinrangierlokomotive 110 kW (150 PS),
V 60 mittlere Rangierlokomotive 441 kW (600 PS),
V 100 leichte Streckenlokomotive 662 kW (900 PS),
V 180 Mehrzweck-Streckenlokomotive 1 324/1 765 kW (1 800/2 400 PS).

Dieses Programm wurde bald noch um eine 265-kW-Schmalspurlokomotive (360 PS) für 750-mm-Spur erweitert.

Bei der Entwicklung der Neubautriebfahrzeuge war auf hohen Standardisierungsgrad zu achten. Zur Bedingung war gemacht worden, daß die Anzahl der eingesetzten Dieselmotorentypen, Strömungsgetriebe, Hilfseinrichtungen usw., die bei den einzelnen Baureihen zur Anwendung kamen, auf eine geringe Anzahl zu beschränken waren. Als erfolgreiche Verwirklichung dieser Forderung soll der Einsatz des Dieselmotors 12 KVD 18/21 vom VEB Motorenwerk Johannisthal genannt werden, der als Saugmotor mit 441 kW (600 PS) für die mittlere Rangierdiesellokomotive V 60 (jetzt 106) und als aufgeladener Motor mit 662 kW (900 PS) für den Einbau in der leichten Streckenlokomotive V 100 (jetzt 110) und in der Mehrzweck-Streckenlokomotive V 180 (jetzt 118) sowie im Schnelltriebwagen SVT 18.16 (jetzt 175) vorgesehen wurde.

Auch die elektrische Ausrüstung (Nennspannung 110 V) ist entsprechend der genannten Forderung weitgehend vereinheitlicht worden. Außer den erwarteten Vorteilen bei der späteren Unterhaltung und Ersatzteilversorgung konnten durch die konsequente Standardisierung die Entwicklungszeiten wesentlich verkürzt und wirtschaftliche Fertigungsbedingungen geschaffen werden. Das war besonders wichtig, da für die Entwicklung, Konstruktion und Fertigung des gesamten Diesellokomotivprogramms nur ein Betrieb zur Verfügung stand.

Die erste Vorerprobungslokomotive aus dem Dieselprogramm der DR war die leichte Rangierdiesellokomotive V 15 101, die mit tiefliegendem Führerstand noch eine Zwischenstufe zwischen den Kleinlokomotiven und der späteren Baureihe V 15 (jetzt 101.0) darstellte. Diese Lokomotive wurde als Einzelgänger nicht von der DR übernommen und an das Institut für Schienenfahrzeuge verkauft. Bereits 1958 wurden auch zwei Vorauslokomotiven der Baureihe V 60 (106.0) zur Erprobung übergeben, und 1959 begann der Serienanlauf der Baureihe V 15 (101.0).

Die folgende Aufstellung gibt einen Überblick über die im Zeitraum 1960/65 vorgenommenen Erstbeschaffungen:

1960	V 15^{2}	(101.1)	
	V 36^{48}		Muster
	V 180	(118.0)	Muster
1961	V 60	(106.0)	
1962	V 15^{22}	(101.2)	
	V 75	(107)	
	V 180	(118.0)	
1964	V 60^{2}	(106.2)	
	V 100	(110)	Muster
	V 180^{2}	(118.2)	Muster
1965	V 180^{1}	(118.1)	
	V 180^{2}	(118.2)	
	V 240		Muster

Mit einer Ausnahme handelt es sich dabei um die konsequente Abarbeitung des 1955 beschlossenen Programms. Diese Ausnahme ist die dieselelektrische 750-PS-Rangierlokomotive (552 kW) Baureihe V 75 (später 107). Sie wurde aus der ČSSR importiert, als die Rangierdampflokomotiven auf den Leipziger Bahnhöfen zu ersetzen waren.

Die ständige Analyse und der Vergleich zwischen Planung, Bedarf und Realisierung zeigte, daß trotz angelaufener Serienfertigung der Lokomotiven der Baureihe V 180 (118.8, 118.1 und 118.2) der steigende Bedarf an Neubautriebfahrzeugen aus eigenem Aufkommen nicht zu decken war. So waren bereits 1964 erste technische Verhandlungen mit der UdSSR aufgenommen worden über die Beschaffung von leistungsstarken Diesellokomotiven durch Import. Hierbei trafen mehrere günstige Faktoren zusammen: Die Sowjetunion besaß bereits damals schon langjährige Fertigungs- und Einsatzerfahrungen mit einer großen Anzahl schwerer Hauptstrecken-Diesellokomotiven, es stand genügend Fertigungskapazität für solche Lokomotiven zur Verfügung und außer der DR benötigten die Bahnverwaltungen in mehreren sozialistischen Ländern gleichfalls schwere Streckendiesellokomotiven. Aus diesen Verhandlungen entwickelte sich dann eine enge internationale Zusammenarbeit, die zu einer weitgehenden Spezialisierung der einzelnen RGW-Mitgliedsstaaten auf bestimmte Lokomotivbauarten und abgegrenzte Leistungsbereiche führte.

Nach diesen Festlegungen entfiel die geplante Weiterentwicklung der Baureihe V 180 zur V 240, und das gebaute Musterfahrzeug wurde als Erprobungsträger für weiterentwikkelte Einzelbauteile und Baugruppen benutzt, bis es später als 118 202 bei der DR eingeordnet wurde.

Dafür begann ab 1966 der Import sowjetischer Großdiesellokomotiven mit einer Leistung von 1 470 kW, elektrischer Kraftübertragung und der Achsfolge Co'Co'. Diese Lokomotiven waren von der Diesellokomotivfabrik „Oktoberrevolution" in Lugansk (ab 1969 umbenannt in Woroschilowgrad) entwickelt worden und wurden nun auch von diesem Werk geliefert. Sie erhielten bei der DR zunächst die Baureihenbezeichnung V 200, später 120. Als 1967 der Beschluß gefaßt wurde, das Tempo der Einführung der Dieseltraktion noch zu erhöhen, wurden die Importzahlen weiter gesteigert, die Serie der leichten Streckendiesellokomotive V 100 (110) lief beim Hersteller VEB Lokomotivbau – Elektrotechnische Werke „Hans Beimler" Hennigsdorf an und wurde ebenfalls kurzfristig gesteigert. Außerdem begannen mit dem sowjetischen Lieferwerk in Lugansk die ersten Verhandlungen über die Lieferung von 2 200-kW-Diesellokomotiven (Baureihe V 300, später 130, sowie 131 und 132) ab 1970. Hierbei wurde die moderne elektrische Drehstrom-Gleichstrom-Kraftübertragung angewandt und die elektrische Zugheizung eingeführt.

Parallel dazu wurde der Bedarf an Lokomotiven bis 736 kW (1 000 PS) auch weiterhin aus eigenem Aufkommen gedeckt. Es folgten ab 1966 die hier zusammengestellten weiteren Erstbeschaffungen:

1966	V 100		(110)	Muster
	V 200		(120)	Muster
1967	V 23		(102.0)	Muster
	V 100		(110)	
1969	V 100^{2}		(110.2)	Muster
1970		102.1		
		130		
1972		131		
1973		132		
1976		119		Muster
		142		
1978		119		

Die Baureihe 119 ist als Weiterentwicklung der bewährten 118.2 bis 118.4 zu betrachten und wurde aufgrund der bereits genannten internationalen Spezialisierung von der bekannten rumänischen Lokomotivfabrik „23. August" in Bukarest entwickelt und gefertigt.

Die Lokomotiven der Baureihe 142 bieten eine weitere Leistungserhöhung auf 2 940 kW gegenüber der Baureihe 132 unter Beibehaltung der Gesamtkonzeption und der meisten Bauteile. Nur wenige Teile am Dieselmotor und der elektrischen Kraftübertragung müssen der höheren Leistung angepaßt werden. Da ab 1970 die Zugförderungsleistungen unerwartet stark angestiegen sind, war es zwar nicht möglich, die geplante Reduzierung des Dampflokomotivparks vorzunehmen, aber die Ergebnisse der Traktionsumstellung bestätigten in vielen betrieblichen und ökonomischen Kennziffern die Richtigkeit des Weges.

So konnte durch den Strukturwandel in der Traktion von 1960 bis 1980 der spezifische Energieverbrauch von 1,44 kJ/Brtkm auf 0,31 kJ/Brtkm gesenkt werden. Der Rangierdienst ist bei der DR vollständig auf Dieseltraktion umgestellt. Der Gesamtanteil der Dieseltraktion an allen Zugförderungsleistungen bei der DR betrug 1979 über 70 %, wobei allein 40 % von den sowjetischen Importlokomotiven erbracht wurden.

Da die Elektrifizierung der Hauptstrecken noch weiter beschleunigt wird, werden neben den noch abzulösenden Dampflokomotiven, die zur wirtschaftlichen Nutzung heimischer Brennstoffe teilweise noch über das Jahr 1985 hinaus im Einsatz bleiben werden, auch Diesellokomotiven für andere Aufgaben freigestellt.

Mit der Indienststellung der 132 709 und 132 708 am 15. und 22. Juli 1982 wurde die Beschaffung von Großdiesellokomotiven aus der Sowjetunion abgeschlossen. Damit wurden von den Baureihen 130, 131, 132 und 142 insgesamt 873 Lokomotiven importiert (vgl. die nebenstehende Tabelle).

Im Jahre 1983 wurde die Beschaffung der Baureihen 105/106 und 111 abgeschlossen. 1985 wurden die Lokomotiven der letzten Lieferserie der Baureihe 119 aus der SR Rumänien für den Einsatz auf Nebenstrecken in Dienst gestellt. Damit lief für absehbare Zeit die Beschaffung von Neubau-Diesellokomotiven durch die DR endgültig aus.

Der zur Erhöhung der Transportleistungen steigende Bedarf an Diesellokomotiven für nichtelektrifizierte Nebenbahnen und für den Rangierdienst kann aus freiwerdenden Triebfahrzeugen der elektrifizierten Hauptbahnen gedeckt werden.

Betriebliche und energiewirtschaftliche Optimierungen sollen durch den Umbau vorhandener Diesellokomotiven im Rahmen eines umfangreichen Rekonstruktionsprogramms erfolgen. Ersatzbedürftige Dieselmotoren der Baureihen 110 und 118 mit einer Leistung von 735 kW werden auch weiterhin durch 900-kW-Motoren ersetzt. Weitere Lokomotiven der Baureihe 110 werden mit 1 100-kW-Dieselmotoren zur Baureihe 114 umgerüstet. Die Entstehung schwerer Rangierdiesellokomotiven der Baureihe 108 durch Einbau eines neuentwickelten Strömungswendegetriebes aus Lokomotiven der Baureihen 110 und 111 ist geplant. Der Ersatz von unaufgeladenen Dieselmotoren der Bauart 12 KVD 18/21 (480 kW) in einem Teil der Lokomotiven der Baureihe 106 durch Dieselmotoren 6 VD 18/15-1 (365 kW) führt zur neuen Unterbaureihe 104 und sichert bei einer besseren Anpassung an die betrieblichen Erfordernisse eine wesentliche Senkung des spezifischen Kraftstoffverbrauchs.

Weitere Umbauten sind vorbereitet bzw. realisiert: der Umbau von Lokomotiven der Baureihe 110 auf die Spurweite 1 000 mm für den Einsatz auf der Harzquerbahn sowie der Umbau einiger 106/105 auf Breitspur (1 520 mm) für den Rangierdienst im neuentstandenen Fährhafen Mukran auf Rügen.

Alle anderen Entwicklungen werden sich auf die weitere Verbesserung von Austauschbaugruppen und -bauteilen für die vorhandenen Diesellokomotiven und ihren optimalen Einsatz beziehen. Dazu gehören auch die weitere Ausrüstung mit Rangier- und Zugfunkeinrichtungen sowie der Einbau von Bordmikrorechnern. Diese modernisierten Fahrzeuge werden noch lange Zeit einen hohen Anteil an der gesamten Zugförderleistung der Deutschen Reichsbahn behaupten können.

1985 betrug der Anteil der Dieseltraktion bei der DR 62,7 %. Der Perspektivplan sieht für 1990 bei einem Elektrifizierungsstand von etwa 23 % des Gesamtstreckennetzes vor, daß sich die Elektro- und die Dieseltraktion mit je 50 % die Zugförderungsleistungen teilen.

Unter dem einheitlichen Begriff „historische Triebfahrzeuge" werden in der DDR Lokomotiven und Triebwagen als Museums- oder Traditionsfahrzeuge erhalten, um der Nachwelt wichtige Marksteine der

Import-Großdiesellokomotiven für die DR

	Leistung (kW)	Elektrische Heizung	Höchstgeschwindigkeit (km/h)
130 001 bis 130 080	2 200	nein	(140) 120
130 101 bis 130 102	2 200	ja	(140) 120
131 001 bis 131 076	2 200	nein	100
132 001 bis 132 709	2 200	ja	120
142 001 bis 142 006	2 945	ja	120

Eisenbahn-Triebfahrzeugentwicklung demonstrieren zu können. In der vom Ministerium für Verkehrswesen der DDR bestätigten Aufstellung sind zunächst drei Diesellokomotiven enthalten:

V 36 027, später 103 027	Serienlokomotive für den zweiten Weltkrieg, erste Diesellokomotive der DR und Erprobungsträger für Baugruppen der Neubau-Diesellokomotiven. Unterhaltungszustand: museumsgerecht aufgearbeitet und betriebsfähig zu erhalten von der Rbd Schwerin;
V 60 1001	Erste Rangierlokomotive aus der DDR-Produktion für den schweren Rangierdienst. Unterhaltungszustand: museumsgerecht aufgearbeitet. Standort: Rbd Halle;
V 180 005, später 118 005	Erste Großdiesellokomotive aus der DDR-Produktion. Unterhaltungszustand: museumsgerecht aufgearbeitet, betriebsfähig zu erhalten von der Rbd Berlin.

101.0
101.1 bis 101.3
V 15$^{10,\ 20-23}$
101.5 bis 101.7
Umbau aus 101.1 bis 101.3

B

ab 1959

Techn. Daten: Seite 185

Nachdem als erste Neubau-Diesellokomotive im Nachkriegsdeutschland die Kleinlokomotive der Leistungsgruppe II gefertigt worden war, nahm die Deutsche Reichsbahn in ihr Neubau-Typenprogramm zur Traktionsumstellung eine leichte Rangierdiesellokomotive mit einer Leistung von 110 bis 132 kW (150 bis 180 PS) auf. Sie sollte mit der gesteigerten Leistung die bisherigen Aufgaben der Kleinlokomotiven auf Unterwegsbahnhöfen übernehmen. 1956 stellte der VEB Lokomotivbau „Karl Marx" Babelsberg eine Neuentwicklung vor, die auf den Erfahrungen mit der Kleinlokomotive beruhte, aber mit hochgesetztem, geschlossenem Führerstand, mechanischer Kraftübertragung und einer Leistung von 75 kW (102 PS) als V 10 B für Werk- und Anschlußbahnen vorgesehen war. Die DR entschloß sich, mit dieser Lokomotive den bestehenden Bedarf an leichten Rangierdiesellokomotiven zu decken, stellte aber folgende Zusatzforderungen:

- erhöhte Motorleistung von 110 bis 132 kW,
- hydraulische Kraftübertragung,
- einfache Bedienung von beiden Seiten des Führerstandes,
- Eignung für rauhen Betriebseinsatz,
- geringer Unterhaltungsaufwand,
- Höchstgeschwindigkeit 30 bis 35 km/h.

Zur Erprobung der neuen Hauptaggregate, Dieselmotor und Strömungsgetriebe, stellte der VEB Lokomotivbau „Karl Marx" Babelsberg eine Baumusterlokomotive mit niedriger Rahmenbauweise, wie bei Kleinlokomotiven üblich, her. Diese erste Neubau-Diesellokomotive mit einem Strömungsgetriebe des VEB Turbinenfabrik Dresden (heute VEB Strömungsmaschinen Dresden) wurde im Sommer 1958 an die DR zur eingehenden Erprobung übergeben. Die anfänglichen „Kinderkrankheiten", besonders an der Maschinenanlage, wurden beseitigt, so daß trotz öfterer Ausfälle auswertbare Ergebnisse vorlagen.

Da diese Lokomotive ein Einzelfahrzeug blieb und einen niedrigen Führerstand hatte, übernahm sie die DR nicht. Die V 15 101 wurde als Rangierlokomotive an das Institut für Schienenfahrzeuge verkauft. Die Erprobungsergebnisse berücksichtigte man bei der konstruktiven Überarbeitung der Serienlokomotiven mit hochliegendem Führerstand. Bei einer Motorleistung von 110 kW (150 PS) führten diese Lokomotiven die Baureihenbezeichnung V 15^{10}. Die Nullserie (V 15 1001 bis V 15 1005) wurde im Dezember 1959 und eine erste Kleinserie (V 15 1006 bis V 15 1020) bis Juni 1960 an die DR ausgeliefert. Mit einigen Detailverbesserungen und einer auf 132 kW (180 PS) erhöhten Motorleistung kamen die Lokomotiven der

Leichte Rangierdiesellokomotive 101 170 der DR im Einsatz
Foto: ZBDR

Nachfolgeserien in den Jahren 1960 bis 1963 als Unterbaureihe V 15^{20-21} zur DR. Der Treibraddurchmesser (bis V 15 2025 = 900 mm) wurde ab V 15 2026 auf 1 000 mm vergrößert.
Mit weiteren Verbesserungen wurden ab 1963 die Lokomotiven als 15^{22-23} an die DR übergeben. Die Betriebsnummern V 15 2200, V 15 2292, V 15 2348 und V 15 2349 wurden mit später angekauften Lokomotiven belegt (V 15 2349 z. B. erst 1966).
Die Lokomotiven dieser Baureihe haben sich sehr gut bewährt und wurden in großen Stückzahlen gebaut. Sie stehen außer bei der DR auch bei mehreren ausländischen Bahnverwaltungen sowie bei in- und ausländischen Werk- und Anschlußbahnen im Einsatz. Wie im Entwicklungsprogramm vorgesehen, werden sie hauptsächlich im leichten Rangierdienst eingesetzt, sind aber auch im leichten Nahgüterzugdienst, vor Arbeitszügen und an einigen Stellen vor leichten Reisezügen anzutreffen. Ihre installierte Leistung war etwas knapp bemessen. Daher wurde ihre weitere Beschaffung zugunsten der Baureihe V 23 (später 102.0) eingestellt.
Bei der Vergabe der EDV-gerechten Betriebsnummern im Jahre 1970 wurden die V 15-Lokomotiven in die Baureihe 101.0 bzw. 101.1 bis 101.3 eingereiht. Durch mehrere Verkäufe entstanden Lücken in der laufenden Nummernfolge, die zum Teil durch Rückkäufe oder Nachlieferungen wieder aufgefüllt wurden.
Um auch für die bereits ausgelieferten Lokomotiven der Baureihe 101.1 bis 101.3 eine höhere Antriebsleistung zu erzielen, wurde 1972 ein Musterfahrzeug (101 210 des Bw Roßlau) im Raw „Ernst Thälmann" Halle umgebaut. Nach erfolgreicher Erprobung wurden ab 1975 im Rahmen planmäßiger Erhaltungsarbeiten nicht mehr aufarbeitungswürdige Dieselmotoren durch die leistungsstärkere Bauart 6 VD 18/15-1 SRW (162 kW) und die Strömungsgetriebe GSR 12/3,7 durch solche des Typs GSU 20/4,2 ersetzt. Nach zahlreichen Änderungen und Verbesserungen erhielten die Lokomotiven nach dem Umbau neue Betriebsnummern und wurden beginnend mit der Ordnungsnummer 501 als neue Unterbaureihe 101.5 bis 101.7 eingeordnet.
Auf der Suche nach energiewirtschaftlich vorteilhaften Lösungen bei der Einsparung von Dieselkraftstoff wurde im Raw „Ernst Thälmann" Halle auch eine Lokomotive der Baureihe 101 nach Ausbau des Dieselmotors und seiner Hilfseinrichtungen mit einem 55-kW-Gleichstromfahrmotor und 96 Speicherzellen ausgerüstet und damit zu einer elektrischen Speicherlokomotive umgebaut.
Die oft angegebene Baureihenbe-

Leichte Rangierdiesellokomotive der Baureihe 101 der DR

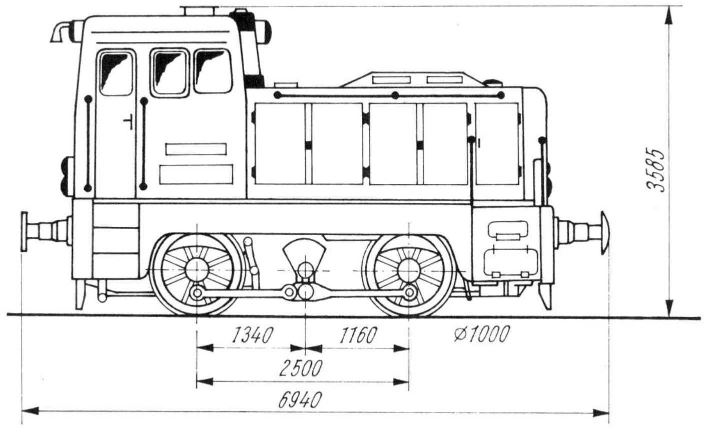

zeichnung V 18 für die 132-kW-Lokomotiven ist die standardgerechte Typenbezeichnung der Industrie, war aber nie eine Baureihenbezeichnung der DR. Erwähnt werden soll auch, daß die Lokomotiven, die der Baureihe 101.1 entsprechen, aber bei den Gleisbaubetrieben der DR eingesetzt sind, mit einer Gerätenummer bezeichnet werden. Sie ist mit der Liefernummer des Herstellers identisch und in der gleichen Art wie die üblichen Betriebsnummern an der Lokomotive angebracht (z. B. 261 421 und 261 543 an den Lokomotiven des Gleisbaubetriebes Bitterfeld).

Konstruktive Merkmale

Rahmen: aus Stahlblechen zusammengeschweißter Innenrahmen, bestehend aus Rahmenseitenwangen, Rahmendeckblech und den verstärkten Kopfpartien mit den üblichen Zug- und Stoßeinrichtungen.
In Rahmenseitenwangen Ausschnitte für Radsatzlagergehäuse, Führung in Hartmangan-Gleitbakken, und Aussparung für Blindwellenlager.
Am vorderen Rahmenende auf jeder Seite breite Rangiertritte ausgespart.
Seitliche Umläufe zur Wartung der Maschinenanlage.
Bei Umbau zur 101.5 bis 101.7 Anpassungen am Rahmen an veränderte Motorbefestigung.
Aufbauten: Vorbau aus Profilen und Blechen zusammengeschweißt, mit Rahmen und Führerhaus unter Zwischenlage von Gummi verschraubt, umschließt Maschinenanlage. Dachteil abnehmbar zum Ein- und Ausbau des Dieselmotors.
Bei Umbau zur 101.5 bis 101.7 Luftansaugung für Dieselmotor von rechter auf linke Seite verlegt, dazu neue Ansaugöffnung in der zweiten linken Seitentür des Vorbaus.
Führerhaus als schall- und wärmeisolierte Schweißkonstruktion über volle Fahrzeugbreite. Einstiegtüren auf jeder Seite.
Laufwerk: Radsätze in Gleitlagern (WM 10) gelagert. Blattfedern oberhalb der Radsatzlagergehäuse in Federspannschrauben aufgehängt.
Bremsen: Selbsttätige Einkammer-Druckluftbremse der Bauart Kbr und Zusatzbremse. Ein Bremszylinder rechts unter Führerhaus wirkt über Bremshebel, -welle und -gestänge mit Graugauß-Bremsklötzen einseitig auf alle Räder.
Handspindelbremse als Feststellbremse wirkt auf das Gestänge der Druckluftbremse.
Dieselmotor: Sechszylinder-Viertakt-Reihendieselmotor 6 KVD 18 SRW, Bohrung 150 mm, Hub 180 mm, Wirbelkammerbrennverfahren. In den ersten Lokomotiven V 15 1001 bis V 15 1020 Leistung 110 kW bei 1 500 U/min. Ab 1960 mit erhöhter Leistung 132 kW bei 1 500 U/min. Zweistufenregler.
Bei Umbau 1975/79 Ersatz durch neue Dieselmotoren der Baureihe 102.0: 6 KVD 18/15-1 SRW. Sechszylinder-Viertakt-Reihendieselmotor, Bohrung 150 mm, Hub 180 mm. 162 kW bei 1 500 U/min. Verstellregler.
Dieselkraftstoff mit Kolbenpumpe an der Einspritzpumpe gefördert aus 350-l-Behälter im Maschinenvorbau (101.5 bis 101.7 Kraftstoffbehälter 400 l).
Verbrennungsluft durch Öffnung in

der rechten Vorbauwand. Ansaugsieb und Ölbadluftfilter.
Abgas aus Sammelrohr durch elastisches Wellrohr und Schalldämpfer sowie Abgasstandrohr über das Führerhausdach. Abgasanlage in BR 101.0 bis 101.1 links vom Motor, in BR 101.2 bis 101.3 rechts.
Dieselmotor in vier Punkten mittels Gummielementen elastisch auf Rahmendeckblech befestigt. Elektrisches Anlassen mit 24-V-Anlasser.
Kraftübertragung vom Dieselmotor über drehelastische Kupplung und Gelenkwelle auf Strömungsgetriebe GSR 12/3,7, Wandler/Kupplung/Kupplung. Umschaltpunkte: 14 km/h und 21 km/h.
Eingangsleistung bei Baureihe 101.0: 99,3 kW, bei Baureihe 101.1 bis 101.3: 121,4 kW.
Nach Umbau 1975/79 (Baureihe 101.5 bis 101.7) Getriebe GSU 20/4,2. Wandler/Wandler. Umschaltbereich 16,5 bis 19,2 km/h.
Traktionsleistung 142 kW.
Schaltung der Kreisläufe durch Füllen und Entleeren abhängig von der Fahrgeschwindigkeit.
Direkt an Strömungsgetriebe angeflanschtes Nachschaltwendegetriebe 7.104 mit Blindwelle, bei 101.5 bis 101.7 modifizierte, leistungsverstärkte Ausführung 7.105/2.
Weitere Übertragung mit Treibstangen auf die Treibradsätze. Getrieblock in vier Punkten im Lokomotivrahmen befestigt.
Hilfseinrichtungen: Elektroenergieversorgung aus 700-kW-Lichtmaschine am Dieselmotor mit 24 V Gleichspannung. 180-Ah-Batterie, Beleuchtung von Maschinenraum und Führerstand, zusätzliche Steckdosen. Dreilicht-Spitzensignal und rote Zusatzleuchten.
Kühlkreislauf: Kühlwasserpumpe, Wärmetauscher Motorschmieröl, Wärmetauscher Strömungsgetriebeöl, Dieselmotor, sechs Kühlelemente (in 101.0 Strömungsgetriebeöl in einem Kühlelement direkt rückgekühlt).
Kühlerlüfter vom Dieselmotor mit Keilriemen. Führerstandheizung durch Heizkörper im Führerstand.
Anfangs Kühlermatten, später handbetätigte Kühlerjalousien. Hochtriebswelle des Strömungsgetriebes treibt mit Keilriemen zweistufigen Luftverdichter VV 100/100 u. a. Typen. Zwei Hauptluftbehälter je 200 l; ein Sonderluftbehälter 100 l versorgt Bremsanlage, akustische Signaleinrichtung, Sandstreuer und Scheibenwischer.
Kühlbox im Führerstand zum Frischhalten von Speisen. Seit 1980 Einbau einer zusätzlichen Führerstandheizung zum Heizen bei abgestelltem Dieselmotor.
Feuerlöscher im Führerstand.
Steuerung: mechanische und elektrische Einfachsteuerung. Regeln des Dieselmotors über mechanisches Gestänge. Elektrisches Ein- und Ausschalten des Strömungsgetriebes. Wendegetriebeschaltung mechanisch.
Überwachung mit Anzeigeinstrumenten.

Literatur:

DR 101.0
DET 8 (1960) 6. – S. 255–258
ME 9 (1960) 11. – S. 300–301
DR 101.1 bis 101.3
DET 14 (1966) 3. – S. 112–114
Sfz 10 (1966) 1. – S. 27–28
DR 101.5 bis 101.7
Sfz 25 (1981) 4. – S. 166–168

102.0

V 23⁰

B

ab 1968

Techn. Daten: Seite 185

Der Einsatz der leichten Rangierlokomotiven der damaligen Baureihe V 15 hatte sich im Betrieb ausgezeichnet bewährt, als die Nutzer den Wunsch nach einer höheren Traktionsleistung vorlegten. Der VEB Lokomotivbau „Karl Marx" Babelsberg entwickelte und baute daraufhin auf eigene Initiative eine Lokomotive mit der Werksbezeichnung V 22B, die bei einer auf 162 kW (220 PS) erhöhten Motorleistung in ihrer Grundkonzeption und den meisten technischen Einzelheiten der Baureihe V 15 (101) entsprach. Damit konnten den bisherigen Abnehmern der 110- bzw. 132-kW-Lokomotiven leistungsstärkere Fahrzeuge mit bewährter Robustheit, Zuverlässigkeit und Einfachheit sowie den Vorteilen einer kostengünstigen Unterhaltung und rationellen Ersatzteilhaltung angeboten werden.
Als Antriebsmotor stand nun ein neuentwickelter Dieselmotor zur Verfügung, der einer Baukastenreihe angehört sowie als Saugmo-

Leichte Rangierdiesellokomotive 102 005 der DR im Einsatz
Foto: Köhler

tor und aufgeladener bzw. hochaufgeladener Motor einsetzbar ist.
Gleichzeitig war ein Strömungsgetriebe einzubauen, das ebenfalls in der Lage ist, die erhöhte Leistung zu übertragen. Dazu war zunächst ein dreistufiges Strömungsgetriebe des Typs GSU 21/4,5 (Wandler/Wandler/Kupplung) vorgesehen. Der neue Dieselmotor 6 VD 18/15-1 SRW und das Getriebe GSU 21/4,5 wurden vorübergehend in der Lokomotive V 15 2210 eingebaut und auch im Triebwagen VT 4.12.002 (später 173 002) eingesetzt. Im Triebwagen kam die Unterflurbauart des Dieselmotors und des Strömungsgetriebes zur Anwendung.
Die V 15 2210 wurde vor dem Meßwagen und im Betriebseinsatz eingehend erprobt und anschließend vom Lokomotivhersteller wieder in den Ursprungszustand zurückversetzt. Die Erprobungsergebnisse wurden ausgewertet und durch geringfügige Änderungen in der späteren Serie berücksichtigt. Ende des Jahres 1967 lieferte der VEB Lokomotivbau „Karl Marx" Babelsberg die ersten Lokomotiven dieses Typs an Werk- und Anschlußbahnen aus.
Am 30. März 1968 erhielt die DR ihre erste Lokomotive, die als V 23 001 in Dienst gestellt wurde. Zu diesem Zeitpunkt stand das in der Serie eingebaute Zwei-Wandler-Strömungsgetriebe GSU 20/4,5 zur Verfügung, nachdem die Erprobung gezeigt hatte, daß der Kupplungsgang keine besonderen Vorteile in derartigen leichten Rangierlokomotiven bietet und sein Wegfall den Beschaffungs- und Unterhaltungsaufwand verringert.
Die Lokomotiven V 23 002 bis V 23 080 folgten 1968/69. Bei der Umzeichnung im Jahre 1970 erhielten die Lokomotiven die Betriebsnummern 102 001 bis 102 080. Später wurde eine weitere Lokomotive von der DR angekauft (102 081). Einige Lokomotiven wurden an einen Gleisbaubetrieb und ein Raw abgegeben. Weitere Beschaffungen dieser Baureihe entfielen, da ab 1970 eine weiterentwickelte Lokomotive der gleichen Leistungsklasse zur Verfügung stand: die Baureihe 102.1.

Konstruktive Merkmale

Rahmen: wie Baureihe 101.1 bis 101.7
Aufbauten: wie Baureihe 101.1 bis 101.7
Laufwerk: wie Baureihe 101.1 bis 101.7
Bremsen: wie Baureihe 101.1 bis 101.7
Dieselmotor: Sechszylinder-Viertakt-Reihendieselmotor 6 VD 18/15-1 SRW. Vorkammerbrennverfahren. 162 kW bei 1 500 U/min, Bohrung 150 mm, Hub 180 mm. Verstellregler.
Dieselkraftstoff mittels Förderpumpe aus Behälter angesaugt und durch Filter und Magnetventil zur Einspritzpumpe.

Leichte Rangierdiesellokomotive der Baureihe 102.0 der DR

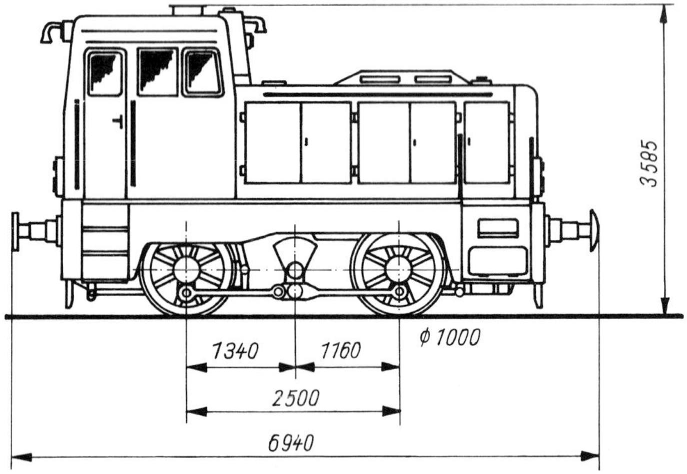

Ansaugluftführung wie bei 101.1 bis 101.3, jedoch Lufteintritt auf der linken Vorbauseite.
Abgasführung wie bei 101.1 bis 101.3.
Motoraufbau mit vier elastischen Lagern auf Lokomotivrahmen.
Elektrisches Anlassen mit 24-V-Anlasser.
Kraftübertragung: Abtrieb vom Dieselmotor mit drehelastischer Kupplung und Gelenkwelle auf Strömungsgetriebe GSU 20/4,5. Anfahr- und Marschwandler, Umschaltung zwischen 16 und 17 km/h selbsttätig in Abhängigkeit von der Fahrgeschwindigkeit. Nachschaltwendegetriebe 7.105 direkt am Strömungsgetriebe angeflanscht. Weiterer Antrieb ebenfalls wie in Baureihe 101 über Blindwelle und Treibstangen, jedoch verstärkt für höheres Abtriebsmoment.
Hilfseinrichtungen: Elektroenergieversorgung, Beleuchtung und Signaleinrichtungen wie in Baureihe 101.
Kühlkreislauf ähnlich dem der Baureihe 101, jedoch folgende Änderungen: Flachrohrkühlelemente anstelle von Rundrohrkühlelementen, Thermostat für schnelleres Erwärmen des Motorkühlwassers durch teilweises Kurzschließen des Kreislaufes. Elektrische Schmierölvorpumpe.
Kühlwasservorwärmgerät: Ölheizgerät ORWT 20/2 E links unter dem Führerstand, Ölbrenner für Dieselkraftstoff, Versorgung mit Niveauregler aus Hauptbehälter. Umwälzpumpe im Heizgerät fördert Kühlwasser im Kreislauf und durch zusätzliche Heizschlange in der Motorölwanne.
Strömungsgetriebe-Eingangswelle treibt über Keilriemen zweistufigen Luftverdichter 2 HS 3 71/100. Sonstige Druckluftanlage wie Baureihe 101.
Seit 1980 Einbau einer zusätzlichen Führerstandheizung zum Heizen bei abgestelltem Dieselmotor.
Kühlbox im Führerstand zum Frischhalten von Speisen.
Zwei Handfeuerlöscher im Führerstand.
Vorbereitet zum nachträglichen Einbau einer Rangierfunkanlage.
Steuerung: mechanische Drehzahlverstellung und Wendeschaltung, elektrische Ein- und Ausschaltung des Strömungsgetriebes durch Magnethubventil.
Für Schnellstopp Magnetventil in der Kraftstoffleitung zur Einspritzpumpe (Betätigung sperrt Kraftstoffzufuhr und setzt Dieselmotor sofort still).
Überwachung mit Anzeigeinstrumenten wie bei Baureihe 101, zusätzlich Betriebsstundenzähler.
Wächter schaltet bei unzulässiger Temperatur das Vorwärmgerät ab.
Schnellstopp-Magnetventil in Kraftstoffleitung kann auch an Brandmeldewächter angeschlossen werden.
Vorbereitet zum nachträglichen Einbau einer Sicherheitsfahrschaltung.

Literatur:
Sfz 11 (1967) 8

102.1

B

ab 1970

Techn. Daten: Seite 185

Im Neubauprogramm der Deutschen Reichsbahn war eine leichte Rangierdiesellokomotive als Ersatz für die Kleinlokomotiven vorgesehen. Sie sollte deren Aufgaben übernehmen, mit einer gesteigerten Leistung aber noch universeller einsetzbar sein. So beschaffte die DR zunächst die Lokomotiven der Baureihen 101.0 (110 kW) und 101.1 bis 101.3 (132 kW). Trotz guter Einsatzbewährung wurde der Umbau auf höhere Traktionsleistung veranlaßt, und es entstand die Unterbaureihe 101.5 bis 101.7 mit 162-kW-Dieselmotorleistung. Die folgenden Beschaffungen wurden vom Hersteller bereits mit dieser Leistung ausgeliefert (102.0). Bei all diesen Lokomotiven war der Fahrzeugteil fast unverändert beibehalten worden.
Als weitere Lokomotiven dieser Leistungsklasse von der DR beschafft werden sollten, entstand in enger Zusammenarbeit zwischen dem VEB Lokomotivbau „Karl Marx" und der Deutschen Reichsbahn ein neues Triebfahrzeug, bei dem die Antriebsanlage (Dieselmotor und Strömungsgetriebe) von der Baureihe 102.0 übernommen wurde.
Beim Fahrzeugteil wurden neben bewährten Grundkonstruktionen der Baureihe 101.0 bis 101.7 zahlreiche neue Erkenntnisse verwirklicht und zusätzliche Forderungen berücksichtigt.
In den Jahren 1970/71 wurden insgesamt 157 Lokomotiven dieser Baureihe beschafft. Sie sind entsprechend dem vorgegebenen Forderungsprogramm sowohl im leichten Rangierdienst als auch im Übergabe-, leichten Streckendienst oder vor Bauzügen eingesetzt und bewähren sich sehr gut.

Konstruktive Merkmale

Rahmen: Blechinnenrahmen als Schweißkonstruktion aus 20-mm-Rahmenwangenblechen, Stirnwänden, Querblechen, oberem Rahmendeckblech und Stirnwandaussteifungen, welche Einbauschacht für nachträglichen Einbau einer Mittelpufferkupplung bilden. Zunächst normale UIC-Zug- und Stoßeinrichtungen an den Stirnwandblechen. Ausschnitte für Radsatzlagergehäuseführungen und Blindwellenlager in den Seitenwangenblechen, kräftige Radsatzgabelstege und kräftiges Blindwellenlagerunterteil.
Rahmenvorderteil auf beiden Seiten mit Aussparungen für geräumige Rangiertritte.
Aufbauten: Maschinenvorbau und Führerstand untereinander berührungslos durch Labyrinthdich-

Leichte Rangierdiesellokomotive 102 101 der DR im Einsatz
Foto: Köhler

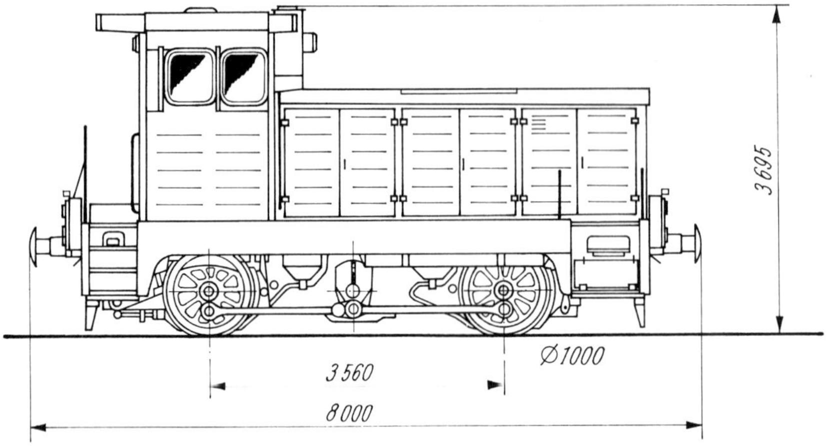

Leichte Rangierdiesellokomotive der Baureihe 102.1 der DR

tung verbunden. Schweißkonstruktionen aus Profilen und Stahlblechen. Führerhaus allseitig doppelwandig mit schallisolierender Ausfüllung.

Maschinenvorbau umhüllt gesamte Maschinenanlage mit Hilfseinrichtungen, stirnseitige Kühlerverkleidung leicht abnehmbar, auf jeder Seite drei Doppeltüren als Zugang zur Maschinenanlage, Vorbaudach mit verstellbarer Lüftungsklappe.

Umläufe auf beiden Seiten des Vorbaus, Übergang am hinteren Fahrzeugende, durch Geländer gesichert. Zugang zum Führerstand durch Außentür vom Übergang aus.

L a u f w e r k : zwei gleitgelagerte Radsätze, verstärkt gegenüber Baureihe 101.1 bis 101.3, Radsatzlagergehäuseführung in Preßstoffgleitplatten, vergrößerter Achsstand auf 3560 mm. Blattfedern, Federspannschrauben usw. wie 101.1 bis 101.3.

B r e m s e n : selbsttätige Einkammer-Druckluftbremse mit Führerbremsventil F bs 14 (von beiden Führerstandseiten zu bedienen), nichtselbsttätige Druckluftbremse mit Zusatzbremsventil. Umstelleinrichtung GP. Bremszylinder rechts hinten am Rahmen befestigt, wirkt über Bremsgestänge und Bremsklötze einseitig auf alle vier Räder. Handspindelbremse im Führerstand wirkt auf Gestänge der Druckluftbremse.

D i e s e l m o t o r wie in Baureihe 102.0.

Sechszylinder-Viertakt-Reihendieselmotor 6 VD 18/15-1 SRW. Vorkammerbrennverfahren. 162 kW bei 1510 U/min. Bohrung 150 mm, Hub 180 mm. Verstellregler.

Zuführung Kraftstoff und Verbrennungsluft sowie Abführung Abgas ähnlich Baureihen 101.5 bis 101.7 und 102.0.

Elektrisches Anlassen mit 24-V-Anlasser.

K r a f t ü b e r t r a g u n g : mit drehelastischer Welle auf Strömungsgetriebe GSU 20/4,5 wie bei Baureihe 102.0. Anfahrwandler bis 16 km/h, Marschwandler 16 bis 40 km/h. Umschaltung wie üblich selbsttätig abhängig von Fahrgeschwindigkeit. Angeflanschtes Wendegetriebe konstruktiv mit erhöhter Lebensdauer und vermindertem Verschleiß. Antrieb aus Wendegetriebe als Blindwellen, Treibstangen zu den Radsätzen.

H i l f s e i n r i c h t u n g e n : 24-V-Elektroenergieversorgung aus Drehstrom-Lichtmaschine und Gleichrichter oder Bleibatterie. Dreilicht-Spitzensignal mit zusätzlichen roten Signalleuchten, Beleuchtung im Führerstand und Maschinenraum sowie Steckdosen. Elektrische Steuer- und Überwachungsstromkreise, 15-l-Kühlbox, Rangierfunkstation.

Kühlkreislauf: Kühlwasserumwälzpumpe, Heiztopf, Wärmetauscher Strömungsgetriebeöl, Heiztopf, Wärmetauscher Motorschmieröl, Dieselmotor, Kühler mit zehn parallelgeschalteten Kühlerelementen und Heiztopf zur Umwälzpumpe. Führerstandheizung in abschaltbarem Nebenkreis. Kühlerlüfterantrieb vom Dieselmotor über Keilriemen, Winkelgetriebe mit schaltbarer Elektromagnetkupplung. Schaltung durch Thermowächter abhängig von Kühlwassertemperatur. Vorwärm- und Warmhalteanlage mit vier Heiztöpfen unterschiedlicher Heizleistung, Heizenergie aus 220/380-V-Ortsnetz fremd eingespeist.

Druckluftversorgung aus zweistufigem Dreizylinder-Luftverdichter, Antrieb vom Dieselmotor über Keilriemen und das gleiche Winkelgetriebe, das auch Kühlerlüfter antreibt. Elektromagnetkupplung schaltet in Abhängigkeit von Behälterdruck Luftverdichter aus (1 MPa)

bzw. ein (0,85 MPa). Außer Bremsanlage werden mit Druckluft versorgt: je Fahrtrichtung ein Typhon als akustische Signalanlage, Sandstreueinrichtung, Druckluftscheibenwischer, pneumatischer Arbeitskreis der Sifa und vorsorglich ein Anschluß zur späteren Betätigung der automatischen Mittelpufferkupplung. Einrichtung zur Sandung aller Räder in beiden Fahrtrichtungen.
Druckluftscheibenwischer, Entfrostungsanlage mittels Ventilator, 15-l-Kühlbox ACB 15 nach Peltier-Effekt als Führerstandausstattung.
Vier Handfeuerlöscher außerhalb des Führerstandes.
Rangierfunkanlage, Stromversorgung aus 24-V-Bordnetz, Funkgerät umfaßt Sender und Empfänger und wird ergänzt durch Antenne, Bedieneinrichtung, rechts und links je ein Mikrofon und einen Druckkammerlautsprecher.
Steuerung: Drehzahlverstellung des Dieselmotors und Wendeschaltung mechanisch. Strömungsgetriebe. Ein- und Ausschaltung elektrisch. Beide Schaltungsarten durch Schaltkontakte und Endlagenschalter in Zwangsabhängigkeiten.
Überwachung mit Anzeigeinstrumenten und Wächteranlagen für Dieselmotor (u. a. Schmieröldruck, Überdrehzahl), Strömungsgetriebe (Öltemperatur), Kühlwassertemperatur, Druck im Hauptluftbehälter.
Elektronische Sicherheitsfahrschaltung zeitabhängig.

Literatur:

ME 20 (1971) 2. – S. 58
Sfz 15 (1971) 8. – S. 273–278
Sfz 15 (1971) 9. – S. 309–313
Sfz 15 (1971) 10. – S. 347–351
Sfz 15 (1971) 12. – S. 421–425

106.0 bis 106.1

V 60[10–11]

D

ab 1961

Techn. Daten: Seite 185

Das Beschaffungsprogramm der Deutschen Reichsbahn für Neubau-Dieseltriebfahrzeuge sah bereits Anfang der fünfziger Jahre eine Rangierdiesellokomotive mit einer Traktionsleistung von etwa 440 kW (600 PS) vor. Sie sollte hydraulische Kraftübertragung haben und auf Rangierbahnhöfen unterschiedlicher Größe (auch an elektrifizierten Strecken) einsetzbar sein. Es mußte auch möglich sein, Aufgaben im leichten Streckendienst auf Anschlußbahnen und vor Arbeitszügen zu übernehmen. Unter anderem waren durch diese Lokomotive die Dampflokomotiven der Baureihen 89, 91 und 92 zu ersetzen.
Die technischen Forderungen wurden vom späteren Haupteinsatzgebiet, dem mittelschweren Rangierdienst, geprägt:

- Radsatzfahrmasse unter 15 t,
- Befahren von 80-m-Gleisbogenhalbmessern,
- Befahren von Ausrundungshalbmessern im Anfahrbogen 400 m und im Ablaufbogen 300 m,
- gutes Blickfeld auf Puffer und Strecke, günstige Anordnung der Bedienelemente und Überwachungsinstrumente, damit Fahren in beiden Fahrtrichtungen von beiden Führerstandseiten aus möglich ist,
- ausreichende Lärmbekämpfung, um akustische Rangiersignale einwandfrei wahrnehmen zu können,
- sicheres Mitfahren des Rangierpersonals auf tiefliegenden Rangiertritten auf beiden Seiten der Lokomotive,
- gesicherte Übergänge an beiden Fahrzeugenden,
- zwei Geschwindigkeitsstufen, um im Rangierdienst eine hohe Zugkraft und im Streckendienst eine ausreichende Höchstgeschwindigkeit zu erzielen,
- Steuerung und Überwachung waren so auszubilden, daß im Streckendienst Ein-Mann-Bedienung zugelassen werden konnte.

Die Voruntersuchungen der geplanten Maschinenanlage begannen Mitte der fünfziger Jahre mit dem Einbau des damals neuentwickelten Dieselmotors 8 KVD 21 A und des ebenfalls neuen Strömungsgetriebes GSR 12/5,1 in die Diesellokomotive V 36 080 (ehemalige Wehrmachtslokomotive). Parallel zu den Versuchsprogrammen mit der Maschinenanlage entwickelte der VEB Lokomotivbau „Karl Marx" Babelsberg in enger Zusammenarbeit mit dem Institut für Schienenfahrzeuge und dem damaligen Technischen Zentralamt der DR den Gesamtentwurf und den Fahrzeugteil.
Der anfangs vorgesehene Einsatz des aufgeladenen Achtzylinder-V-Dieselmotors 8 KVD 21 A mußte aufgegeben werden, da sich das oftmalige „Hochfahren" des Mo-

Rangierdiesellokomotive V 60 1076 (seit 1970: 106 076) der DR
Foto: transpress-Archiv

tors im Rangiereinsatz negativ auf Motorzustand und Wirtschaftlichkeit auswirkte. Die Wahl fiel auf den Zwölfzylinder-Saugmotor aus der gleichen Baureihe KVD 21, der in der aufgeladenen Version auch für den Einbau in die Streckendiesellokomotiven V 100 und V 180 (jetzt 110 und 118) vorgesehen war und auch eingesetzt wurde.
Der VEB Lokomotivbau „Karl Marx" fertigte auch die erste Baumusterlokomotive V 60 1001 bereits ausschließlich mit neuentwickelten Bauteilen und Aggregaten aus der DDR-Produktion und stellte sie Anfang 1959 fertig. Die erste Streckenfahrt, noch ohne Belastung, fand am 5. Februar 1959 von Drewitz nach Seddin und zurück statt. Eine Demonstrationsfahrt unter Belastung mit dem Lokomotivmeßwagen 1 der VES-M Halle und der Bremslokomotive 19 017 wurde mit befriedigenden Ergebnissen am 5. März 1959 durchgeführt. Die zweite Baumusterlokomotive V 60 1002 kam im September 1959 zwecks Erprobung zur DR. Mit ihr wurden u. a. versuchsweise Züge bis 2 100 t Masse auf dem Rangierbahnhof Seddin abgedrückt. Die sehr eingehende Erprobung – gemeinsam vom Herstellerwerk, der VES-M und dem Institut für Schienenfahrzeuge durchgeführt – erstreckte sich sowohl auf einen langfristigen Rangiereinsatz in Seddin als auch auf zahlreiche Streckenfahrten.
Anfängliche aufgetretene Schäden am Strömungsgetriebe, am Nachschaltgetriebe und am Stangenantrieb erforderten konstruktive Änderungen und Verstärkungen. Damit wurde der Serienanlauf etwas verzögert. Nach Beseitigung der „Kinderkrankheiten" und einigen weiteren Verbesserungen, die aus Erprobungsergebnissen abgeleitet werden konnten, folgten 1961 Bau und Auslieferung der Kleinserie V 60 1003 bis V 60 1007.
Danach begann der Serienbau im VEB Lokomotivbau „Karl Marx" Babelsberg mit den Lieferungen

1962 V 60 1010 bis V 60 1081,
1963 V 60 1082 bis V 60 1145 und
1964 V 60 1146 bis V 60 1170.

Die Lokomotiven der Baureihe V 60 hatten sich auf allen vorgesehenen Einsatzgebieten sehr gut bewährt und erfüllten ihre vielseitigen Aufgaben im mittelschweren Rangierdienst, im leichten Nebenstreckeneinsatz, vor Arbeitszügen und bei der Bedienung von Anschlüssen mit großer Zuverlässigkeit. Lokomotiven dieser Baureihe werden auch von der Industrie auf ihren Werkbahnen eingesetzt.
Trotz der gelungenen Konstruktion ergaben sich doch einige Verbesserungswünsche, die teilweise in der laufenden Serie eingearbeitet wurden, zum Teil aber in einer größeren konstruktiven Überarbeitung zusammengefaßt wurden. Nach dieser Überarbeitung baute der VEB Lokomotivbau „Karl Marx" 1964 noch eine Musterlokomotive V 60 1201, während die spätere Serienfertigung dieser weiterentwickelten Unterbaureihe $V\,60^{12}$ im VEB Lokomotivbau – Elektrotechnische Werke „Hans Beimler" Hennigsdorf erfolgte.
1970 wurde die Umnummerung der Baureihe $V\,60^{10}$ in 106.0 bis 106.1 vorgenommen. Zu diesem Zeitpunkt waren schon einige Lokomotiven von der DR an Betriebe, Raw und Hafenbahnen verkauft worden.
Zur Modernisierung werden im Rahmen der planmäßigen Instandhaltungen weiterentwickelte Bauteile und Baugruppen eingesetzt,

soweit es technisch möglich und wirtschaftlich vertretbar ist.
Seit 1983 erfolgten auch erste Ausmusterungen wegen Überalterung, z. B. 106 004, 106 007, 106 011, 106 044, 106 046, 106 059.
Die Baumusterlokomotive V 60 1001 war 1965 der Ingenieurschule für Eisenbahnwesen „Erwin Kramer" in Dresden als Lehrmittel zur Verfügung gestellt worden. In der Zwischenzeit wurde sie zum „historischen Triebfahrzeug" erklärt. Als erste in der DDR hergestellte Diesellokomotive für den schweren Rangierdienst wird sie von der Rbd Halle museumsgerecht erhalten.

Konstruktive Merkmale

Rahmen: geschweißter Blechinnenrahmen mit Versteifungen durch Querbleche und das aufgeschweißte Deckblech. An den Stirnseiten auswechselbare Pufferträger mit Zug- und Stoßeinrichtungen. In den Längsträgerblechen Ausschnitte für die Radsatzlagergehäuse und die Blindwellenlagerung.
Aufbauten geschweißt und auf Rahmendeckblech gummigelagert, gliedern sich in: vorderen Maschinenvorbau mit Kühleranlage, Luftverdichter, Dieselmotor, Verteilergetriebe, Lichtanlaßmaschine und Lüftergenerator; hochgesetzten schall- und wärmeisolierten Führerstand; hinteren etwas kürzeren Maschinenvorbau mit Kraftstoffbehälter, Druckluftbehältern und Batterien. Beide Vorbauten, wie auch Führerhausdach und -boden, haben reichlich bemessene Türen und Klappen zur Wartung sowie zum Ein- und Ausbau der Maschinenanlagen und Hilfseinrichtungen. Für den Rangierdienst an beiden Stirnseiten der Lokomotive durch Geländer gesicherte Übergänge sowie rechts und links tiefliegende Rangiertritte.
Laufwerk: die vier seitenverschiebbaren Kuppelradsätze sind rollengelagert und werden paarweise in Beugniot-Hebeln geführt, damit ausgezeichnete Laufeigenschaften im Gleisbogen und im Dienst an Ablaufbergen. Radsatzlagergehäuse verschleißarm in Hartmanganplatten geführt.
Beugniot-Hebellager an Rahmenquerträgern. Größte seitliche Verschiebbarkeit der Radsätze nach beiden Seiten 25 mm, begrenzt durch Anschläge an den Radsatzlagergehäusen.
Rahmen stützt sich über acht Blattfedern auf den Lagergehäusen ab. Die inneren Blattfederenden zwischen erstem und zweitem Radsatz sowie drittem und viertem Radsatz sind in Ausgleichhebeln geführt, die anderen Federenden mit Spannschrauben aufgehängt.
Bremsen: indirektwirkende, selbsttätige Einkammer-Druckluftbremse (Führerbremsventil mit Bedienungsmöglichkeit von beiden Seiten des Führerstandes) und direktwirkende, nichtselbsttätige Druckluftbremse (je ein Zusatzbremsventil auf jeder Führerstandseite).
Zwei Bremszylinder im Rahmen hinter dem vierten Radsatz wirken über Gestänge mit Grauguß-Bremsklötzen einseitig auf alle Räder. Spindelhandbremse als Feststellbremse wirkt über das gleiche Gestänge wie die Druckluftbremse auf alle Räder.
Dieselmotor: Zwölfzylinder-Viertakt-V-Dieselmotor ohne Aufladung 12 KVD 21 SVW, 478 kW (650 PS) bei 1 500 U/min. Bohrung 180 mm. Hub 210 mm. Vorkammerverfahren. Zweistufenregler.
Kraftstofförderung mittels Kolbenpumpe an der Einspritzpumpe vom Kraftstoffbehälter über Filter zur Einspritzpumpe. Verbrennungsluft wird für beide Motorseiten getrennt über Ölbadluftfilter angesaugt.
Abgase durch zwei hintereinandergeschaltete Abgasschalldämpfer und Rohrleitung über das Führerhausdach ins Freie.
Elektrisches Anlassen durch Lichtanlaßmaschinen (Antrieb über Verteilergetriebe und Gelenkwelle).
Dieselmotor mit anschließendem Verteilergetriebe im gemeinsamen geschweißten Tragrahmen. Tragrahmen in vier Punkten elastisch auf Rahmendeckblech gelagert.
Kraftübertragung: vom Dieselmotor über drehelastische Kupplung und Durchtrieb im Verteilergetriebe sowie kurze Gelenkwelle zum Strömungsgetriebe GSR 12/5,1. Drei Stufen: Anfahrwandler und zwei Kupplungen. Schalten durch selbsttätiges Füllen und Entleeren der Kreisläufe abhängig von Fahrgeschwindigkeit. Im Rangiergang liegen die Umschaltgeschwindigkeiten bei 11,5 und 18 km/h, im Streckengang bei 24 und 37 km/h.
Nachschaltgetriebe am Strömungsgetriebe direkt angeflanscht, enthält Zweistufen-Wechselgetriebe für Rangier- und Streckengang, Wendeschaltung und Zahnradübertragung zur Blindwelle. Blindwelle zwischen zweitem und drittem Radsatz, mit Treibstangen auf zweiten und dritten Radsatz, von dort mit Kuppelstangen auf ersten und vierten Radsatz.
Hilfseinrichtungen: Versorgung des elektrischen 110-V-Bordnetzes durch Lichtanlaßmaschine (Antrieb

Rangierdiesellokomotive der Baureihe 106.0/106.1

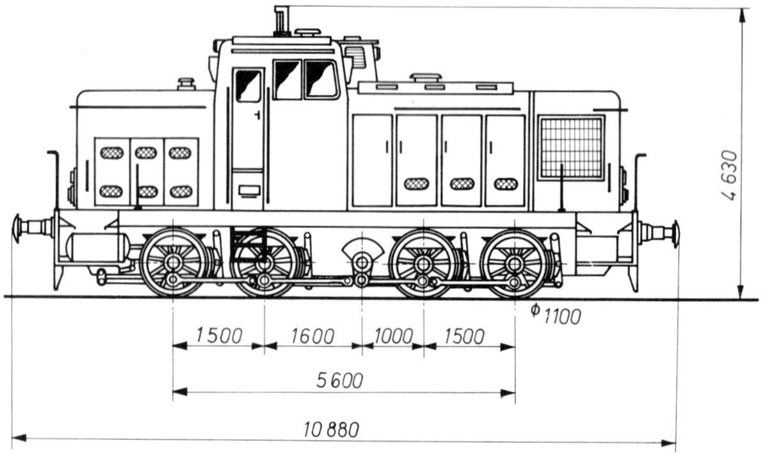

über Verteilergetriebe vom Dieselmotor) oder bei Motorstillstand aus Bleibatterie. Gespeist werden die Spitzen- und Schlußsignale, Beleuchtung und Steckdosen in Führerstand und Maschinenraumvorbauten, Triebwerksleuchten unterhalb der Umläufe, der Elektromotor des Luftverdichters, Steuer- und Überwachungsstromkreise sowie ein Einankerumformer. Letzterer versorgt mit seiner Ausgangsspannung 220 V/50 Hz den Zündtrafo für das Vorwärmgerät, das Stromversorgungsgerät für Meßinstrumente und Kühlbox sowie das Stromversorgungsgerät für Rangierfunkanlage und Motorstundenzähler.
Mit Gleichstrom-Reihenschlußmotor angetriebener zweistufiger Dreizylinder-Luftverdichter füllt Haupt-, Sonder- und Hilfsluftbehälter mit zusammen 1100 l und versorgt außer der Druckluftbremsanlage auch pneumatische Scheibenwischer, die Sandungseinrichtung, zwei Typhone und ein Druckluft-Läutewerk als akustische Signalanlage sowie pneumatische Steuer- und Überwachungskreise.
Kühlanlage an der Fahrzeugstirnseite im Gestell zusammengefaßt. Je Kühlerseite vier Rundrohrkühlelemente. Kreislauf: Kühlwasserpumpe, Wärmetauscher Getriebeöl, Wärmetauscher Motorschmieröl, zurück zur Umwälzpumpe. Im Nebenkreis, parallel zum Getriebeölwärmetauscher, die Führerstandheizung.

Kühlerlüfter elektrisch angetrieben, versorgt von besonderem Drehstrom-Synchrongenerator, der vom Dieselmotor über Verteilergetriebe angetrieben wird. Temperaturschaltwächter schaltet Kühlerlüfter bei 75 °C ein und bei 70 °C aus.
Vorwärmgerät mit Dieselkraftstoff beheizt oder Direkteinblasung von Fremddampf in den Kühlkreislauf.
Sandungseinrichtung für den ersten, zweiten und vierten Radsatz in beiden Fahrtrichtungen, für den dritten Radsatz bei Rückwärtsfahrt.
15-l-Kühlfach für Speisen und Getränke.
Pneumatische Scheibenwischer und Scheibenentfrostung mittels Ventilatoren.
Rangierfunkanlage mit Stromversorgung, Bediengerät, Antenne, Mikrofonen und Druckkammerlautsprechern in vielen Lokomotiven der Baureihe 106.0 bis 106.1 eingebaut, jedoch alle für den Einbau vorbereitet.
Sechs Handfeuerlöscher, davon zwei im Führerstand, je einer an den vier Rangiertritten.

S t e u e r u n g: Einfachsteuerung, Leistungseinstellung des Dieselmotors und Ein- und Ausschalten des Strömungsgetriebes mit Handrädern von beiden Seiten des Führerstandes, eine Nullstufe und sieben Fahrstufen. Drehzahlverstellung des Dieselmotors mechanisch, Füllmagnet für Strömungsmaschine elektrisch. Wendeschaltung elektropneumatisch. Stufengetriebe: Rangier- und Streckengang mit Handhebel mechanisch.
Ü b e r w a c h u n g mit Anzeigeinstrumenten und Wächteranlagen. Wächter signalisieren Störung und schalten teilweise die gefährdeten Anlagenteile ab.
Nachträglich Einbau eines Drehzahlbegrenzers für Strömungsgetriebe.
Wegabhängige Sicherheitsfahrschaltung mit Wachsamkeitskontrolle.

Literatur:
ME 9 (1960) 2. – S. 55–56
Sfz 7 (1963) 8. – S. 263–268
Sfz 7 (1963) 10

106.2 bis 106.9

V 60^{12-16}

105.0 bis 105.9

D

ab 1964

Techn. Daten: Seite 186

Auf der Grundlage der Betriebserfahrungen mit den ersten 170 Dieselrangierlokomotiven der Baureihe V 60^{10} bzw. 106.0 bis 106.1 ergaben sich trotz ihrer sehr guten Bewährung eine Anzahl von Änderungswünschen. Sie wurden vom Entwicklungs- und bisherigen Herstellerbetrieb VEB Lokomotivbau „Karl Marx" Babelsberg in einer generellen konstruktiven Überarbeitung berücksichtigt, wobei die Grundkonzeption nicht verändert wurde. Entwicklungsziel und Leistungsprogramm wurden voll übernommen. Die Radsatzfahrmasse wurde auf 15 t heraufgesetzt. Bei der Verbesserung von Baugruppen und Einzelteilen wurde darauf geachtet, daß sie später auch zur Modernisierung in die bereits ausgelieferten Lokomotiven der Baureihe 106.0 bis 106.1 eingebaut werden konnten.

Der VEB Lokomotivbau „Karl Marx" fertigte 1963/64 eine verbesserte Musterlokomotive und stellte sie zur Leipziger Frühjahrsmesse 1964 aus: V 60 1201 (später 106 201).

Die Serienfertigung wurde vom VEB Lokomotivbau – Elektrotechnische Werke „Hans Beimler" Hennigsdorf übernommen und begann auch bereits im Jahr 1964 mit den Lokomotiven V 60 1202 bis V 60 1238. In den Jahren 1965/69 folgten die Lokomotiven V 60 1239 bis V 60 1611. Dann erfolgte die Umnummerung der Lokomotiven in die neuen EDV-gerechten Betriebsnummern 106 201 bis 106 611. Ab Lokomotive 106 612 waren die Lokomotiven bereits bei ihrer Auslieferung mit den EDV-Nummern versehen. Nach der Indienststellung der 106 999 im Jahre 1975 wurde verfügt, für die weiteren zu liefernden Lokomotiven dieser Baureihe die Baureihennummer 105 zu belegen. So folgten weitere Lokomotiven mit den Betriebsnummern 105 001 bis 105 165. Mit einzelnen Ankäufen von Industriebahnen wurde die Beschaffung dieser Baureihe 1983 endgültig abgeschlossen. Diese Lokomotiven wurden beispielsweise als 105 970, 105 990 eingeordnet. Anderen Neubeschaffungen bzw. Ankäufen wurden freie Betriebsnummern, wie die 106 185, zugeteilt.

Der Hersteller konnte aufgrund der sehr guten Bewährung mit dieser Lokomotivbauart auch bei ausländischen Bahnverwaltungen sowie in- und ausländischen Industriebahnen zahlreiche Lokomotiven absetzen (u. a. in Österreich und Bulgarien).

Den vielseitigen Einsatzmöglichkeiten dieser Baureihe entsprechend wurden auch einige Lokomotiven speziellen Aufgaben angepaßt. So wurden die beiden im Bw Wustermark beheimateten Lokomotiven 106 578 und 106 625 zusätzlich zu den normalen UIC-Zug- und Stoßeinrichtungen mit Sonderkupplungen versehen. Sie überführen Neubaufahrzeuge des VEB Kombinat LEW „Hans Beimler" über die Strecken der DR zur Berliner U-Bahn und die Mx-Vorort-Triebwagenzüge bis nach Budapest.

Eine Kuriosität stellen einige Lokomotiven der Baureihe 106 (z. B.

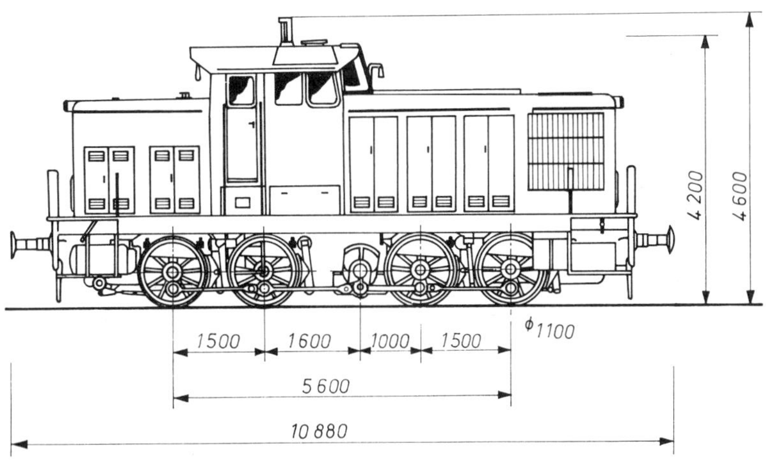

Rangierdiesellokomotiven der Baureihen 106.2 bis 106.9, 105.0 bis 105.9

Rangierdiesellokomotive 105 028 der DR im Einsatz
Foto: ZBDR

106 318) dar, die mit einem entsprechend ausgerüsteten Bahndienstwagen als Fahrleitungsinstandsetzungsfahrzeug genutzt werden und für diesen Zweck auf dem Führerhausdach einen Lehrstromabnehmer tragen.
Welche Möglichkeiten der weiteren Rationalisierung eine Funkfernsteuerung bietet, zeigt der Einsatz von sechs Lokomotiven dieser Baureihe bei der Anschlußbahn des VEB Eisenhüttenkombinat Ost (EKO).
Eingehende Untersuchungen über die Häufigkeit der im Betrieb gefahrenen Geschwindigkeits- und Lastbereiche sowie des entsprechenden spezifischen Kraftstoffverbrauchs führten zu einer Konzeption, zukünftig eine Anzahl Lokomotiven der Baureihe 105/106 bei notwendigem Ersatz der Dieselmotoren nicht mehr mit der Bauart 12 KVD 18/21 (480 kW), sondern mit

Rangierdiesellokomotive 106 673 der DR im Einsatz
Foto: ZBDR

dem 365-kW-Motor 6 VD 18/15-1 auszurüsten. Später soll noch das jetzige Wandler/Kupplung/Kupplung-Strömungsgetriebe durch ein Zweiwandler-Getriebe ersetzt werden. Mit dieser Rekonstruktion können je Lokomotive und Betriebsjahr etwa 18 t Dieselkraftstoff eingespart werden. Für umgerüstete Lokomotiven ist die Einordnung in die neue Unterbaureihe 104 vorgesehen. Ein erster Versuchsmusterumbau wurde bereits 1984 vorgenommen (106 900).
Einige Lokomotiven der Baureihe 106/105 wurden auf Breitspur 1 520 mm umgebaut und mit Intermat-Kupplung ausgerüstet (u. a. 106 975, 105 096, 105 120, 105 129). Sie werden in Doppeltraktion gefahren und im Breitspurbereich von Mukran sowie für die Bedienung der Fährschiffe eingesetzt.

Konstruktive Merkmale

Rahmen gegenüber Baureihe 106.0 bis 106.1 nur geringfügig verändert. Reibungsmasse erhöht durch Einbringung von Graugußballast in taschenförmigen Versteifungen unter dem Rahmendeckblech. Blindwelle etwas höher gelegt und verstärkt.
Aufbauten: Führerhaus auf ganze Fahrzeugbreite erweitert, Führerstanddach als Sonnen- und Regenschutz über die Stirnwände vorgezogen. Geräuschisolation verbessert.
Abmessungen und Anzahl der Türen und Klappen in den Maschinenvorbauten vergrößert zur besseren Zugänglichkeit bei Wartungs- und Reparaturarbeiten.
Laufwerk und Bremsen: mit nur unwesentlichen Detailänderungen von der Baureihe 106.0 bis 106.1 übernommen.
Dieselmotor identisch mit Baureihe 106.0 bis 106.1 mit geringen Detailverbesserungen, 12 KVD 21 SVW, 478 kW bei 1 500 U/min. Verbesserter Abgasschalldämpfer mit günstigeren Einbaubedingungen und höheren Dämpfungswerten.
Kraftübertragung: zunächst identisch mit Baureihe 106.0 bis 106.1. Bis 1970 wurde das gleiche Strömungsgetriebe GSR 12/5,1 eingesetzt, danach verbesserter Getriebetyp GS 12/5,2 äußere Abmessungen und Anschlußmaße gleich. Höherer Gesamtwirkungsgrad durch verbesserten Anfahrwandler und veränderte Hoch- und Abtriebsübersetzung. Umschaltpunkte zwischen Wandler, Kupplung I und Kupplung II jetzt bei 15 und 24 km/h im Rangier- und bei 30 und 48 km/h im Streckengang.
Lebensdauer der Aggregate erhöht, z. B. durch Anwendung verbesserter Lager.
Nachschaltgetriebe verstärkt.
Hilfseinrichtungen entsprechen weitgehend der Baureihe 106.0 bis 106.1. Verbesserungen beziehen sich vor allem auf größere Betriebssicherheit und größere Lebensdauer der neuen Aggregate, die auch in älteren Lokomotiven einsetzbar sind.
Ab der Betriebsnummer 106 613 Kühler aus 18 Flachrohrelementen, ab 106 590 Fremddampf zum Vorwärmen nicht mehr direkt ins Kühlwasser, sondern durch Heizrohr in Wärmetauscher.
Einseitige Sandung des dritten Radsatzes ist ganz entfallen.
Steuerung und Überwachung in Grundkonzeption von Baureihe 106.0 bis 106.1 übernommen; Übertourungsschutz anfangs nachgerüstet, später serienmäßig vorgesehen.
Anordnung und Funktion der Überwachungsinstrumente und Geräte verbessert.
1971/72 Entwicklung einer Vielfachsteuerung, die in einigen Lokomotiven nachgerüstet wurde.

Literatur:

ME 31 (1982) 1. – S. 4–5
Sfz 8 (1964) 8. – S. 261
Sfz 8 (1964) 10. – S. 340
Sfz 10 (1966) 3. – S. 66
Sfz 11 (1967) 8. – S. 289–290
Sfz 17 (1973) 7. – S. 247–248

107

V 75

Bo'Bo'

ab 1962

Techn. Daten: Seite 186

Die Tschechoslowakischen Staatsbahnen (ČSD) stellten Anfang der fünfziger Jahre das Forderungsprogramm für eine Diesellokomotive auf, die sowohl im mittleren und schweren Rangierdienst als auch im Güterzugdienst einsetzbar sein sollte. Die Prager Lokomotivfabrik Českomoravska Kolben Danèk (ČKD) entwickelte danach eine Drehgestellokomotive mit elektrischer Kraftübertragung und der Achsfolge Bo'Bo' und baute 1954/55 sechs Versuchsmusterlokomotiven mit der Baureihenbezeichnung T 434. Später erfolgte die Umzeichnung in T 436 infolge der Erhöhung der Radsatzfahrmasse auf 16 t. Die installierte Leistung betrug 530 kW bei 700 U/min.
Bemerkenswert ist die äußere Gestaltung, die sich im wesentlichen an amerikanische Vorbilder anlehnt. Ein langer, schmaler und hoher Vorbau mit seitlichen Umläufen nimmt die Maschinenanlage auf. An einem Fahrzeugende ist ein über die volle Breite reichender Endführerstand angeordnet. Vom Standort des Triebfahrzeugpersonals ist die Sicht bei Vorwärtsfahrt, wie bei vielen amerikanischen Diesellokomotiven, nur seitlich am Vorbau entlang möglich.
In Auswertung der Erprobungsergebnisse entstand 1956/57 eine weiterentwickelte Ausführung, die ebenfalls für den Rangier- und Güterzugdienst vorgesehen war und daher auch ohne Zugheizeinrichtung gebaut wurde. Sie hatte eine Leistung von 552 kW (750 PS) und wurde durch die ČSD in großen Stückzahlen beschafft und als Baureihe T 435 eingereiht. Diese Lokomotiven haben sich im Betriebseinsatz sehr gut bewährt. Sie wurden vom Hersteller auch für den Export mit Spurweiten 1 435, 1 520 und 1 676 mm angeboten und haben unter den unterschiedlichsten klimatischen Bedingungen ihre Bewährungsprobe bestanden. So wurden u. a. Lokomotiven dieser Baureihe nach der UdSSR, dem Irak, Indien und Albanien geliefert.
Als 1962 bei der Deutschen Reichsbahn der dringende Bedarf für eine Rangierlokomotive als Ersatz für die Dampflokomotiven der Baureihe 80 entstand, fiel die Entscheidung zugunsten des Imports von 20 Stück dieser bewährten dieselelektrischen Rangierlokomotive aus. Es waren die ersten und lange Zeit auch einzigen dieselelektrischen Lokomotiven der DR. Entsprechend den damaligen Bezeichnungsgrundsätzen erhielten sie die Baureihenbezeichnung V 75 (750 PS) und wurden als V 75 001 bis V 75 020 eingeordnet.
Die Lokomotiven waren seit Anfang Dezember 1962 zunächst im Rangierdienst auf dem Leipziger Hauptbahnhof, dem Magdeburg-Thüringer Bahnhof und dem Dresdner Bahnhof in Leipzig eingesetzt. 1970 erfolgte die Umzeichnung auf die EDV-gerechten Betriebsnummern 107 001 bis 107 020. Später konnte man sie auch vor Nahgüterzügen, Bauzügen und außerhalb der Heizperiode gelegentlich sogar vor Rei-

Rangierdiesellokomotive 107 013 der DR (im Lieferzustand noch als V 75 013)
Foto: Müller

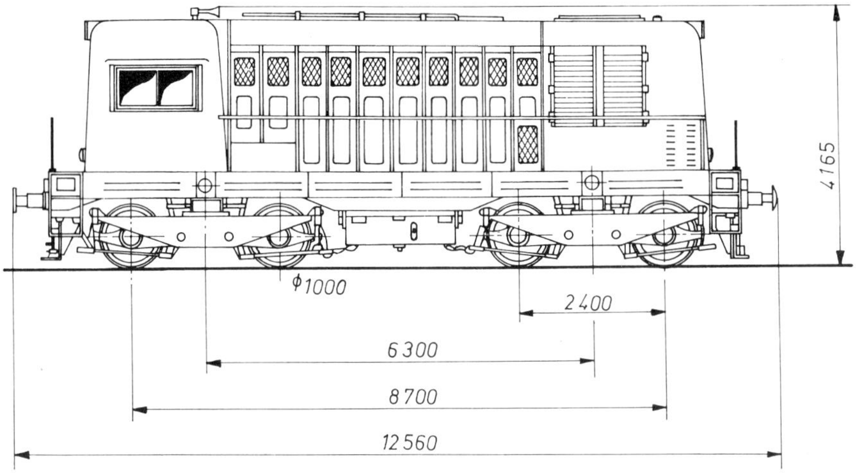

Dieselelektrische Rangierlokomotive der Baureihe 107 der DR

sezügen sehen. In allen Fällen blieb ihr Einsatz auf den Bereich der Rbd Halle beschränkt. In der Zwischenzeit wurden drei Lokomotiven an Braunkohlenkombinate verkauft (107014, 107018 und 107020), 13 weitere wurden ausgemustert. Damit sind nur noch die Lokomotiven 107004, 107005, 107013 und 107015 im Bestand. Obwohl sich die Baureihe 107 im Betrieb bei der DR sehr gut bewährt hat und sie als äußerst zuverlässig galt, steht nunmehr ihre endgültige Aussonderung als Splitterbaureihe unmittelbar bevor.

Außer der DR schafften sich auch mehrere Industriebetriebe insgesamt 18 Lokomotiven für den Werkverkehr an. Diese Lokomotiven wurden z. T. schon vor 1962 geliefert und haben im Gegensatz zur Radsatzlenker-Bauart der DR noch die Schwanenhalsdrehgestelle. Auch sie werden nach und nach durch Werklokomotiven ersetzt, die den DR-Baureihen 106 und 110 entsprechen.

Konstruktive Merkmale

Rahmen: Schweißkonstruktion aus zwei durchgehenden Längsträgern mit vier kastenförmigen Querträgern, davon zwei an den Fahrzeugenden mit den Zug- und Stoßeinrichtungen und zwei mit den Oberteilen der Drehpfannen.

Die 107015 war für den Einbau einer Intermat-Kupplung vorbereitet.

Kraftstoffbehälter unter dem Rahmen zwischen den Drehgestellen.

Aufbauten: schmaler, geschweißter Maschinenvorbau mit drei Abschnitten: im ersten Luftverdichter, Kühlanlage und Hauptluftbehälter; im zweiten Dieselmotor und im dritten Traktionsgenerator, Erregergenerator und Hilfsluftbehälter. Dachteil zum Ein- und Ausbau der Maschinenanlage und Hilfseinrichtungen abnehmbar. Seitliche große Türen zur Wartung der Anlagenteile. Seitliche mit Geländern gesicherte Umläufe und Übergänge an den Stirnenden. Am hinteren Fahrzeugende geschweißter sowie schall- und wärmeisolierter Führerstand über ganze Fahrzeugbreite, Außentüren auf linkem Umlauf und hinterem Übergang. Zwei Fahrpulte, jeweils in Fahrtrichtung rechts.

Schalt-, Steuer- und Regelgeräte im Geräteschrank zwischen Führerstand und Maschinenraum, vom Führerstand zugänglich.

Laufwerk: zwei zweiachsige Drehgestelle, H-förmiger Drehgestellrahmen aus kastenförmigen Längsträgern und mittleren Querträgern zusammengeschweißt. Radsatzlager in Radlenkern geführt, gegenüber Drehgestellrahmen mit Schraubenfedern abgefedert.

Übertragung aller Kräfte zwischen Lokomotivrahmen und Drehgestell über Drehpfannen. Drehpfannenlagerunterteil auf Drehgestellquerträger montiert.

Bremsen: drei voneinander unabhängige Bremsen: indirektwirkende, durchgehende Druckluftbremse, Bauart Westinghouse, mit G-P-Wechsel, direktwirkende Zusatzbremse. Führerbremsventil, Bauart Bozic, Handspindelbremse wirkt auf hinteres Drehgestell. Je ein Doppelbremszylinder an den Längsträgern der Drehgestelle wirkt über Gestänge beidseitig auf jeweils zwei Räder, spurkranzgeführte Bremsklötze.

Zur Vereinheitlichung Umbau der Bremsanlage auf Bauart Knorr.

Dieselmotor: nicht aufgeladener Sechszylinder-Viertakt-Reihendieselmotor 6 S 310 DR. Leistung 552 kW (750 PS) bei 750 U/min. Di-

rekteinspritzung, Bohrung 310 mm, Hub 360 mm.
Kraftstoff mittels vom Dieselmotor angetriebener Zahnradpumpe aus Kraftstoffbehälter angesaugt und über Filter zur Einspritzpumpe geleitet.
Verbrennungsluft durch Flächenfilter in den Maschinenraum und von dort durch Rahmenfilter in den Dieselmotor.
Abgas aus Zylinderaustritt in großvolumiges Sammelrohr, von dort mittels Austrittsrohr über Dach des Vorbaus.
Hydraulisch verstärkter Drehzahlverstellregler.
Elektrisches Anlassen mit Traktionsgenerator, dazu zusätzliche Reihenschluß-Anlaßwicklung.
Kraftübertragung elektrisch. Traktionsgenerator: fremderregte, eigenbelüftete, achtpolige Gleichstrommaschine 470 kW, am Dieselmotor fliegend gelagert und direkt angeflanscht, zusätzliche Anlaßwicklung, Gleichspannung wird vierpoligen, fremdbelüfteten Tatzlagerfahrmotoren (je 103 kW) zugeführt. Jeweils zwei Fahrmotoren eines Drehgestelles in Reihe geschaltet. Antrieb der Radsätze durch Zahnradvorgelege 76:15.
Hilfseinrichtungen: Kühlanlage am vorderen Maschinenraumende. Je Lokomotivseite acht Flachrohrkühlelemente. Seitlicher Eintritt der Kühlluft. Ausstoß mittels mechanisch angetriebenem Kühlerlüfter nach oben. Kühlwasserkreislauf durch Umwälzpumpe: Dieselmotor, Kühlanlage, Schmierölwärmetauscher. Kühllufteintrittsjalousien und Lüfter temperaturabhängig betätigt bzw. ein- und ausgeschaltet.
Elektrische Energieversorgung des 110-V-Bordnetzes durch Lichtmaschine und Nickel-Eisen-Batterie (250 Ah). 5,5-kW-Lichtmaschine mit 6,25-kW-Erregergenerator für Traktionsgenerator zu Zweimaschinenaggregat vereint und mit Keilriemen vom Traktionsgenerator angetrieben. Optische Signaleinrichtung, Beleuchtung im Führerstand und Maschinenraum, Steuer- und Überwachungsstromkreise.
Mechanisch vom Dieselmotor über Zwischengetriebe angetriebener zweistufiger Zweizylinder-Luftverdichter versorgt über Hauptluftbehälter (380 l) und Sonderluftbehälter die Bremsanlage sowie pneumatische Steuerkreise und Hilfsbetriebe, z. B. Typhon als akustischen Signalgeber.
Mechanisch angetriebene Fahrmotorlüfter.
Führerstandheizung, Scheibenwischer, Scheibenentfrostung.
Feuerlöscheinrichtung.
Zehn Lokomotiven mit Rangierfunkanlage.
Steuerung der Leistung durch Regelung der Motordrehzahl mit elektrischem Drehzahlverstellmotor sowie der Generatorspannung in neun Stufen durch Feldschwächung der Fahrmotoren. Vielfachsteuerung für Doppeltraktion, 24polige Steckdosen für Steuerkabel.
Überwachung: Anzeigeinstrumente und automatische Wächter, die Anlagen oder Anlagenteile bei Gefährdung stillsetzen, hierzu optische Störungsmeldung.
Lokomotiven 107 004 und 107 013 mit Fahrzeugeinrichtungen für punktförmige Zugbeeinflussung.

Literatur:

DRT 13 (1959) 6. – S. 244–245
DET 12 (1964) 9. – S. 428
ME 11 (1962) 11. – S. 302–303
ME 32 (1983) 4. – S. 4–6
Sfz 7 (1963) 4. – S. 129–133
Sfz 10 (1966) 3. – S. 92–94
Sfz 10 (1966) 9. – S. 317–318

110.0 bis 110.1
V 100⁰⁻¹

110.2 bis 110.9
V 100²

B'B'

ab 1966

Techn. Daten: Seiten 186/187

Im Zuge der Traktionsumstellung war es notwendig geworden, die Lücke zwischen dem Einsatzprogramm der Baureihe V 60 (jetzt 106) und dem der Baureihe V 180 (jetzt 118) zu schließen. In diesem mittleren Leistungsbereich waren noch zahlreiche überalterte Dampflokomotiven, z. T. noch alte Länderbauarten, im Einsatz, die es zu ersetzen galt. Dafür sollte eine moderne Diesellokomotive mit hydraulischer Kraftübertragung eingesetzt werden, die etwa leistungsgleich mit den abzulösenden Dampflokomotiven, möglichst jedoch mit einer Leistungsreserve, ausgelegt sein sollte. Zugeschnitten auf die späteren Einsatzbedingungen und einer wirtschaftlichen Unter- und Erhaltung stellte die DR die Technischen Bedingungen auf, die u. a. folgende Forderungen enthielten:

- Einsatzmöglichkeit auf Haupt- und Nebenstrecken im Reise- und Güterzugdienst für eine Höchstgeschwindigkeit von 100 bzw. 65 km/h,

Baumusterlokomotive V 100 003 des VEB LEW im Anlieferungszustand
Werkfoto: LEW „Hans Beimler“

- Verwendung von bewährten Baugruppen und -teilen anderer Neubau-Dieseltriebfahrzeuge, insbesondere der Baureihe V 180 (118), wie Dieselmotor, hydraulische Kraftübertragung, Kühlanlage, Zugheizanlage und weitere Hilfseinrichtungen sowie Steuerung und Überwachung,
- Verwendung von zweiachsigen Triebdrehgestellen, die untereinander tauschbar sind,
- Einmaschinenanlage,
- Ein-Mann-Bedienung, auch bei Vielfachtraktion und Wendezugbetrieb,
- geringe Radsatzfahrmassen und gute Laufeigenschaften,
- hohe Lebensdauer,
- Einhaltung der Geräuschnormative,
- gute Zugänglichkeit bei Wartungs- und Reparaturarbeiten,
- Gewährleistung des Austauschbaus der Haupt- und Hilfsgruppen und ihrer Verschleißteile.

In enger Zusammenarbeit mit dem Institut für Schienenfahrzeuge entwickelte der VEB Lokomotivbau „Karl Marx“ Babelsberg die Grundkonstruktion und fertigte danach die Baumusterlokomotiven V 100 001 und V 100 002.

Die V 100 001 (6-kW-⟨900 PS⟩-Dieselmotor und blaue Lackierung) wurde zur Leipziger Frühjahrsmesse 1964 ausgestellt, die V 100 002 (736-kW-⟨1 000 PS⟩-Dieselmotor und rote Lackierung) fuhr am 11. Februar 1965 zu ihrer ersten Probefahrt auf die Strecke. Die ersten Erprobungsergebnisse wurden noch in die Serienunterlagen eingearbeitet. So wurde z. B. die Federung zwischen Drehgestellrahmen

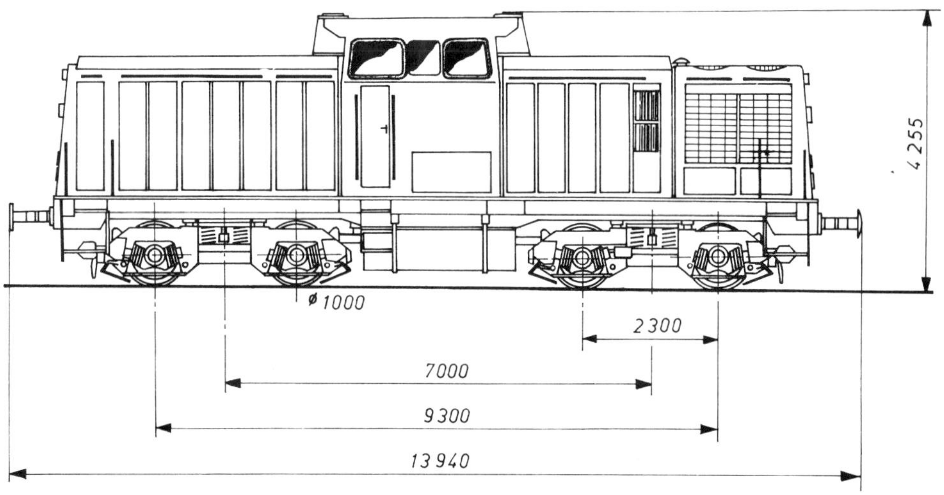

Diesellokomotive der Baureihe 110.0 bis 110.1 der DR

und Lokomotivrahmen, die bei der V 100 001 noch als kombinierte Blatt- und Schraubenfeder ausgebildet war, auf reine Schraubenfederung mit Stoßdämpfern umkonstruiert. Da die Serienfertigung vom VEB Lokomotivbau – Elektrotechnische Werke „Hans Beimler" übernommen wurde, stellte man dort nochmals eine Probelokomotive V 100 003 (silbergrau/grüne Lackierung) her und zeigte sie zur Leipziger Frühjahrsmesse 1966. Die ersten vierzig Serienlokomotiven wurden 1966/67 an die DR ausgeliefert. Die Versuchs- und Entwicklungsstelle der Maschinenwirtschaft der DR (VES-M) unterzog die drei Probelokomotiven sowie die Serienlokomotiven V 100 006, V 100 027 und V 100 028 auf Prüfständen und vor Meßwagen eingehenden Erprobungen.

Die Erkenntnisse bei den leistungstechnischen und lauftechnischen Untersuchungen sowie Geräuschmessungen in den Jahren 1964 bis 1967 wurden beim Bau der weiteren Serienlokomotiven ausgewertet. Beispielsweise bewährte sich die Innenluftansaugung des Dieselmotors nicht und verursachte eine erhebliche Leistungsminderung. In der Folge wurde die Luftansaugung nachträglich mit einem Kanal von den Vorbautüren zu den Abgasturboladern versehen.

Ab April 1968 kamen die Lokomotiven V 100 044 bis V 100 173 zur Auslieferung an die DR. Nachdem die Probelokomotiven V 100 001 und V 100 002 bei einem Brandunglück verloren gegangen waren, wurden die Lokomotiven V 100 172 und V 100 173 in V 100 001 und V 100 002 umgezeichnet, um diese Lücken zu schließen.

Die V 100 137 wurde versuchsweise mit leistungsgesteigertem Dieselmotor, 883 kW (1 200 PS), ausgerüstet. Die Lokomotive V 100 041 diente als Erprobungsträger für die automatische Mittelpufferkupplung.

1970 wurden die Lokomotiven V 100 001 bis V 100 171 in 110 001 bis 110 171 umgezeichnet.

Obwohl bereits von Bauserie zu Bauserie recht umfangreiche Verbesserungen eingeführt wurden (z. B. ab Lokomotive V 100 044 und V 100 104) erfolgte 1968/69 eine größere konstruktive Überarbeitung. Bei allen technischen Verbesserungen war übrigens streng darauf geachtet worden, daß die verbesserten Baugruppen und Bauteile sowohl zur Modernisierung der älteren Lokomotiven der eigenen Baureihe als auch als Modernisierungsteil in anderen Triebfahrzeugen, vorrangig der Baureihe 118, eingesetzt werden können. Bei der Überarbeitung wurde auch die Grundforderung nach Senkung der Dienstmasse berücksichtigt, um Strecken mit einer zulässigen Radsatzfahrmasse von 15 t befahren zu können. Es wurde u. a. ermittelt, daß man bei Wegfall des Stufengetriebes unter Verzicht auf den Langsamgang die Dienstmasse um etwa 0,5 t senken kann und außerdem Unterhaltungskosten einspart. Da die wirtschaftlichen und betrieblichen Vorteile des Langsamganges (hohe Anzugskraft, wirtschaftliches Fahren bei sehr kleinen Geschwindigkeiten) nur bei einem sehr geringen Anteil der Gesamtbetriebszeit dieser Lokomotivbaureihe genutzt werden können, entfiel der Langsamgang. Zur besseren Unterscheidung für die Einsatzplanung waren für die Lokomotiven ohne Langsamgang die Ordnungsnummern ab 201 vorgesehen worden.

Parallel zum Baulos 110 104 bis 110 171 wurde eine Versuchslokomotive ohne Langsamgang gefertigt und 1969 als V 100 201 der DR übergeben (später umgezeichnet in 110 201).

In den Jahren 1970 bis 1978 wurden die Serienlokomotiven 110 202 bis 110 896 im LEW Hennigsdorf für die Deutsche Reichsbahn gebaut. Eine davon, die 110 457, war wiederum zur Erprobung mit 883-kW-Dieselmotor ausgerüstet.

Im Einsatz haben sich die Lokomotiven dieser Baureihe hervorragend bewährt.

Nach den positiven Erprobungsergebnissen mit den Lokomotiven 110 137 und 110 457 werden zukünftig zur Erfüllung der Forderung des Betriebes nach gesteigerter Leistung und verbrauchsgünstigem Einsatz Diesellokomotiven der Baureihe 110 im Rahmen planmäßiger Ausbesserungen mit 883-kW-Dieselmotoren und Strömungsgetrieben entsprechend erhöhter Übertragungsleistung ausgerüstet.

Diese 883-kW-Lokomotiven werden in die neue Unterbaureihe 112 eingeordnet.

Um für die leistungsgesteigerte Umbauvariante 112 kurzfristig zu praxisnahen Erprobungsergebnissen zu gelangen, wurde die Lokomotive 110 203 zur Extremerprobung mit dem Dieselmotor 12 KVD 21 AL–4 ausgerüstet. Das ist der gleiche Motor, der in die Unterbaureihe 112 eingebaut wird, für die Extremerprobung jedoch modifiziert und mit erhöhter Leistungseinstellung (1 100 kW). Die sehr guten Versuchsergebnisse haben dazu geführt, daß weitere Lokomotiven mit 1 100-kW-Dieselmotoren ausgerüstet werden und die Baureihenbezeichnung 114 erhalten.

Seit langem interessierten sich auch ausländische Kunden für Lo-

Diesellokomotive 110521 als Beispiel der Serienausführung der Baureihe 110.2 bis 110.9 der DR
Foto: ZBDR

komotiven des Grundtyps V 100. Bei ihnen war aber überwiegend der Einsatz als schwere Rangierdiesellokomotiven vorgesehen, wofür der Streckengang nicht erforderlich war. Die Höchstgeschwindigkeit wurde von 100 auf 65 km/h verringert, die Dienstmasse auf 70 t heraufgesetzt und die Zugheizanlage konnte entfallen. Dafür wurde eine Vorwärm- und Warmhalteeinrichtung für den Motorkühlwasserkreislauf installiert. In dieser Modifikation wurden mehrere Exportserien mit den Werkbezeichnungen V 100.3 und V 100.4 ausgeliefert. Als auch bei der DR Bedarf für eine schwere Rangierdiesellokomotive entstanden war, wurden 20 Lokomotiven des Typs V 100.4 beschafft und als Unterbaureihe 111 eingereiht.

Die Lokomotiven 110156 und 110161 wurden 1978 mit Strömungswendegetrieben ausgerüstet, um den Aufgaben des Rangierdienstes noch besser zu genügen. Die Ergebnisse der Erprobung waren so positiv, daß für einen späteren planmäßigen Umbau einer begrenzten Anzahl von Lokomotiven die Unterbaureihenbezeichnung 108 vorsorglich reserviert wurde.

Das Strömungswendegetriebe ermöglicht eine einfachere Bedienung und schnellere Rangierbewegungen durch Fahrtrichtungswechsel im Auslauf, den überwiegenden Einsatz des Dieselmotors im Kennfeldbereich des geringsten Kraftstoffverbrauches sowie durch das hydrodynamische Bremsen eine starke Verringerung des Bremssohlen- und Radreifenverschleißes. Die

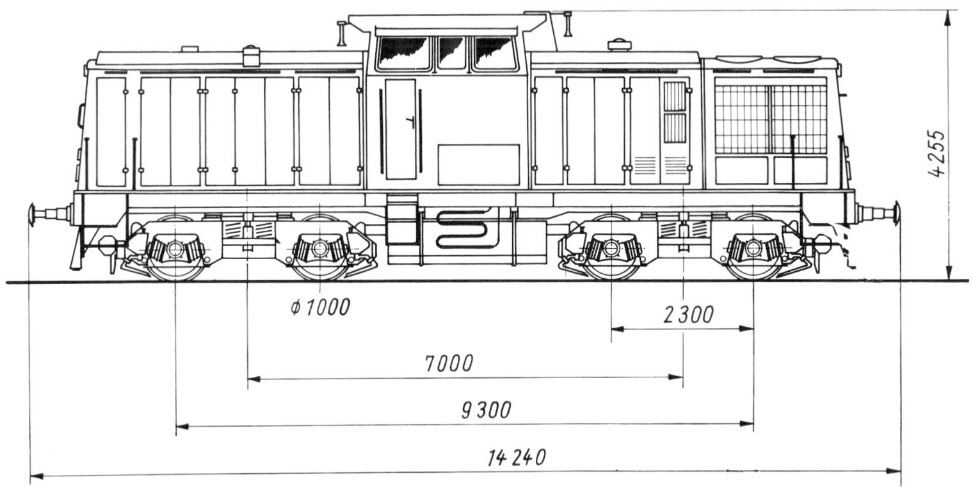

Diesellokomotive der Baureihe 110.2 bis 110.9 der DR

erhöhte Wärmeabfuhr aus den Wandlern beim Bremsbetrieb wird durch zusätzliche Getriebeölwärmetauscher gesichert, die anstelle der Zugheizeinrichtung eingebaut werden.
Für andere Verwendungszwecke (als Antriebsmaschine für eine Grabenräumeinheit ⟨GRE⟩, die gemeinsam mit der Tschechoslowakischen Staatsbahn ⟨ČSD⟩ entwickelt wurde, sowie für eine Hochleistungsschneefräse) wurde vom Hersteller eine weitere Variante als V 100.5 entwickelt. Zum Antrieb der Arbeitsmechanismen wurde an der vorderen Stirnseite des Dieselmotors ein zweiter Abtriebsstumpf für eine Leistungsabgabe von etwa 300 kW vorgesehen. Von dort führt eine Gelenkwelle unter der Kühleranlage hindurch zu einem Zwischenlager auf dem vorderen Umlauf. Damit wird die dafür vorgesehene Teilleistung zum Arbeitsfahrzeug übertragen. Der erste Radsatz wird gegen einen mit Durchtrieb (damit identisch mit den inneren Radsätzen) ausgetauscht. Bei langsamer Arbeitsfahrt (minimal 80 m/h) wird die Lokomotive bei entleertem Strömungsgetriebe über den ersten Radsatzdurchtrieb von einem hydrostatischen Antrieb im Arbeitsfahrzeug bewegt. Für den Arbeitseinsatz werden die vorderen Zug- und Stoßeinrichtungen abgebaut und durch eine hydraulisch verspannte Gelenkbrücke ersetzt, die das Kippmoment vom Arbeitsfahrzeug auf die Lokomotive überträgt. Damit machen die Massenkräfte der Lokomotive solche Zusatzeinrichtungen wie Schienenzangen, Abstützungen oder in das Profil des Nachbargleises hineinragende Gegenmassen beim Arbeitseinsatz entbehrlich und gewährleisten eine ausreichende Standsicherheit der gesamten Grabenräumeinheit. Mit einem gleichartigen Nebenabtrieb aus dem Dieselmotor wird auch die Bauvariante für die Hochleistungsschneefräse ausgestattet.
Aufbau und Ausrüstung dieser Fahrzeuge entsprechen sonst der Baureihe 110.2 bis 110.9 einschließlich Sicherheitsfahrschaltung, Spurkranzschmierung und Vorrichtung zur Nachrüstung mit Rangierfunk. Damit können sie auch außerhalb des Oberbau- oder Schneeräumeinsatzes als normale Reisezug-, Güterzug- oder Rangierlokomotiven eingesetzt werden. Diese Lokomotiven sind trotz ihrer Sonderausstattungen in die Baureihe 110.2 bis 110.9 eingeordnet (z. B. GRE-Lokomotiven 110 962 und 110 980, Lokomotive für Hochleistungsschneefräse 110 961). Auf sonstige abweichende Bauausführungen der einzelnen Baugruppen wird in den „Konstruktiven Merkmalen" eingegangen.
Zur Sicherung des künftigen Triebfahrzeugbedarfs für die Harzquerbahn werden konstruktive Vorbereitungen getroffen, um eine beschränkte Anzahl Lokomotiven der Baureihe 110 für den Einsatz auf dieser Strecke auf 1 000-mm-Spurweite umzubauen.

Konstruktive Merkmale

Rahmen: geschweißter Lokomotivrahmen aus zwei kastenförmigen Längsträgern und mehreren Querträgern. Stirnseitig ausgesteifte Querträger mit üblichen Zug- und Stoßeinrichtungen, aber für späteren Einbau einer Mittelpufferkupplung vorbereitet.
Rahmen mit hoher Festigkeit zur Aufnahme von geraden Pufferstößen bis zu 1 961 kN und diagonalen Stößen bis zu 392 kN. Zur Verringerung der Dienstmasse mehrfach geändert und leichter gestaltet, ohne Festigkeitsverringerung. „Fischbauch" entfiel (Verstärkung zwischen den Drehgestellen) ab 110 104, daraus resultierte Änderung der Kraftstoffbehälter.
Durch Einbauvorbereitung für Mittelpufferkupplung Verlängerung der LüP auf 14 240 mm.
Aufbauten: zwei schmale Maschinenvorbauten und ein über die ganze Rahmenbreite reichender Mittenführerstand. Vorbauten als nichttragende Leichtbauhauben, geschweißt; anfangs mit Schrauben auf Rahmen befestigt, ab 110 044 mit schnellösbaren Spannelementen. Im vorderen Vorbau: Kühleranlage, ein Kesselspeisewasserbehälter und der Dieselmotor; im hinteren Vorbau: Lichtanlaßmaschine, Lüftergenerator, Druckluftbehälter, Hauptkesselspeisewasserbehälter, Batterie und Zugheizkessel. Strömungsgetriebe und Luftverdichter unter dem hochgesetzten, schall- und wärmeisolierten Führerstand. Zahlreiche Türen, Deckel und Klappen in den Vorbauten sowie im Führerstanddach und -boden als Zugang bei Wartung und Reparatur, im Laufe des Lieferzeitraumes mehrfach verbessert.
Laufwerk: zwei zweiachsige Drehgestelle. Rahmen als Schweißkonstruktion aus zwei kastenförmigen Längs- und drei Querträgern, mittlerer trägt Drehzapfenlager. In 110.2 entfiel der Querträger zur Fahrzeugmitte, dadurch verbesserter Ein- und Ausbau der Gelenkwellen.
Radsatzlager mit Zylinderrollenlagern, zwischen Lagergehäuse und

Diesellokomotive mit Nebenabtrieb für Grabenräumeinheit (GRE)
Foto: Glatte

Drehgestellrahmen abgewinkelte Schub-Druck-Gummifedern. Drehmomentstützen für Radsatzgetriebe am Drehgestellrahmen elastisch angelenkt. Ab 110 241 in verbesserter Ausführung.
Lokomotivrahmen und Aufbauten stützen sich über je zwei Schraubenfederpaare und im Ölbad laufende Gleitpaarung Stahl/Hartgewebe auf den beiden Drehgestellen außen ab. Parallele Stoßdämpfer.
Ab 110 201 trockene Gleitpaarung Stahl/Hartgewebe mit eingewalzter Molybdändisulfid-Schicht.
Bremsen: Selbsttätige Einkammerdruckluftbremse, Bauart Knorr, nichtselbsttätige Zusatzbremse. Je Drehgestell zwei 10″-Bremszylinder, über Gestänge beiderseitige Abbremsung aller Räder mit Grauguß-Bremsklötzen. Spindelhandbremse als Feststellbremse wirkt auf das Gestänge der Druckluftbremse eines Drehgestells.
Dieselmotor: durchgängig in allen Lokomotiven der Baureihe wurde der Motortyp 12 KVD 18/21 A installiert. In der Musterlokomotive V 100 001 zunächst die neuentwickelte Bauform 1 mit 662 kW (900 PS) bei 1 500 U/min. Serienausführung Bauform 2 und 3 mit 736 kW bei 1 500 U/min. 110 137 und 110 457 (spätere Unterbaureihe 112) als Erprobungsträger Motoren der Bauform 4 mit 883 kW. Extremerprobung in 110 203 mit modifizierter Bauform 4 (1 100 kW) (spätere Unterbaureihe 114).
Aufgeladener Zwölfzylinder-Viertakt-V-Dieselmotor. Vorkammerverfahren. Bohrung 180 mm, Hub 210 mm. Verstellregler.

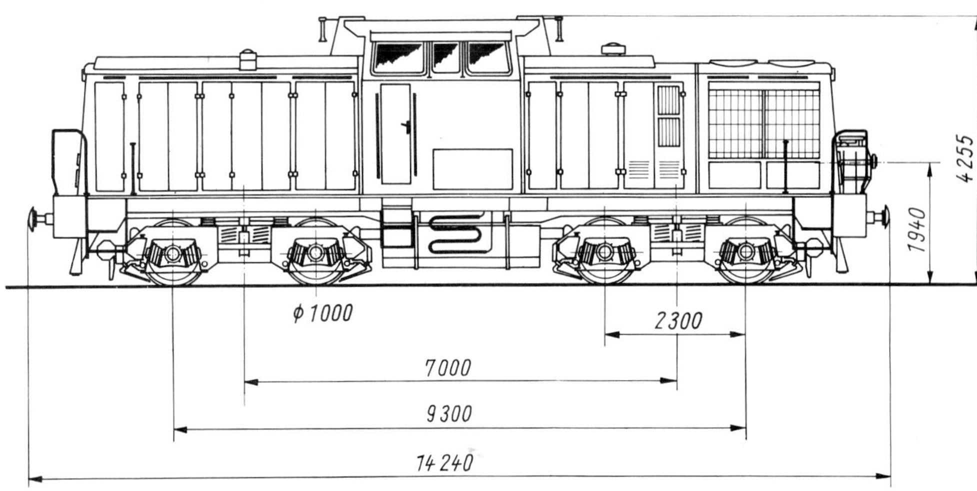

Diesellokomotive 110 980 mit Nebenabtrieb für Grabenräumeinheit (GRE)

Dieselkraftstoff mittels Kolbenpumpe an einer Einspritzpumpe durch Kraftstoffilter zu den Einspritzpumpen.
Verbrennungsluft durch Eintrittsgitter in den Vorbauseitenwänden, ölbenetzte Doppelfilterplatten und Rohranschlüsse zum Abgasturbolader.
Bei Bauform 4 mit zusätzlicher Ladeluftkühlung.
Abgase von der Ladeturbine durch Abgasschalldämpfer und Rohrleitung zwischen vorderen Stirnfenstern über das Führerstandsdach ins Freie (ab 110104 verbesserte Abgasanlage).
Dieselmotor mit geschweißtem Tragrahmen verschraubt und damit in vier Punkten auf Lokomotivrahmen elastisch befestigt.
Elektrisches Anlassen mit Lichtanlaßmaschine über Gelenkwelle und Eingangsteil des Strömungsgetriebes.
Kraftübertragung: vom Dieselmotor über drehelastische Kupplung und Gelenkwelle zum Strömungsgetriebe GSR 30/5,7. Drei Wandlerstufen, geschaltet durch selbsttätiges Füllen und Entleeren der Kreisläufe abhängig von Fahrgeschwindigkeit. Vereinfachte Steuerung und erhöhte Lebensdauer durch überarbeitete Bauform für 110.2 bis 110.9 (auch in 110.0 bis 110.1 mit geringfügigen äußeren Änderungen anpaßbar). Im Strömungsgetriebe integriert: Wende- und Zweistufen-Getriebe zur Änderung der Fahrtrichtung bzw. Anpassung an das jeweilige Einsatzprogramm; ab 110201 ohne Langsamgang.
Weitere Kraftübertragung aus tiefliegendem Abtrieb mit durchgehendem Gelenkwellenstrang zu den Radsatzgetrieben 2 und 3, und von dort zu den Radsatzgetrieben 1 und 4. Verbesserte und verstärkte Radsatzgetriebe ab 110241 mit besseren Wartungsbedingungen für die Drehgestelle.
In 110156 und 110161 Strömungswendegetriebe GS 20–20/4,8. Je Fahrtrichtung ein Anfahr- und ein Marschwandler, Anfahrwandler in Gegenfahrtrichtung als hydrodynamische Bremse einsetzbar.
Hilfseinrichtungen: Elektroenergieversorgung des 110-V-Bordnetzes aus Lichtanlaßmaschine oder Bleibatterie, speist Dreilicht-Spitzensignal und rote Schlußsignallampen, Beleuchtung und Steckdosen in Führerstand und Maschinenvorbauten, Steuer- und Überwachungsstromkreise, Elektromotoren der Hilfseinrichtungen sowie einen Einankerumformer, der seinerseits einige Steuer-, Überwachungs- und Hilfsstromkreise mit 220 V, 50 Hz versorgt. Im Fertigungszeitraum mehrere verbesserte Schaltungen, Einführung von Bauelementen mit größerer Lebensdauer.
Drucklufterzeugung in zwei mit Gleichstrom-Reihenschlußmotoren angetriebenen Luftverdichtern 2 HS 3–71/100 bzw. 7 C 1, mit einem Enddruck von 1,0 MPa (10 kp/cm²). Zwei Hauptluftbehälter je 400 l, Sonderluftbehälter 200 l, zwei Hilfsluftbehälter je 75 l. 110.2 mit Zwischenkühlung zur verbesserten Kondensatabscheidung. Versorgung der Druckluftbremse, der pneumatischen Steuer- und Überwachungskreise, der akustischen Signaleinrichtungen (ein Typhon je Fahrtrichtung und Druckluftläutewerk ⟨entfällt bei Unterbaureihe 110.2⟩), der pneumatischen Scheibenwischer, der Sandungseinrichtung und ab 110074 der Spurkranzschmierung.
Kühleranlage in Gestell an der Stirnseite der Lokomotive, rechts und links je ein Kühlblock, bis zur 110103 aus je sieben Rundrohrelementen, ab 110104 aus je 28 Flachrohrelementen. Pneumatisch betätigte Kühlerjalousien, zwei Kühlerlüfter durch Drehstrom-Ansynchronmotoren angetrieben (gespeist aus Lüftergenerator, vom Dieselmotor angetrieben durch den Primärteil des Strömungsgetriebes). Kühlkreislauf: Dieselmotor, Kühlelemente, Wärmetauscher Motorschmieröl, Wärmetauscher Strömungsgetriebeöl.
In 110156 und 110161 vier zusätzliche Getriebeölwärmetauscher zur erhöhten Wärmeabfuhr bei hydrodynamischem Bremsen.
Vollautomatische Zugheizanlage, gleicher Wasserrohr-Rauchrohrkessel wie in Baureihe 118, lediglich der geringeren Höhe im Maschinenraum angepaßt. Mit Dieselkraftstoff betrieben, ab 110104 neue elektronische Heizkesselsteuerung. Leistung 800 kg Dampf/h bei 411,9 kPa (4,2 kp/cm²) Betriebsdruck.
Zugheizeinrichtung entfällt bei Lokomotiven mit Sonderausrüstungen, z. B. 110156 und 110161 sowie Lokomotiven für GRE und Hochleistungsschneefräse.
Vorwärm- und Warmhalteanlage über Vorwärmetauscher im Kühlkreislauf durch Dampf aus Heizkesselanlage oder mit Fremddampf.
Bei Entfall der Zugheizanlage Einbau von Vorwärmgeräten mit Hochdruckölbrenner; elektronische Steuerung erlaubt automatischen Warmhaltebetrieb.
Führerstandheizung aus Nebenkreis der Kühlanlage parallel zum Getriebeölwärmetauscher.
Pneumatische Scheibenwischer.
Scheibenentfrostung mit verstellbarem Ventilator bei 110.0 und

110.1. Bei 110.2 Klarsichtscheiben, in rechter und linker Ausführung so gestaltet, daß auch in Baureihe 106 einsetzbar. Scheibenheizung in drei Schaltstufen.
Kühlbox ACB 15 ab 110 104.
Sandstreueinrichtung für die führenden Radsätze jedes Drehgestells, bei gleicher Wirkung während des Fertigungszeitraumes vereinfacht.
Spurkranzschmierung ab 110 074.
Rangierfunkstation in 110 156 und 110 161. Wechselsprechanlage zur Verbindung mit Maschinenführer des Arbeitsfahrzeuges bei GRE-Lokomotive.
Steuerung: elektropneumatische Mehrfachsteuerung für Doppeltraktion und Wendezugbetrieb.
Je ein Fahrpult für jede Fahrtrichtung, jeweils rechts. Fahrschalter in jedem Fahrpult. Schaltstellungen 0 und 1 bis 6. Drehzahlverstellung des Dieselmotors mit elektrischem Stellmotor. Bei Ansteuerung der Stellung 1 gleichzeitiges Betätigen des Füllmagnetes zum Einschalten des Strömungsgetriebes.
Wendeschaltung mit Richtungswalze, ebenfalls elektropneumatisch zu schalten.
In 110.0 und 110.1 wurde Zweistufengetriebe mechanisch geschaltet (110.2 ohne Langsamgang und damit ohne Schaltmöglichkeit).
Bei Mehrfachsteuerung Verbindung zur zweiten Lokomotive oder zum Wendezug mit 34poligem Steuerkabel.
Steuerung mehrfach verbessert, vor allem zur Vereinfachung der Schaltung oder zum Ersatz von Kontaktschaltelementen durch kontaktlose Bauelemente.
Vereinfachte Fahrschaltung bei Strömungswendegetriebe (110 156 und 110 161), dabei keine Vielfach- und Wendezugsteuerung.

Überwachung: Anzeigeinstrumente und Wächter zum Schutz der Maschinenanlage und Hilfseinrichtungen, die die betroffenen Anlageteile stillsetzen oder entlasten; parallel dazu optische Warnung.
Bei konstruktiven Überarbeitungen wurden die Schaltwerte der Temperatur- und Druckwächter mit denen der Baureihen 106, 118 und 175 (Triebwagen) vereinheitlicht.
Mit Wegfall des Langsamganges entfiel auch der Übertourenschutz ab 110 201.
Sicherheitsfahrschaltung bis 110 103 wegabhängig mit Wachsamkeitskontrolle. Ab 110 104 auf elektronische Schaltung umgestellt (d. h. ausschließlich Anwendung kontaktloser Bauelemente in der inneren Schaltung) und zeitabhängig mit Wachsamkeitskontrolle.
Bei Lokomotiven mit Sonderausrüstungen zusätzliche Überwachungsinstrumente.

Literatur:

DR 110.0 bis 110.1
DET 13 (1965) 2. – S. 79–83
Sfz 11 (1967) 12. – S. 411–415
Sfz 12 (1968) 1. – S. 9–12
Sfz 12 (1968) 3. – S. 97–104
Sfz 12 (1968) 5. – S. 165–171
Sfz 12 (1968) 6. – S. 189–195
Sfz 12 (1968) 8. – S. 275–282
DR 110.2 bis 110.9
DET 29 (1981) 3. – S. 127 129
Sfz 14 (1970) 8. – S. 273–280
Sfz 14 (1970) 9. – S. 297–301
Sfz 14 (1970) 10. – S. 345–350
Sfz 25 (1981) 2. – S. 66
Sfz 26 (1982) 3. – S. 144–147

111

B'B'

ab 1982

Techn. Daten: Seite 187

Der Hersteller der Baureihe 110, das Kombinat VEB Lokomotivbau – Elektrotechnische Werke „Hans Beimler“, hatte mit der Werksbezeichnung V 100.4 zahlreiche Lokomotiven an in- und ausländische Industriebahnen geliefert. Dabei handelte es sich um eine für den Rangier- und Güterzugdienst modifizierte Variante der DR-Baureihe 110.
Als bei der DR der Bedarf an Lokomotiven für gleiche Einsatzzwecke entstanden war, wurden 1982 zunächst 20 Lokomotiven dieses Typs beschafft und mit den Betriebsnummern 111 001 bis 111 020 in den Bestand eingeordnet. Weitere Beschaffungen folgten. Zusätzlich wurde vorübergehend eine Lokomotive gleicher Bauart von der Industrie angemietet. Sie erhielt für die Zeit ihrer Gastrolle bei der Deutschen Reichsbahn die Betriebsnummer 111 991.
Gegebenenfalls werden später bei Bedarf Lokomotiven der Unterbaureihe 111 mit Strömungswendege-

trieben ausgerüstet und als schwere Rangierdiesellokomotiven der vorgesehenen Baureihe 108 zugeordnet.

Konstruktive Merkmale

Rahmen entsprechen Baureihe 110.2 bis 110.9.

Weiterentwickelte Diesellokomotive der Baureihe 111 der DR
Foto: Glatte

Aufbauten mit geländergesicherten Rangierbühnen an den Fahrzeugenden. Sonst wie Baureihe 110.2 bis 110.9.
Laufwerk und Bremsen: den letzten Ausführungen der Baureihe 110.2 bis 110.9 entsprechend.
Dieselmotor wie in Baureihe 110.2 bis 110.9. Motortyp 12 KVD 21 A–3, 736 kW.
Kraftübertragung: Dreiwandler-Strömungsgetriebe GSR 30/5,7, mit veränderter Übersetzung zur Erzielung einer höheren Zugkraft bei Reduzierung der Höchstgeschwindigkeit auf 65 km/h, verstärkte Lagerung der Abtriebswelle. Weitere Übertragung wie in der Baureihe 110.2 bis 110.9.
Hilfseinrichtungen: ähnlich 110.2 bis 110.9, jedoch ohne Zugheizeinrichtung, dafür zwei mit Dieselkraftstoff betriebene Vorwärmgeräte (je 35 kW) mit Hochdruckölbrennern und elektronischer Steuerung, damit auch automatischer Warmhaltebetrieb möglich.
Um 400 l vergrößertes Hauptluftbehältervolumen.
Vorbereitet zum Einbau einer Rangierfunkstation.
Steuerung: wie bei Baureihe 110.2 bis 110.9, jedoch mit veränderter Drehzahlstufung zum feinfühligen Anfahren im Rangierdienst.
Überwachung: wie bei Baureihe 110.2 bis 110.9, u. a. mit elektronischer Sicherheitsfahrschaltung.

Literatur:
ME 32 (1983) 9. – S. 9
Sfz 25 (1981) 2. – S. 66
Sfz 26 (1982) 3. – S. 128, 144–147
Sfz 27 (1983) 5. – S. 216–218

112.0 bis 112.9
114.0 bis 114.9

Umbau aus 110.0 bis 110.9

B'B'

ab 1981 (Umbau)

Techn. Daten: Seiten 187/188

Bei den Serienlieferungen der Baureihe V 100 bzw. 110 an die DR wurden einzelne Lokomotiven bereits 1969 (V 100 137, später 110 137) und 1972 (110 457) versuchsweise nicht mehr mit 736-kW-Dieselmotoren, sondern mit 883-kW-Dieselmotoren ausgerüstet.
Diese und weitere von der DR umgebaute Lokomotiven haben sich im Betriebsdienst ausgezeichnet bewährt. Zur Erhöhung der Leistungen und zum verbrauchsgünstigen Einsatz wurde daher der Beschluß gefaßt, Diesellokomotiven der Baureihe 110 im Rahmen planmäßiger Ausbesserungen im Raw Stendal mit 883-kW-Dieselmotoren auszurüsten.
Für diese umgebauten Lokomotiven wurde die neue Unterbaureihe 112 geschaffen. Die Betriebsnummer wird gebildet unter Beibehaltung der früheren Ordnungsnummer.
Beispiel:
110 457 geändert in 112 457.
Dabei verändert sich die EDV-Kontrollziffer nach den geltenden Bildungsgesetzen.
Um kurzfristige weitere Betriebserfahrungen mit dem 883-kW-Dieselmotor 12 KVD 21 AL-4 sammeln zu können, wurden zwei Diesellokomotiven mit modifizierten Motoren dieser Bauform ausgerüstet, bei denen die Leistung auf 1 100 kW eingestellt war. Dieser Extremerprobung wurden die Lokomotiven 110 203 (jetzt 112 203) und 118 405 (jetzt 118 805) unterzogen.
Nachdem sich die Zuverlässigkeit des Dieselmotors und der anderen Baugruppen auch unter diesen erschwerten Belastungen erwiesen hatte, wurden weitere Fahrzeuge der Baureihe 110.2 bis 110.9 umgebaut und zur äußeren Unterscheidung in die Unterbaureihe 114 eingeordnet, z. B.
110 314 umgebaut in 114 314,
110 513 umgebaut in 114 513.
Zur sicheren Übertragung der erhöhten installierten Leistung wird zur Kraftübertragung das Dreiwandler-Strömungsgetriebe GS 30/5,5 der Baureihe 119 in einer modifizierten Form eingesetzt.

Konstruktive Merkmale

Rahmen, Aufbauten, Laufwerk, Bremsen: entsprechen der Baureihe 110.0 bis 110.1, 110.2 bis 110.9.
Dieselmotor: 12 KVD 21 AL-4. Aufgeladener Zwölfzylinder-Viertakt-V-Dieselmotor mit Ladeluftkühlung, Vorkammerverfahren, Bohrung 180 mm. Hub 210 mm. Verstellregler.
Alle anderen Einzelheiten wie Baureihe 110.0 bis 110.1 und 110.2 bis 110.9.
Leistungseinstellung in Baureihe 112 883 kW, in Baureihe 114 1 100 kW.
Kraftübertragung in Baureihe 112: Strömungsgetriebe GSR 30/5,7 in der letzten verbesserten Ausführung.
In der Baureihe 114: modifiziertes Dreiwandler-Strömungsgetriebe GS 30/5,5 mit verändertem Hochtrieb in der Eingangsstufe und stetig zugeschaltetem Zusatzwandler.
Weitere Kraftübertragung wie in Baureihe 110.2 bis 110.9 in der verbesserten Ausführung ab Lokomotive 110 241.
Hilfseinrichtungen: entsprechen Baureihe 110.0 bis 110.1 und 110.2 bis 110.9, jedoch veränderter Kühlkreislauf durch Einbeziehung des Ladeluftkühlers.
Steuerung und Überwachung: identisch mit Baureihe 110.0 bis 110.1, 110.2 bis 110.9.

Literatur:

DR 112
Sfz 19 (1975) 2. – S. 57–60
Sfz 21 (1977) 7. – S. 228–230
Sfz 25 (1981) 1. – S. 8
Sfz 25 (1981) 4. – S. 169–170
Sfz 27 (1983) 4. – S. 188–190
DR 114
ME 32 (1983) 5. – S. 4
Sfz 25 (1981) 4. – S. 169–170
Sfz 28 (1984) 1. – S. 5

118.0, 118.1
V 180⁰, V 180¹
118.5
Umbau aus 118.0

B'B'

ab 1963

Techn. Daten: Seiten 188/189

Mitte der fünfziger Jahre stellte die Deutsche Reichsbahn ihr Programm zur Traktionsumstellung auf. In Abstimmung mit der Schienenfahrzeugindustrie der DDR wurde als Standard-Streckendiesellokomotive die Baureihe V 180 mit hydraulischer Kraftübertragung entwickelt. Diese Mehrzweckdiesellokomotive sollte zwei Antriebsanlagen erhalten und im Reise- und Güterzugdienst eingesetzt werden. Sie war als Ersatz für die Dampflokomotivbaureihen 23^{0}, 23^{10}, 50, 52 und 65^{10} vorgesehen.

Nach Fertigstellung der Versuchslokomotive V 180 001 zum Jahresende 1959 fand die erste Streckenfahrt auf den Gleisen der DR am 12. Februar 1960 von Drewitz nach Dessau und zurück statt. Zur Erprobung verschiedener Varianten in der Maschinenausrüstung, Steuerung und Überwachung baute der VEB Lokomotivbau „Karl Marx" Babelsberg bis 1963 weitere drei Versuchslokomotiven (V 180 002 bis V 180 004).

Das Herstellerwerk, das Institut für Schienenfahrzeuge und die Versuchs- und Entwicklungsstelle der Maschinenwirtschaft der DR unterzogen die Versuchslokomotiven eingehenden Untersuchungen im Stand und bei Fahrversuchen. Die zu Beginn der Erprobung aufgetretenen entwicklungsbedingten Mängel an einigen Aggregaten und Bauteilen wurden nach Konstruktionsänderungen überwunden.

Die in den technischen Bedingungen vereinbarten Parameter wurden eingehalten. Im vorgeschriebenen Leistungsprogramm bewährten sich die Lokomotiven der Baureihe V 180 im Reise- und Güterzugdienst.

Im ersten Halbjahr 1963 wurde die Kleinserie V 180 005 bis V 180 009 ausgeliefert, im gleichen Jahr folgten die ersten Serienlokomotiven V 180 010 bis V 180 019. Bis Ende 1965 wurden alle Lokomotiven dieser Unterbaureihe ausgeliefert (bis V 180 087). Da die beiden Musterlokomotiven V 180 001 und V 180 002 sehr stark von der Serie abwichen, wurden sie nicht von der DR übernommen und 1965 vom Hersteller ausgemustert. Die Dieselmotoren und Strömungsgetriebe wurden in Schnelltriebwagen VT 16.18.01 und VT 16.18.02 (175 001 und 175 002) eingesetzt.

Musterlokomotive V 180 001 des VEB Lokomotivbau „Karl Marx" (1959). Diese Lokomotive wurde nicht von der DR übernommen.
Foto: LKM

Diesellokomotive 118073 der DR
Foto: Köhler

Diesellokomotive der Baureihe 118.0 der DR

Mehrere Lokomotiven erhielten versuchsweise Stirnpartien aus glasfaserverstärktem Plast. Eine davon wurde auch unter Mitwirkung von Industrie-Formgestaltern mit einer modernen blendfreien Frontscheibengestaltung ausgeliefert. Sie wurde mit der Herstellerkennzeichnung V 200 1001 auf der Leipziger Frühjahrsmesse 1965 ausgestellt

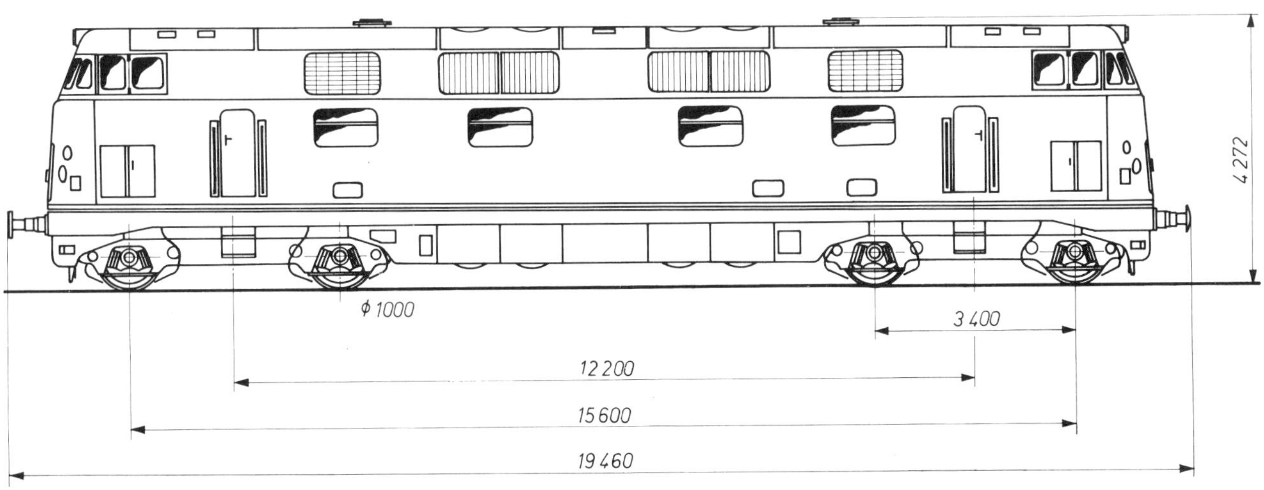

und später von der DR als V 180 059 übernommen.
Während der Serienfertigung war die Nennleistung der eingebauten Dieselmotoren vom Motorenhersteller VEB Motorenwerk Johannisthal von 662 kW (900 PS) auf 736 kW (1 000 PS) gesteigert worden. Daraufhin wurden alle ab Mitte 1965 gelieferten Lokomotiven mit den leistungsstärkeren Dieselmotoren ausgerüstet. Zur äußeren Kennzeichnung erhielten sie Ordnungsnummern ab 101 und bildeten so die neue Unterbaureihe

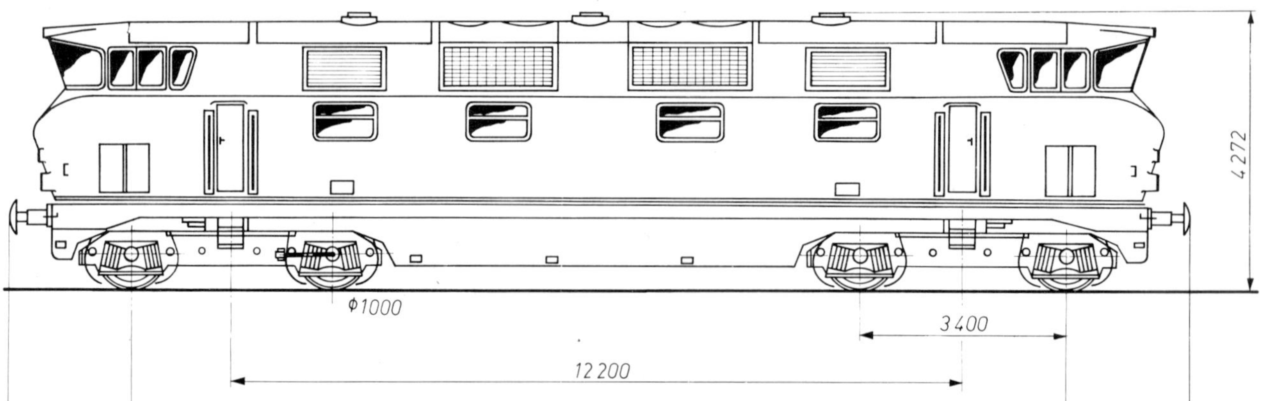

Ansicht der späteren 118 059 der DR. Hier noch mit der Fahrzeugbezeichnung des Herstellers V 200 1001. Später wurden die Stirnseitenfenster durch zusätzliche Fensterstreben geteilt.
Foto: LKM

V 180^1. Die Grundkonzeption war gegenüber der V 180^0 vollständig beibehalten worden, aber der Lokomotivhersteller und auch die Zulieferer werteten Erprobungs- und Betriebserfahrungen mit den bisher gelieferten Lokomotiven aus und verbesserten zahlreiche Baugruppen und Bauteile.
In den Jahren 1965 bis 1967 erhielt die DR dann die verbesserten Lokomotiven 180 101 bis 180 182.
Anfängliche Mängel an den Dieselmotoren wurden vom Motorenhersteller beseitigt. In diesem Zusammenhang wurde z. B. die Innenluftansaugung auf Außenluftansaugung umgestellt. Um die Belüftung des Maschinenraumes dadurch nicht zu verschlechtern, ersetzten zusätzliche Einströmöffnungen mit Mehrfach-Düsen-Lüftungsgittern jeweils die äußeren Fenster in den Seitenwänden. Das ist gleichzeitig ein äußeres Unterscheidungsmerkmal zwischen den beiden Unterbaureihen V 180^0 und V 180^1.
Auch eine Lokomotive der Unterbaureihe V 180^1 wurde vom Hersteller mit der neuen blendfreien Frontscheibe gefertigt, als V 200 117 anläßlich der Leipziger Frühjahrsmesse 1966 gezeigt und anschließend bei der DR als V 180 131 in den Triebfahrzeugpark eingeordnet.

Diesellokomotive 118 059 der DR

1970 wurden bei der Einführung der EDV-Nummern die Fahrzeuge der Baureihen V 180^0 und V 180^1 in 118 003 bis 118 087 und 118 101 bis 118 182 umgezeichnet.
Die 167 Lokomotiven dieser beiden Unterbaureihen 118.0 und 118.1 haben sich im Reise- und Güterzugdienst sehr gut bewährt. Allerdings hat die höhere Zugkraft der Unterbaureihe 118.1 diese noch beliebter gemacht.
Daher ist es auch nicht verwunderlich, wenn die DR bereits mehrere Lokomotiven der Unterbaureihe 118^0 nachträglich auf die leistungsstärkeren Dieselmotoren, Strömungsgetriebe usw. umgerüstet hat (anfangs z. B. die Lokomotiven 118 041, 118 045, 118 068, 118 078, 118 079 und 118 084).
Im Rahmen planmäßiger Ausbesserungen werden weitere Lokomotiven dieser Unterbaureihe umgerüstet und zukünftig dann mit einer um 500 erhöhten Ordnungsnummer bezeichnet, z. B. 118 078 geändert in 118 578. Damit wird im Laufe der nächsten Zeit die Unterbaureihe 118.0 zur neuen Unterbaureihe 118.5.
Die parallel zu den Unterbaureihen V 180^0 (118.0) und V 180^1 (118.1) entwickelten und gefertigten Nebenstrecken-Diesellokomotiven mit der gleichen Grundkonzeption, aber der Achsfolge C'C', wurden in die Ordnungsnummern ab 201 eingereiht und bilden somit eine eigene Unterbaureihe V 180^2 bzw. 118.2 bis 118.4.
Die Lokomotive 118 005 (ehemals V 180 005) wurde vom Ministerium für Verkehrswesen der DDR als „historisches Triebfahrzeug" eingestuft. Sie dokumentiert als erste serienmäßige Großdiesellokomotive aus DDR-Produktion einen wichtigen Markstein in der Traktionsumstellung bei der DR. Sie wird von der Rbd Berlin in museumsgerechtem und betriebsfähigem Zustand erhalten.

Konstruktive Merkmale

R a h m e n : Schweißkonstruktion in Leichtbauweise aus Abkantprofilen und Blechen von 6 bis 8 mm Stärke, Kopfenden durch auswechselbare Pufferträger abgeschlossen. Pufferträger mit normalen UIC-Zug- und Stoßeinrichtungen. Vorbereitet für späteren Einbau einer automatischen Mittelpufferkupplung.
Aufbauten mit Rahmen verschweißt und zum Tragen herangezogen.
Ausgelegt für geraden Pufferdruck von 1,96 MN ohne bleibende Verformung.
A u f b a u t e n : Kastenaufbau mit zwei Endführerständen und dazwischenliegendem Maschinenraum. Geschweißte Leichtbaukonstruktion mit Rahmen als gemeinsame Tragkonstruktion. Kastengerippe aus Profilen mit Stahlblechbeplankung. Geräuschisolierung durch aufgespritzte Antidröhnmittel und doppelwandige Trennwände zur Schallisolierung zwischen den Führerständen und dem Maschinenraum. Jeder Führerstand mit zwei Außentüren.
Sieben große Abschnitte des Dachs abnehmbar zum Ein- und Ausbau der Dieselmotoren, Strömungsgetriebe, Heizkessel, Kühleranlagen und Apparateschränke. Einige Lokomotiven versuchsweise mit Stirn- und Seitenwänden der Führerstände aus glasfaserverstärktem Plaststoff, zwei davon mit abweichender moderner und blend-

freier Gestaltung der Frontscheiben.
Vier Fenster an jeder Maschinenraumseitenwand anfangs als Klappfenster, später inneres Fensterpaar geändert in feste ungeteilte Ausführung bei 118.0 und 118.5 sowie festes inneres Fensterpaar und Ersatz der äußeren Fenster in Lüftungsgitter bei 118.1 (damit identisch mit 118.2 bis 118.4 und 118.6 bis 118.8).
Laufwerk: zweiachsige Drehgestelle als geschweißte Blechträgerkonstruktion mit Stirnquerträgern und weiteren Querverbindungen. Übertragung der Zug- und Bremskräfte ohne mittigen Drehzapfen mit Federbandanlenkung (Parallelogrammgelenk und Federblätter) um ideelen Drehpunkt, zur Übertragung je zwei Gelenkzapfen im Lokomotivrahmen und im Drehgestellrahmen. Primärfederung mit dreilagigen abgewinkelten Schub-Druck-Gummifedern, die auch Radsatzlager führen.
Sekundärfederung mit Blattfedern und ringförmigen Gummielementen an den Federenden.
Radsätze in Doppelrollen lagernd.
Gummielastische Anlenkung der Drehmomentstützen für Radsatzgetriebe an Querverbindungen des Drehgestellrahmens.
Bremsen: indirektwirkende selbsttätige Einkammer-Druckluftbremse Kssbr und direktwirkende nichtselbsttätige Einkammer-Druckluft-Zusatzbremse. Bremsstellungen G–P–S–SS bei älteren, G–P–R bei neueren Lokomotiven.
Zwei 16"-Bremszylinder im Lokomotivrahmen, wirken auf je ein Drehgestell und bremsen alle Räder über nachstellbare Gestänge beidseitig ab.
Handbremse wirkt auf die Radsätze des zugeordneten Drehgestells.
Dieselmotor: in allen Lokomotiven zwei Motoren des Grundtyps 12 KVD 18/21 A eingebaut. Bei Unterbaureihe 118.0 in der Bauform 1 (12 KVD 18/21 A–1) mit 662 kW (900 PS) bei 1 500 U/min (außer nachträglich umgerüsteten Lokomotiven).
Unterbaureihe 118.1 mit Bauformen 2 und 3 (12 KVD 21 A–2 bzw. 12 KVD 21 A–3) mit 763 kW (1 000 PS) ausgerüstet.
Alle drei Bauformen: aufgeladener Zwölfzylinder-Viertakt-V-Dieselmotor mit Vorkammerbrennverfahren. Bohrung 180 mm, Hub 210 mm. Verstellregler.
Bauform 1 mit zwei Abgasturboladern.
Bauform 2 und 3 mit einem Abgasturbolader.
Von Bauform 1 zur Bauform 2 effektiver Mitteldruck von 827 kPa auf 918 kPa gesteigert.
Für leistungsgesteigerte Umbauvariante 118.5. Einbau der Bauform 4 mit Ladeluftkühlung: 12 KVD 21 AL–4, Leistung 883 kW, effektiver Mitteldruck 1 104 kPa.
Kraftstoff mit Kolbenpumpe an einer Einspritzpumpe aus Hauptkraftstoffbehälter durch Doppelfilter zu den Einspritzpumpen. Verbrennungsluft ursprünglich Innenansaugung. Bei Bauform 2 Ansaugung durch Filter und Luftkanäle von außen.
Abgasanlagen mit Schalldämpfern über den Dieselmotoren in der Dachsektion. Mit Bauform 2 verbesserte Abgasanlagen nach der Konstruktion des VEB WTZ Dieselmotoren Roßlau. Abgasführung vom Schalldämpfer mit Ejektorrohr über das Lokomotivdach, damit Entlüftung des Maschinenraumes.

Diesellokomotive der Baureihe 118.1 der DR

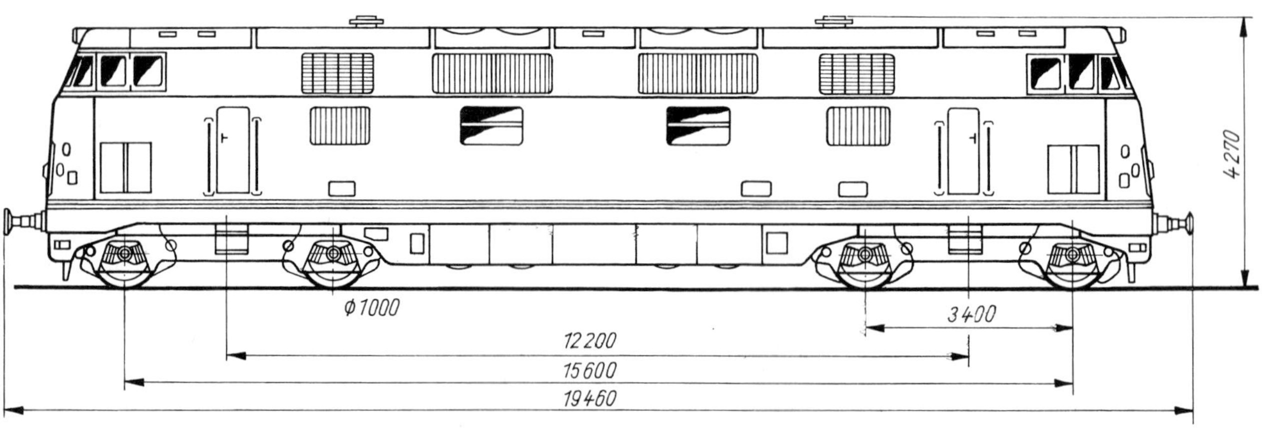

Diesellokomotive 118170 der DR
Foto: Mehnert

Jeder Dieselmotor in geschweißtem Tragrahmen, dieser in vier Gummielementen mit Rahmendeckblech verschraubt.
Elektrisches Anlassen mit Lichtanlaßmaschine durch Strömungsgetriebeeingangsteil und über Gelenkwelle.
Kraftübertragung hydraulisch. Dieselmotor treibt über drehelastische Kupplung und Gelenkwelle Strömungsgetriebe an. Eingesetzt sind Getriebe der Hersteller: Voith, St. Pölten, Typ L 306 rb und VEB Strömungsmaschinen Dresden, Typ GSR 30/5,7. Beide sind sehr ähnliche Getriebe mit drei Wandlerstufen, eingebauter Wendestufe und tiefliegendem Abtrieb sowie gleicher Steuerung, austauschbar.
Selbsttätiges Schalten der Wandlerstufen durch Füllen und Entleeren der Kreisläufe in Abhängigkeit von eingestellter Fahrstufe und Fahrgeschwindigkeit.
Umschaltbereiche in Fahrstufe 6: von Anfahrwandler in Marschwandler I bei 55 bis 57 km/h, von Marschwandler I in Marschwandler II bei 90 bis 93 km/h.
Bei den Lokomotiven 118003 bis 118087 Getriebe L 306 rb oder GSR 30/5,7, 118101 bis 118182 Getriebe L 306 rb oder GSR 30/5,7 in erster Weiterentwicklungsstufe (u. a. erhöhte Übertragungsleistung).
Kraftübertragung vom tiefliegendem Abtrieb über Gelenkwellen zu den Radsatzgetrieben AÜK 20 (Übersetzungsverhältnis 3,125:1), Reaktionsmomente der Radsatzgetriebe mittels Drehmomentstützen von Drehgestellrahmen aufgenommen.
Hilfseinrichtungen: Elektroenergieversorgung des 110-V-Bordnetzes aus zwei Lichtanlaßmaschinen und 450-Ah-Bleibatterie. Lichtanlaßmaschine mit Nebenabtrieb aus Strömungsmaschine angetrieben. Bordnetz speist optische Spitzen- und Schlußsignale, Beleuchtung und Steckdosen in Führerständen und Maschinenraum, Steuer- und Überwachungsstromkreise, Gleichstrommotoren der Luftverdichter sowie einen Einankerumformer zur Versorgung einiger 220 V/ 50 Hz-Geräte.
Jeder Dieselmotor mit eigener Kühlanlage, die auch Strömungsgetriebeöl rückkühlt, Kreislauf: Dieselmotor und Abgasturbolader zu beiden Seitenwandkühlern mit je sieben Rippenrohrkühlelementen, Motorschmieröl-Wärmetauscher, Kühlwasserumwälzpumpe im Dieselmotor, Getriebeölwärmetauscher und zurück zum Dieselmotor.
Bei 118.5 zusätzlich Ladeluftkühler in Kreislauf einbezogen.
Über Nebenabtrieb im Strömungsgetriebeeingang treibt Dieselmotor einen Lüftergenerator, der Dreh-

strom-Asynchronmotoren der beiden Kühlerlüfter speist. Kühlerlüfter saugen Frischluft durch Seitenwandkühler und stoßen sie über das Dach aus.
Ein- und Ausschalten getrennt über Temperaturwächter.
Lüfter 1:
bei 75 °C ein, bei 70 °C aus,
Lüfter 2:
bei 80 °C ein, bei 70 °C aus.
Vorwärmung des Kühlerkreislaufes mit Dampf aus eigenem Zugheizkessel oder mit Fremddampf über Vorwärmetauscher. Vorwärmbetrieb bei Kühlwasserumwälzung mit elektrischer Pumpe. Als Zugheizeinrichtung stehender Wasserrohr-Heizrohr-Kessel, automatische Heizkesselsteuerung mit Relais und Schützen. Leistung 800 kg Dampf/h bei einem höchstem Überdruck von 411,9 kPa (4,2 kp/cm²). Brenner mit Dieselkraftstoff betrieben. Wofatit-Speisewasseraufbereitung (Leistung: 1 000 l/h).
Gleichstrommotoren treiben zwei zweistufige Dreizylinder-Luftverdichter an, versorgen über zwei 400-l-Hauptluftbehälter und einen 200-l-Sonderluftbehälter die Druckluftbremse, pneumatische Scheibenwischer, pneumatische Steuer- und Überwachungs- und Hilfsbetriebskreise sowie die akustischen Signaleinrichtungen: zwei Typhone für jede Fahrtrichtung unterhalb der Führerstände.
Anfangs Enddruck der Luftversorgng 784,5 kPa (8 kp/cm²), später auf 980,7 kPa (10 kp/cm²) erhöht.
Führerhausbeheizung mit zwei Heizkörpern aus Kühlkreislauf im Nebenschluß, parallel zum Getriebeölwärmetauscher.
Frontscheibenentfrostung mit stufenweise elektrisch beheizbaren Klarsichtscheiben.
Kühlbox ACB 15, 15 l zum Kühlhalten von Speisen und Getränken, arbeitet nach Peltier-Effekt.
Festinstallierte Feuerlöschanlage im Maschinenraum, zusätzliche Handfeuerlöscher.
Seit 1981 Ausbau der festinstallierten Feuerlöschanlagen im Rahmen planmäßiger Ausbesserungen und Ersatz durch weitere zusätzliche Pulver- und Bromid-Handfeuerlöscher.
Steuerung: Vielfachsteuerung für Doppeltraktion und Wendezugbetrieb.
Steuerung mit Fahr- und Richtungswalze.
Fahrschalter mit einer Leerlauf- und sechs Fahrstufen, Fahrstufeneinstellung bewirkt Auf- und Absteuerung des Drehzahlverstellmotors am Verstellregler.
In Fahrstufen 1 bis 6 erfolgt auch Füllbefehl für das Strömungsgetriebe über Hubmagnet auf das Füllventil.
Wendeschaltung elektropneumatisch von Richtungswalze. Verbindung der Vielfachsteuerung mittels 34poligem Steuerkabel zur zweiten Lokomotive oder zum Wendezug.
Überwachung: Anzeigeinstrumente und automatische Wächter für Betriebsparameter der Dieselmotoren, Strömungsgetriebe und Hilfseinrichtungen, beeinflussen die Maschinenanlage bei unzulässigen Betriebswerten durch Entlastung oder Abstellung. Optische Meldung der Störungen.
Wegabhängige Sicherheitsfahrschaltung mit Wachsamkeitskontrolle. (Bei Notwendigkeit des Ersatzes werden mechanische wegabhängige Sicherheitsfahrschaltungen durch elektronische zeitabhängige ersetzt, deren innere Schaltung nur mit kontaktlosen Bauelementen aufgebaut ist.)
Einige Lokomotiven mit Fahrzeugeinrichtungen für punktförmige Zugbeeinflussung, im Rahmen planmäßiger Ausbesserungen Veränderung der Einbaustelle im vorderen Drehgestell.

Literatur:

DR 118.0
- DET 12 (1964) 10. – S. 443–447
- DET 13 (1965) 6. – S. 251–254
- ME 15 (1966) 4. – S. 121–122
- ME 31 (1982) 4. – S. 120–122
- Sfz 7 (1963) 3. – S. 81–86

DR 118.1
- ME 31 (1982) 4. – S. 120–122
- Sfz 10 (1966) 1. – S. 6–9
- Sfz 10 (1966) 8. – S. 256–258
- Sfz 11 (1967) 10. – S. 361–362

DR 118.5
- ME 31 (1982) 4. – S. 120–122
- Sfz 19 (1975) 2. – S. 57–60
- Sfz 21 (1977) 7. – S. 228–230
- Sfz 25 (1981) 1. – S. 8
- Sfz 25 (1981) 4. – S. 169–170

118.2 bis 118.4
V 180$^{2-3}$, V 240 001
118.6 bis 118.8
Umbau aus 118.2 bis 118.4

C'C'

ab 1966

Techn. Daten: Seiten 188/189

Bereits während der ersten Entwicklungsphase der Baureihe V 180^0 (118.0) stand fest, daß die Lokomotiven dieser Baureihe eine Radsatzfahrmasse von 19 bis 20 t haben werden und sich damit nicht für den Einsatz auf Nebenstrecken mit leichtem Oberbau eignen. Andererseits galt es, auch diese Strecken zu rationalisieren und überalterte Dampflokomotiven, wie z. B. die der Baureihen 38, 55 und 57, abzulösen.

Die Deutsche Reichsbahn forderte daher eine sechsachsige Diesellokomotive mit einer höchsten Radsatzfahrmasse von 15,75 t. Sie sollte als Unterbaureihe aus der V 180^1 (118.1) abgeleitet sein, weitgehend die gleichen Baugruppen und Bauteile, aber auch verbesserte Teile erhalten, soweit solche Erkenntnisse aus den Betriebserfahrungen mit den Lokomotiven der Baureihen V 180^0 und V 180^1 schon vorlagen.

Bei einer Höchstgeschwindigkeit von 120 km/h wurde eine effektive Zughakenkraft von 24,5 kN gefordert. Kraftübertragung und Laufwerk waren so auszubilden, daß nach Änderung der Radsatzgetriebeübersetzung die Höchstgeschwindigkeit auf 140 km/h heraufgesetzt werden konnte. Bisherige Verschleißteile, vor allem des Fahrzeugteils, sollten möglichst wartungsfrei, mindestens aber wartungsarm sein. Besonderer Wert war auf eine verschleißfreie Radsatzfederung und -führung zu legen. Die Zugänglichkeit zu den Maschinenanlagen und zu den Hilfseinrichtungen sollte noch verbessert werden.

Um die neu- oder weiterentwickelten Baugruppen und Bauteile eingehend erproben zu können, baute der VEB Lokomotivbau „Karl Marx" zwei Baumusterlokomotiven. Die V 180 201 wurde im Januar 1964 fertiggestellt, absolvierte am 28. Januar 1964 ihre erste Probefahrt und wurde zur Leipziger Frühjahrsmesse 1964 ausgestellt. Nach eingehenden Erprobungen bei der DR wurde sie später überholt und erst am 13. Dezember 1966 von der DR übernommen. Die zweite Baumusterlokomotive war die V 240 001, auf die noch besonders eingegangen wird.

Die Serienlieferungen begannen mit der Lokomotive V 180 204 am 12. August 1966. Die V 180 203 kam erst 1967 zur Auslieferung und hatte die gleiche blendfreie Stirn-

Diesellokomotive der Baureihe 118.2 bis 118.4 der DR

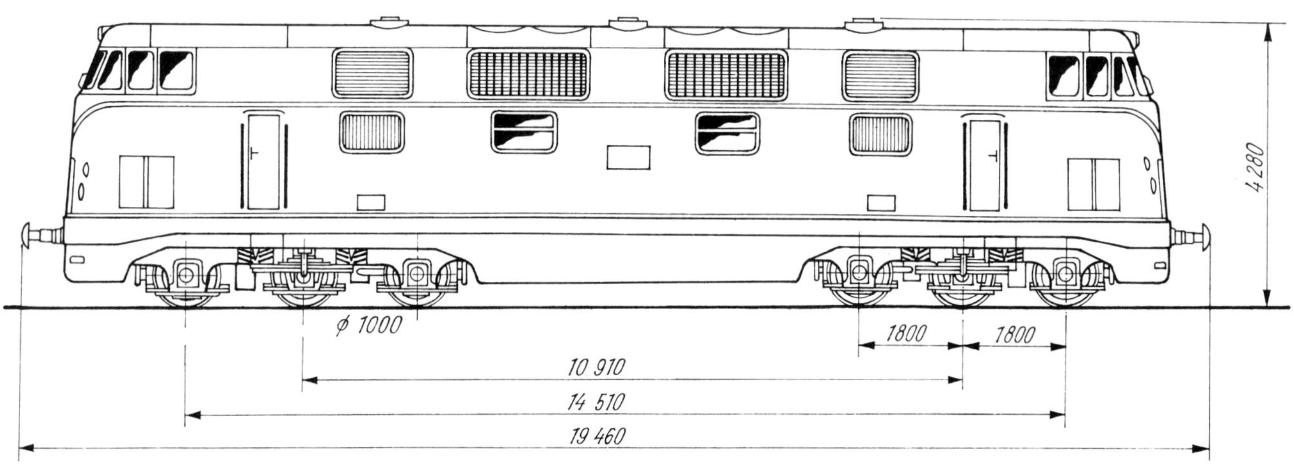

Lokomotive 118 203 noch mit blendfreien Stirnfenstern als Probelokomotive bei der VES-M Halle
Foto: Steckel

scheibenpartie wie die V 180 059 und V 180 131. (Diese Lokomotive wurde jedoch 1979 auf die normale Stirnfront umgerüstet.)
Als weitere Serienlieferungen folgten die Lokomotiven bis zur Ordnungsnummer 399 im Jahre 1970. Zu diesem Zeitpunkt erfolgte die Umzeichnung in die EDV-Betriebsnummern 118 201 bis 118 399. Die Restlieferung von sieben Lokomotiven wurden der DR bereits mit den neuen Betriebsnummern 118 400 bis 118 406 übergeben.
Während der Fertigung wurden durch laufende Weiterentwicklung der Bauteile und Auswertung von Betriebserfahrungen ständig Verbesserungen eingeführt, die weitgehend auch zur Modernisierung älterer Fahrzeuge anwendbar sind. Dazu einige Beispiele:

	118 222	versuchsweiser Einbau einer elektronischen Heizkesselsteuerung,
ab	118 244	seitliche Montagetür im Maschinenraum
	118 244 bis 118 282	Ausrüstung mit punktförmiger Zugbeeinflussung,
ab	118 282	Serieneinbau der elektronischen Heizkesselsteuerung,
ab	118 300	ausschließliche Verwendung von Strömungsgetrieben des VEB Strömungsmaschinen Dresden.

Auch diese Unterbaureihe hat sich im Betriebseinsatz bei der DR sehr gut bewährt und bildete die Grundlage für die Weiterentwicklung zur neuen Diesellokomotivbaureihe 119.
Abschließend soll noch auf die zweite Baumusterlokomotive mit der Herstellerbezeichnung V 240 001 ausführlicher eingegangen werden:
Bei der Aufstellung des Neubauprogramms für Dieseltriebfahrzeuge sah die Deutsche Reichsbahn als leistungsstärkstes Triebfahrzeug eine Diesellokomotive mit hydraulischer Kraftübertragung und zwei unabhängigen Antriebsanlagen von je 1 200 PS (883 kW) vor. Sie sollte entsprechend den damals gültigen Festlegungen als Baureihe V 240 in den Triebfahrzeugpark der DR eingeordnet werden. Diese Lokomotiven waren für den schweren Schnell- und Güterzugdienst auf stark belasteten, nichtelektrifizierten Hauptstrecken geplant. Um aber auch auf Nebenstrecken ohne Lokomotivwechsel übergehen zu können, war eine höchste Radsatzfahrmasse von 16 t gefordert. Bei der Höchstgeschwindigkeit von 140 km/h sollte die Hakenzugkraft noch 23,54 kN betragen. Eine weitere Forderung der DR betraf die weitgehende Übereinstimmung von möglichst vielen Bauteilen und Hilfseinrichtungen mit der Baureihe V 180. Als nun die Lösung der Grundkonstruktion dieser sechsachsigen Streckendiesellokomotive mit dem Zeichnungssatz der V 180² (118.2) vorlag, entschloß sich der Hersteller zum Bau einer entspre-

chenden Musterlokomotive. Sie wurde 1965 fertiggestellt und der DR zur Erprobung übergeben.
Mit dieser Lokomotive wurden Erfahrungen gesammelt, die sich vor allem auf die Weiterentwicklung des Dieselmotors 12 KVD 21 A und der Kraftübertragung ausgewirkt haben. Außerdem wurden die Kühlanlagen bei gesteigerter Motorleistung und das Fahrzeug bei erhöhten Fahrgeschwindigkeiten untersucht.
Nach diesen speziellen Untersuchungen wurden noch Langzeiterprobungen einiger Aggregate und Bauteile mit der Versuchslokomotive V 240 001 durchgeführt, die immer noch Eigentum des Herstellers geblieben war. Erst am 7. Juni 1971 kam sie nach Umbau als serienmäßige Ausführung der Baureihe 118.2 bis 118.4, jedoch mit 2× 883-kW-Dieselmotoren als 118 202 zur Deutschen Reichsbahn.
Nach diesem Vorbild wurden zunächst noch weitere 22 Lokomotiven der Baureihe 118.2 bis 118.4 in den Jahren 1972 bis 1979 mit 2× 883-kW-Dieselmotoren ausgerüstet (118 204, 118 209, 118 211, 118 213, 118 217, 118 223, 118 225, 118 239, 118 248, 118 249, 118 251, 118 252, 118 254, 118 258, 118 276, 118 278, 118 297, 118 314, 118 361, 118 370, 118 373 und 118 402).
Diese Umrüstungen werden fortgesetzt. Zukünftig erhalten die leistungsgesteigerten Lokomotiven der Unterbaureihe 118.2 bis 118.4 neue, um 400 erhöhte Ordnungsnummern.
Beispiele:
118 373 geändert in 118 773,
118 406 geändert in 118 806.
Die Beschaffung der ursprünglich geplanten Baureihe V 240 unterblieb.
Zur Extremerprobung der Antriebsanlage wurde 1980 eine Lokomotive (118 405, jetzt 118 805) mit zwei modifizierten Dieselmotoren 12 KVD 12 AL–4 bei Einstellung auf eine gesteigerte Leistung von je 1 100 kW erprobt. Zur Anpassung an die höhere zu übertragende Leistung wurde auch die Kraftübertragungsanlage verändert. Es kamen zwei Zweiwandler-Strömungsgetriebe GS 20/5,5 zum Einbau. Einer weiteren Umrüstung mit den gleichen Dieselmotoren, aber mit Dreiwandler-Strömungsgetrieben GSR 30/5,7, wurde die 118 225 (jetzt 118 625) unterzogen. Die Erprobungsergebnisse weisen die 118 625 als leistungsfähigste und wirtschaftlichste dieselhydraulische Lokomotive der DR aus, die fast die Zugkraftcharakteristik der Baureihe 132 erreicht.

Konstruktive Merkmale

Rahmen und Aufbauten: Leichtbauschweißkonstruktion, entsprechend den Unterbaureihen 118.0 und 118.1, lediglich Anpassung des Rahmens an die dreiachsigen Drehgestelle.
Ab 118 234 verstärkt und ausgelegt für geraden Pufferdruck von 2,45 MN ohne bleibende Verformung.

Diesellokomotive
118 300 der DR
Foto: Mehnert

Erprobungslokomotive V 240 001 vor ihrer Einordnung in die Baureihe 118.2
Foto: LKM

Laufwerk: dreiachsige Drehgestelle als geschweißte Blechträgerkonstruktion mit Stirnquerträgern und weiteren Querstreifen. Übertragung der Zug- und Bremskräfte über Drehzapfen in gegossener sternförmiger Drehzapfenführung mit Federbandanlenkung an Drehgestellrahmen.

Primärfederung: unter den Radsatzlagergehäusen angeordnete Blattfedern mit Ringgummielementen an den Federenden, Führung der Radsatzlagergehäuse in Ausschnitten der Drehgestellängsträger mit verschleißfesten Manganstahlplatten.

Sekundärfederung mit Blatt- und Schraubenfedern.

Radsätze mit Doppelrollen-Außenlagern.

Gummielastische Anlenkung der Drehmomentstützen für Radsatzgetriebe an den Stirnquerträgern der Drehgestellrahmen.

Bremsen wie 118.0 und 118.1, indirektwirkende selbsttätige Einkammer-Druckluftbremse Kssbr und direktwirkende nichtselbsttätige Einkammer-Druckluft-Zusatzbremse. Bremsstellungen G–P–S–SS bei älteren, G–P–R bei neueren Lokomotiven. Ab 118244 selbsttätige Umstellung von Niedrig- und Hochabbremsung bei R-Stellung in Abhängigkeit von der Fahrgeschwindigkeit. Umstellung bei 55 km/h.

Hauptbehälterdruck ab 118374 auf 980,7 kPa (10 kp/cm^2) erhöht.

Bremsanlagen der beiden Drehgestelle einzeln abstellbar. Vier 12"-Bremszylinder wirken paarweise auf ein Drehgestell und bremsen alle Räder über nachstellbare Gestänge beidseitig ab.

Handbremse wirkt als Feststellbremse auf alle Radsätze des zugeordneten Drehgestells.

Dieselmotor: 12 KVD 21 A–2 und 12 KVD 21 A–3

Aufgeladener Zwölfzylinder-Viertakt-V-Dieselmotor, Leistung 736 kW (1000 PS) bei 1500 U/min. Vorkammerverfahren. Bohrung 180 mm, Hub 210 mm. Verstellregler.

In leistungsgesteigerten 118.6 bis 118.8: Dieselmotoren 12 KVD 21 AL–4, Leistung 883 kW bei 1500 U/min. Dieser Motor mit zusätzlicher Ladeluftkühlung.

Zur Extremerprobung 118625 und 118805: 12 KVD 21 AL–4 in modifizierter Form mit erhöhter Leistungseinstellung auf 1100 kW.

Kraftstoffversorgung, Ansaugluftführungen und Abgasanlagen wie bei Unterbaureihe 118.1.

Motoraufhängung und elektrisches Anlassen ebenfalls wie bei 118.0 und 118.1.

Kraftübertragung hydraulisch. Antrieb wie bei 118.0 und 118.1. Anfangs ebenfalls die beiden Strömungsgetriebebauarten Voith, St. Pölten L 306 rb und VEB Strömungsmaschinen Dresden GSR 30/5,7. Aufbau, Funktion und Steuerung wie in Unterbaureihe 118.1, jedoch mit Änderungen zur Vereinfachung und Erhöhung der Lebensdauer.

Bei Lokomotiven 118201 bis 118299 Getriebe L 306 rb oder GSR 30/5,7 (erste Weiterentwicklungsstufe), 118300 bis 118319 nur noch GSR 30/5,7 und ab 118320

GSR 30/5,7 in einer zweiten Weiterentwicklungsstufe.
Ebenfalls tiefliegender Abtrieb mit Gelenkwellen zu den Radsatzgetrieben 1, 2, 5 und 6 sowie über Durchtriebe in den Radsatzgetrieben 2 und 5 mit weiteren Gelenkwellen zu den Getrieben der Radsätze 3 und viertem Radsatzgetriebe Typ AÜK 16 (Übersetzungsverhältnis 3,15:1), deren Reaktionsmomente auch mit Drehmomentstützen vom Drehgestellrahmen aufgenommen werden.
In Lokomotiven mit leistunggesteigerten Dieselmotoren (2× 883 kW) auch Strömungsgetriebe und weitere Kraftübertragung für höhere Leistung verstärkt (118.6 bis 118.8). Lokomotive 118 805 zur Extremerprobung mit Zweiwandler-Strömungsgetriebe GS 20/5,5 ausgerüstet, Lokomotive 118 625 mit Dreiwandler-Strömungsgetriebe GSR 30/5,7, Eingangsleistung je 1 050 kW.
Hilfseinrichtungen: Elektroenergieversorgung wie in Unterbaureihen 118.0 und 118.1, jedoch z. T. mit verbesserten Bauteilen und Aggregaten (Übergang zu störungsfreien kontaktlosen Bauelementen usw.). Verbesserte Teile zur Modernisierung älterer Fahrzeuge einsetzbar, z. B. ab 118 244 leistungsstärkerer, elektronisch geregelter 650-VA-Einankerumformer, ab 118 322 nur noch 260-Ah-Monoblockbatterien.
Kühleranlage ebenfalls wie 118.1 mit Detaillverbesserungen. Bei Lokomotiven mit 2 × 883-kW-Dieselmotoren konstruktive Veränderungen zur erhöhten Wärmeabführung.
Zugheizeinrichtungen in Details verbessert (z. B. Brenner). Zunächst noch mit elektrischer Heizkesselsteuerung (bis 118 283), ab 118 284 Heizkesselsteuerung elektronisch mit kontaktlosen Bauelementen, gestattet auch automatischen Warmhaltebetrieb.
Druckluftversorgung und -betriebe von 118.1 mit geringen Verbesserungen übernommen.
Führerhausbeheizung, Scheibenentfrostung, Kühlbox usw. ebenfalls wie 118.1.
Ab 118 244 UIC-Feuerlöschanschluß zur Verwendung des Kesselspeisewassers für Löschzwecke. Seit 1981 Ausbau der festinstallierten Feuerlöschanlagen im Rahmen planmäßiger Ausbesserungen und Ersatz durch zusätzliche Pulver- und Bromid-Handfeuerlöscher.
Steuerung und Überwachung: wie in Unterbaureihe 118.1 mit zahlreichen Verbesserungen innerhalb der einzelnen Geräte und Anlagen.
Lokomotiven 118 264 bis 118 282 mit Fahrzeugeinrichtungen für punktförmige Zugbeeinflussung.

Literatur:

DR 118.2 bis 118.4
DET 13 (1965) 2. – S. 75–78
DET 15 (1967) 3. – S. 112–115
ME 31 (1982) 4. – S. 120–122
Sfz 13 (1969) 9. – S. 301–304
Sfz 13 (1969) 12. – S. 425–432
Sfz 14 (1970) 2. – S. 47–52
Sfz 14 (1970) 3. – S. 79–84
Sfz 14 (1970) 4. – S. 129–134
DR 118.6 bis 118.8
ME 31 (1982) 4. – S. 120–122
Sfz 19 (1975) 2. – S. 57–60
Sfz 21 (1977) 7. – S. 228–230
Sfz 25 (1981) 1. – S. 8
Sfz 25 (1981) 4. – S. 169–170
Sfz 27 (1983) 4. – S. 188–190

119

C'C'

ab 1978

Techn. Daten: Seite 189

Während seit 1967 der Bedarf an schweren Hauptstrecken-Diesellokomotiven durch Importlieferungen aus der Sowjetunion gedeckt wird, werden auch zukünftig von der DR Diesellokomotiven benötigt, die bei geringerer Radsatzfahrmasse vor Reise- und Güterzügen auf Nebenbahnen eingesetzt werden können, aber dennoch eine ausreichende installierte Traktionsleistung haben, um auch Anschlußleistungen auf Hauptbahnen zu übernehmen. Die allgemeine internationale Tendenz des vollständigen Überganges zur elektrischen Heizung im Reisezugwagenpark war der Anlaß für eine weitere technische Forderung: Einrichtung zur elektrischen Zugheizung bzw. zur vollständigen zentralen Elektroenergieversorgung von Reisezügen.
Die technischen Bedingungen konnten am besten von einer dieselhydraulischen Lokomotive mit zwei dreiachsigen Drehgestellen und elektrischem Zugheizgenerator erfüllt werden. Es lag nahe, die

Grundkonzeption der Baureihe 118.2 als Basis für eine Weiterentwicklung zu benutzen. Da die DDR nach den Spezialisierungsvereinbarungen des Rates für Gegenseitige Wirtschaftshilfe (RGW) die Entwicklung und Fertigung von Dieseltriebfahrzeugen unter 2000 PS (1470 kW) übernommen hat, wurden die von der DR ausgearbeiteten technischen Forderungen dem bekannten rumänischen Hersteller „Lokomotivfabrik 23. August" Bukarest zur Realisierung übergeben. Bei der Konstruktion war zu beachten, daß für Hilfseinrichtungen, Steuerungs- und Überwachungseinrichtungen Baugruppen und Bauteile zu verwenden waren, die sich bereits in den weitgehend untereinander standardisierten Baureihen 106, 110 und 118 im Einsatz bei der DR bewährt hatten. Andererseits sollten neuentwickelte Baugruppen (z. B. Dieselmotoren und Strömungsgetriebe) so gestaltet sein, daß sie zur späteren Modernisierung der Baureihe 118.2 eingesetzt werden können. Der Entwicklungs- und Fertigungsauftrag für zwei Musterlokomotiven wurde im Oktober 1974 erteilt. Die erste Lokomotive 119001 war Mitte 1976 fertiggestellt und wurde anschließend im Werk und auf CFR-Strecken einer eingehenden Erprobung unterzogen. Die Endabnahme in Bukarest war am 6. Januar 1977. Darauf folgten die Überführung in die DDR zur weiteren meßtechnischen Erprobung in der VES-M Halle sowie die Betriebserprobung beim Bw Halle G. Während die 119001 aus Termingründen noch keinen elektrischen Zugheizgenerator hatte, war in der zweiten Musterlokomotive 119002 bereits die Einrichtung zur zentralen Energieversorgung des Reisezuges installiert. Sie stand ab Oktober 1977 der DR zur Verfügung.

Nach Auswertung der Erprobungsergebnisse mit den Musterlokomotiven wurden noch einige Detailänderungen notwendig, die bereits ab August 1978 in den acht Nullserienfahrzeugen wirksam wurden.

Anfang 1980 waren bereits 17 Lokomotiven an die DR ausgeliefert und im Einsatz (119001 bis 119017), wobei sie wie vorgesehen in Plänen der Dampflokomotivbaureihen 50, 52, 58.1 und 95 vor allem in Thüringen eingesetzt wurden. Es zeigten sich noch zahlreiche „Kinderkrankheiten". So verkehrten noch längere Zeit die zur Ausmusterung vorgesehenen Dampflokomotiven der Baureihe 95 von Probstzella und Saalfeld (Saale) aus. Auch nach der Nullserie und den ersten Serienlieferungen wurden noch Verbesserungen an den Lokomotiven vorgenommen. Zwei Lokomotiven (119014 und 119016) wurden zur Untersuchung der Instandsetzungsbedingungen im Raw „Wilhelm Pieck" Karl-Marx-Stadt einer Probezerlegung unterzogen.

Noch im Jahr 1985 ist die Baureihe 119 vollständig bis zur Betriebsnummer 119200 ausgeliefert worden. Die Baumusterlokomotiven 119001 und 119002 wurden bereits ausgemustert und zerlegt. Die Lokomotiven der Baureihe 119 sind

Diesellokomotive derBaureihe 119
der DR
(119001 bis 119116)

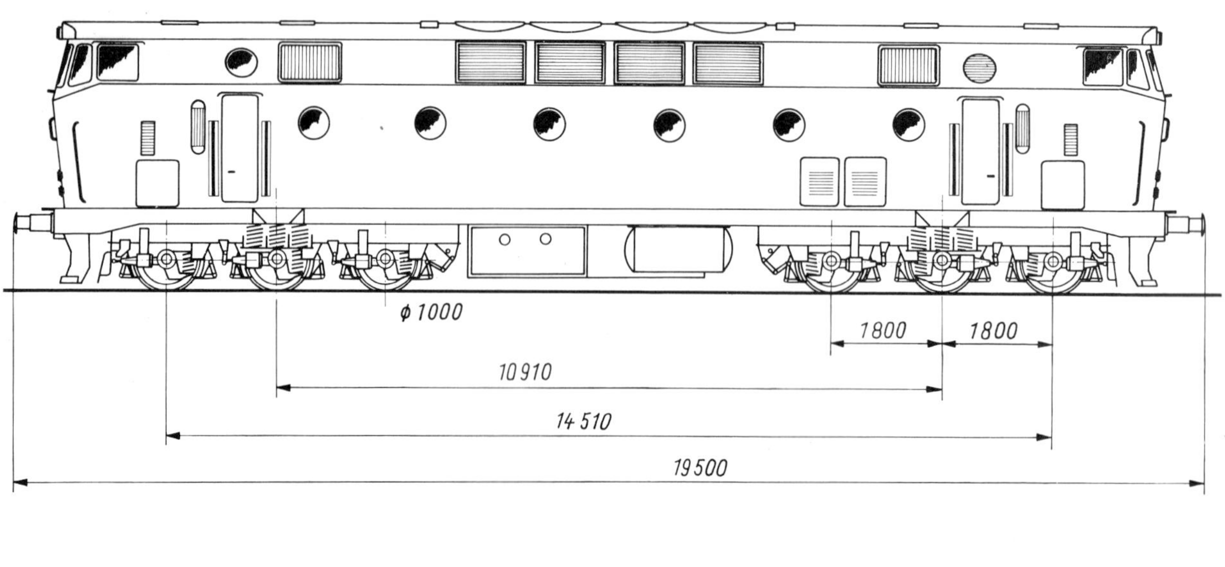

Diesellokomotive 119 005 der DR
Foto: ZBDR

nun auch in anderen Direktionen anzutreffen (in der Lausitz, im Magdeburger und Dresdener Raum) und erfüllen mit großer Zuverlässigkeit ihre Zugförderungsaufgaben.

Konstruktive Merkmale

Rahmen: Leichtbau-Schweißkonstruktion. Verstärkte Rahmenkopfstücke für späteren Einbau einer automatischen Mittelpufferkupplung vorbereitet, derzeit UIC-Standard-Zug- und Stoßeinrichtung eingebaut.
Aufbauten mit Rahmen zu gemeinsam tragender Leichtbaukonstruktion verschweißt. Zwei Endführerstände mit dazwischenliegendem Maschinenraum, schallisolierte Trennwände mit Türen (bei Serienlokomotiven Einbau zusätzlicher Trennwände zur Geräuschpegelsenkung). Guter Zugang zur Wartung der Maschinenanlagen und Hilfseinrichtungen. Ein- und Ausbau der Anlagenteile durch ab-

Diesellokomotive 119 163 der DR mit der neuen Stirnwandgestaltung (ab 119 117)
Foto: Glatte

nehmbare Dachsektionen. Stirnpartie ab 119117 mit Verlegung der oberen Signalleuchte des Regelspitzensignals unter die Stirnfenster.

Laufwerk: zwei dreiachsige Drehgestelle, Schweißkonstruktion, Schraubenfedern zwischen Radsatzlagergehäusen und Drehgestellrahmen, zusätzliche Stoßdämpfer parallel.

Masse des Rahmens und der Aufbauten stützt sich weit außen über Schraubenfedern auf Drehgestellrahmen ab.

Zug- und Bremskraftübertragung zwischen Rahmen und Drehgestell mit Drehzapfen (gummigelagert und ± 30 mm seitlich verschiebbar).

Bremsen: selbsttätige mehrlösige Druckluftbremse (Steuerventil KE O c, Führerbremsventil DAKO BS 2). Geschwindigkeitsabhängiger Wechsel von Niedrig- auf Hochabbremsung und umgekehrt. Indirektwirkende Lokomotivbremse mit G-, P- oder R-Einstellung. Direktwirkende Bremse (Zusatzbremsventil DAKO BP). Handbremse als Feststellbremse.

Dieselmotor: rumänischer Dieselmotor nach MTU-Lizenz MB 820 SR. Aufgeladener Zwölfzylinder-Viertakt-V-Dieselmotor mit direkter Einspritzung 990 kW (1350 PS) bei 1500 U/min. Woodward-Regler.

Elastischer Aufbau mit Tragrahmen auf Rahmendeckplatte. Verbrennungsluft durch obere seitliche Öffnungen im Aufbau über ölbenetzte Filter und elastische Anschlüsse zum Abgasturbolader.

Abgase aus Ladeturbine durch Abgasschalldämpfer und kurzes Rohr über Lokomotivdach.

Elektrisches Anlassen mit Lichtanlaßmaschine über Durchtrieb im Primärteil des Strömungsgetriebes.

Einbauverhältnisse so abgestimmt, daß späterer Einbau des Dieselmotors 12 KVD 21 AL-4 aus DDR-Produktion möglich ist. Diese Umrüstung bereits bei einigen Lokomotiven realisiert: 119014, 119021, 119026, 119054, 119056, 119057, 119063.

Kraftübertragung hydraulisch. Vom Dieselmotor mit drehelastischer Kupplung und Gelenkwelle auf Strömungsgetriebe GS 30/5,5 (VEB Strömungsmaschinen Dresden) Anfahrwandler/Marschwandler (Umschaltpunkt bei 72 km/h). Zusatzwandler parallel mit den Hauptwandlern im Einsatz, zur Übertragung der Leistungsdifferenz, wenn im Nichtheizbetrieb die Heizleistung für Traktion eingesetzt wird.

Wendegetriebe im tiefliegenden Abtriebsteil.

Konstruktiver Aufbau zu 80 % aus Teilen des bewährten Strömungsgetriebes GSR 30/5,7 (Baureihe 110 und 118). GS 30/5,5 auch in Baureihen 110 und 118 einbaubar (z. T. in diesen Baureihen vorerprobt).

Vom tiefliegenden Abtrieb mittels Gelenkwellen auf Radsatzgetriebe 1, 2, 5 und 6 sowie über Durchtriebe in den Radsatzgetrieben 2 und 5 mit weiteren Gelenkwellen auf die Radsatzgetriebe 3 und 4. Radsatzgetriebe rumänischer Konstruktion, weiterentwickelt aus denen der Baureihe 118.2.

Hilfseinrichtungen: je Maschinenanlage eine Zweikreis-Kühlanlage. Im Hauptkreis: Dieselmotor und Abgasturbolader, Kühlerelemente, Wärmetauscher für Motorenschmieröl und Getriebehydrauliköl.

Kühlerblöcke im mittleren Dachseitenteil angeordnet, Kühlluft durch Jalousien angesaugt und durch Kühlerlüfter nach oben ausgeblasen. Kühlerluftantrieb hydrostatisch.

Vorwärm- und Warmhaltebetrieb mit Heizgerät (mit Dieselkraftstoff betrieben).

Bordnetz 110 V, gespeist aus zwei durch die Strömungsgetriebe angetriebene 24-kW-Lichtanlaßmaschine (zum Anlassen des Dieselmotors als Reihenschlußmotor geschaltet, im Generatorbetrieb als Nebenschlußmaschine) und Bleibatterie (320 Ah), versorgt Beleuchtung der Führerstände und des Maschinenraumes, Dreilicht-Spitzensignal und getrennte rote Signallampe, Steckdosen, elektrische Steuer- und Überwachungskreise sowie weitere elektrische Verbraucher.

Zwei von Gleichstrommotoren angetriebene Luftverdichter 6C1 erzeugen Bremsluft und versorgen weitere pneumatische Arbeits- und Steuerkreise (wie z. B. akustische Signalgeber). Elektrische Zugheizeinrichtung. Drehstrom-Synchrongenerator GSI 650 × 350/12 (300 bis 500 kVA bei 1330 bis 2500 U/min) angetrieben von beiden Dieselmotoren über Gelenkwelle und Zwischengetriebe mit hydrodynamischer Kupplung auf je ein Wellenende. Umrichter mit Gleichrichter, Gleichspannungszwischenkreis und thyristorgesteuerter Wechselrichter. Heizspannung 1000 V, 16⅔ Hz oder 22 Hz.

Überarbeitung der elektrischen Ausrüstung in Auswertung der Muster- und Nullserienerprobung, veränderte Anordnung der Geräte in Apparateschränken und Führerpulten, energieoptimale Abstimmung der Schalttechnik für zentrale Energieversorgung bezogen auf die Drehzahlstufen des Dieselmotors.

Sandung des vorauslaufenden Radsatzes beider Drehgestelle. Spurkranzschmierung.
Pneumatische Scheibenwischer und Warmluftentfrostung der Stirnscheiben. Warmwasserheizgeräte für Führerstände und elektrische Zusatzheizung bei laufenden Dieselmotoren.
Kleinkühlschrank und elektrische Heizplatte.
Anfangs vorgesehene festeingebaute Feuerlöschanlagen werden ausgebaut und durch zusätzliche Pulver- und Bromid-Handfeuerlöscher ersetzt.
Steuerung von den zwei identischen Fahrpulten in den Endführerständen durch Fahrschalter (Fahrsteuerwalze und Wendewalze). Fahrschalterstellungen 0 und 1 bis 13. Drehzahlstellung des Dieselmotors elektrohydraulisch, Getriebeschaltung und Wendeschaltung elektropneumatisch, Wende- und Fahrwalze gegeneinander verriegelt. Vielfachsteuerung für Doppeltraktion und Wendezugbetrieb. Heizwahlschalter für Antrieb aus Dieselmotor I, II oder I + II. Bei Heizung „Ein" Füllen der entsprechenden hydrodynamischen Kupplungen.
Überwachung mit Anzeigeinstrumenten und Wächtern für Hauptparameter der Dieselmotoren, Strömungsgetriebe, zentrale elektrische Zugenergieversorgung und weitere Hilfseinrichtungen. Bei Störung durch Wächter automatische Abschaltung der gefährdeten Anlagenteile, gleichzeitige Störungsanzeige mit Meldelampen.
Synchronisiereinrichtung überwacht Gleichlauf der Dieselmotoren bei beiderseitigem Antrieb des Heizgenerators. Stellungsvergleich der Regler beider Dieselmotoren nach dem Master-Slave-System.
Fahrzeugausrüstung für punktförmige Zugbeeinflussung aus rumänischer Produktion, Bauart Lorenz I 60, nach SEL-Lizenz.
Elektronische Sicherheitsfahrschaltung, zeitabhängig mit Wachsamkeitskontrolle (Bauart Sifa 72 des LEW).

Literatur:

DET 28 (1980) 4. – S. 139–141
Sfz 21 (1977) 5. – S. 155–158
Sfz 23 (1979) 4. – S. 185–188
Sfz 24 (1980) 1. – S. 7–15
Sfz 24 (1980) 4. – S. 169–176
Sfz 24 (1980) 5. – S. 217–220
Sfz 26 (1982) 2. – S. 65–72
Sfz 26 (1982) 6. – S. 289–294
Sfz 28 (1984) 4. – S. 175–177
Sfz 28 (1984) 6. – S. 264, 289–292

120

V 200

Co'Co'

ab 1967

Techn. Daten: Seite 189

Durch den gleichzeitigen Bedarf an robusten Güterzug-Diesellokomotiven der Leistungsklasse 2 000 PS (1 470 kW) in mehreren Ländern des RGW wurde eine Vereinbarung angeregt, wonach die sowjetische Diesellokomotivfabrik „Oktoberrevolution" in Lugansk (seit 1969 umbenannt in Woroschilowgrad) eine normalspurige 1 470-kW-Diesellokomotive mit elektrischer Kraftübertragung und mitteleuropäischer Fahrzeugbegrenzung entwickelte und fertigte. Dabei konnten sich die Lugansker Lokomotivbauer auf reiche Erfahrungen stützen, die sie beim Bau von über 3 000 Diesellokomotiven (Stand Anfang 1967) gesammelt hatten. So war es selbstverständlich, daß Bauteile, Baugruppen und Aggregate vollständig oder in abgeänderter Form übernommen wurden, die sich im Betriebseinsatz unter extremen klimatischen Bedingungen in den Baureihen TE 3, TE 7, TE 10, TEP 50 und TEP 60 usw. bei den Sowjetischen Eisenbahnen bewährt hatten.

Dieselelektrische Güterzuglokomotive der Baureihe 120 der DR (Anlieferungszustand der Lokomotiven V 200 001 bis V 200 177 (120 001 bis 120 177), ohne Abgasanlage)

Dieselelektrische Güterzuglokomotive 120 303 der DR
Foto: ZBDR

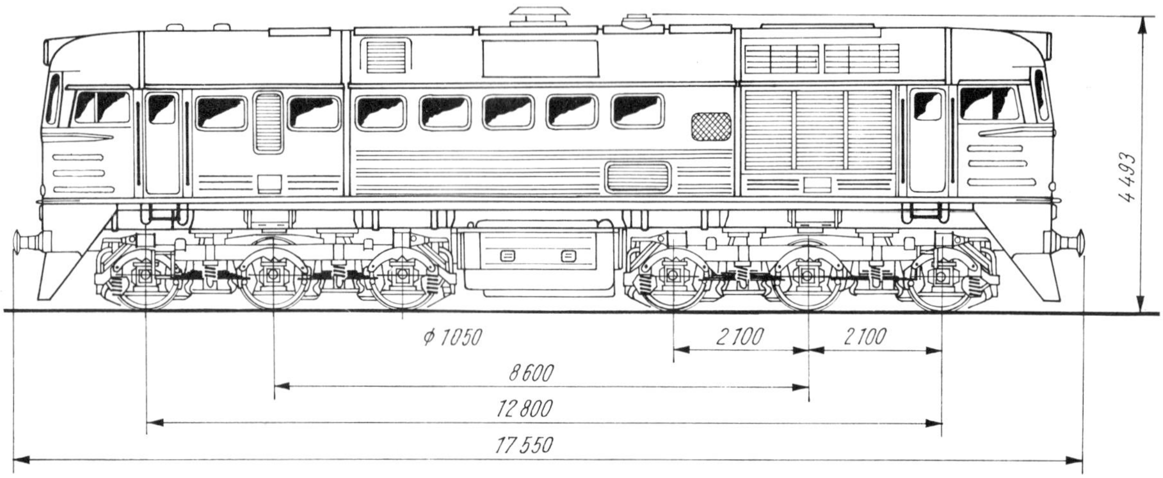

Am Ende der Entwicklungsetappe standen 1964 zwei Baumusterlokomotiven zur Verfügung, die einem umfangreichen Meßprogramm und einer harten Betriebserprobung bei den Sowjetischen Eisenbahnen unterzogen wurden.
Die von den verschiedenen interessierten Bahnverwaltungen gestellten unterschiedlichen technischen und betrieblichen Bedingungen wurden bei der Konstruktion durch den Hersteller berücksichtigt, bei gleichzeitiger Einhaltung einer einheitlichen Grundkonzeption.
Die ersten Lokomotiven dieser Bauart übernahm die Ungarische Staatsbahn (MÁV) und ordnete sie als Baureihe M 62 in ihren Triebfahrzeugpark ein. Lokomotiven gleicher Bauart werden außerdem eingesetzt bei den Sowjetischen Eisenbahnen (SŽD) als M 62, bei

- den Tschechoslowakischen Staatsbahnen (ČSD) als Baureihe T 679.1 und mit 1 520 mm Spurweite als T 679.5 für die ČSD-Breitspurstrecke von der sowjetischen Grenze bis Košice,
- der Polnischen Staatsbahn (PKP) als Baureihe ST 44,
- der Deutschen Reichsbahn (DR) als Baureihe V 200 (seit 1970 umgezeichnet in Baureihe 120),
- der Eisenbahn der KDVR mit der Baureihenbezeichnung K 62

und anderen Bahnverwaltungen, z. B. im Irak und in Kuba.
Im Dezember 1966 erhielt die DR zur Vorbereitung des Einsatzes dieser Baureihe die zwei Vorauslokomotiven V 200 001 und V 200 002 (120 001 und 120 002). Die VES-M der DR führte mit diesen Lokomotiven Zugkraftmessungen vor dem Lokomotivmeßwagen durch. Gleichzeitig dienten diese Lokomotiven zur Schulung des Fahr- und Werkstattpersonals. 1967 folgten die Serienlokomotiven 003 bis 090. Die ersten Lokomotiven wurden schon im Januar vom Betrieb übernommen und verkehrten im Güterzugdienst vor allem auf den Strekken Leipzig–Zeitz, Leipzig–Cottbus, Bitterfeld–Berlin und Dresden–Seddin. Die bei den ersten Betriebseinsätzen und bei der Instandhaltung gesammelten Erfahrungen wurden kurzfristig in enger Zusammenarbeit mit dem Hersteller ausgewertet und z. T. schon bei den nächsten Lieferungen 1968 (V 200 091 bis V 200 177) berücksichtigt. Weitere Detailverbesserungen waren auch jeweils bei den Folgeserien 1969 (V 200 178 bis V 200 287) und 1970 (V 200 288 bis V 200 324) realisiert worden. 1970 wurde die

Umzeichnung auf EDV-gerechte Betriebsnummern (120 001 bis 120 314) durchgeführt.
In den Jahren 1973/75 erfolgten weitere Lieferungen aus der Lokomotivfabrik Woroschilowgrad (120 315 bis 120 378). Mit der Lokomotive 120 378 wurde die Beschaffung dieser Baureihe abgeschlossen.
Die Lokomotiven haben sich wegen ihrer Zuverlässigkeit, ihres einfachen Aufbaus, ihrer steten Einsatzbereitschaft und guten Zugänglichkeit sowohl beim Triebfahrzeugpersonal als auch in der Werkstatt sehr gut bewährt. Sie sind in der Zwischenzeit in allen Direktionsbereichen der DR anzutreffen und erfüllen dort ihre schweren Aufgaben. Die Entscheidung für den Import dieser Baureihe hat sich als richtig erwiesen, da damit eine wesentliche Verkürzung der Zeit für die Traktionsumstellung erreicht wurde und erhebliche Entwicklungskosten eingespart werden konnten.
Abgeleitet aus Betriebserfahrungen wurden im Laufe der Jahre zahlreiche Detailverbesserungen im Rahmen planmäßiger Instandhaltungen vorgenommen. Solche Veränderungen betrafen z. B. die Führerraumheizung, den Kühlkreislauf und den Einbau eines Warmhaltegerätes für den Kühlkreislauf. Lokomotiven dieser Baureihe sind in der DDR auch für Industriebahnen eingesetzt, so bei der SDAG Wismut. Sie tragen dort noch die Baureihenbezeichnung V 200 und sind für die Traktion auf den Strecken der DR zugelassen.

Konstruktive Merkmale

Rahmen: geschweißt aus zwei Doppel-T-Trägern mit stabilen Stahlgußpufferträgern an den Enden und weiteren Querträgern. Obere und untere aufgeschweißte Rahmendeckplatten. Freier Raum zwischen den Trägern als Kabelkanäle. Oberes Rahmendeckblech trägt Befestigungselemente für Maschinenanlage und Hilfseinrichtungen. Drehzapfen in Rahmenunterteil eingeschweißt. UIC-Zug- und Stoßeinrichtung, Zugapparat der sowjetischen Mittelpufferkupplung mit Zughakenkupplung verbunden.
Aufbauten: kastenförmig aus gekanteten Profilen und Beplankungsblechen (diese teilweise ge-

sickt) zusammengeschweißt und mit Rahmen verschweißt. Stirnführerstände ohne Außentüren. Raumaufteilung: Führerstand 1; Hochspannungsschaltschrank und Seitengangvorraum mit linker vorderer Außentür; Maschinenraum mit Luftverdichter, Generator, Dieselmotor, Kühlanlage, weitere Hilfseinrichtungen sowie rechte vordere Außentür; Vorraum mit zwei Außentüren: Führerstand 2.

Fahrpulte in beiden Führerständen jeweils in Fahrtrichtung rechts.

Dach in großen Sektionen abnehmbar für Ein- und Ausbau des Dieselmotors mit Generator und aller Hilfseinrichtungen.

Laufwerk: zwei geschweißte dreiachsige Drehgestelle, untereinander tauschbar. Rahmen aus zwei Längsträgern mit seitlich eingeschweißten verschleißarmen Manganstahlplatten zur Führung der Radsatzlagergehäuse, vier Querträger, Drehzapfenträger auf zwei mittleren Querträgern aufgeschweißt. Radsätze rollengelagert, seitlich verschiebbar, mit Rückstellfedern. Radsatzlagergehäuse mit Schrauben- und Blattfedern im Drehgestellrahmen abgefedert. Blattfedern zwischen den Radsätzen, Schraubenfedern zwischen Federbunden und Drehgestellrahmen und am äußeren Ende der Ausgleichhebel der äußeren Radsätze.

Zug- und Bremskraftübertragung durch Drehzapfen. Lokomotivrahmen stützt sich je Drehgestell federlos an vier Stellen mit Gleitplatten und Rollen im Ölbad auf Drehgestellrahmen. 2° Schrägstellung der Gleitplatten sorgt für selbsttätige Rückstellung.

Bremsen: durchgehende selbsttätige Knorr-Bremse mit nichtselbsttätiger Zusatzbremse, Knorr-Selbstregelventil D 2. Vier Bremszylinder je Drehgestell wirken über Hebel auf je drei Bremsklötze mit spurkranzgeführten Sohlen. Jedes Rad beidseitig abgebremst.

Spindelhandbremse über Kette mit einem Bremsklotz auf je ein Rad des ersten und zweiten Radsatzes im darunterliegenden Drehgestell.

Dieselmotor: aufgeladener Zwölfzylinder-Zweitakt-V-Dieselmotor, Typ 14 D 40 des Diesellokomotivwerkes Kolomna. 1 470 kW bei 750 U/min, Bohrung 230 mm, Hub: rechte Zylinderreihe 300 mm, linke Zylinderreihe 304,3 mm. Gleichstromspülung (Einlaßschlitze, Auslaßventile). Direkteinspritzung. Geschweißtes Kurbelgehäuseunterteil verlängert als Tragrahmen für Traktionsgenerator, Aufbau des gemeinsamen Tragrahmens auf Lokomotivrahmen elastisch mittels Gummielementen. Kraftstoff mit Förderpumpe über Grob- und Feinfilter zur Blockeinspritzpumpe.

Verbrennungsluft über ölbenetzte Filterplatten durch Seitenwandöffnungen angesaugt. Umstellen auf Ansaugen aus Maschinenraum möglich (z. B. bei starkem Schneefall). Vorverdichtung in zwei Abgasturboladern, Spül- und Ladedruckerzeugung mit dreiflügligem Rootsgebläse, Ladedruck 107,9 bis 117,7 kPa Überdruck.

Abgas aus Abgasturbine ursprünglich durch kurze Rohrleitung ins Freie. Ab 120 178 mit Abgasschalldämpfer, 120 001 bis 120 177 nachgerüstet.

Elektrisches Anlassen des Dieselmotors mit Traktionsgenerator, hierzu besondere Anlaßwicklung, Anlaßspannung 64 V.

Kraftübertragung elektrisch. Traktionsgenerator direkt am Dieselmotor angeflanscht und auf gemeinsamem Tragrahmen befestigt. Vom Dieselmotor über halbstarre Kupplung angetrieben. Zehnpoliger Gleichstromgenerator mit Fremderregung und Fremdbelüftung, Typ GP 312, Dauerleistung 1 254 kW, Stundenleistung 1 490 kW bei 750 U/min. Betriebsdauerspannung 356 V. Höchster Anfahrstrom 6 000 A (kurzzeitig), Dauerstrom 3 570 A, Stundenstrom etwa 4 200 A.

Sechs parallelgeschaltete fremdbelüftete Tatzlagerfahrmotoren ED 107 mit zwei Polpaaren. Feldschwächungsstufen von 60 und 37 % (elektropneumatische Schütze). Umpolung der Erregerfelder ebenfalls mit elektropneumatischen Schützen zur Fahrtrichtungsumkehr. Zulässige Höchstdrehzahl der Fahrmotoren 2 290 U/min, Höchstspannung 750 V, kurzzeitiger höchster Anfahrstrom 1 000 A, Stundenstrom 700 A, Dauerstrom 372 A. Einseitiger Zahnradantrieb (68:15) auf Radsätze in Schutzgehäuse gekapselt.

Zur Kraftübertragung gehören außerdem die Steuer-, Regel- und Hilfseinrichtungen: Erregergenerator (über Verteilergetriebe angetrieben und auf Traktionsgenerator angeordnet), Tachogenerator, Transduktor, Stabilisierungsübertrager, Diskriminator, Spannungswandler, Shuntierungs-, Schleuderschutz- und weitere Relais und Schütze.

Hilfseinrichtungen: Anlassen und Stromversorgung im Stand aus Bleibatterie 64 V, 450 Ah. Stromerzeugung bei laufendem Dieselmotor aus Lichtmaschine 75 V, 12 kW (mit Erregergenerator zu Zweimaschinenaggregat vereinigt), versorgt Bordnetz und lädt Batterie. Ladesteckdose zum Laden der Batterie aus ortsfester Ladestation. Führerstand- und Maschinenraum-

beleuchtung sowie Überwachungskreise mit 24 V versorgt.
Optische Signaleinrichtungen an den Stirnwänden für 75 V ausgelegt.
Kühlanlage als Seitenwandkühler im hinteren Teil des Maschinenraumes. Zwei Kreisläufe: erster für Dieselmotor und Abgasturbolader, zweiter für Motorschmieröl mittels Wärmetauscher, je 15 Flachrohrkühlelemente.
Je eine vom Dieselmotor direkt angetriebene Kühlwasserumwälzpumpe für die beiden Kreisläufe.
Kühlerlüfter von Dieselmotor über hinteres Verteilergetriebe, hydrodynamische Kupplung und Winkeltrieb angetrieben, saugt Luft durch Kühlelemente und bläst sie über das Dach aus. Temperaturabhängiges Schalten der hydrodynamischen Kupplung und Öffnen bzw. Schließen der Kühlerjalousien.
Seit 1980 Nachrüstung eines Warmhaltegerätes Typ 268 (25,7 kW) für Kühlkreislauf im Rahmen planmäßiger Instandhaltungen. Fremdbelüftung der elektrischen Maschinen (Traktionsgenerator, Fahrmotoren) durch drei Kühlgebläse, alle mechanisch vom Dieselmotor angetrieben: eines über das hintere Verteilergetriebe für Fahrmotoren 4 bis 6, zwei über das vordere Verteilergetriebe für Traktionsgenerator und Fahrmotoren 1 bis 3. Traktionsgenerator treibt über elastische Kupplung zweistufigen Dreizylinder-Luftverdichter KT 7, druckabhängiges Zu- und Abschalten durch pneumatische Leerlaufeinrichtung, fünf Hauptluftbehälter mit je 220 l.
Akustische Signalgebung mit Druckluftpfeife und -typhon.
Sandungseinrichtung für vorauslaufende Radsätze jedes Drehgestells.
Spurkranzschmiereinrichtungen nachträglich nachgerüstet.
Stirnfenster mit pneumatischen Scheibenwischern.
Klappwaschbecken mit Waschwasserbehälter, Wärmeplatte und 15-l-Kühlbox ACB 15.
Handfeuerlöscher und festinstallierte Löschanlage (wird im Rahmen planmäßiger Instandhaltungen ausgebaut und durch zusätzliche Pulver- und Bromid-Handfeuerlöscher ersetzt).
Keine Zugheizeinrichtungen.
Einzellokomotiven mit Sonderausrüstungen, z. B. acht Lokomotiven der Baureihe 120 mit halbautomatischer Kupplung (elektropneumatisch betätigt) für Einsatz am Ablaufberg und im Schiebedienst.
S t e u e r u n g mit 15stufigem Fahrschalter im Fahrpult. Drehzahlsprung des Dieselmotors 25 U/min von Fahrstufe zu Fahrstufe. Wendeschaltung mit Fahrtrichtungsschalter. Übertragung der Steuerbefehle auf Hauptmaschinenanlage und Hilfseinrichtungen mit elektrischen oder elektropneumatischen Stellgliedern.
Vielfachsteuerung für zwei Lokomotiven, zwei 31polige Steuerleitungen mit Steckern an beiden Enden zur Verbindung der Kuppeldosen an den Lokomotivstirnwänden.
Ü b e r w a c h u n g mit Anzeigeinstrumenten und Wächtern.
Bei Doppeltraktion wichtige Werte (Kühlwassertemperatur und Schmieröldruck) der unbesetzten Lokomotive auf besetztem Führerstand angezeigt.
Einzelzylinderüberwachung durch Abgastemperaturmessung an jedem Zylinderaustrittskanal.
Wächter beeinflussen Steuerung bei Erreichen unzulässiger Betriebsparameter und setzen gefährdete Anlagen still.
Sicherheitsfahrschaltung, zeitabhängig mit Wachsamkeitskontrolle.

Literatur:

DET 15 (1967) 4. – S. 172–174
Sfz 11 (1967) 3. – S. 81–84
Sfz 11 (1967) 4. – S. 113–117
Sfz 11 (1967) 6. – S. 197–204
Sfz 11 (1967) 7. – S. 227–232
Sfz 11 (1967) 11. – S. 397–398
Sfz 13 (1969) 7. – S. 226–227
Sfz 13 (1969) 8. – S. 273–278
Sfz 13 (1969) 9. – S. 309–312
Sfz 17 (1973) 12. – S. 423–426
Sfz 24 (1980) 2. – S. 73–76

130

V 300

Co'Co'

ab 1970

Techn. Daten: Seite 189

In Auswertung der Betriebserfahrungen mit den sowjetischen dieselelektrischen Importlokomotiven der Baureihe 120, unter Berücksichtigung des neuesten Standes der Technik und auf der Grundlage der technischen Forderungen der Deutschen Reichsbahn für die zügige Fortsetzung und den baldigen Abschluß des Traktionswechsels, wurde von der Diesellokomotivfabrik „Oktoberrevolution" in Woroschilowgrad eine weitere dieselelektrische Lokomotive für die DR neu entwickelt. Mit einer installierten Leistung von 2200 kW (3000 PS) sollte diese Lokomotive universell im schweren Reise- und Güterzugdienst auf Hauptstrecken eingesetzt werden. Für den Einsatz vor Reisezügen war eine Zugheizanlage zu installieren. Da bei der DR, genau wie bei anderen Bahnverwaltungen, die durchgängige Umstellung des Reisezugwagenparks auf elektrische Heizung vorgesehen ist, konnte der Vorteil der elektrischen Kraftübertragung genutzt werden und eine elektrische Zugheizung bzw. elektrische Energieversorgung für Reisezüge vorgesehen werden.

Als erste Entwicklungsstufe entstand in enger Zusammenarbeit zwischen der Diesellokomotivfabrik Woroschilowgrad, dem NIITEM (Wissenschaftliches Forschungsinstitut für Dieselelektrolokomotivbau) und dem Charkower Elektromaschinenbauwerk „Lenin" die Breitspur-Erprobungslokomotive TE 109. Dafür wurde eine neue elektrische Kraftübertragungsanlage konzipiert mit Wechselstromgenerator, Gleichrichteranlage und Gleichstrom- bzw. Wellenstromfahrmotoren. Die konstruktiven Entwicklungsarbeiten umfaßten zahlreiche Varianten, so wurde neben der von der DR geforderten Mehrzwecklokomotive mit elektrischer Zugheizeinrichtung auch eine Güterzuglokomotive mit reduzierter Höchstgeschwindigkeit (100 km/h) ohne Zugheizung entworfen, wie sie später tatsächlich als Baureihe 131 in beschränkter Stückzahl von der DR beschafft wurde. Außerdem war zunächst auch der wahlweise Einbau der beiden 2200-kW-Dieselmotoren 16 Tsch N 24/27, Bauform D 70 (Werk Charkow), oder 16 Tsch N 26/26, Bauform 5 D 49 (Werk Kolomna), vorgesehen. Eingebaut wurden später ausschließlich 5 D 49-Dieselmotoren. Unter der Bezeichnung „TE 115" bzw. „Projekt 1968" entstand gleichzeitig eine Lokomotivkonstruktion mit auf 2940 kW (4000 PS) Leistung gesteigertem Dieselmotor. Dabei sollten die Bedingungen untersucht werden, wie mit möglichst geringen Änderungen ein späterer Bedarf an Diesellokomotiven dieser Leistungsklasse abgedeckt werden kann und wie zweckmäßigerweise die 2200-kW-Lokomotive gestaltet sein müßte, um diese Bedingungen zu erfüllen. Diese Untersuchungen bildeten die Grundlage für die spätere Baureihe 142.

Außerdem wurde auch eine Lokomotivvariante mit zwei 2200-kW-Dieselmotoren vom sowjetischen Unions-Forschungsinstitut für Eisenbahnwesen (ZNII) entworfen, die ebenfalls in möglichst vielen Baugruppen und Bauteilen der TE 109 gleichen sollte. Sie hatte bei einer Dienstmasse von 184 t die Achsfolge (Bo'Bo') (Bo'Bo'). Eine erste Erprobungslokomotive nach den Forderungen der DR stellte das Woroschilowgrader Werk 1969 fertig und zeigte sie als V 300 001 auf der Frühjahrsmesse in Leipzig. Diese Lokomotive wurde noch nicht an die DR ausgeliefert.

Aber bereits 1970 trafen die ersten Erprobungslokomotiven (130 001 bis 130 011) bei der DR ein und wurden bei Meßfahrten, in Probeeinsätzen und Werkstatterprobungen eingehend untersucht. Da sich die elektrische Zugheizung noch in Entwicklung befand, wurden auch die Serienlokomotiven 130 012 bis 130 054 (1971) und 130 055 bis 130 080 (1972) noch ohne elektrische Zugheizung ausgeliefert. 1972 stellte das Werk zwei Erprobungslokomotiven mit elektrischer Zugheizeinrichtung zur Verfügung. Sie erhielten die Betriebsnummern 130 101 und 130 102. 1972 kam es zu einer Vereinbarung zwischen der DR und dem sowjetischen Hersteller, daß bis zur Bereitstellung einer erprobten und betriebssicheren elektrischen Zugheizung die weiteren Lieferungen mit reduzierter Höchstgeschwindigkeit (100 km/h anstelle 140 km/h) und dafür erhöhter Zugkraft als Güterzug-Diesellokomotiven ausgeliefert werden. Zur

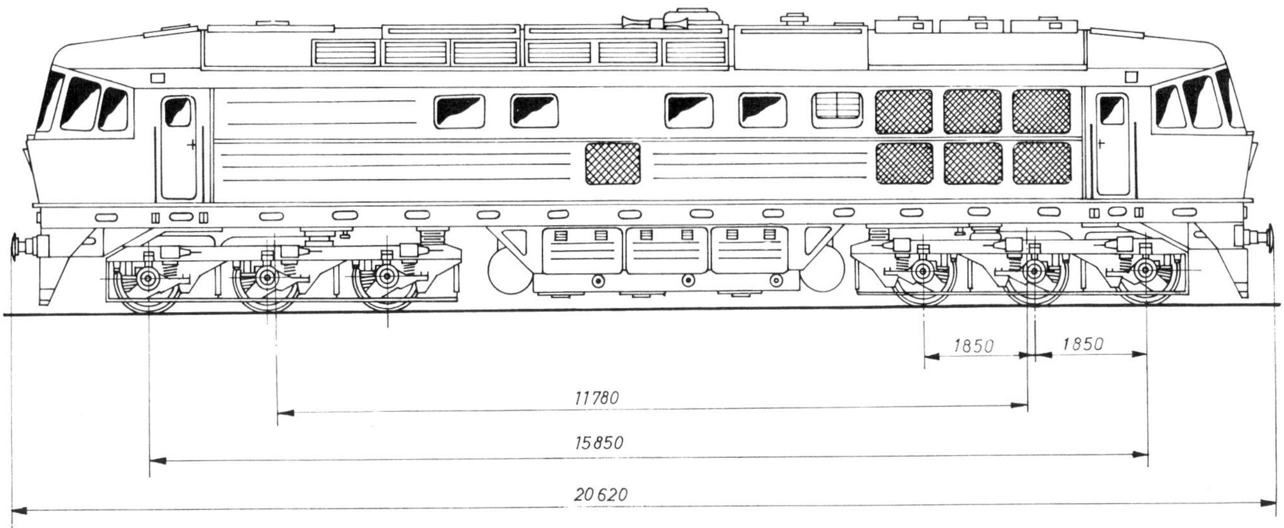

Dieselelektrische Güterzuglokomotive der Baureihe 130 der DR

klaren Unterscheidung wurde Anfang 1973 verfügt, daß die dieselelektrischen 2200-kW-Lokomotiven in drei Unterbaureihen eingeordnet werden:

130 Lokomotiven mit einer Höchstgeschwindigkeit von 140 km/h (im Betriebseinsatz auf den Strecken der DR generell auf 120 km/h beschränkt) ohne Einrichtung für elektrische Zugheizung,

131 Lokomotiven mit einer Höchstgeschwindigkeit von 100 km/h ohne Einrichtung für elektrische Zugheizung,

132 Lokomotiven mit einer Höchstgeschwindigkeit von 120 km/h mit elektrischer Zugheizeinrichtung.

Eine Ausnahme bei dieser Zuordnung bilden die schon erwähnten Erprobungslokomotiven 130 101 und 130 102 mit elektrischer Zugheizeinrichtung und Höchstgeschwindigkeit von 140 km/h. Diese beiden Lokomotiven werden von der DR als Bremslokomotiven eingesetzt, nachdem sie dazu besonders hergerichtet worden sind. Ihre elektrischen Widerstandsbremsen lassen sich vom Meßwagen aus stufenlos einstellen.

Die Lokomotiven der Baureihe 130 haben sich im Einsatz sehr gut bewährt. Detailänderungen wurden teilweise vom Hersteller, teilweise von der DR vorgenommen und z. T. bei den Lieferungen der Baureihen 131 und 132 berücksichtigt.

Durch Einbau von Tauschfahrmotoren und -radsatzantrieben der Baureihe 131 wurden einige Lokomotiven der Baureihe 130 (z. B. 130 060, 130 061, 130 064) in der Höchstgeschwindigkeit von 140 auf 100 km/h herabgesetzt. Sie werden folgerichtig der Baureihe 131 (131 160, 131 161, 131 164) zugeordnet, wobei die Umzeichnung zum Teil noch nicht erfolgt ist.

Konstruktive Merkmale

Rahmen: Schweißkonstruktion aus Profilen und Blechen, im Mittelteil zwischen Drehgestellen Kraftstoffbehälter und Batteriekästen als mittragende Elemente unter dem Rahmen angeordnet. Stirnenden tragen normale Zug- und Stoßeinrichtungen mit Seitenpuffern und Zughaken. Einbau einer Mittelpufferkupplung vorbereitet.

Aufbauten: Kastenaufbau aus Profilen und Blechen bestehend (letztere an den Seitenwänden mit Versteifungssicken versehen), mit Rahmen zu tragendem Ganzen verschweißt, enthält außer zwei schall- und wärmeisolierten Führerständen mit getrennten Einstiegsvorräumen den Maschinenraum, der durch Zwischenwand zwischen Dieselmotor und Kühlanlage in

Dieselelektrische Güterzuglokomotive 130005 der DR
Foto: ZBDR

zwei Abschnitte geteilt wird. Im vorderen Maschinenraum: Hochspannungsschaltschrank, Lüfter für Traktionsgenerator mit darüber angeordnetem Erregergenerator und Lichtanlaßmaschine. Dieselmotor mit seinen Hilfseinrichtungen. Im hinteren Maschinenraum: Kühlanlage, Luftverdichter, Lüfter für Fahrmotoren des Drehgestells 2, Vorwärmgerät und Löschmittelbehälter.

Drei von fünf Dachsektionen abnehmbar zum Ein- und Ausbau der Maschinenanlage und Hilfseinrichtungen.

Laufwerk: zwei dreiachsige Drehgestelle, Drehgestellrahmen in Schweißkonstruktion aus Blechprofilen, Drehzapfenlager als Stahlgußträger. Rollengelagerte, seitenverschiebbare Radsätze in Lenkern geführt, diese in Silentbuchsen gelagert. Abfederung Radsatzlagergehäuse gegenüber Drehgestellrahmen mit je zwei Schraubenfedern, parallel dazu Reibungsstoßdämpfer. Zug- und Bremskräfte zwischen Lokomotivrahmen übertragen mittels Drehzapfen, dieser seitenverschiebbar elastisch geführt.

Senkrechte Kräfte werden über ungefederte Rückstelldrehvorrichtung mit vier Abstützungen (Hartmangan/Plast) je Drehgestell zwischen Lokomotivrahmen und Drehgestellrahmen übertragen.

Bremsen: selbsttätige mehrlösige KE-Druckluftbremse (betätigt mit Selbstregel-Führerbremsventilen) und nichtselbsttätige Zusatzbremse. Bremsarten-Umschaltvorrichtung G, P, P_2 und R. Stellung P_2 erhöht über 55 km/h den Bremszylinderdruck auf 539,4 kPa (5,5 kp/cm^2), R auf 784,5 kPa (8 kp/cm^2).

Je Treibrad wirkt ein eigener Bremszylinder über kurze, nachstellbare Gestänge beidseitig mit spurkranzgeführten Bremsklötzen.

Ab 130013 vorbereitet für Einbau einer elektrischen Bremse, ab 130037 serienmäßig mit fremderregter Gleichstromwiderstandsbremse; wirkt automatisch je nach Bremsarteinstellung parallel zur Druckluftbremse bis herab zu 18 bis 45 km/h. Höchstmögliche Bremsleistung 1260 kW.

Handbremse in jedem Führerstand wirkt auf die linken Bremsklötze des mittleren und inneren Radsatzes des darunter liegenden Drehgestells.

Dieselmotor: 16 Tsch N 26/26 in der Bauform 5 D 49. 16-Zylinder-Viertakt-V-Dieselmotor mit Abgasturboaufladung und Ladeluftkühlung. Direkteinspritzung. 2200 kW (3000 PS) bei 1000 U/min. Bohrung 260 mm, Hub 260 mm.

Motorblock aus Stahlgußteilen und Stahlblechen geschweißt. Ölwanne bildet Element des gemeinsamen Tragrahmens für Dieselmotor und Traktionsgenerator.

Dieselkraftstoff aus tiefliegendem

Behälter durch Grobfilter mittels Pumpe angesaugt und über Feinfilter zur Einspritzpumpe.
Verbrennungsluft durch obere Öffnung in rechter Lokomotivseitenwand, ölbenetztes Siebfilter in Turboverdichtereintritt. Zusätzliche Kurbelgehäuseabsaugung. Ladeluftkühlung. Abgase von der Abgasturbine über kurze Leitung und Abgasschalldämpfer in Dachsektion ins Freie.
Elektrisches Anlassen mittels Lichtanlaßmaschine.
Kraftübertragung: Traktionsgenerator als fremdbelüfteter und fremderregter Dreiphasenwechselstrom-Synchrongenerator, direkt am Dieselmotor angeflanscht und über halbelastische Kupplung direkt angetrieben. 2 190 kW bei 1 000 U/min, 535 V/100 Hz, Fremderregung durch Erregergenerator über Regelgleichrichter.
Traktionsgleichrichter mit 192 Siliziumdioden und Zusatzschaltung zur Glättung der pulsierenden Gleichspannung. Fremdbelüftete Gleichstrom-Fahrmotoren mit Tatzlagerung ED-118, 305 kW. Antrieb der Radsätze mittels Zahnradübersetzung 3,15:1.
Hilfseinrichtungen: zwei Kühlkammern V-förmig im Maschinenraum angeordnet, Kühlluft durch Seitenwandöffnungen und Kühlelemente mittels drei Kühlerlüftern angesaugt und über das Dach ausgeblasen. Hauptkreislauf: Kühlwasserräume des Dieselmotors, Abgasturbolader, rechte Kühlkammer, linke Kühlkammer, Wärmetauscher Motorschmieröl, Ladeluftkühler über Umwälzpumpe in den Dieselmotor zurück. In Nebenkreisläufen Vorwärmgerät mit elektrisch betriebener Umwälzpumpe, Kraftstoffvorwärmer, Führerstandheizungen und Wärmetauscher für Waschwasserbehälter. Kühlerjalousien und Kühlerlüfter abhängig von Kühlwasseraustrittstemperatur betätigt.
Gerät zum Vorwärmen des Kühlwassers. Mechanischer Abtrieb aus Steuergetriebe des Dieselmotors für Erregergenerator und Lichtanlaßmaschine sowie Axiallüfter für Traktionsgenerator.
Lichtanlaßmaschine zum Anlassen des Dieselmotors und im Generatorbetrieb zur Versorgung des elektrischen Bordnetzes (110 V Gleichspannung) mit Beleuchtung, optischer Signaleinrichtung, Steuer- und Überwachungsstromkreisen, Erregerstromkreis des Erregergenerators, verschiedenen Hilfsbetrieben und zum Aufladen der Bleibatterie 96 V, 390 Ah.
Außer den Kühlerlüftern werden elektrisch angetrieben: Luftverdichter, Kraftstofförderpumpe, Schmierölpumpe, Zusatzkühlwasserpumpe, Lüfter für Bremswiderstände, Traktionslüfter, Fahrmotorlüfter 1 und 2. Luftverdichter 2 HV 2–100/145 versorgt über Hauptluftbehälter Bremsanlage, pneumatische Steuerkreise und Hilfsbetriebe; selbsttätige Ein- und Ausschaltung bei Behälterdrücken von 833,6 kPa (8,5 kp/cm²) und 980,7 kPa (10,0 kp/cm²).
Lokomotiven der Baureihe 130 ohne Zugheizeinrichtung, Ausnahme 130 101 und 130 102; Erprobungsträger für neuentwickelten Zugheizgenerator. Antrieb mittels Gummikupplung von der Traktionsgeneratorwelle, fremderregter und fremdbelüfteter Synchron-Drehstromgenerator, 320 bis 400 V bei 63 bis 100 Hz. Umrichter erzeugt Heizspannung 1 000 V, 16⅔ Hz.
Sandungseinrichtung und Spurkranzschmierung für die führenden Radsätze jedes Drehgestells.
Feuerlöscheinrichtung ursprünglich bestehend aus festverlegter Löschanlage und Handfeuerlöschern. Festinstallierte Anlage im Rahmen planmäßiger Instandsetzungen ausgebaut und durch zusätzliche Pulver- und Bromid-Handfeuerlöscher ersetzt.
Steuerung: elektropneumatische Vielfachsteuerung für Doppeltraktion und zur Steuerung der zweiten Lokomotive bei abgestellten Anlagen der führenden Lokomotive.
Fahrschalter mit Leerlauf und 15 Fahrstufen. Geschlossenes Regelsystem für Dieselmotorleistung sowie Spannung und Strom des Erregerkreises für Traktionsgenerator. Drehzahlregelung der Fahrmotoren mit zwei Feldschwächungsstufen.
Überwachung mittels Anzeigeinstrumenten, Meldeleuchten und automatischen Wächteranlagen. Wächter schützen vor unzulässigen Betriebszuständen (Sperrung Anlaßvorgang, Abstellung Dieselmotor, Abschaltung Erregerspannung, Unterbrechung Fahrsteuerung).
Zeitabhängige Sicherheitsfahrschaltung mit Wachsamkeitskontrolle.

Literatur:
ME 20 (1971) 8. – S. 249–250
Sfz 12 (1968) 12. – S. 404–406
Sfz 13 (1969) 9. – S. 293–295
Sfz 15 (1971) 5. – S. 165–171
Sfz 15 (1971) 6. – S. 201–208
Sfz 15 (1971) 7. – S. 237–241
Sfz 15 (1971) 10. – S. 330–335
Sfz 16 (1972) 1. – S. 7–9
Sfz 16 (1972) 3. – S. 84–88
Sfz 16 (1972) 6. – S. 201–205
Sfz 16 (1972) 7. – S. 243–245
Sfz 17 (1973) 5. – S. 151–153
Sfz 17 (1973) 7. – S. 237–247

131

Co'Co'

ab 1972

Techn. Daten: Seite 190

Die im Auftrage der Deutschen Reichsbahn von der Diesellokomotivfabrik „Oktoberrevolution" in Woroschilowgrad entwickelte dieselelektrische 2200-kW-Lokomotive V 300 bzw. 130 sollte sowohl im schweren Reise- als auch Güterzugdienst einsetzbar sein. Die Konstruktionsgeschwindigkeit für den Reisezugdienst betrug 140 km/h, für Reisezugbeheizung waren elektrische Heizeinrichtungen gefordert. Die Lieferung der Lokomotiven hatte bereits begonnen, als die Entwicklung der elektrischen Zugheizeinrichtung noch nicht abgeschlossen war. Die im Zeitraum 1970 bis 1972 gelieferten Lokomotiven 130001 bis 130080 wurden daher ohne elektrische Zugheizeinrichtung geliefert. Zur besseren Auslastung der installierten Leistung wurde 1972 zwischen der DR und dem sowjetischen Hersteller vereinbart, die restlichen bis zur Einführung der elektrischen Zugheizung zu liefernden Fahrzeuge mit einer auf 100 km/h verminderten Höchstgeschwindigkeit, jedoch mit einer um 88,3 kN höheren Anfahrzugkraft zu liefern. Diese Lokomotiven sind ausschließlich für den Einsatz vor Güterzügen vorgesehen und wurden lt. Verfügung Nr. 1 vom 11. Januar 1973 der eigenen Unterbaureihe 131 zugeordnet.

Der einzige technische Unterschied zwischen den Baureihen 130 und 131 besteht in einer veränderten Antriebsübersetzung, d. h. die 131 wurde auch mit der für die Höchstgeschwindigkeit von 140 km/h erforderlichen Bremsausrüstung geliefert, die bei der herabgesetzten Höchstgeschwindigkeit zum Teil

Dieselelektrische Güterzuglokomotive 131 040 der DR
Foto: Köhler

Dieselelektrische Güterzuglokomotive der Baureihe 131 der DR

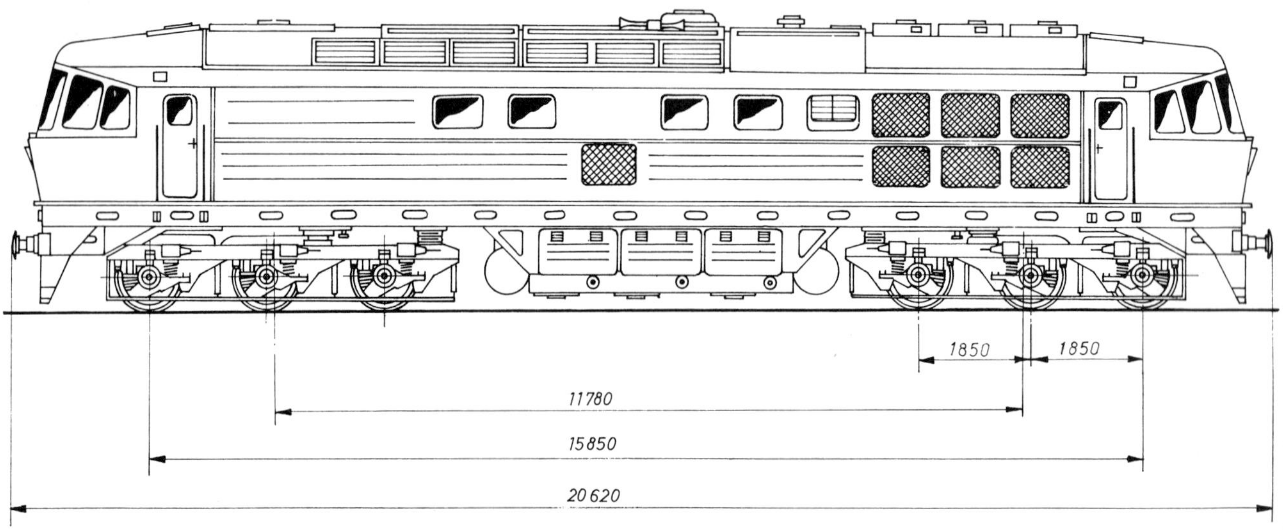

132

Co'Co'

ab 1973

Techn. Daten: Seite 190

nicht benötigt wird. Diese Teile wurden im Rahmen der planmäßigen Unterhaltungsarbeiten ausgebaut, um die weiteren Unterhaltungskosten zu senken.
Die Lieferungen der Lokomotiven der Unterbaureihe 131 erfolgten 1972 (131 001 bis 131 017) und 1973 (131 018 bis 131 076).
Die Lokomotiven 131 160, 131 161 u. a. entstanden im Raw „Hermann Matern" Cottbus durch Einbau von Fahrmotoren und Radsatzantrieben der Baureihe 131 in die Lokomotiven 130 060 u. a.

Konstruktive Merkmale

Rahmen und Aufbauten entsprechen der Baureihe 130.
Laufwerk entspricht der Baureihe 130.
Bremsen entsprechen im Auslieferungszustand der Baureihe 130. Spätere Vereinfachung im Rahmen planmäßiger Unterhaltungsarbeiten zur Anpassung an die verringerte Höchstgeschwindigkeit von 100 km/h und zur Senkung der Unterhaltungskosten.
Dieselmotor entspricht der Baureihe 130.
Anwendung des neuen Drehzahlreglers 7 PC 2, arbeitet hydromechanisch.
Kraftübertragung entspricht der Baureihe 130, jedoch geänderte Antriebsübersetzung zwischen Fahrmotoren und Treibradsätzen zur Zugkrafterhöhung.
Hilfseinrichtungen, Steuerung und Überwachung entsprechen der Baureihe 130.

Literatur:
Sfz 17 (1973) 5. – S. 150–153

Die technischen Forderungen der Deutschen Reichsbahn an eine leistungsstarke 2 200-kW-Diesellokomotive führten über die Entwicklung der Grundkonzeption unter Auswertung deutscher und sowjetischer Betriebserfahrungen beim Diesellokomotivbau und -einsatz zu den sowjetischen Vorausmustern TE 109 und in weiterer enger Zusammenarbeit zur Baureihe 130. Die Lokomotive war von der DR für den Einsatz im schweren Reise- und Güterzugdienst auf Hauptstrekken vorgesehen und sollte entsprechend den internationalen Entwicklungstendenzen mit elektrischer Zugheizeinrichtung bzw. Anlage zur zentralen elektrischen Energieversorgung von Reisezügen ausgerüstet sein. Bei Beginn der Lieferung im Jahre 1970 war die Entwicklung der elektrischen Zugheizeinrichtungen noch nicht abgeschlossen. Um jedoch den dringenden Bedarf dieser schweren Diesellokomotiven bei der DR zu decken, wurde mit dem Hersteller vereinbart, die Loko-

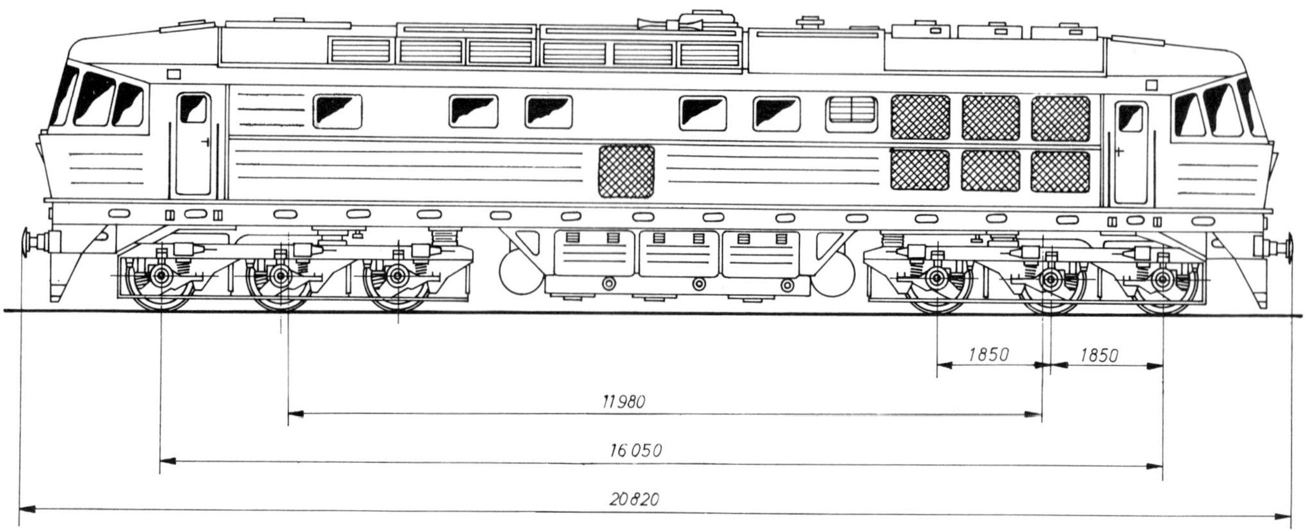

Dieselelektrische 2200 kW-Reisezuglokomotive mit elektrischer Zugheizeinrichtung, Baureihe 132 der DR

motiven zunächst ohne Heizgenerator zu liefern. Ein Teil der bis 1973 übergebenen Lokomotiven wurden auf Wunsch der DR als reine Güterzuglokomotiven mit reduzierter Höchstgeschwindigkeit und erhöhter Zugkraft ausgeliefert. Zur besseren Erkennung, Einsatz- und Unterhaltungsplanung verfügte die DR Anfang 1973 die Zuordnung der bis dahin gelieferten und noch zu liefernden 2200-kW-Diesellokomotiven in die drei Unterbaureihen 130,

Dieselelektrische 2200-kW-Reisezuglokomotive 132177 der DR
Foto: ZBDR

131 und 132 (siehe auch Beschreibung der Baureihe 130). Damit steht mit den Lokomotiven der Baureihe 132 ein gründlich durchentwickeltes Fahrzeug zur Verfügung, bei dem auch noch die Betriebserfahrungen mit den als Vorstufen anzusehenden Baureihen 130 und 131 berücksichtigt werden konnten. Es muß jedoch besonders erwähnt werden, daß die Grundkonzeption ohne Änderungen übernommen werden konnte und nur beschränkte Detailänderungen durch Vorliegen neuerer technischer Erkenntnisse an einigen Baugruppen oder Systemen notwendig wurden oder zweckmäßig erschienen.

So mußte z. B. die Fahrzeuglänge auf LüP = 20 820 mm vergrößert werden, um einen optimalen Einbau der elektrischen Zugheizeinrichtung zu ermöglichen. Weitere Änderungen und Verbesserungen betrafen z. B. den Drehzahlregler des Dieselmotors, das Vorwärmgerät, die Führerraumheizung, die Schaltung der elektropneumatischen Bremse.

Die Auslieferung der Baureihe 132, die wiederum von der Diesellokomotivfabrik „Oktoberrevolution" in Woroschilowgrad von 1973 bis 1982 gefertigt wurde, begann 1973 mit 42 Fahrzeugen (132 001 bis 132 042). Sie setzte sich in den Folgejahren fort:

1974	132 043 bis 132 172,
1975	132 173 bis 132 334,
1976	132 335 bis 132 486,
1977	132 487 bis 132 539,
1978	132 540 bis 132 579,
1979	132 580 bis 132 619,
1980	132 620 bis 132 655,
1981	132 656 bis 132 705,
1982	132 706 bis 132 709.

Diese Baureihe hat sich im Betriebseinsatz bei der DR ausgezeichnet bewährt. Dennoch wurde die Beschaffung mit der feierlichen Übergabe der 132 709 am 15. Juli 1982 an das Bw Neustrelitz und der 132 708 am 22. Juli 1982 im Bw Reichenbach abgeschlossen.

Der Bedarf an Hauptstrecken-Diesellokomotiven ist bei der DR für die nächste Zukunft gedeckt, da entsprechend dem Elektrifizierungsprogramm der DR die Umstellung der Magistralen auf Elektrotraktion in den nächsten Jahren noch beschleunigt wird. Dadurch können freiwerdende Diesellokomotiven die steigenden Zugförderungsleistungen auf nicht elektrifizierten Hauptstrecken übernehmen.

Konstruktive Merkmale

Rahmen und Aufbauten: gemeinsam tragende Schweißkonstruktion identisch mit den Baureihen 130 und 131, jedoch größere Fahrzeuglänge über Puffer = 20 820 mm.

Laufwerk: zwei dreiachsige Drehgestelle mit geschweißtem Drehgestellrahmen, entsprechen weitgehend der Baureihe 130.

Bremsen: Druckluftbremsen wie bei Baureihe 130.

Fremderregte Gleichstrom-Widerstandsbremsen in allen Lokomotiven der Baureihe 132. Höchste elektrische Bremsleistung 1 260 kW. Führerbremsventil Bauart Knorr D5 mit angebautem Bremssteller, damit kombinierte elektrische und pneumatische Bremsung oder reine elektrische Bremsung möglich. Elektrische Widerstandsbremse als Regulier- und Gefällebremse in fünf Bremsstufen, wirkt je nach Einstellung der Bremsart bis herab zu 18 bis 45 km/h. Ab 132 540 mit verbesserter Schaltung, fahrschalterunabhängig, danach bei Bremsart R und Eintreten von Notbremsung im Zug, Ansprechen der Sifa oder punktförmigen Zugbeeinflussung: kombinierte Bremsung mit elektrischer Widerstandsbremse. Nachrüstung dieser Änderung in allen ausgelieferten Lokomotiven der Baureihe.

Handbremse von jedem Führerstand auf darunterliegendes Drehgestell wie bei Baureihe 130.

Dieselmotor: 16 Tsch N 26/26 in der Bauform 5 D 49 wie in Baureihen 130 und 131.

16-Zylinder-Viertakt-V-Dieselmotor mit Abgasturboaufladung und Ladeluftkühlung. Direkte Einspritzung. 2 200 kW bei 1 000 U/min. Bohrung 260 mm, Hub 260 mm.

Geschweißter Motorblock besteht aus Stahlgußteilen und Stahlblechen. Ölwanne als gemeinsamer Tragrahmen für Dieselmotor und Traktionsgenerator.

Dieselkraftstoff- und Verbrennungsluftzufuhr sowie Abgasführung und elektrisches Anlassen wie in Baureihen 130 und 131.

Drehzahlregler 7 PC 2 ab 1979 durch verbesserte Ausführung 3–7 PC 2 ersetzt, begrenzt Einspritzmenge in Abhängigkeit des Aufladedruckes, damit Senkung des Kraftstoffverbrauchs und Verringerung der Abgastrübung beim Anlassen und Umschalten auf höhere Fahrstufe. In älteren Lokomotiven nachrüstbar.

Kraftübertragung: elektrische Drehstrom-Gleichstrom-Übertragung identisch mit Baureihen 130/131.

Fremdbelüfteter, fremderregter Dreiphasenwechselstrom-Synchron-Traktionsgenerator. Direkt am Dieselmotor angeflanscht und über halbelastische Kupplung ange-

trieben. 2 190 kW bei 1 000 U/min, 535 V, 100 Hz.
Traktionsgleichrichter. Sechs fremdbelüftete Gleichstrom-Tatzlager-Fahrmotoren, je 305 kW.
Hilfseinrichtungen wie bei Baureihe 130, jedoch mit Änderungen in der elektrischen Stromversorgung der einzelnen Hilfsbetriebe.
Neu: Installation der Einrichtung zur elektrischen Zugheizung bzw. zentralen Energieversorgung des Zuges. Heizgenerator GS-507, fremderregt, fremdbelüftet, Synchron-Drehstromgenerator, 320 bis 400 V, 63 bis 100 Hz, 545 bis 745 kW, bei 630 bis 1 000 U/min.
Antrieb über Gummikupplung von der Welle des Traktionsgenerators. Umrichter erzeugt Heizspannung von 1 000 V bei $16\frac{2}{3}$ Hz, nutzbare Heizleistung etwa 600 kW. Heizgenerator versorgt jetzt auch die Elektromotoren der drei Kühlerlüfter sowie der Lüfter für Traktionsgleichrichter und Fahrmotoren.
(Sicherungsanlagen mit 50-Hz-Wechselspannungskreisen, die z. Z. noch auf einigen Strecken der DR vorhanden sind, werden durch die dritte harmonische Oberwelle von $16\frac{2}{3}$ Hz (50 Hz) gestört, daher vorübergehend Heizfrequenz auf 22 Hz geändert, bis alle 50-Hz-Gleisstromkreise umgestellt sind. Heizleistung fällt bei dieser Umstellung von 600 auf 500 kW ab.)
Sandungseinrichtungen und Spurkranzschmierung mit zusätzlichen Verbesserungen von Baureihen 130 und 131 übernommen, späterer Einbau einer neuen Einheitssandtreppe vorgesehen.
Feuerlöscheinrichtung wie in Baureihe 130, feste Anlage wird ebenfalls bei planmäßigen Instandhaltungen entfernt und durch zusätzliche Pulver- und Bromid-Handfeuerlöscher ersetzt.
Verbesserte Führerstandheizung.
Steuerung: elektropneumatische Vielfachsteuerung für Doppeltraktion oder Steuerung der zweiten unbesetzten Lokomotive bei abgestellter Maschinenanlage der besetzten führenden Maschine.
Verkettung des Fahrschalters (Leerlauf- und 15 Fahrstufen) mit Heizschaltung. In den Fahrstufen 1 bis 11 Traktionsleistung unabhängig von der Belastung des Heizstromkreises bzw. der Zugsammelschiene. Ab Fahrstufe 12 verzögerte Freigabe von nicht genutzter Heizleistung als Traktionsleistung. Bei Anfahrten und Steigungen ist Heizung vorübergehend abschaltbar zur vollen Nutzung der Leistung für Traktion.
Sonstige Steuerung wie Baureihen 130 und 131.
Überwachung: Anzeigeinstrumente, Meldeleuchten und automatische Wächteranlagen. Wächter schützen vor unzulässigen Betriebszuständen (z. B. Sperrung Anlaßvorgang, Abstellung Dieselmotor, Abschaltung Erregerspannung, Unterbrechung Fahrsteuerung, Abschaltung Heizspannung).
Zeitabhängige Sicherheitsfahrschaltung mit Wachsamkeitskontrolle, Weiterentwicklung zu einer „Aufforderungs-Sifa" in 132 459 und weiteren Lokomotiven in Erprobung. Ein Teil der Lokomotiven mit Fahrzeugausrüstung für punktförmige Zugbeeinflussung.

Literatur:

Sfz 18 (1974) 1. – S. 7–18
Sfz 20 (1976) 8. – S. 265–286
Sfz 23 (1979) 2. – S. 81–85

142

Co'Co'

ab 1977

Techn. Daten: Seite 190

Bereits während der Entwicklung der für den Export in die DDR vorgesehenen dieselelektrischen Lokomotive der Baureihe 130 (132) wurde ein Projekt erarbeitet für die spätere Installation von 2 940 kW (4 000 PS) Dieselmotorleistung unter Beibehaltung aller Anforderungen, die auch an die 2 200 kW-Lokomotive gestellt wurden. Die sowjetischen Bezeichnungen für diesen Konstruktionsentwurf der Diesellokomotivfabrik „Oktoberrevolution" in Woroschilowgrad lauteten „TE 115" bzw. „Projekt 1968".
Durch diese gleichzeitige Bearbeitung war gesichert, daß bei einer späteren Auftragserteilung durch die DR für eine leistungsstärkere Lokomotive eine weitgehende Identität der meisten Baugruppen und Bauteile gewährleistet ist. Damit

Dieselelektrische 2 940-kW-Reisezuglokomotive mit elektrischer Zugheizeinrichtung, Baureihe 142 der DR

Dieselelektrische 2940-kW-Reisezuglokomotive 142004 der DR
Foto: Köhler

waren geringere Beschaffungskosten sowie erhebliche Vorteile für die Ausbildung, Bedienung, Instandhaltung und Ersatzteilversorgung zu erwarten.
Als die DR dann tatsächlich den Auftrag für die ersten Musterlokomotiven der Baureihe 142 erteilte, konnten die Vorleistungen voll zum Tragen kommen. So sind vollständig oder weitgehend identisch ausgeführt: der gesamte Fahrzeugteil, die Bremsanlagen, Führerstand- und Fahrpultgestaltung, Traktionsgleichrichter, elektrische Zugheizeinrichtung, Schalt- und Steuerungseinrichtungen der elektrischen Kraftübertragung sowie der überwiegende Teil der Hilfseinrichtungen.

Konstruktive Unterschiede gegenüber der Baureihe 132 wurden nur bei Baugruppen und Bauteilen erforderlich, die mit der gesteigerten Antriebsleistung in direktem Zusammenhang stehen. Das betrifft z. B. den Abgasturbolader, der durch erhöhten Ladedruck die Leistungssteigerung des sonst fast unveränderten Dieselmotors bewirkt,

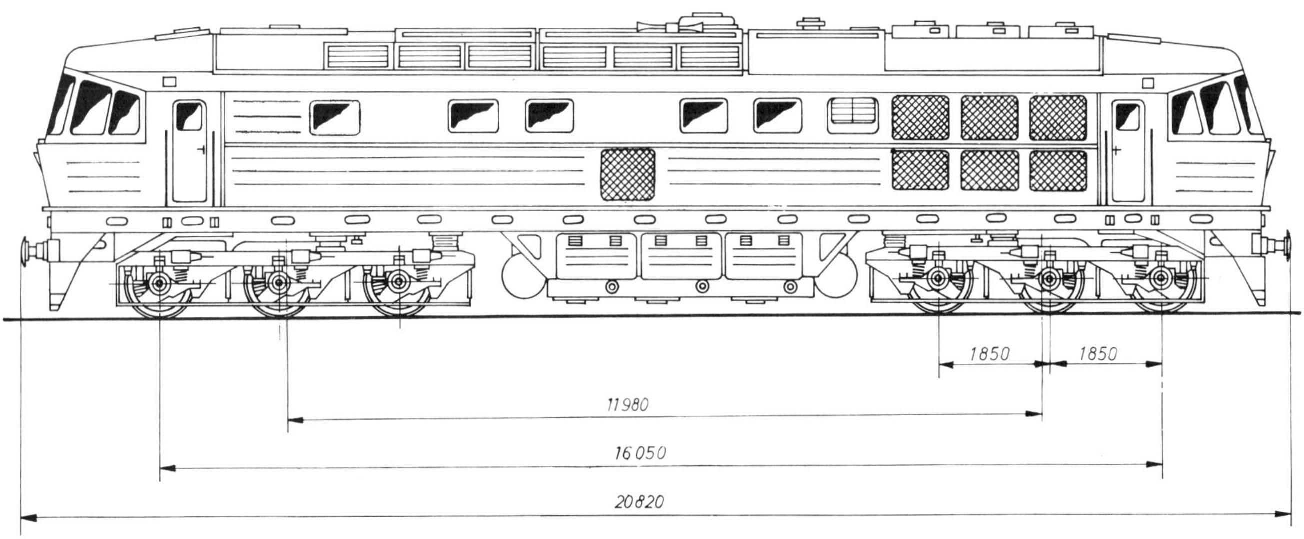

leistungsgesteigerte Fahrmotoren und Traktionsgenerator, leistungsfähigere Kühlanlage.
Der Einsatz der Diesellokomotiven der Baureihe 142 als leistungsstärkste Diesellokomotive der DR war vor schweren Transitzügen und im grenzüberschreitenden Schnellzugverkehr vorgesehen. Durch die rasch fortschreitende Elektrifizierung der am stärksten belasteten Hauptstrecken der DR, auf denen die Leistungen der Baureihe 142 erbracht werden sollten, ist eine weitere Beschaffung von Hauptstrekken-Diesellokomotiven in dieser Leistungsklasse nicht mehr notwendig.
Die erste Musterlokomotive wurde 1974 in Woroschilowgrad fertiggestellt und anläßlich der Leipziger Frühjahrsmesse 1975 der Öffentlichkeit vorgestellt. Sie wurde zur weiteren Erprobung in die UdSSR zurückgeführt. Die ersten für die DR vorgesehenen Lokomotiven 142 001 und 142 002 wurden 1976 produziert und nach Werkserprobungen am 25. April 1977 an die DR übergeben. Die VES-M übernahm die Lokomotive 142 001 zur Typenerprobung, Aufnahme der fahrdynamischen Kennlinien und zur genauen Untersuchung der gegenüber der Baureihe 132 geänderten Baugruppen (Dieselmotor, Generator, Fahrmotoren, Kühlanlage). Die Betriebserprobung erfolgte vom Bw Halle G aus.
Weitere Lieferungen folgten 1977 (142 003 und 142 004) sowie 1978 (142 005 und 142 006). Seit 1979 sind alle sechs Lokomotiven im Bw Stralsund stationiert und von dort aus entsprechend ihrer installierten Leistung eingesetzt.
Da die sechs Lokomotiven der Baureihe 142 als Splitterbauart anzusehen sind, kann angenommen werden, daß sie zur Vereinfachung der Unterhaltung im Laufe der Zeit durch Tauschbaugruppen der Baureihe 132 angepaßt und in diese eingeordnet werden.

Konstruktive Merkmale

Rahmen und Aufbauten entsprechen der Baureihe 132.
Laufwerk und Bremsen entsprechen der Baureihe 132.
Dieselmotor: gleicher Dieselmotor wie in Baureihe 132 Typ 16 Tsch N 26/26, jedoch Bauart D 49 mit neuem Abgasturbolader für Hochaufladung, damit Erhöhung des effektiven Mitteldruckes gegenüber Bauart 5 D 49 von 1 199,4 kPa (12,23 kp/cm^2) auf 1 598 (16,3).
Motorleistung 2 940 kW (4 000 PS) bei 1 000 U/min.
Zusatzeinrichtung am Regler des Dieselmotors gibt bei Erhöhung der Fahrstufe die größere Füllung (erhöhte Einspritzmenge) erst frei, wenn Ladedruck entsprechend angestiegen, dadurch Vermeidung von starker Abgastrübung bei Leistungserhöhung und Senkung des Kraftstoffverbrauchs.
Kraftübertragung elektrisch, ähnlich der Baureihe 132. Synchron-Drehstromhauptgenerator GS-504 mit erhöhter Leistung 2 750 kW, enthält zahlreiche Einzelteile des Generators aus Baureihe 132.
Traktionsgleichrichter entspricht dem der Baureihe 132. Gleichstrom-Fahrmotoren ED-120 mit erhöhter Leistung 408 kW, Großrad der Übersetzung Fahrmotor auf Treibradsatz drehelastisch ausgeführt, damit verringerter Verschleiß der Antriebszahnräder und geringere Beanspruchung des Oberbaus und der Fahrmotoren.
Hilfseinrichtungen: Kühlanlage an die abzuführende größere Wärmemenge angepaßt. Zahl der Kühlelemente vergrößert. Temperaturniveau des Kühlwassers auf 105 °C und Druck im geschlossenen Kühlsystem erhöht. Um Schmieröl auf niedrigerer Temperatur zu halten, Auftrennung des Kreislaufes und Rückkühlung in besonderem Kreislauf mittels Wärmetauscher.
Zusätzlicher Hauptstromfeinfilter für Motorschmieröl.
Alle weiteren Hilfseinrichtungen einschließlich der elektrischen Zugheizeinrichtung entsprechen der Baureihe 132.
Steuerung und Überwachung: wie Baureihe 132.

Literatur:

Sfz 21 (1977) 9. – S. 295
Sfz 21 (1977) 11. – S. 373–374

V 36^{48}

B'B'

1966 bis

Techn. Daten: Seite 190

Als das Typenprogramm für Neubau-Dieseltriebfahrzeuge der Deutschen Reichsbahn aufgestellt wurde, war neben dem Bau einer ganzen Leistungsreihe von normalspurigen Lokomotiven auch der Bau einer Schmalspur-Diesellokomotive vorgesehen. Es war nämlich abzusehen, daß auch die auf dem 750-mm-Schmalspurnetz verkehrenden überalterten sächsischen Dampflokomotiven der Baureihe 99^{51-60} (sächsische IV K) bald zu ersetzen waren, andererseits aber die Verkehrsbedürfnisse im Erzgebirge und in dem Gebiet zwischen Freiberger Mulde und der Elbe im Raum Mügeln für eine Fortführung des Schmalspur-Eisenbahnbetriebes sprachen. Als Bedarf wurde anfangs eine Stückzahl von über 100 Lokomotiven angenommen. Die technischen Forderungen an die Schmalspur-Diesellokomotive sahen vor, daß sie mit hydraulischer Kraftübertragung ausgerüstet sein sollte, im Personen- und Güterzugdienst einsetzbar ist und auf Unterwegsbahnhöfen auch den Rangierdienst übernehmen kann.

Das Leistungsprogramm enthielt im einzelnen die nachfolgenden Parameter:

- Förderung von Zugmassen bis 250 t in der Waagerechten mit 30 km/h, von Zugmassen bis 100 t bei 35 ‰ Steigung mit 10 km/h,
- kleinster befahrbarer Gleisbogenhalbmesser 50 m,
- kleinster Ausrundungshalbmesser, konkav und konvex, 200 m,
- Bedienbarkeit der im Wagenpark des Schmalspurnetzes vorhandenen Bremssysteme,
- Radsatzfahrmasse ≦ 7,5 t (für die Baumusterfahrzeuge wurden 10,3 t zugelassen),
- für den Einsatz vor Reisezügen sind Heizung und Beleuchtung der Reisezugwagen von der Lokomotive aus erforderlich,
- weitgehende Verwendung von Aggregaten, Baugruppen und Bauteilen aus normalspurigen Neubau-Dieseltriebfahrzeugen,
- wesentliche Kostensenkung gegenüber dem Betrieb und der Unterhaltung der abzulösenden Dampflokomotiven,
- Vorhandensein von Leistungsreserven für steigende Forderungen.

Der VEB Lokomotivbau „Karl Marx" Babelsberg begann die Entwicklung dieser Schmalspur-Diesellokomotive im Jahre 1956. Die Projektierungsuntersuchungen ergaben, daß zur Erfüllung des Leistungsprogramms eine Lokomotive mit der Achsfolge B'B' und mit einer Antriebsleistung von 2× 132 kW (180 PS) unter Verwendung der Maschinenanlagen der Baureihe V 15 (jetzt 101) zu schaffen ist. Nach Fertigstellung der Baumusterlokomotiven wurden die V 36 4801 am 21. Dezember 1960 und die V 36 4802 am 16. Mai 1961 zur Rbd Dresden zum Probeeinsatz auf dem sächsischen Schmalspurnetz überführt. Wegen ihrer Radsatzfahrmasse von 9,2 t konnten sie nur begrenzt eingesetzt werden. Die Versuchs- und Entwicklungsstelle der Maschinenwirtschaft der DR erprobte die Lokomotiven auf den Strecken Meißen Jaspisstraße–Garsebach–Wilsdruff–Freital-Potschappel; Meißen Jaspisstraße–Garsebach–Lommatzsch und zum Teil Freital-Hains-

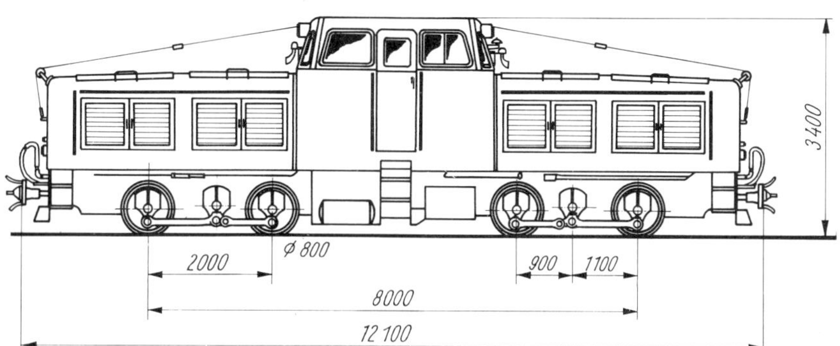

264-kW-Schmalspur-Diesellokomotive V 36^{48}, wegen negativer Erprobungsergebnisse von der DR nicht beschafft

berg–Kipsdorf. Den anfänglichen Leerfahrten auf den steigungs- (bis 33 ‰) und kurvenreichen (R_{min} = 50 m) Strecken folgten Lastfahrten. Die bei der Erprobung gemessenen Zugkräfte zeigten, daß die BR V 36 K leistungsmäßig der BR 99^{51-60} überlegen war und damit die gestellten Forderungen hinsichtlich der Zugkraft erfüllte.
Diesem recht günstigen Ergebnis stand aber eine große Anzahl ungünstiger Faktoren gegenüber, die den weiteren Einsatz und Bau der Schmalspur-Diesellokomotive Baureihe V 36 K in der vorliegenden Ausführung nicht rechtfertigten. Beispielsweise war der universelle Einsatz der BR V 36 K mit 9,2 t Radsatzfahrmasse auf dem sächsischen Schmalspurnetz, dessen Oberbau und Brücken nur eine Radsatzfahrmasse von 7 t zulassen, nicht möglich. Die Maschinenanlage und ein großer Teil der Hilfseinrichtungen sowie die Steuerungsanlage wiesen noch „Kinderkrankheiten" auf, die ohne umfangreiche Konstruktionsänderungen nicht zu beseitigen waren.
Infolge der mangelhaften Schallisolierung ergab sich im Führerstand und auch außerhalb der Lokomotive eine starke Lärmbelästigung.
Bei Wartungs- und Pflegearbeiten stellte sich die Zugänglichkeit der Haupt- und Hilfsaggregate als unzureichend heraus. Aufgrund dieser Ergebnisse wurde die Erprobung Ende des dritten Quartals 1962 eingestellt. Bei beiden Baumusterlokomotiven wurden die Aggregate und Bauteile ausgebaut, die zur Erhaltung der Diesellokomotiven BR 101 im Raw weiterverwendet werden konnten. Der Fahrzeugteil und alle nichtweiterverwendbaren Teile wurden konserviert abgestellt.
In der Zwischenzeit sind die Schmalspurstrecken bis auf geringe Reste zusammengeschrumpft und zur Freude der Eisenbahnfreunde des In- und Auslandes zu „Reservatgebieten" der Dampflokomotiven geworden. Zusätzlicher Bedarf an Schmalspur-Diesellokomotiven für die Harzquer- und Selketalbahn soll durch den Umbau von Diesellokomotiven der Baureihe 110 der DR auf 1 000-mm-Spurweite gedeckt werden.

Konstruktive Merkmale

Rahmen: Fahrzeug besteht aus zwei kurzgekuppelten Triebgestellen und einem dreipunktgelagerten Brückenrahmen, d. h. drei unabhängigen Rahmen. Triebgestelle mit geschweißten Innenrahmen aus Stahlblech mit Quersteifen. An inneren Rahmenenden Kurzkupplungen mit seitlichen Puffern und mittleren Zugeisen, an äußeren Rahmenenden dem vorhandenen Schmalspur-Fahrzeugpark entsprechende Mittelpufferkupplungen: Scharfenberg- oder Trichterkupplung. Ausschnitte für Radsatzlagerführungen in Rahmenseitenblechen mit Hartmanganplatten. Blindwelle jeweils zwischen den Radsätzen eines Triebgestelles unsymmetrisch gelagert. Triebgestellrahmen und Kurzkupplung für 588 kN Pufferdruck ausgelegt. Brückenrahmen ebenfalls als Stahlblech-Schweißkonstruktion, auf einem Triebgestell in zwei, auf dem anderen in einem Auflagepunkt gelagert.
Aufbauten: Vorbauhauben mit Seitentüren und abnehmbaren Dachblechen bilden auf den Triebgestellen die Maschinenräume mit Traktionsdieselmotor, Strömungs- und Wendegetriebe sowie Kühlanlage.
Brückenrahmen trägt unter vorderer Vorbauhaube:
Speisewasserbehälter, Führerstand mit zwei diagonal gegenüber angeordneten Fahrpulten und dem Zugheizkessel, zwei seitliche Einstiegtüren,
und hinterer Vorbauhaube: Hilfsdieselmotor, Generatoren, Luftverdichter und Vakuumpumpe.
Laufwerk: Radsätze in Doppel-Pendelrollenlagern.
Oberhalb Radsatzlagergehäusen angeordnete Blattfedern mit Hängeeisen. Querausgleichhebel zwischen den Federn der äußeren Radsätze.
Bremsen: kombinierte Einkammer-Druckluftbremse mit Zusatzbremse und Heberlein-Bremse für den Zug.
Hardy-Führerbremsventil reguliert Vakuumbremsluft elektrisch. Saugluft steuert Druckluftbremse der Lokomotive.
Handspindelbremse als Feststellbremse.
Dieselmotor: auf jedem Triebgestell ein Sechszylinder-Reihenmotor 6 KVD 18, 132 kW, 1 500 U/min (entspricht Motoren in den Baureihen 101.0 bis 101.2), Bohrung 150 mm, Hub 180 mm.
Kraftstofförderung mit Kolbenpumpe an der Einspritzpumpe. Verbrennungsluft durch Kiemen in den Seitentüren des Vorbaus und Ansaugluftfilter.
Abgas aus Sammelrohr und Schalldämpfer über dem Motor, durch Rohrleitung über das Führerstandsdach.
Zweistufenregler begrenzt Leerlauf- und Enddrehzahl.
Elektrisches Anlassen mittels 24-V-Anlasser (11 kW). Elastischer Auf-

Baumusterlokomotive V 36 4801 (LKM, 1960), nach der Erprobung im Jahre 1962 wieder abgestellt
Foto: transpress-Archiv

bau auf Triebgestellrahmendeckblech in vier Punkten.
Kraftübertragung hydraulisch. Je Triebgestell ein Strömungsgetriebe GSR 12/3,7 mit angeflanschtem Wendegetriebe (entspricht damit Baureihe 101.2), im Rahmen starr gelagert, angetrieben vom Dieselmotor über Sicherheitsrutschkupplung (Lamellen) und Gelenkwelle. Strömungsgetriebe dreistufig: Wandler/Kupplung/Kupplung. Schaltung selbsttätig durch Füllen und Entleeren der Kreisläufe abhängig von der Fahrgeschwindigkeit. Ausgangswelle des Wendegetriebes zur Blindwelle verlängert, Treibstangen zu den Radsätzen.
Hilfseinrichtungen: Energieversorgung aus drei getrennten Stromkreisen. Hilfsdieselmotor Robur GD 3 (luftgekühlter Dreizylinder-Dieselmotor, 18,4 kW) treibt über Keilriemen einen 10-kW-Gleichstromgenerator (110 V) für Hilfsbetriebe der Lokomotive und einen 5-kW-Gleichstromgenerator (85 bis 125 V) für Zugbeleuchtung. Aggregat mittels Hilfsrahmen und Gummischwingelementen elastisch auf Brückenrahmen gelagert. Jeder Traktionsdieselmotor treibt außerdem eine 24-V-Lichtmaschine (700 W) über Keilriemen an. Sie versorgen die Steuer- und Überwachungsstromkreise, die Beleuchtung sowie die optische Signaleinrichtung der Lokomotive (Dreilicht-Spitzensignal und einzeln schaltbare rote Schlußleuchten), die akustischen Signalgeber und laden die Batterie.
Kühlanlagen an der Stirnseite jedes Vorbaus. Hauptkreislauf: Dieselmotor und drei Kühlelemente, Nebenkreislauf Wärmetauscher für Motorschmieröl und Strömungsgetriebeöl und ebenfalls drei Kühlelemente. Kühlerlüfter vom Dieselmotor über Keilriemen angetrieben.
2,5-kW-Gleichstrommotor treibt Luftverdichter V 46/200 A an und füllt Behälter mit Gesamtvolumen 325 l, versorgt Druckluftbremse, pneumatische Steuerkreise und Hilfsbetriebe (pneumatische Scheibenwischer und Läutewerk).
Hardy-Vakuumluftpumpe P 201, durch 1,9-kW-Gleichstrommotor angetrieben, erzeugt Bremsvakuum.
Reisezugheizung mittels Eckrohrheizkessel im Führerstand. 300 kg Dampf/h bei 196,1 kPa Überdruck.
Speisepumpe, Zentrifugalölbrenner und Verbrennungsluftgebläse elektromotorisch aus 110-V-Netz angetrieben.
Wofatit-Anlage zur Speisewasseraufbereitung.
Warmhalte- und Vorwärmbetrieb der Kühlkreisläufe mit Dampfstrahlmischdüse, Dampf aus Heizkessel oder mit Fremddampf. Für jede Maschinenanlage festverlegte Feuerlöschanlage, zusätzliche Handfeuerlöscher im Führerstand.
Steuerung: Füllungsverstellung des Dieselmotors und Wendeschaltung pneumatisch. Ein- und Ausschalten des Strömungsgetriebes mittels Hubmagnet elektrisch.
Überwachung durch Anzeigeinstrumente. Wächteranlage mit automatischer Abstellung des betroffenen Traktionsmotors nur für Schmieröldruck.
Wegabhängige Sicherheitsfahrschaltung wirkt bei Druckluftbremse und bei Vakuumbremse.
Brandwächter in Maschinenvorbauten stellt selbsttätig Kraftstoffzufuhr ab und löst akustisches Warnsignal aus.

199 301

103 901

C

ab 1969

Techn. Daten: Seite 190

Der VEB Lokomotivbau „Karl Marx" Babelsberg erhielt Mitte der sechziger Jahre von der Indonesischen Staatsbahn (PNKA) den Auftrag zur Lieferung von dreißig dieselhydraulischen Lokomotiven, die hauptsächlich für den Rangierdienst vorgesehen waren. Der Auftraggeber benannte u. a. folgende technische Forderungen:

- Dieselmotor der Fa. Maybach (MTU),
- hydraulische Kraftübertragung mit Voith-Strömungsgetrieben,
- weitere Übertragung über Blindwelle und Stangen,
- Spurweite 1 067 mm,
- Radsatzfahrmasse 10 t,
- kleinster befahrbarer Gleisbogenhalbmesser 50 m,
- Höchstgeschwindigkeit 30 km/h,
- tropengeschützte Ausführung,
- Außenabmessung nach dem Fahrzeugumgrenzungsprofil II der PNKA,
- Anwendung der Bauteil- und Maßstandards der PNKA.

Nach Abschluß der Konstruktionsarbeiten wurde eine Musterlokomotive gebaut und 1966 fertiggestellt. Diese Lokomotive sollte einer eingehenden Erprobung unterzogen werden. Sie war daher für eine Spurweite von 1 000 mm gefertigt worden und wurde bei Probefahrten auf der Harzquer- und Brockenbahn in einem umfangreichen Versuchsprogramm getestet. Diese Erprobungen erstreckten sich auf Leistungs-, Schwingungs-, Spannungs- und Geräuschmessungen sowie bremstechnische Untersuchungen. Sie wurden in enger Zusammenarbeit zwischen dem Hersteller, dem Institut für Schienenfahrzeuge und der VES-M der DR durchgeführt. Als Erprobungsergebnis lag die Bestätigung vor, daß die Lokomotive alle gestellten technischen Bedingungen erfüllte.

Anläßlich der Leipziger Frühjahrsmesse 1967 wurde die Lokomotive mit der Typenbezeichnung V 30 C der Öffentlichkeit vorgestellt. Noch 1967 erfolgte die Auslieferung der bestellten Serie an Indonesien.

Die Musterlokomotive verblieb in der DDR, zunächst noch als Eigentum des VEB Lokomotivbau „Karl Marx". 1969 wurde sie von der DR gekauft, nach den Erfordernissen des Einsatzes auf der Harzquer- und Brockenbahn und unter den

1 000-mm-Schmalspur-Diesellokomotive 199 301 im Einsatz bei der Harzquerbahn, auf dem Bild noch mit der Betriebsnummer 103 901, mit der sie von 1970 bis 1973 gekennzeichnet war
Foto: transpress-Archiv

1 000-mm-Schmalspur-Diesellokomotive, ursprünglich als Musterlokomotive für einen Exportauftrag, später von der DR als V 30 001 übernommen

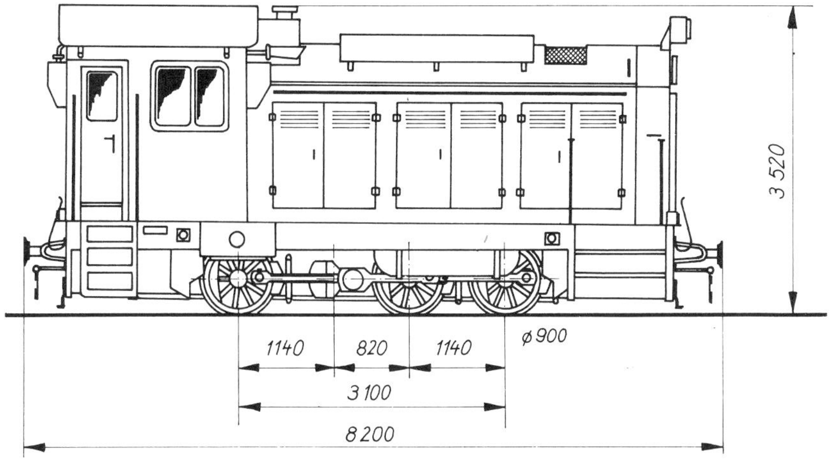

Gesichtspunkten einer wirtschaftlichen Unterhaltung umgebaut. Sie erhielt zunächst die Betriebsnummer 103 901, wurde aber 1973 bei der Neuvergabe der Betriebsnummern für Schmalspur-Diesellokomotiven der DR in 199 301 umgezeichnet. Die Lokomotive ist seit 1970 in Wernigerode Westerntor beheimatet und wird von dort aus sowohl im Rangierdienst als auch zur Beförderung von Arbeitszügen eingesetzt, so auch während des Neubaus der Verbindungsstrecke Straßberg–Stiege zwischen der Selketalbahn und der Harzquerbahn in den Jahren 1982/83.

Konstruktive Merkmale

Rahmen: geschweißter Innenrahmen, Rahmenseitenwangen aus 25-mm-, Stirnwände aus 30-mm-Stahlblech, zusätzlich ausgesteift, besonders an den Rahmenenden zur kastenförmigen Aufnahme der Zug- und Stoßeinrichtung: ein Mittelpuffer und seitliche Hakenkupplungen. Ausschnitte in den Rahmenseitenwangen für Radsatzlagergehäuse, verstärkt durch aufgeschweißte Radsatzlagerbügel aus Stahlblech, und Durchbruch für Blindwellenlager.

Rangiertritte vorn auf beiden Fahrzeugseiten.

Aufbauten: Maschinenvorbau zerlegbar, vorderer Teil als Kühlerverkleidung abnehmbar, Türen und Klappen in den Seitenwänden zur Wartung und Reparatur von den seitlichen Umläufen aus. Dach abnehmbar zum Ein- und Ausbau des Dieselmotors sowie eines Teils der Hilfseinrichtungen.

Führerstand über volle Fahrzeugbreite, doppelwandig, schall- und wärmeisoliert. Doppeldach zum Schutz gegen Sonnenstrahlung, vorgezogene Sonnenblenden. Fahrpult an vorderer Führerhauswand, von beiden Fahrzeugseiten bedienbar.

Laufwerk: drei gleitgelagerte Radsätze, der mittlere mit 13 mm Spurkranzschwächung.

Blattfedern oberhalb der Radsatzlagergehäuse, aufgehängt in Federspannschrauben und mit Ausgleichhebeln zwischen erstem und zweitem Radsatz.

Bremsen: einfache direktwirkende Druckluftbremse, ein Bremszylinder rechts hinten am Rahmen wirkt über nachstellbare Gestänge einseitig auf alle Räder.

Spindelhandbremse als Feststellbremse wirkt auf Gestänge der Druckluftbremse und damit ebenfalls auf alle Räder.

Dieselmotor: im Gegensatz zu den exportierten Lokomotiven mit MTU-Dieselmotor wurde Dieselmotor des VEB Elbewerk Roßlau eingebaut: Sechszylinder-Viertakt-Reihendieselmotor 6 VD 18/15 SRW. Leistung 243 kW (330 PS) bei 1 500 U/min. Vorkammerverfahren. Hub 180 mm, Bohrung 150 mm.

Mit Gummielementen elastisch auf Lokomotivrahmen gelagert. Ölbadluftfilter in der Ansaugluftleitung.

Abgas vom Sammelrohr in Abgasschalldämpfer, von dort durch Rohr über Führerhausdach ins Freie.

Elektrisches Anlassen mit 24-V-Anlasser.

K r a f t ü b e r t r a g u n g mit drehelastischer Kupplung und kurzer Gelenkwelle zum Zweiwandler-Strömungsgetriebe des VEB Strömungsmaschinen Dresden.
Direkt angeflanschtes Wendegetriebe mit Blindwellenausgang, Treibstangen zum zweiten und dritten Radsatz, Kuppelstangen zum ersten Radsatz.
H i l f s e i n r i c h t u n g e n : Kühlanlage mit 14 Flachrohrkühlelementen, Umwälzpumpe, Wärmetauscher Motorschmieröl und Wärmetauscher Strömungsgetriebeöl. Kühllufteintritt an der Stirnwand, erwärmte Kühlluft durch Kühlerlüfter nach oben ausgeblasen, Kühlerlüfter über Keilriemen und Zwischengelenkwelle vom Dieselmotor angetrieben. Am Kühlwasseraustritt des Dieselmotors Thermostat und Kurzschlußleitung.
Vorwärmanlage mit ölbeheiztem Vorwärmgerät im Nebenschluß.
24-V-Bordnetzversorgung aus Lichtmaschine (vom Dieselmotor angetrieben). Stirnlampen und Schlußleuchten nach den Signalvorschriften der DR, Beleuchtung im Führerstand und im Maschinenvorbau, elektrischer Steuerstromkreis für Ein- und Ausschaltung des Strömungsgetriebes.
Luftverdichter mit 784,5 kPa (8 kp je cm^2) Enddruck versorgt Druckluftbremse, pneumatische Steuer- und Arbeitskreise. Druckluftscheibenwischer, Typhone.
S t e u e r u n g : Einfachsteuerung, mechanische Drehzahlverstellung des Dieselmotors, elektrisches Ein- und Ausschalten des Strömungsgetriebes, pneumatische Betätigung der Wendeschaltung. Bedienbarkeit von beiden Führerhausseiten aus.
Ü b e r w a c h u n g mit Anzeigeinstrumenten, Wächter für Kühlwassertemperatur, Getriebeöltemperatur und Motorschmieröldruck.

Literatur:

DET 15 (1967) 3. – S. 115–119
ME 23 (1974) 8. – S. 235
ME 30 (1981) 1. – S. 17–19
Sfz 11 (1967) 3. – S. 75–76

Einheitskleinlokomotiven mit Antrieb durch Verbrennungsmotoren

Um 1930 wurde die Deutsche Reichsbahn-Gesellschaft vor allem im Nahgüterverkehr einem besonderen Problem gegenübergestellt. Die Kraftfahrzeugindustrie brachte ständig neue Typen leistungsfähiger Lastkraftwagen auf den Markt, die mit ihren kurzen Zustellzeiten eine ernste Konkurrenz für den Nahgüterverkehr bedeuteten. Im Nahgüterverkehr war es üblich, daß die Zuglokomotive beim Halt auf Unterwegsbahnhöfen jeweils die Ladestraßen-, Güterschuppen- und Anschlußgleise bedienen mußte. Daraus ergaben sich für diese Züge sehr lange Aufenthaltszeiten auf den Unterwegsbahnhöfen, und die durchschnittliche Reisegeschwindigkeit der Nahgüterzüge betrug nur etwa 10 km/h und oft noch weniger. Es war deshalb verständlich, daß viele Verlader für kurze und mittlere Entfernungen die Beförderung mit Lastkraftwagen dem Bahntransport vorzogen.

Die Deutsche Reichsbahn-Gesellschaft erkannte, daß die damaligen Motorlokomotiven niedriger Leistung, die sich auf Werk-, Gruben- und Feldbahnen schon sehr bewährt und eine hohe Betriebssicherheit erreicht hatten, ein geeignetes Betriebsmittel waren, um den Betrieb flüssiger zu gestalten und den Nahgüterverkehr zu beschleunigen. Diese Lokomotiven sollten auf Unterwegsbahnhöfen stationiert werden, denen keine anderen Zugmittel zur Verfügung standen, die Anschlüsse bedienen, einzelne Wagen und Wagengruppen den nur kurz haltenden Nahgüterzügen beistellen und alle einfachen Rangierarbeiten im Bahnhofsbereich ausführen. Bei diesen Überlegungen konnte man auch die Erfahrungen ausländischer Bahnverwaltungen (Französische Ostbahn, Dänische Staatsbahn, Niederländische Eisenbahnen) zurückgreifen, die bereits seit 1923 derartige Rangierlokomotiven einsetzten.

Nach eingehenden Studien legte die DRG die technischen Bedingungen und die Baugrundsätze für leichte Motorlokomotiven fest und forderte von der Lokomotivindustrie entsprechende Vorschläge. Von sich aus begannen zudem einige Lokomotivbaufirmen, solche Lokomotiven zu schaffen. So stellte die Berliner Maschinenbau AG, vormals L. Schwartzkopff, auf der Leipziger Frühjahrsmesse 1928 einen „Lokomotor“ mit 21-kW (28 PS)-Benzolmotor oder 17-kW (23 PS)-Petroleummotor aus, der bei 5 km/h eine Zugkraft von 11,3 kN erreichte.

Im gleichen Jahr lieferte dieser Hersteller weitere Lokomotiven der genannten Gattung, allerdings mit etwas stärkeren Motoren, an die Niederländischen Eisenbahnen.

Für die leichten Rangierfahrzeuge, für die die Bezeichnung Kleinlokomotiven eingeführt wurde, hatte die Deutsche Reichsbahn-Gesellschaft folgende technische Bedingungen festgelegt: Es sollten verschiedene Antriebsarten, wie Verbrennungsmotor, Dampfmotor und aus Akkumulatoren gespeister Elektromotor, zugelassen sein. Aus der Zweckbestimmung der Fahrzeuge, Rangieren weniger Wagen mit kleiner Fahrgeschwindigkeit über kurze Entfernungen innerhalb des Bahnhofsbereichs, wurde eine Leistung von 29 kW (40 PS) für ausreichend erachtet. Die Einsatzdauer der Kleinlokomotiven wurde sehr gering angesetzt, da auf Fahrten von Bahnhof zu Bahnhof verzichtet werden sollte. Um dabei dennoch wirtschaftlich zu sein, war die Kleinlokomotive sehr billig herzustellen. Wegen der kurzen Einsatzdauer mußte gefordert werden, auch die Bedienung der Kleinlokomotive sehr einfach zu halten. Die Bedienung sollten kein besonders qualifiziertes Triebfahrzeugpersonal sondern in Kurzlehrgängen geschulte Angehörige des Bahnhofspersonals (Rangierer, Güterbodenarbeiter u. a.) übernehmen. Besonderer Wert wurde auf die Möglichkeit der Einmannbedienung gelegt. Der Kleinlokbediener sollte eine ausreichende Übersicht längs der bewegten Wagen und eine gute Sicht auf die Puffer und Kupplungen haben. Da er oft allein rangieren muß, sollte die Bedienung, entsprechend den Erfahrungen der Niederländischen Eisenbahnen mit einem ähnlichen Fahrzeug, von breiten seitlichen Trittbrettern aus möglich sein. Die Deutsche Reichsbahn-Gesellschaft forderte jedoch ein leichtes Führerhaus, das vor allem bei Fahrten mit höherer Geschwindigkeit und bei schlechter Witterung benutzt werden konnte. Die Bedienungsorgane mußten deshalb auf beiden Fahrzeugseiten vorhanden sein und auch in der Mitte vom Führerstand aus betätigt werden können. Um dem Kleinlokbediener bei Einmannbedienung ein ständiges Auf- und Absteigen zu ersparen, war eine besondere Rangierkupplung vorzusehen, die beim Fahren gegen den Zughaken des zu rangierenden Wagens selbsttätig kuppelte und durch einen Hebel vom Führerstand aus wieder gelöst werden konnte.

Die Kleinlokomotiven sollten als Antriebsmotoren robuste und billige Zweitakt-Dieselmotoren erhalten. Nur zu Vergleichszwecken sollten auch einige Kleinlokomotiven mit Vergasermotoren ausgerüstet werden.

Aus Gründen der geringen Kosten und der einfachen Bedienung und Unterhaltung waren als Kraftübertragung Rädergetriebe und Rollenkettenantrieb vorzusehen. Um mit geringer Schleppmasse oder mit der unbelasteten Kleinlokomotive größere Entfernungen im Bahnhofsbereich schnell zurücklegen zu können, sollte das Rädergetriebe zweistufig sein: eine erste Fahrstufe für den üblichen Rangierbetrieb bis zu einer Geschwindigkeit von 10 km/h und eine zweite Fahrstufe für eine Fahrgeschwindigkeit bis etwa 30 km/h.

Die Erfahrungen der genannten ausländischen Bahnverwaltungen hatten gezeigt, daß nur ein großzügiges Beschaffungsprogramm erfolgversprechend ist. Der Einsatz der neuen Kleinlokomotiven auf einigen Streckenabschnitten und wenigen Bahnhöfen hätte nicht dazu beigetragen, die Reisegeschwindigkeit im Nahgüterverkehr grundsätzlich zu erhöhen. Deshalb sah man von vornherein die Beschaffung großer Stückzahlen vor.

Nach der Erprobung mehrerer Lokomotiven dieser Größenordnung, die von verschiedenen Herstellern für einzelne Werk- und Anschlußbahnen gefertigt worden waren, veranlaßte die Deutsche Reichsbahn-Gesellschaft 1929 einen Großversuch mit einer 37-kW (50 PS)-Motorlokomotive der Rheiner Maschinenfabrik Windhoff AG. Diese Lokomotive wurde auf mehreren mittleren Bahnhöfen der Reichsbahndirektion Münster eingesetzt. Ein Mehrzylinder-Vergasermotor gab seine Leistung über ein Kegelradwendegetriebe an ein Zweistufengetriebe ab, von dem die weitere Übertragung über eine im Rahmen gelagerte Blindwelle sowie Treib- und Kuppelstangen auf die beiden Radsätze verlief. Diese Lokomotive konnte im ersten Gang bei 6 km/h eine Schleppmasse von 345 t und im zweiten Gang bei 12 km/h 170 t befördern.

Eine eingehende Auswertung der Versuche, einschließlich der daraus abgeleiteten Wirtschaftlichkeitsberechnungen, veranlaßte die Deutsche Reichsbahn-Gesellschaft, 1930 weitere 18 Kleinlokomotiven zu beschaffen. Davon seien hier vor allem die drei Kleinlokomotiven mit Vergasermotor (V 6004 bis V 6006) und die elf Kleinlokomotiven mit Antrieb durch Dieselmotor (V 6007 bis V 6017) genannt. Die anderen vier Kleinlokomotiven waren elektrische Speicherloks (Ks) der AEG.

Die Berliner Maschinenbau AG, vormals Schwartzkopff, stellte die Kleinlokomotiven V 6004 bis V 6009 her. Während die ersten drei Lokomotiven (V 6004 bis V 6006) Vierzylinder-Viertakt-Vergasermotoren (31 kW ⟨42 PS⟩ bei 1 000 U/min) der Kämper-Motorenfabrik, Berlin-Friedrichsfelde, erhielten, bekamen die Lokomotiven V 6007 bis V 6009 Dreizylinder-Zweitakt-Dieselmotoren PMD 122 (29 kW ⟨40 PS⟩ bei 600 U/min) der Deutz-Motoren-AG. Der Motor wurde mit Druckluft aus einer Vorratsflasche angelassen. Der außenliegende Blechrahmen dieser Lokomotiven war in der Fahrzeugmitte sehr tief eingeschnitten, um von einer Fahrzeugseite zur anderen leicht übersteigen zu können. An beiden Enden war der Rahmen bis in die Höhe der Pufferbohlen hochgezogen und kastenförmig versteift. Die Pufferbohlen trugen die üblichen Zug- und Stoßeinrichtungen. Außerdem war eine besondere Rangierkupplung des Systems Schwartzkopff angebracht, die ein selbsttätiges Kuppeln gestattete und zum Entkuppeln über einen Fußhebel gelöst werden konnte. Sollte sie nicht benutzt werden, konnte man sie hochklappen und mit einem Haken festlegen. Die Radsätze liefen in Rollenlagern, Blattfedern federten die Rahmen ab. Die Räder hatten den kleinsten für Regelfahrzeuge zugelassenen Raddurchmesser von 850 mm. Verbrennungsmotor und zweistufiges Rangiergetriebe waren auf zwei zusätzlichen Längsträgern gelagert. Beim Drehen des Fahrhandrades wurde zuerst der erste, dann der zweite Gang durch Betätigen elastischer Federbandkupplungen geschaltet, wobei die Zahnräder stets im Eingriff blieben. Eine Schnellgangstufe konnte bei stehender Lokomotive vorgeschaltet werden. Die Fahrtrichtung wurde mit einer verschiebbaren Klauenkupplung auf der Blindwelle gewechselt. Die Blindwelle trieb die Radsätze über Rollenketten an. Die Längung der Antriebsketten konnte durch Umlegen von Paßblechen zwischen den Radsatzlagergehäuseführungen im Rahmen und den Radsatzlagerge-

Kleinlokomotive Kö 4 008, vormals V 6 012 (Deutz, 1930)
Foto: Sammlung Glatte

häusen ausgeglichen werden. Die einseitig auf alle vier Räder wirkende mechanische Gestängebremse wurde mit Fußhebeln betätigt und in der Bremsstellung selbsttätig festgehalten. Sie bremste 60 % der Dienstmasse ab.
Diese Kleinlokomotiven erfüllten auch alle sonstigen von der Deutschen Reichsbahn-Gesellschaft gestellten Forderungen, wie einfache Einmannbedienung von beiden Fahrzeugseiten und vom Führerstand aus, gute Sicht auf die Puffer und die Kupplung, geringe Kosten in Herstellung, Betrieb und Unterhaltung. Die Lokomotiven mit Dieselmotor hatten eine Dienstmasse von 12,1 t, die mit Vergasermotor 10,9 t.
Die Humboldt-Deutz-Motoren AG baute die Kleinlokomotiven V 6010 bis V 6012 für die Deutsche Reichsbahn-Gesellschaft. Im Aufbau ähnelten sie den Schwartzkopff-Lokomotiven. Sie erhielten ebenfalls den vorhergenannten Dreizylinder-Zweitakt-Dieselmotor PMD 122 (29 kW ⟨40 PS⟩ bei 600 U/min). Auch das über eine elastische Kupplung angetriebene zweistufige Zahnradwechselgetriebe mit Schnellgangvorgelege war den Schwartzkopff-Getrieben ähnlich. Die Übertragung von der Blindwelle zu den Radsätzen besorgten Doppelrollenketten. Die Dienstmasse der Lokomotive betrug 12 t.
Als dritter Hersteller lieferte die Rheiner Maschinenfabrik Windhoff AG die Kleinlokomotive V 6013 bis V 6015 an die DRG. Im Gegensatz zu den vorher beschriebenen Fahrzeugen hatten diese Kleinlokomotiven einen kastenförmigen, zwischen den Rädern liegenden Blechrahmen, der von Pufferträger zu Pufferträger in gleicher Höhe durchging. Um dennoch von einer Fahrzeugseite zur anderen durch das Führerhaus bequem übersteigen zu können, wurden die seitlichen Bedienungstritte auf 480 mm über Schienenoberkante hochgesetzt. Die durchlaufenden Trittbretter befanden sich 300 mm über Schienenoberkante. Auch diese Kleinlokomotiven erhielten die üblichen Zug- und Stoßeinrichtungen und eine selbsttätige Rangierkupplung. Als Antriebsmotor war ein Zweizylinder-Zweitakt-Dieselmotor

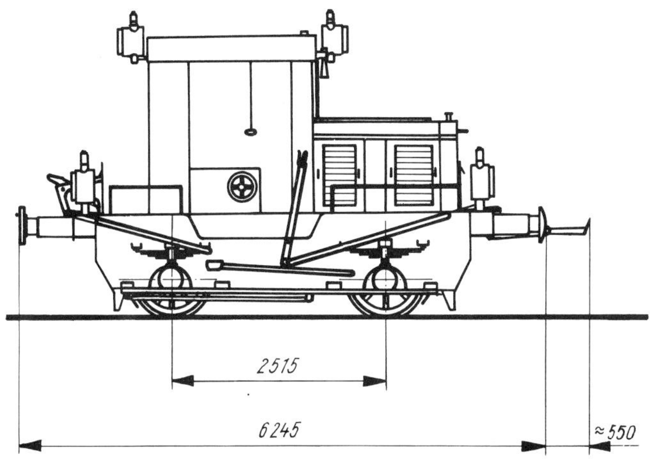

Kleinlokomotive Kö 4 008, vormals 6 012

Kleinlokomotive Kö 4009, vormals V 6012 (Windhoff, 1920)
Foto: Sammlung Glatte

der Hanseatischen Motorengesellschaft,Bergedorf, mit einer Leistung von 35 kW (48 PS) bei 450 U je min eingebaut worden. Der Motor wurde durch Druckluft aus einer Speicherflasche, die während des Betriebes über ein Ladeventil aufgeladen wurde, angelassen.
Eine in Öl laufende Lamellenkupplung übertrug die Motorleistung auf das vierstufige Wechselgetriebe, in dem sich auch die Umschaltvorrichtung für den Fahrtrichtungswechsel befand. Weitere Lamellenkupplungen und eine Klauenkupplung schalteten die Gänge. Alle Zahnräder standen ständig im Eingriff. Die vier Geschwindigkeitsstufen wurden durch das Drehen eines Handrades geschaltet, mit dem auch die Fahrtrichtung gewechselt wurde. Die Ausgangswelle des Getriebes war als Blindwelle mit um 90° versetzten Kurbeln ausgebildet. Zwei kombinierte Treib- und Kuppelstangen übertrugen die Leistung auf beide Radsätze. Die Lokomotive hatte eine Dienstmasse von 13 t.

Die Fürst Stollberg-Hütte AG, Ilsenburg, lieferte die letzten beiden Kleinlokomotiven für den Großversuch im Jahre 1930: V 6016 und V 6017. Diese Kleinlokomotiven hatten keine Lokomotivrahmen, sondern ein aus Profileisen bestehendes Untergestell, ähnlich einem Güterwagenuntergestell. Radsätze (Raddurchmesser 1000 mm), Federn und Achsgabeln entsprachen der Regelausführung der Deutschen Reichsbahn-Gesellschaft. Den Antriebsmotor hatte der Lokomotivhersteller selbst gefertigt: Es war ein Zweitakt-Dieselmotor, der quer zur Fahrtrichtung aufgebaut und mit dem Getriebe in einem gemeinsamen Montagerahmen vereinigt war. Der Motor leistete 26,5 kW (36 PS) bei 500 U/min. Das vierstufige Getriebe wurde mit fünf Freilauf-Federbandkupplungen geschaltet. Ein Handrad betätigte Gangschaltung und Fahrtrichtungswechsel. Das Getriebe übertrug die Leistung auf einen Radsatz. Die Dienstmasse der Lokomotive betrug 18 t und wurde so auf die Achsen verteilt, daß die Radsatzfahrmasse des Treibradsatzes 12 t und die des Laufradsatzes 6 t aufwies.
Die Kleinlokomotive V 6004 bis V 6017 wurden noch im Jahre ihrer Auslieferung (1930) in den verschiedensten regionalen und betrieblichen Bereichen der Deutschen Reichsbahn-Gesellschaft eingesetzt und eingehenden Erprobungen unterzogen. Dabei kam es besonders auf ihre Wirtschaftlichkeit an.
Noch in die erste Erprobungsphase fiel die Neueinordnung der Motor-

Neue Betriebsnummern für Erprobungsmuster

Alte Bezeichnung		Neue Betriebsnummer
Betriebsnummer	Gattungszeichen	
V 6004	G 22.5	Kb 4000
V 6005	G 22.5	Kb 4001
V 6006	G 22.5	Kb 4002
V 6007	G 22.6	Kö 4003
V 6008	G 22.6	Kö 4004
V 6009	G 22.6	Kö 4005
V 6010	G 22.6	Kö 4006
V 6011	G 22.6	Kö 4007
V 6012	G 22.6	Kö 4008
V 6013	G 22.7	Kö 4009
V 6014	G 22.7	Kö 4010
V 6015	G 22.7	Kö 4011
V 6016	G 12.5	Kö 0001
V 6017	G 12.5	Kö 0002

lokomotiven in ein neues, sinnvolleres Betriebsnummernsystem. Dabei wurde für die Kleinlokomotiven ein eigenes Bezeichnungsschema geschaffen (vgl. S. 9). Bei gleichzeitigem Wegfall der Gattungszeichen erhielten die vierzehn Erprobungsmuster neue Betriebsnummern.

Im Betrieb haben sich alle vier Bauarten des Jahres 1930 im allgemeinen sehr gut bewährt und hatten schon nach kurzer Laufzeit beim Personal eine große Beliebtheit erlangt. Selbstverständlich traten auch einige Mängel und Schwierigkeiten auf. So wurde das starke Abgasgeräusch der Zweitakt-Dieselmotoren kritisiert, das die Hörbarkeit der Rangiersignale stark beeinträchtigte. Die Druckluftflaschen zum Anlassen des Motors waren oft leer, wenn relativ viele Anlaßvorgänge innerhalb kurzer Zeit notwendig waren. Die Getriebe waren zunächst für den rauhen Einsatzzweck nicht robust genug. Besonders die Freilaufkupplungen in den Kleinlokomotiven Kö 0001 und Kö 0002 erwiesen sich als recht störanfällig.

Diese Erprobungsergebnisse waren die Grundlage für eine umfangreiche Überarbeitung und Einführung zahlreicher Verbesserungen. Dabei waren auch veränderte und wesentlich ergänzte Forderungen der Deutschen Reichsbahn-Gesellschaft zu berücksichtigen.

Zunächst wurden jetzt zwei Fahrzeuggrößen gefordert, die als Leistungsgruppen definiert waren:

- Kleinlokomotiven der Leistungsgruppe I (bis 28,7 kW ⟨39 PS⟩),
- Kleinlokomotiven der Leistungsgruppe II (29 bis 110 kW ⟨40 bis 149 PS⟩).

Zusätzlich bezogen sich aber die neuen Forderungen der DRG auch auf viele konstruktive Details. So schrieb man eine Reihe von Abmessungen vor, die der Hersteller bis dahin in gewissen Grenzen selbst wählen konnte: Raddurchmesser 850 mm, Achsstand 2 500 mm, Höhe des Fußbodens der Bedienungsstände 375 mm über Schienenoberkante. Die Bedienungsstände mußten hinter dem zweiten Radsatz liegen, damit beim Übersteigen von einer Fahrzeugseite zur anderen nur eine Stufe von 175 mm zu überwinden war. Außerdem sollte das Führerhaus über die gesamte Fahrzeugbreite reichen, einen besseren Witterungsschutz bieten und gute Sicht auf Strecke und Kupplung gewährleisten. Weitere Forderungen betrafen die Unterhaltungsarbeiten (Kettenpflege und -montage, Bremsennachstellen, Ölwechsel usw.), die sich ohne Arbeitsgrube ausführen lassen sollten. Die doppelseitige Anordnung der Bedienungselemente war beizubehalten. Beleuchtung und Signalgeber (Horn) sollten elektrisch betrieben werden. Als Leistung der Antriebsmotoren setzte man 37 kW (50 PS) und 44 kW (60 PS) fest, wobei Vier- und Zweitakt-Dieselmotoren sowie Viertakt-Vergasermotoren verwendet werden konnten. Für die Getriebe und die Schaltung bestanden genaue Richtlinien, während die Wahl der weiteren Übertragung (Ketten oder Stangen) dem Hersteller überlassen blieb.

Nach diesen Forderungen bauten im Jahre 1931 die Firmen Berliner Maschinenbau AG, vormals L. Schwartzkopff, Humboldt-Deutz-Motoren-AG, Orenstein & Koppel und Lokomotivfabrik Jung über 20 Kleinlokomotiven der Leistungsgruppe II mit Verbrennungsmotoren für die Deutsche Reichsbahn-Gesellschaft. Diese Fahrzeuge der Leistungsgruppe II stellten praktisch Weiterentwicklungen der Kleinlokomotiven aus dem Jahre 1930 dar.

Die Kleinlokomotiven von Schwartzkopff ähnelten im Fahrzeugteil den vorher genannten. Der äußere Blechrahmen war seitlich ausgespart, so daß die Ketten und Bremsklötze leicht zugänglich waren. Durch ein Klappe im Führerhausboden konnten die Bremsen nachgestellt werden. Der Antriebsmotor wurde wegen einer guten Sicht auf die vordere Rangierkupplung in den Führerstand zurückver-

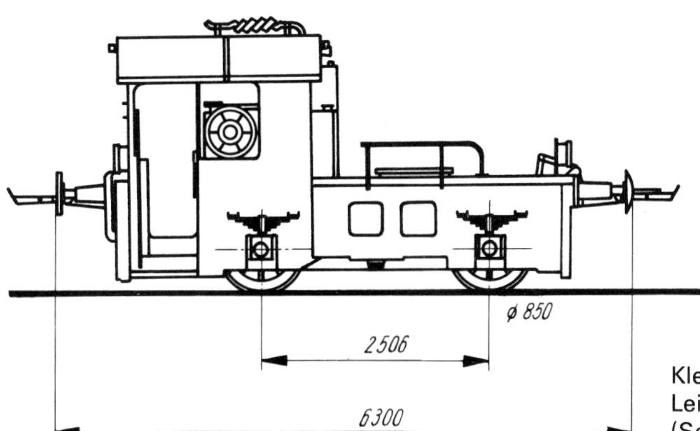

Kleinlokomotive der Leistungsgruppe II (Schwartzkopff, 1931)

Kleinlokomotive Kb 4027 der Leistungsgruppe II (Orenstein & Koppel, 1931)
Foto: Sammlung Glatte

legt. Diese Anordnung hatte jedoch den Nachteil der starken Lärmbelästigung im Führerstand. Um der Forderung nach annähernd gleichen Radsatzfahrmassen Rechnung zu tragen, brachte man im vorderen Rahmenteil Ballast ein. Damit ergaben sich folgende Radsatzfahrmassen: erster Radsatz 6,7 t, zweiter Radsatz 7,7 t. Wiederum wurde ein Kämper-Vierzylinder-Viertakt-Vergasermotor verwendet, der jedoch in der verbesserten Form 37 kW (50 PS) bei 1 000 U/min leistete und eine höhere Betriebssicherheit aufwies. Er war außerdem mit einem elektrischen Anlasser und einer 12-V-Lichtmaschine ausgestattet. Das Getriebe war ähnlich dem der Vorjahreslokomotiven aufgebaut.

Orenstein & Koppel wählte für seine Kleinlokomotiven den Stangenantrieb und führten dementsprechend den Fahrzeugrahmen als Innenrahmen aus. Der grundsätzliche Aufbau entsprach dem der anderen Kleinlokomotiven der Leistungsgruppe II. Als Rangierkupplung wurde eine eigene Bauart verwendet. Der Vergasermotor eigener Konstruktion leistete 44 kW (60 PS) beim 700 U/min. Das Vierganggetriebe wurde ölhydraulisch geschaltet und umgesteuert, wozu der Schmieröldruck des Getriebes ausgenutzt wurde.

Auch die Kleinlokomotiven der Deutz-Motoren-AG entsprachen fahrzeugtechnisch den anderen Typen. Sie hatten einen Innenrahmen und Stangenantrieb und waren mit der Schwartzkopff-Rangierkupplung ausgerüstet. Die Dienstmasse betrug 14 t. Der Sechszylinder-Viertakt-Dieselmotor der Firma Deutz leistete 44 kW (60 PS) bei 1 000 U/min und hatte eine besonders geringe Masse. Er war mit einer elek-

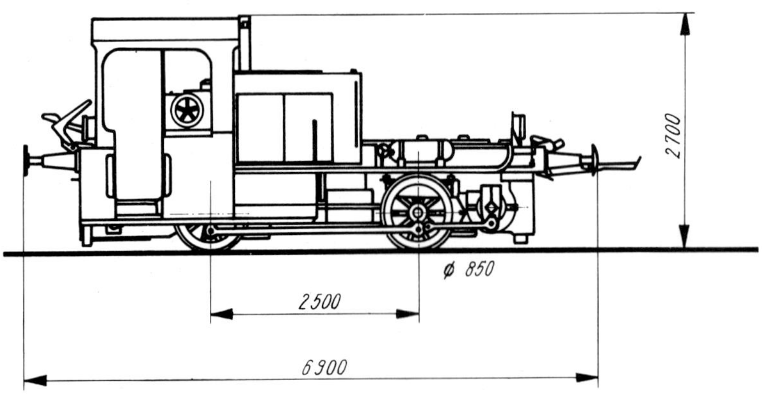

Kleinlokomotive der Leistungsgruppe II (Jung, 1931)

Kleinlokomotive Kb 0008
der Leistungsgruppe I
(Orenstein & Koppel)
Foto: Sammlung Glatte

trischen Vorglüheinrichtung und einem elektrischen Anlasser ausgerüstet. Auch bei den Deutz-Kleinlokomotiven wurde die Gangschaltung des Getriebes ölhydraulisch betätigt, wobei eine besondere Ölpumpe und getrennte Leitungen für diesen Steuerkreis verlegt waren. Das Umschalten der Fahrtrichtung geschah mechanisch.

Die Lokomotivfabrik Jung war der vierte Kleinlokomotivlieferant des Jahres 1931. Auch diese Lokomotiven erhielten Innenrahmen und Stangenantrieb. Zur besseren Verteilung der Radsatzfahrmassen wurden das Getriebe und die Blindwelle vor den ersten Radsatz gelegt. Diese Kleinlokomotiven hatten eine Dienstmasse von 15 t. Der Antriebsdieselmotor stammte von Jung. Er war ein Dreizylinder-Zweitaktmotor mit Kurbelkastenspülung. Seine Leistung betrug 37 kW (50 PS) bei 600 U/min. Zwei weiche Fahrkupplungen und eine synchronisierende Schaltmuffe schalteten das Getriebe. Diese Konstruktion sollte harte Schaltstöße und einen übermäßigen Verschleiß vermeiden.

Die zur Jahreswende 1930/31 aufgestellten technischen Bedingungen für die verbesserten Kleinlokomotiven des Jahres 1931 enthielten auch erstmalige Forderungen an die noch leichtere Kleinlokomotive der Leistungsgruppe I. Diese Lokomotiven sollten eine Motorleistung von 14,7 kW (20 PS) bis 28,7 kW (39 PS) haben. Sie waren für den Einsatz auf Bahnhöfen mit sehr kurzen Fahrwegen und einer nur geringen Anzahl zu rangierender Wagen gedacht. Im Achsstand, im Raddurchmesser und in weiteren Einzelheiten entsprachen sie nicht der Eisenbahn-Bau- und Betriebsordnung. Dadurch sollten die Beschaffungs- und Betriebskosten noch unter denen der Leistungsgruppe II liegen. Man konnte demzufolge Bauarten übernehmen, die auch für private Werk- und Anschlußbahnen gebaut wurden. Sie erhielten die von der DRG geforderten breiten Führerhäuser und wurden mit der üblichen Zug- und Stoßeinrichtung sowie der zusätzlichen automatischen Rangierkupplung ausgestattet.

Am Bau der Kleinlokomotiven der Leistungsgruppe I für die Deutsche Reichsbahn-Gesellschaft beteiligten sich Orenstein & Koppel, die Lokomotivfabrik Jung, Gmeinder & Co. und die Rheiner Maschinenfabrik Windhoff AG.

Die Kleinlokomotiven von Orenstein & Koppel hatten bei einem Achsstand von 2500 mm und einem Raddurchmesser von 750 mm eine Dienstmasse von 7,4 t. Ein Vierzylinder-Vergasermotor mit einer Leistung von 14,7 kW (20 PS) bei 1200 U/min wurde elektrisch angelassen. Er gab seine Leistung an ein mechanisches Getriebe ab, dessen zwei Stufen durch Konuskupplungen geschaltet wurden. Für das Schalten der Wendestufe diente eine Klauenkupplung. Der erste Radsatz wurde vom Getriebe direkt angetrieben, der zweite war durch

Kuppelstangen mit dem ersten verbunden.
Die Kleinlokomotive von Jung hatte eine Dienstmasse von 6,2 t, 2000 mm Achsstand und 700 mm Raddurchmesser. Der Jung-Zweitakt-Dieselmotor mit Kurbelkastenspülung leistete 14,7 kW (20 PS) bei 650 U/min. Schrägklauenkupplungen schalteten das zweistufige Getriebe. Die Ausgangswelle des Getriebes trug ein Kettenrad für den Doppelrollenkettenantrieb auf einen Radsatz. Der zweite Radsatz wurde durch eine Rollenkette gekuppelt.
Gmeinder & Co. lieferte Kleinlokomotiven mit einer Dienstmasse von 8,8 t, einem Achsstand von 2500 mm und 850 mm Raddurchmesser. Der Kaelble-Zweizylinder-Viertakt-Dieselmotor gab seine Leistung von 22 kW (30 PS) bei 1000 U/min ab. Motor und Getriebe waren direkt verschraubt und konnten durch eine Konuskupplung im Schwungrad verbunden und getrennt werden. Schiebezahnräder schalteten die drei Getriebestufen und die Wendestufe. Die Abtriebswelle des Getriebes wurde nach beiden Seiten bis zum Fahrzeugrahmen verlängert und dort in Wälzlagern gelagert. Zwei Doppelrollenketten trieben je einen Radsatz an.
Die Rheiner Maschinenfabrik Windhoff AG versah ein von ihr für andere Besteller gefertigtes leichtes, offenes Schleppfahrzeug mit dem von der DRG geforderten Führerhaus. Diese Kleinlokomotive hatte eine Dienstmasse von 7,5 t. Der Vierzylinder-Vergasermotor eigener Fertigung leistete 18,4 kW (26 PS) bei 1400 U/min und mußte zum Anlassen mit der Hand durchgedreht werden. Das mit Schiebezahnrädern geschaltete dreistufige Getriebe konnte mit einer Schleiflamellenkupplung zum Anfahren und Schalten vom Antriebsmotor getrennt werden.
Auch nach Auslieferung dieser Kleinlokomotiven des Baujahres 1931 wurden weitere wertvolle Betriebserfahrungen gesammelt und ausgewertet. Wiederum ergaben sich neue Hinweise für spätere konstruktive Überarbeitungen sowie für zusätzliche Forderungen. Einige frühere Forderungen wurden bestätigt. Zunächst bestand der Wunsch, die zukünftig zu beschaffenden Kleinlokomotiven weiter zu vereinheitlichen, um im Betrieb und in der Unterhaltung von der Vielzahl der bisher eingeführten Typen abzukommen. Der erste Schritt dazu war die Bildung zweier Arbeitsgemeinschaften, die unter Anleitung und Mitarbeit der Deutschen Reichsbahn-Gesellschaft die Einheitskleinlokomotiven der Leistungsgruppe I und II schufen. Die weitere Entwicklung fand später im Rahmen der 1932/33 geschaffenen Einheitsbauarten statt. Dabei war am markantesten die Einführung der hydraulischen Kraftübertragung, auf die bei der Beschreibung der Einheitslokomotiven der Leistungsgruppe II ausführlich eingegangen wird (vgl. S. 263).
Für Vergleichszwecke wurden 1933/34 auch einige Kleinlokomotiven der Leistungsgruppe II mit elektrischer Kraftübertragung beschafft. Das Äußere und der fahrzeugtechnische Teil dieser Lokomotiven der Bauartbezeichnung Köe und Kbe entsprachen vollständig dem der entstehenden Einheitskleinlokomotive der Leistungsgruppe II mit Räder- bzw. Strömungsgetriebe. Es wurden die gleichen Verbrennungsmotoren wie bei den Getriebelokomotiven verwendet. Der Verbrennungsmotor war jeweils mit einem Gleichstrom-Nebenschlußgenerator gekuppelt, der seinerseits einen Gleichstrom-Hauptschlußfahrmotor (39 kW) speiste. Die weitere Kraftübertragung verlief über zwei Doppelrollenketten auf die Radsätze. Einer einfachen Bedienbarkeit standen aber höhere Beschaffungs- und Unterhaltungskosten (letztere vor allem gegenüber den später verbreiteten, fast verschleißlosen hydraulischen Getrieben) sowie das Fehlen einer ausreichenden Anfahrzugkraft gegenüber. Zwar wurden zur Erhöhung der Anfahrzugkraft noch besondere Schaltungen entwickelt, insgesamt hatte diese Bauart jedoch keine breitere Einführung gefunden, da mit der Einheitskleinlokomotive mit Dieselmotor und hydraulischem Getriebe eine Lösung vorlag, die fast alle Forderungen der Praxis erfüllte.
Auch auf das weitere Schicksal der Speicherkleinlokomotive muß noch einmal eingegangen werden. Die ersten Muster befriedigten zunächst nicht wegen zu geringer Speicherkapazität, die jeweils nur für wenige Betriebsstunden ausreichte und dann eine längere Ladezeit erforderte. Auf der Suche nach wirtschaftlicheren Betriebsformen wurden zwei Lösungen gefunden: Die Einführung einer verbesserten Batteriequalität und das Zulassen des „Schnelladens“ erhöhten wesentlich die Effektivität, so daß es 1932/37 zum Bau von 41 verbesserten Speicherlokomotiven kam, von denen 36 noch mehrere Jahre bei der DB im Einsatz waren. 1955 beschaffte die DB nochmals zwei Lokomotiven dieser Bauart neu. Bemerkenswert ist außerdem, daß von den 18 Vorauslokomotiven aus dem Jahre 1930 bis zum Jahre 1941 alle vierzehn dieselmechanischen

Dampfkleinlokomotive der Lübeck-Büchener Eisenbahn (Henschel, 1935)
Foto: Sammlung Jünemann

Kleinlokomotiven bereits ausgesondert waren, während die vier Speicherlokomotiven noch nach 1945 zur DB gelangten. Die letzte Vorausspeicherlokomotive war noch 1970, also nach 40 Jahren, im Einsatz.

Als zweiten Weg zum Überwinden der „Kinderkrankheiten" der ersten Speicherlokomotiven untersuchte man die Möglichkeit der ständigen Aufladung der Speicherbatterie durch einen Verbrennungsmotor mit Generator. Das führte zum Bau der Zweikraft-Kleinlokomotiven. Ein Kämper-16,9-kW-Ottomotor (23 PS) trieb einen direkt gekuppelten Gleichstromgenerator an. Dieser lieferte den Traktions- und Ladestrom, wobei die Speicherbatterie eine Pufferfunktion übernahm und Belastungsspitzen aus ihrer Kapazität ausglich. Bei geringerer Fahrstromentnahme wurde der überschüssige Generatorstrom zum Nachladen des Speichers genutzt. Ausgeführt wurden sechs Lokomotiven von den Siemens-Schuckert-Werken (Kbs 4072 bis Kbs 4077).

Eine weitere Bauart der Kleinlokomotive entstand 1935 bei Henschel & Sohn für die Lübeck-Büchener Eisenbahn: eine Kleinlokomotive mit Dampfantrieb. Der fahrzeugtechnische Teil und die äußeren Abmessungen entsprachen den Motorkleinlokomotiven der Leistungsgruppe II. Ein kleiner ölbeheizter Dampfrohrkessel arbeitete mit einer einfachen Regelung und paßte die Ölbrennerleistung jeweils dem Dampfverbrauch an. Der maximale Dampfdruck betrug 9,8 MPa ($100 kp/cm^2$). Eine gekapselte Zweizylinder-Dampfmaschine (88 kW ⟨120 PS⟩) trieb über Ritzel und Rollenketten die beiden Radsätze an. Der Abdampf kondensierte im Kühler, das Kondenswasser ergänzte den Speisewasservorrat. Die Dampfkleinlokomotive erreichte eine Höchstgeschwindigkeit von 60 km/h und hatte eine Dienstmasse von 15 t.

Als die Lübeck-Büchener Eisenbahn 1938 von der Deutschen Reichsbahn-Gesellschaft übernommen wurde, kam auch die Dampfkleinlokomotive zur DRG und wurde als Kd 4994 (d = Dampf) in den Fahrzeugbestand eingeordnet. 1940 wurde das unterhaltungsintensive Einzelfahrzeug umgebaut. Mit 44-kW-Kämper-Dieselmotor und Vierstufen-Rädergetriebe erhielt die Kleinlokomotive die Betriebsnummer Kö 4994. Nach dem zweiten Weltkrieg tauchte dieses Fahrzeug bei der Österreichischen Bundesbahn als X 112.04 auf.

Mitte der dreißiger Jahre entstand der Plan, eine weitere Gruppe von Einheitskleinlokomotiven mit erhöhter Motorleistung zu entwickeln und bei der DRG einzuführen. Sie sollte etwa 110 kW (150 PS) Zughakenleistung haben. Wenn es ihr wirtschaftlicher Einsatz erfordert hätte, wäre auch eine höhere Leistung installiert worden. Als Kraftübertragung war ein Strömungsgetriebe vorgesehen. (Eine öffentliche Ausschreibung aus dem Jahre 1937 hatte die Wahl der Kraftübertragungsart allerdings offengehalten.) Gegenüber den Kleinlokomotiven der Leistungsgruppe II sollten zusätzliche Betriebsaufgaben erfüllt werden: die Übernahme von Rangier- und Zustelleistungen nicht nur in einem, sondern in zwei und drei benachbarten Bahnhöfen und Industrieanschlüssen sowie das Überführen einzelner Wagen oder kleiner Wagengruppen von einem Bahnhof zum anderen, um die Zahl der Zwischenhalte für die verteilen-

Kleinlokomotive der Leistungsgruppe II mit Schwelkoks-Sauggasanlage (Deutz, 1935)
Foto: Sammlung Glatte

den und abführenden Güterzüge zu verringern. Diese neue Kleinlokomotive der Leistungsgruppe III wurde jedoch nicht verwirklicht, da die Kraftstoffbilanz des sich auf Kriegsabenteuer vorbereitenden Staates solche neuen Verbraucher einfach nicht zuließ. Und das, obwohl die schon erwähnte Ausschreibung aus dem Jahre 1937 ausdrücklich die bevorzugte Nutzung „heimischer Kraftstoffe" vorgab.

So wurde auch der Versuch unternommen, die Einheitskleinlokomotiven der Leistunggruppe II mit „heimischen Kraftstoffen" zu betreiben. Im Rahmen dieser Untersuchungen entstanden 1935 etwa 15 Lokomotiven mit Gaserzeugeranlagen der Firma Imbert oder der Lokomotivhersteller Deutz, Schwartzkopff und Orenstein & Koppel, bei denen durch Verschwelen von Holz, Briketts oder Schwelkoks die speziell eingerichteten Verbrennungsmotoren mit Sauggas betrieben wurden. Diese Kleinlokomotiven waren sehr wartungsaufwendig und erfüllten gerade die Forderung nach steter Betriebsbereitschaft nicht. Alle Lokomotiven wurden bald auf normalen Kraftstoffbetrieb umgerüstet.

Zu einzelnen Ausrüstungen mit Imbert-Anlagen ist es später nochmals während des zweiten Weltkrieges gekommen.

Wie erfolgreich der Einsatz der Kleinlokomotiven bei der DRG war, kann man aus der Bestandsentwicklung für die Jahre 1929 bis 1937 erkennen:

1929	1
1930	18
1931	47
1932	85
1933	196
1934	754
1935	993
1936	1 082
1937	1 127

Kleinlokomotive der Leistungsgruppe II mit Imbert-Holzgasanlage (Orenstein & Koppel, 1934)
Foto: Sammlung Glatte

In diesen Angaben sind jeweils alle Kleinlokomotiven, einschließlich Erprobungsmuster, Kleinlokomotiven der Leistungsgruppe I sowie die elektrischen Speicherkleinlokomotiven (Ks) enthalten.

Über die Gliederung des Bestandes an Kleinlokomotiven kann als Beispiel eine Aufstellung vom Oktober 1935 Auskunft geben:

Kb I	7
Kö I	142
Kb II, Kbf II	151
Kö II, Köf II	598
Ks	5

Ende 1939 betrug der Bestand an Kleinlokomotiven 1 168 Stück.

Die Entwicklung stagnierte während des Krieges 1939–1945. Man konnte allerdings aus militärischen und kriegswirtschaftlichen Gründen nicht auf den Nachbau der bewährten Kleinlokomotive Köf II verzichten. Als im Sommer 1942 der allgemeine Baustopp für Motorlokomotiven ausgesprochen wurde und das Programm der Kriegslokomotiven aufgestellt wurde, war die Köf II als Kriegsmotorlokomotive 2 (KML 2) enthalten. Das heißt, bei vorliegender Dringlichkeit durfte sie weiter gebaut werden. So wurden danach auch noch 200 Stück für die DRG und 26 Kleinloks für andere Auftraggeber und den Export gefertigt.

Nach dem zweiten Weltkrieg wurde auf den Territorien der damaligen Besatzungszonen eine größere Anzahl meist beschädigter Kleinlokomotiven aufgefunden. Es handelte sich dabei sowohl um Fahrzeuge aus den ersten Entwicklungsjahren mit abweichenden technischen Daten und Ausrüstungen, als auch zum überwiegenden Teil um Kleinlokomotiven der Einheitsbauarten der Leistungsgruppen I und II.

So waren in der sowjetischen Besatzungszone etwa 80 Kö I verblieben. In den westlichen Besatzungszonen wurden etwa 100 Kleinlokomotiven der Leistungsgruppe I ermittelt, von denen 18 aus den ersten abweichenden Bauserien stammten. Einige dieser Fahrzeuge waren nicht mehr aufarbeitungswürdig, sie dienten als Ersatzteilspender. Andere wurden wegen ihrer Abweichung von der Einheitsbauart an Werkbahnen verkauft.

Die bei der Deutschen Reichsbahn und bei der Deutschen Bundesbahn verbliebenen Fahrzeuge wurden im Rahmen planmäßiger Unterhaltungsarbeiten zur weiteren Rationalisierung mit moderneren Motoren ausgerüstet. Nachbeschaffungen wurden in dieser Leistungsgruppe nicht mehr vorgenommen.

Mit steigenden Leistungsforderungen wurden bei der DR zahlreiche Kleinlokomotiven der nun als Baureihe 100.0 bezeichneten Fahrzeuge ausgemustert. Die DB hatte am 31. Dezember 1979 kein Fahrzeug der dort als Baureihe 311 geführten Kleinlokomotiven der Leistungsgruppen I mehr im Bestand.

Von den Kleinlokomotiven der Leistungsgruppe II waren ebenfalls zahlreiche Fahrzeuge, zumeist in nicht einsatzfähigem Zustand, im Nachkriegsdeutschland verblieben. Auch sie wurden je nach Baujahr und Beschädigungsgrad ausgemustert, verkauft oder aufgearbeitet und später modernisiert. Die Deutsche Reichsbahn beschaffte 32 Kleinlokomotiven dieser Leistungsklasse neu (Hersteller VEB Lokomotivbau „Karl Marx“, Babelsberg) und hatte zum Zeitpunkt der Einführung der EDV-Betriebsnummern im Jahre 1970 noch 295 Kleinlokomotiven mit Rädergetriebe (jetzt Baureihe 100.1 bis 100.7) und 78 Kleinloks mit hydraulischer Kraftübertragung (jetzt Baureihe 100.8) im Bestand. 14 Kleinlokomotiven mit elektrischer Kraftübertragung (Köe II, Kbe II) befanden sich unter den 1945 vorgefundenen Beständen. Sie waren bereits Ende der fünfziger Jahre auf Einheitsrädergetriebe umgerüstet worden.

Die Deutsche Bundesbahn beschaffte in den Jahren 1952 bis 1965 insgesamt 731 Neubau-Kleinlokomotiven der Leistungsgruppe II und modernisierte die Altbaufahrzeuge durch Einbau einheitlicher weiterentwickelter Dieselmotoren, Nachrüstung von Druckluftbremsen, Führerstandheizung u. a. sowie vollständige Umrüstung auf hydraulische Kraftübertragung. 1968 erfolgte die Einordnung nach dem neuen Benummerungssystem der DB in die Baureihen 321, 322, 323 und 324. Während 1975 noch 1 133 Kleinlokomotiven der ehemaligen Leistungsgruppe II im Bestand der DB waren, hatte er sich durch verstärkte Ausmusterungen in den Jahren 1976 bis 1979 auf 767 Fahrzeuge am 31. Dezember 1979 verringert. Weitere Informationen zur Bestandsentwicklung sind unter der entsprechenden Baureihenbeschreibung angegeben.

Von den Speicherkleinlokomotiven ist noch eine im aktiven Bestand: die 382 001, eingesetzt bei der Hamburger S-Bahn zur Unterhaltung von Tunnelstrecken. Eine zweite ist bei der Frankfurter S-Bahn Z-gestellt: die 381 020.

Die DB besitzt noch Dieselschlepper für den Werkstätten- und Baudienst, die nicht zu den Lokomotiven, auch nicht zu den Kleinlokomotiven gerechnet werden. Sie gelten als Kleinfahrzeuge, werden durch einen 16-kW-Dieselmotor angetrieben und tragen die Kennzeichnung Kdl 91 mit einer vierstelligen Ordnungsnummer.

Die Deutsche Reichsbahn deckt ab 1959 ihren Bedarf an leichten Rangierdiesellokomotiven durch die Beschaffung der Baureihen V 15 und V 23 (jetzt Baureihen 101 und 102). Diese Fahrzeuge wurden nicht mehr zu den Kleinlokomotiven gerechnet.

Im Gegensatz dazu griff die Deutsche Bundesbahn 1958 eine alte Konzeption der DRG aus dem Jahre 1937 auf und ließ eine Kleinlokomotive der Leistungsgruppe III (Köf III) entwickeln, die mit erhöhter Motor- und damit auch erhöhter Zughakenleistung sowie gesteigerter Höchstgeschwindigkeit noch innerhalb der bei der DB gültigen Rahmendefinition blieb: Kleinlokomotiven sind Regelfahrzeuge mit einer am Zughaken gemessenen Leistung von höchstens 150 PS (110,3 kW) und einer Höchstgeschwindigkeit bis 45 km/h.

Von dieser zunächst als Köf III bezeichneten Bauart wurden insgesamt 571 Lokomotiven gebaut, die später entsprechend ihren zulässigen Höchstgeschwindigkeiten und den Antriebsarten der Radsätze in die Baureihen 331, 332 und 333 eingeordnet wurden.

Die Einheitskleinlokomotiven haben sich insgesamt hervorragend bewährt und über lange Zeit einen wesentlichen Beitrag zur Rationalisierung des Rangierdienstes auf Unterwegsbahnhöfen, beim Bedienen von Anschlüssen, bei Einsätzen vor Arbeitszügen und später nach Einbau von Druckluftbremsen auch im leichten Nahgüterzugdienst geleistet. Dabei spielten vor allem ihre einfache Bedienbarkeit, ihr einfacher Aufbau sowie ihre geringen Beschaffungs- und Unterhaltungskosten eine wesentliche Rolle. Die gelungene Grundkonzeption wird auch dadurch bestätigt, daß nach nunmehr 50 Jahren Einheitskleinlokomotiven bei beiden deutschen Staatsbahnverwaltungen, vielen ausländischen Bahnverwaltungen und zahlreichen Privat- und Industriebahnen noch immer zuverlässig ihren Dienst erfüllen.

Ausgehend von der Definition der Leistungs- und Geschwindigkeitsgrenze sind zu den Kleinlokomotiven auch Schmalspur-Diesellokomotiven zu zählen, die von der DR und DB betrieben wurden oder noch betrieben werden. Diese Fahrzeuge sind größtenteils als Einzelfahrzeuge oder Splitterbauarten bei der Übernahme von ehemaligen Privatbahnen in den Fahrzeugpark der Staatsbahnen gelangt. Einige mußten auch zur Erfüllung der Verkehrspflichten auf den übernommenen Strecken neu beschafft werden. Da es sich auch hierbei stets um Einzelfahrzeuge handelte, wurden keine eigenen Entwicklungen betrieben oder veranlaßt, sondern man entschied sich für Bauarten, wie sie für Werk- und Industriebahnen von den Lokomotivherstellern angeboten wurden. Allerdings kam es teilweise zu Umbauten (z. B. breitere Führerstände) oder zum Einbau von abweichenden Dieselmotorentypen, die bereits im Erhaltungsbestand der Bahnverwaltungen waren. Außerdem wurden auch einige nach Kriegsende aufgefundene Heeresfeldbahn-Diesellokomotiven aufgearbeitet und eingesetzt.

Die Waldeisenbahn Muskau (WEM) mit einer Spurweite von 600 mm wurde 1951 von der DR übernommen, und mit ihr kamen vier

600-mm-Schmalspur-Kleindiesellokomotive Kö 0407 der DR im Januar 1960
Foto: transpress-Archiv

750-mm-Schmalspur-Kleindiesellokomotive 100 901 der DR, hier noch als Köf 6001
Foto: transpress-Archiv

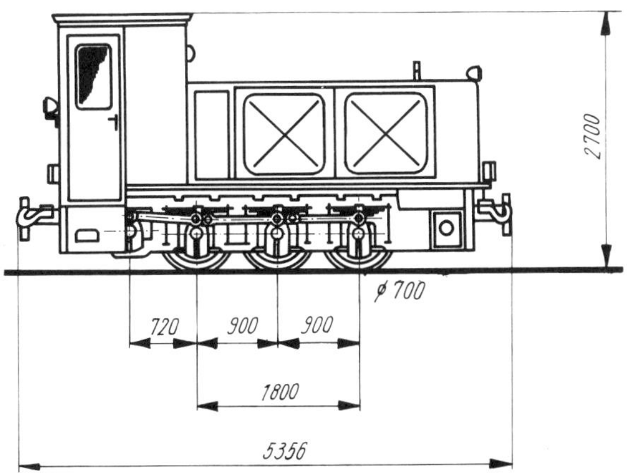

750-mm-Schmalspur-Kleindiesellokomotive 100 901 der DR (ehemals Köf 6001)

zweiachsige Kleinlokomotiven mit Otto- bzw. Dieselmotorenantrieb zum DR-Fahrzeugpark. Diese Lokomotiven waren vor allem auf den Anschlüssen der WEM eingesetzt und erfüllten zunächst auch bei der DR diese Aufgabe. Sie hatten zu dieser Zeit die Betriebsnummern Kb 0401, Kb 0402, Kö 0403 und Kö 0409. Es soll sich zum Teil um Eigenbauten der WEM gehandelt haben. Sie entsprachen leichten Baulokomotiven mit einer Leistung bis zu 22 kW und wurden bald an Werkbahnen verkauft.
Bei der Übernahme der Mecklenburg-Pommerschen Schmalspurbahn (MPSB) gelangten drei weitere 600-mm-Kleinlokomotiven im April 1949 zur DR. Sie erhielten die Betriebsnummern Kö 0405, Kö 0407 und Kö 0408. Hersteller dieser zweiachsigen dieselmechanischen Lokomotiven, die ebenfalls üblichen Baulokomotiven entsprachen, waren die Firmen Deutz und Orenstein & Koppel. Installiert waren 22-kW-Dieselmotoren. Nachdem sie mehrere Jahre im Dienst der DR auf der Strecke Jarmen–Schmarsow, in Friedland und auf anderen Strecken und Anschlüssen der ehemaligen MPSB im Einsatz waren, wurden sie zwischenzeitlich ausgemustert und verkauft.
Die Deutsche Reichsbahn setzte auch auf ihrem 750-mm-Schmalspurnetz einige Diesellokomotiven ein, die als Kleinlokomotiven eingeordnet wurden und die folgenden Betriebsnummern erhielten: Köf 6001, Kö 6002, Köf 6003, Kö 6004 und Kö 6005. Später wurden noch eine weitere Lokomotive (199 007) nachbeschafft.
Die Lokomotiven Köf 6001 und Köf 6003 entstanden durch Aufarbeitung aus ehemaligen Heeresfeldbahnlokomotiven HF-130 C. Sie waren anfangs auf den schmalspurigen Strecken der Rbd Berlin, z. B. in Nauen und beim Netz Dahme (ehemalige Jüterbog–Luckenwalder Kreiskleinbahn ⟨JLKB⟩) eingesetzt und kamen 1964 zu den Strecken der ehemaligen Rügenschen Kleinbahnen (RüKB). Zunächst erfolgte ihr Einsatz im Rangierdienst in Altefähr und Bergen, später in Putbus. Bevor sie aus dem Bestand ausschieden, erhielten sie 1970 noch die neuen EDV-Nummern 100 901 (ex Köf 6001) und 100 902 (ex Köf 6003).
Beide Lokomotiven waren mit zweistufigen Strömungsgetrieben L 22 ausgerüstet. Die weitere Kraftübertragung erfolgte über Wendegetriebe, Blindwelle und Kuppelstangen auf die drei Radsätze. Auf einem geschweißten Außenrahmen waren Vorbau und geschlossener Führerstand aufgebaut. Die Hand-

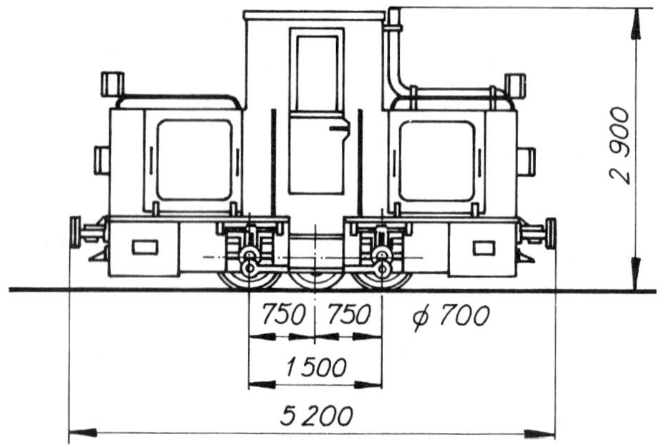

Kö 6002 der DR

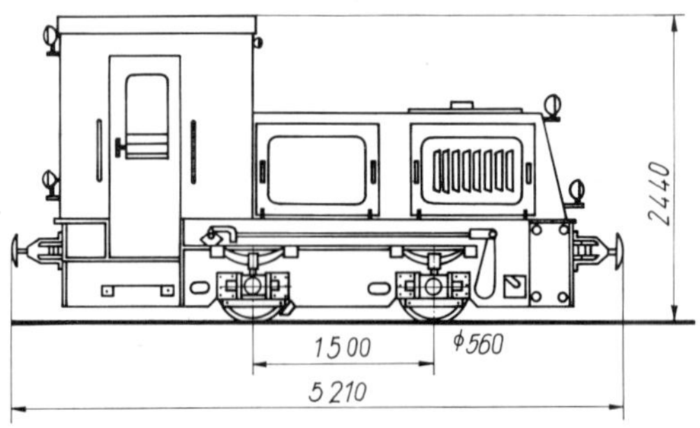

750-mm-Schmalspur-Kleindiesellokomotive Kö 6004 der DR

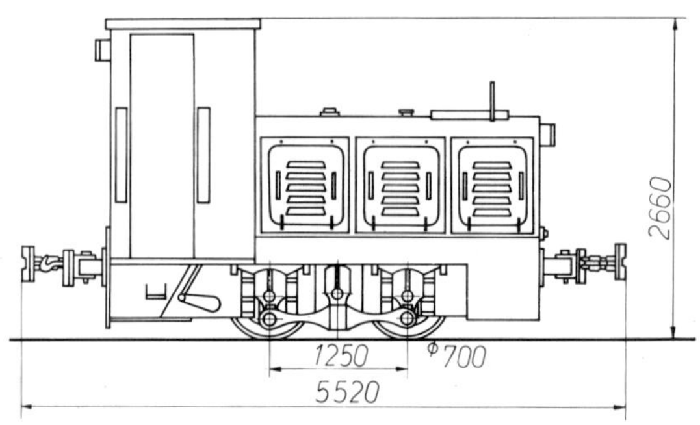

750-mm-Schmalspur-Kleindiesellokomotive Kö 6005 der DR

spindelbremse wirkte über Gestänge einseitig auf den ersten und dritten Radsatz.

Die 750-mm-Lokomotive Kö 6002 wurde als Typ FD 80 von Schwartzkopff 1937 an die Kleinbahn des Kreises Jerichow (KJI) geliefert. Sie hatte einen Mittenführerstand, mechanische Kraftübertragung über Viergang-Rädergetriebe, Radsatzgetriebe und Kuppelstangen auf die drei Radsätze. Anfangs erfolgte der Einsatz vor Arbeitszügen und im Rangierdienst auf dem Umladebahnhof Burg. 1950 wurde die Lokomotive von der DR übernommen und kurz darauf zur Strecke Nauen–Senzke–Kriele umgesetzt. Der Haupteinsatz erfolgte jeweils zur Zuckerrübenkampagne. Wegen häufiger Getriebeausfälle wurde die Lokomotive in Dahme abgestellt und 1964 ausgemustert.

Die Deutsche Reichsbahn ließ 1959 im Raw Dessau eine ehemalige Bunkerlokomotive des Typs HF 50 B aus dem ehemaligen Heeresfeldbahnpark Rehagen-Klausdorf aufarbeiten. Die Lokomotive erhielt dabei anstelle des bei Grubenlokomotiven üblichen niedrigen Führerstandes einen solchen normaler Höhe. Der nicht mehr aufarbeitungswürdige Dieselmotor wurde durch einen 4 KVD 14,5 des VEB Dieselmotorenwerk Schönebeck (44 kW bei 1 500 U/min) ersetzt. Die Lokomotive erhielt die Betriebsnummer Kö 6004. Die mechanische Kraftübertragung erfolgte über Dreigang-Rädergetriebe und Rollenketten auf die beiden Radsätze. Die Handbremse wirkte einseitig auf alle Räder. Diese Lokomotive kam zunächst nach Nauen und war ab Mai 1961 in Dahme im Rangierdienst eingesetzt.

Nach der Betriebseinstellung auf dieser Strecke wurde die Lokomotive im Raw Dessau abgestellt und im April 1967 nach Pretzien an die Ballerstedt-Transport KG (heute VEB Sandgruben Pretzien) verkauft. Sie ist dort als „schwarze" Diesellokomotive gemeinsam mit sechs anderen zweiachsigen Diesellokomotiven unterschiedlicher Farbgebungen vor Kieszügen im Einsatz.

Für den Betrieb auf den Strecken der ehemaligen Rügenschen Kleinbahnen beschaffte die DR 1954 vom VEB Lokomotivbau „Karl

Marx" Babelsberg eine 750-mm-Schmalspur-Kleindiesellokomotive des Typs NS 3 und ordnete sie als Kö 6005 in ihren Fahrzeugpark ein. Ihr Einsatz erfolgte ausschließlich im Rangierdienst auf der Insel Rügen, anfangs in Altefähr (bis 1967) und danach in Bergen (bis 1970). Nach 1970 wurde die Kö 6005 ausgemustert. Als Dieselmotor war ein 4 KVD 14,5 SRW des VEB Dieselmotorenwerk Schönebeck eingebaut. Ein Dreigang-Rädergetriebe, Blindwelle und Kuppelstangen dienten der mechanischen Kraftübertragung auf die beiden Radsätze. Eine Wurfhebelbremse wirkte einseitig auf alle vier Räder der Lokomotive.

Die ausgemusterten Schmalspur-Diesellokomotiven waren zum Teil nicht verschrottet, sondern nur abgestellt worden. Als vom Ministerium für Verkehrswesen der DDR festgelegt wurde, daß acht Schmalspurstrecken der DR erhalten bleiben, konnte nach einer erneuten Aufarbeitung die 199 001 (früher Köf 6001 bzw. 100 901) der Bäderbahn Puttbus–Göhren als Arbeitszuglokomotive zugeteilt werden. Auch die ehemalige Köf 6003 (jetzt 199 002) wurde instandgesetzt und als Reserve bereitgestellt.

Als der Betrieb auf der Wilischthalbahn (Strecke Wilischthal–Thum) eingestellt wurde, benötigte die DR eine Diesellokomotive zur Bedienung des Anschlusses zur Papierfabrik Wilischthal. Sie erwarb dafür 1973 eine 750-mm-Schmalspur-Diesellokomotive vom VEB Feinspinnerei Venusberg (Erzgebirge) und stellte sie als 199 007 in ihren Bestand ein. Es handelte sich dabei um eine dreiachsige dieselmechanische Schmalspurlokomotive des VEB Lokomotivbau „Karl Marx" Babelsberg, Typ Ns 4, Baujahr 1957.

750-mm-Schmalspur-Kleindiesellokomotive 199 007 der DR im Raw Halle
Foto: Steckel

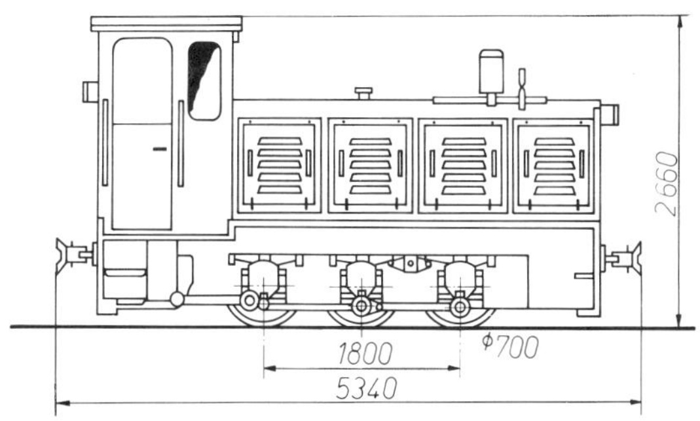

750-mm-Schmalspur-Kleindiesellokomotive 199 007 der DR

Der 66-kW-Dieselmotor 6 KVD 14,5 SRW trieb über Viergang-Rädergetriebe, Blindwelle und Kuppelstangen die drei Radsätze an.

Neben der im Archivteil vorgestellten und wegen ihrer höheren Leistung als Schmalspur-Großlokomotive eingeordneten 199 301 auf der Harzquer- und Brockenbahn werden von der Deutschen Reichsbahn noch vier weitere Diesellokomotiven auf ihren 1 000-mm-Schmalspurstrecken eingesetzt, die nun wiederum zu den Kleinlokomotiven zählen.

1953 beschaffte die DR für den leichten Rangierdienst auf dem Bahnhof Barth der ehemaligen Franzburger Kreisbahnen (FKB) eine 1 000-mm-Schmalspur-Diesellokomotive des Typs Ns 3 vom VEB Lokomotivbau „Karl Marx" Babelsberg und ordnete sie unter der Betriebsnummer Kö 6501 ein. Nach

1 000-mm-Schmalspur-Kleindiesel-lokomotive 199 004[1] der DR; inzwischen bis zur Ausmusterung umgezeichnet in 199 992
Foto: transpress-Archiv

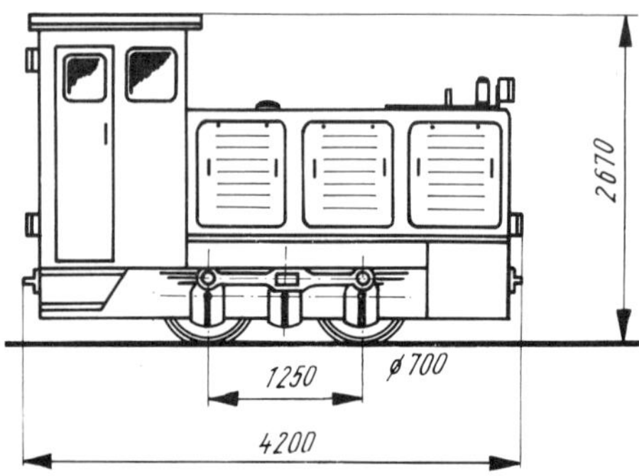

1 000-mm-Schmalspur-Kleindiesellokomotive 199 003[1] der DR, ehemals Kö 6501; inzwischen bis zur Ausmusterung umgezeichnet in 199 991

1 000-mm-Schmalspur-Kleindiesellokomotiven 199 003[1] und 199 004[1] der DR, hier noch als Kö 6501 und Kö 6502; inzwischen bis zur Ausmusterung umgezeichnet in 199 991 und 199 992
Foto: transpress-Archiv

Stillegung dieser Strecke wurde die Lokomotive im Mai 1965 nach Halle (Saale) umgesetzt. Dort übernahm die DR 1950 eine schmalspurige Anschlußbahn der ehemaligen Halle-Hettstedter Eisenbahn. Mit diesem 1 000-mm-Streckennetz des noch heute bestehenden Industriebahnhofs Halle versorgt die DR die angeschlossenen Werke und Industriekomplexe im Rollbockverkehr. Zur Ablösung der bis Mitte der sechziger Jahre dort eingesetzten Dampflokomotiven beschaffte die DR noch eine zweite Diesellokomotive gleichen Typs und setzte sie als Kö 6502 für die gleichen Anlagen ein. In Auswertung einer Kritik an der ungenügenden Streckensicht wurde die Kö 6502 mit einem breiteren Führerstand, ähnlich dem der normalspurigen Einheitskleinlokomotiven, versehen. Dabei wurden auch die seitlichen Umläufe neben der Vorbauhaube und die Stirnbleche auf die Breite des Führerstandes vergrößert. Der Dieselmotor 4 VD 14,5 SRW (44 kW bei 1 500 U/min) treibt über ein Dreigang-Rädergetriebe, Blindwelle und Treibstangen die beiden Radsätze an. Die Bremsanlage besteht aus einer Wurfhebelbremse, die auf beide Radsätze einseitig wirkt. Bei der

Kö 6502 wurde eine Druckluftbremse nachgerüstet. Wegen des ausschließlichen Rollbockeinsatzes tragen beide Lokomotiven an den Fahrzeugenden anstelle von normalen Schmalspur-Zug- und Stoßeinrichtungen, je einen Kuppelbaum, der hochgeklappt und in dieser Stellung festgelegt werden kann, wenn er nicht benötigt wird.

Bei der Vergabe der EDV-gerechten Betriebsnummern wurden diese beiden Lokomotiven 1970 umgezeichnet in 100 903 (ex Kö 6501) und 100 904 (ex Kö 6502). Als 1973 alle Schmalspur-Diesellokomotiven der Baureihe 199 zugeordnet wurden, änderten sich die Betriebsnummern in 199 003 und 199 004.

Da beide Triebfahrzeuge überaltert sind, war 1983 kurzfristig Ersatz zu beschaffen. Es wurde eine Lösung gesucht, die die Einführung neuer Bauarten vermeidet und wirtschaftliche Vorteile bei der Unterhaltung und Ersatzteilbereitstellung bietet. Die beiden Normalspur-Kleinlokomotiven 100 128 und 100 287 wurden auf 1 000 mm umgespurt und unter Beibehaltung der Hauptbaugruppen der neuen Aufgabe angepaßt.

Die normalen Zug- und Stoßeinrichtungen wurden durch die schon genannten Kuppelbäume ersetzt und eine Druckluftbremsanlage installiert.

Diese Fahrzeuge erhielten die Betriebsnummern 199 003 und 199 004 in Zweitbesetzung. Die ehemaligen 199 003 und 199 004 wurden bis zu ihrer Aussonderung mit den Betriebsnummern 199 991 und 199 992 bezeichnet.

Eine weitere 1 000-mm-Schmalspurstrecke war die Spreewaldbahn Cottbus. Als auch dort der Zugverkehr eingestellt wurde, mußten dennoch zahlreiche Anschlüsse

1 000-mm-Schmalspur-Kleindiesellokomotive V 10 C des VEB Lokomotivbau „Karl Marx" Babelsberg (199 005 und 199 006)
Foto: transpress-Archiv

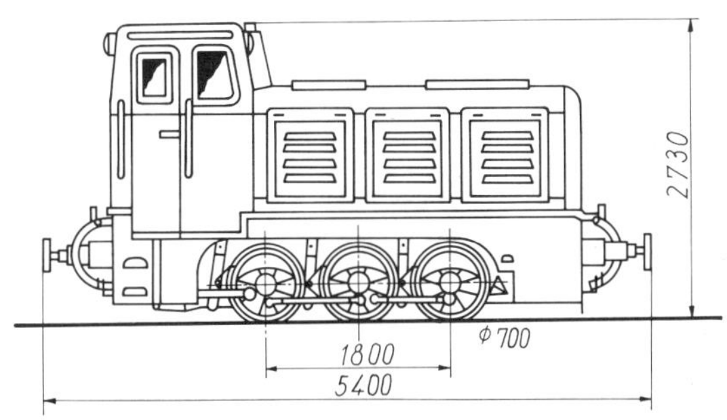

1 000-mm-Schmalspur-Kleindiesellokomotiven 199 005 und 199 006 der DR

weiter bedient werden. Um diese Aufgaben rationell erfüllen zu können, kaufte die DR 1970 vom VEB Spanplattenwerk Gotha zwei Schmalspur-Diesellokomotiven des Typs V 10 C. Es handelt sich dabei um eine Weiterentwicklung des Typs Ns 4. Beide Lokomotiven wurden 1964 im VEB Lokomotivbau „Karl Marx" Babelsberg gebaut. Bei der DR erhielten sie zunächst die Betriebsnummern 100 905 und 100 906. 1973 wurden sie in 199 005 und 199 006 umgezeichnet.

Luftgekühlte Dieselmotoren 6 KVD 14,5 SRL des VEB Dieselmotorenwerk Schönebeck geben ihre Leistung an Viergang-Rädergetriebe ab. Die weitere Übertragung erfolgt über Blindwelle und Kuppelstangen. Beide Lokomotiven sind mit Druckluftbremsen ausgerüstet.

Anfang 1983 wurde der Schmalspurbetrieb auf den Cottbuser Anschlüssen eingestellt. Sie wurden auf Regelspur umgestellt. Das letzte Mal fuhr die Schmalspurbahn am 23. Februar 1983 beim Abtransport der 1 000-mm-Gleisjoche. Die freigewordenen Schmalspurlokomotiven wurden zur Harzquerbahn umgesetzt und waren dort beim Wiederaufbau der Strecke Straßberg–Stiege eingesetzt.

Seit 1980 gehören auch die Diesellokomotiven der Berliner Pioniereisenbahn im Pionierpark „Ernst Thälmann" zum Fahrzeugbestand der DR. Es handelt sich um Fahrzeuge des Typs V 10 C des VEB Lokomotivbau „Karl Marx" Babelsberg. Sie sind seit 1970/71 bei der Berliner Pioniereisenbahn eingesetzt und führen nun die Betriebsnummern 199 101 und 199 102. Sie haben eine Spurweite von 600 mm und Außenrahmen. Ein 73,5-kW-Dieselmotor treibt die drei Radsätze über ein Rädergetriebe, hintenliegende Blindwelle und Kuppelstangen an. Die Höchstgeschwindigkeit beträgt 24 km/h. Eine dritte Lokomotive 199 103 steht in Reserve.

Bei der Deutschen Bundesbahn wird nach der Einstellung des Betriebes auf den meisten Schmalspurstrecken noch ein 1 000-mm-Streckennetz auf der ostfriesischen Insel Wangerooge betrieben. Durch das Kraftfahrzeug-Fahrverbot auf dieser Insel ist auch für die Zukunft die Erhaltung dieser Schmalspurbahn gesichert. Sie besteht aus einer etwa 10 km langen Strecke vom Ost- zum Westanleger (Ost- und Westende der Insel) und einer etwa 3 km langen, diese kreuzenden Nord-Süd-Strecke.

Seit der Aufnahme des Eisenbahnverkehrs auf der Insel im Jahre 1897 durch die Großherzoglich Oldenburgischen Staatsbahnen, während der DRG-Zeit und bis 1952 auch bei der DB, waren ausschließlich B- und C-Tenderdampflokomotiven der Baureihe 99 im Einsatz. Diese Fahrzeuge waren nicht mehr aufarbeitungswürdig oder so überaltert, daß die Unterhaltung nicht mehr verantwortet werden konnte.

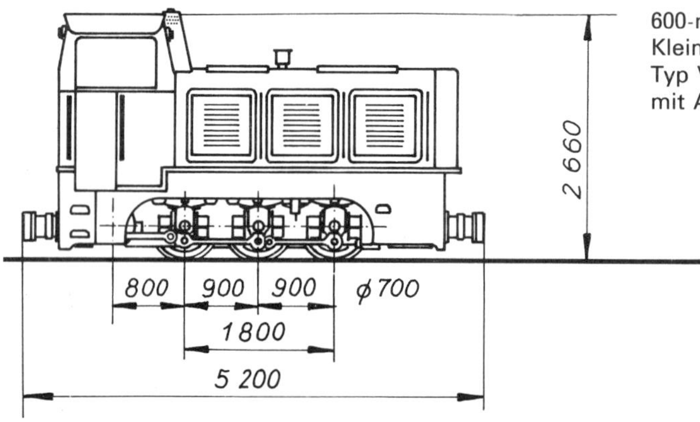

600-mm-Schmalspur-Kleindiesellokomotive Typ V 10 C mit Außenrahmen

Schmalspur-Kleindiesellokomotive 199 101 der Berliner Pioniereisenbahn im Pionierpark „Ernst Thälmann"
Foto: Glatte

1 000-mm-Schmalspur-Kleindiesellokomotive 329 501 der DB bei der Wangerooger Inselbahn
Foto: transpress-Archiv

Die DB entschloß sich daher zur Einführung der Dieseltraktion und ließ sich von der Firma Gmeinder & Co., Mosbach, auf der Grundlage einer Industriebahnlokomotive, aber unter Berücksichtigung einiger spezieller Forderungen, 1952 eine erste Lokomotive bauen, die sie als V 11 901 in ihren Bestand aufnahm. Die dreiachsige Schmalspur-Kleindiesellokomotive besitzt einen geschweißten Außenrahmen, der an den Fahrzeugenden Mittelpuffer und seitliche Zughaken und -ösen trägt. Der geschlossene Endführerstand hat eine Breite von 2 030 mm. Maschinenanlage und Hilfseinrichtungen sind unter der Vorbauhaube angeordnet. Ein Sechszylinder-Deutz-Dieselmotor A 6 M 617 (94 kW bei 1 500 U je min) gibt seine Leistung an ein Strömungsgetriebe Voith L 22 (Anfahrwandler/Marschkupplung) ab. Vom direkt angeflanschten Wendegetriebe läuft die weitere Übertragung über Blindwelle und Treibstangen auf den mittleren Radsatz und von dort über Kuppelstangen auf die äußeren Radsätze. Zur Bremsausrüstung gehört eine Handspindelbremse. 1957 wurden zwei weitere Schmalspur-Diesellokomotiven von der Firma Gmeinder erworben. Sie entsprechen in der Grundkonzeption, der Maschinenanlage und dem Fahrzeugteil der zuerst gelieferten. Zur Verbesserung der Streckensicht wurde die Breite des Führerstandes auf

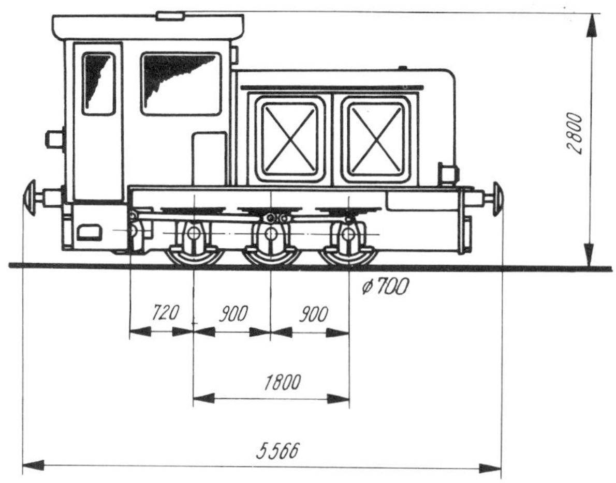

1 000-mm-Schmalspur-Kleindiesel-lokomotiven 329 502 und 329 503 der DB

2 600 mm vergrößert. Diese Lokomotiven erhielten zunächst die Betriebsnummern V 11 902 und V 11 903. Anfang der sechziger Jahre wurden die Lokomotiven der Wangerooger Inselbahn eindeutig als Kleinlokomotiven eingeordnet und mit den Betriebsnummern Köf 99 501 bis Köf 99 503 gekennzeichnet. Bei der Vergabe der EDV-gerechten Betriebsnummern wurden sie 1968 erneut umgezeichnet in

1 000-mm-Schmalspur-Kleindiesellokomotive 329 502 (hier noch als V 11 902) der DB bei der Wangerooger Inselbahn
Werkfoto: Gmeinder & Co.

1 000-mm-Schmalspur-Kleindiesellokomotive 329 503 der DB bei der Wangerooger Inselbahn (Aufschrift der Betriebsnummer mit der unrichtigen Stammnummer Köf)
Foto: transpress-Archiv

329 501 bis 329 503. Eine später beschaffte vierte Lokomotive erhielt die Betriebsnummer 329 504. Sie entspricht weitgehend den anderen Fahrzeugen, hat jedoch eine größere Länge über Puffer (6 090 mm). Alle vier Lokomotiven sind noch im Einsatzbestand der DB.

Kö I, Kb I

DR Kö I, ab 1970: 100.0
DB Kö I, ab 1968: 311

B

ab 1933

Techn. Daten: Seite 191

Im Rahmen der Entwicklung von Kleinlokomotiven für die Deutsche Reichsbahn-Gesellschaft wurden 1930/31 auch die technischen und wirtschaftlichen Bedingungen für eine Kleinlokomotive aufgestellt, die nur einzelne Wagen im Bahnhofsbereich bewegen sollte. Es entstanden 18 Erprobungsmuster verschiedener Hersteller, die noch 1930 abgeliefert wurden. In Auswertung der Erprobungsergebnisse befaßte sich eine 1933 gebildete Arbeitsgemeinschaft mit der Schaffung einer Einheitslokomotive der Leistungsgruppe I mit einer installierten Motorleistung bis 28,7 kW (39 PS). Dieser Arbeitsgemeinschaft gehörten neben dem Auftraggeber Deutsche Reichsbahn-Gesellschaft die Lokomotivhersteller Deutz, Gmeinder und Windhoff an.

Alle früheren Forderungen wurden auch in dieser Entwicklungsphase aufrechterhalten (z. B. leichte Bedienbarkeit durch Bahnhofspersonal, geringe Beschaffungs- und Unterhaltungskosten). Bei den Erprobungsmustern herrschte noch eine Vielfalt verschiedener Bauarten vor, die lediglich durch Anpassungsänderungen aus Typen für unterschiedlichste private Auftraggeber entstanden waren. Für die Erprobungslokomotiven war das besonders wertvoll, weil dadurch eine große Zahl möglicherweise einsetzbarer Baugruppen und Konstruktionsdetails erprobt werden konnten. Nun sollte aber eine echte Einheitslokomotive entstehen, mit gleichen äußeren Abmessungen, gleichen Bedienelementen, zahlreichen Austauschteilen und einer beschränkten Anzahl untereinander ebenfalls frei austauschbarer Verbrennungsmotoren und Rädergetriebe. Diese Voraussetzung war unbedingt notwendig, da diese kleinste Rangierlokomotive der DRG auch in größeren Stückzahlen beschafft werden sollte. Es galt aber auch weiterhin die vereinfachende Bedingung, daß zur Erzielung niedriger Beschaffungskosten Abweichungen von der Eisenbahn-Bau- und Betriebsordnung zugelassen wurden.

Da zunächst für verschiedene konstruktive Vorgaben noch Von-bis-Werte festgelegt waren, wiesen die 1933/34 ausgelieferten 76 Vorserienlokomotiven (Kö 0028 bis Kö 0079 und Kö 0081 bis Kö 0104) noch unterschiedliche LüP, Dienstmassen, installierte Leistungen und Höchstgeschwindigkeiten auf.

Die ebenfalls 1934 folgenden 81 Serienfahrzeuge (Kö 0080, Kö 0105 bis Kö 0184) waren in den Abmessungen usw. vereinheitlicht, so daß man hierbei das erste Mal von der „Einheitskleinlokomotive der Leistungsgruppe I" (Kö I) sprechen konnte. Lediglich hinsichtlich der installierten Motoren standen zur Auswahl noch vier zur Verfügung:

Junkers
  Zweizylinder-Zweitakt-
  Dieselmotor 2 HK,
  18,4 kW (25 PS) bei
  1 200 U/min,
Kaelble
  Zweizylinder-Viertakt-
  Dieselmotor F 125 z,
  22 kW (30 PS) bei
  1 000 U/min,
Deutz
  Zweizylinder-Viertakt-
  Dieselmotor A 2 M 317
  18,4 kW (25 PS) bei
  1 100 U/min,
Hanseatische Motoren-
Gesellschaft
  Zweizylinder-Zweitakt-
  Dieselmotor 2 B 18,
  18,4 kW (25 PS) bei
  1 000 U/min.

Bei dieser Lieferung war zu den drei in der Arbeitsgruppe vertretenen Herstellern noch die Maschinenfabrik Esslingen hinzugekommen.

In den Jahren 1935 bis 1938 wurden weitere 105 Kleinlokomotiven der Leistungsgruppe I (Kö 0185 bis Kö 0289) beschafft, in denen leistungsgesteigerte Motoren der Hersteller Deutz, Kaelble und Junkers eingebaut waren, die nun 25,7 bis 28,7 kW (35 bis 39 PS) Leistung

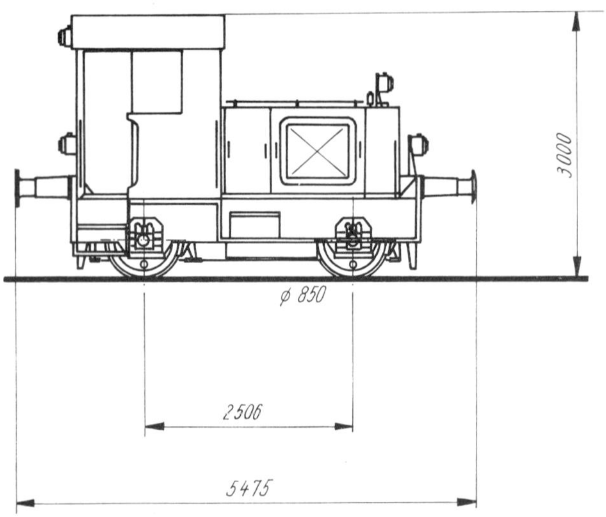

Kleinlokomotive der Leistungsgruppe I im Anlieferungszustand

abgaben. Dazu gehörten z. B. der Junkers-Gegenkolben-Dieselmotor 3 HK (25,7 kW bei 1 200 U/min) und der Kaelble-Zweizylinder-Viertakt-Dieselmotor F 125 d (28,7 kW bei 1 000 U/min). Nach Auslieferung dieser Fahrzeuge standen der DRG insgesamt 161 Kleinlokomotiven der Leistungsgruppe I zur Verfügung. Obwohl sich die Kö I beim Einsatz entsprechend dem aufgestellten Forderungsprogramm sehr gut bewährte und auch die Kosten in der erwarteten Größenordnung lagen, wurden ab 1939 keine weiteren Kleinlokomotiven der Leistungsgruppe I beschafft, da sich doch herausgestellt hatte, daß auch für geringfügige Rangieraufgaben eine höhere installierte Motorleistung wünschenswert wäre und daß die Kleinlokomotiven der Leistungsgruppe II wesentlich vielseitiger einsetzbar sind. So wurden von dieser Zeit an nur noch Kleinlokomotiven der Leistungsgruppe II von der Deutschen Reichsbahn-Gesellschaft für die Beschaffung vorgesehen.

Nach 1945 waren im Bereich der damaligen sowjetischen Besatzungszone etwa 80 Kö I verblieben, fast ausschließlich in beschädigtem oder stark verschlissenem Zustand. Alle von der letzten Einheitsbauart abweichenden Lokomotiven wurden bald ausgemustert, so daß Ende der sechziger Jahre noch 47 Stück im Bestand der Deutschen Reichsbahn waren. Sie führten bis zur Umnummerung ihre alten DRG-Betriebsnummern und wurden danach als Baureihe 100.0 bezeichnet (Betriebsnummern 100 001 bis 100 099 mit Lücken). Zur rationellen Unterhaltung wurden zunächst verschiedene luftgekühlte Kfz-Seriendieselmotoren aus dem Produktionsprogramm der DDR als Ersatzmotoren eingebaut. Wegen des hohen Geräuschpegels und weiterer Vereinheitlichungen wurde später bei allen im Bestand verbliebenen 100.0-Lokomotiven der wassergekühlte Dieselmotor 4 KVD 14,5 SRW des VEB Dieselmotorenwerk Schönebeck eingebaut.
Auch in den westlichen Besatzungszonen wurden nach dem Mai 1945 noch Kleinlokomotiven der Leistungsgruppe I aufgefunden. Es handelte sich um etwa 100 Lokomotiven, von denen noch 18 aus den abweichenden ersten Bauserien stammten. Diese wurden an Werkbahnen verkauft oder durch Umbau der letzten Standardvariante angeglichen. Die bei der Deutschen Bundesbahn verbliebenen Fahrzeuge wurden, soweit es sich lohnte, aufgearbeitet, einheitlich mit KHD-Dieselmotoren A 4 L 514 ausgerüstet und zunächst weiterhin unter ihren alten Betriebsnummern aus der DRG-Zeit geführt. Im Jahre 1968 erhielten diese Kleinlokomotiven die neue Baureihenbezeichnung 311. Ende 1971 waren noch 35 Kleinlokomotiven der Baureihe 311 im Einsatzbestand bei zehn Direktionsbereichen der DB. Am 24. Oktober 1979 wurde als letztes Fahrzeug die 311 225 ausgemustert. Sie war zuletzt im Bw Bielefeld stationiert und die kleinste Diesellokomotive der DB. Zwei Kleinlokomotiven der Leistungsgruppe I bzw. BR 311 werden von der DB konserviert und der Nachwelt erhalten: Kö 0258 (in schwarzer Lackierung) und 311 225 (in roter Lackierung).

Konstruktive Merkmale

Rahmen: Kastenrahmen aus 30-mm-Stahlblechen geschweißt, durch Pufferträger versteift, mittlere Querträger nehmen Motor und Rädergetriebe auf.
Stirnbleche kastenförmig versteift, tragen UIC-Zug- und Stoßeinrichtungen (frühere automatische Rangierkupplungen wegen Unfallgefahr abgebaut).

Kö 0200 im Anlieferungszustand bei der DRG (noch mit Rangierkupplung)
Werkfoto: Gmeinder & Co.

Ausschnitt für Radsatzlagergehäuse in den Rahmenseitenwangen.
Aufbauten: Führerstand und Vorbauhaube.
Unter der Vorbauhaube Kühler, Dieselmotor, Abgasschalldämpfer, Kraftstoffbehälter und Rädergetriebe. Zur Wartung der Maschinen seitliche Steckklappen. Haube abnehmbar zum Ein- und Ausbau des Dieselmotors.
Führerstand hinten am Vorbau angebaut, seitliche offene Einstiege, mit einhängbaren Ketten gesichert. Einstiege und Seitenfenster mit Vorhängen verschließbar, Stirnfenster nach vorn und hinten verglast.
Laufwerk: Radsätze gleitgelagert. Radsatzlagergehäuse mit Paßblechen in den Führungen zum Ausgleich von Verschleiß und zur Spannung der Antriebsrollenketten.
Federung mit Kegelfedern.
Bremsen: einfache, hochübersetzte Gestängefußbremse mit Feststellsperre, auf beiden Führerstandseiten zu betätigen, Gestänge durch Ratschenhebel nachstellbar. Alle Räder einseitig mit Bremsklötzen abgebremst.

Dieselmotor: in der letzten Ausrüstung bei DR wassergekühlter Vierzylinder-Viertakt-Reihendieselmotor 4 KVD 14,5/12 SRW des VEB Dieselmotorenwerk Schönebeck. Leistung 28 kW (38 PS) bei 1 250 U je min. Bohrung 120 mm, Hub 145 mm. Vorkammerverfahren. Zweistufenregler.
Bei DB KHD, luftgekühlter Vierzylinder-Viertakt-Reihendieselmotor A 4 L 514. Leistung 37 kW (50 PS) bei

Kleinlokomotive der Baureihe 100.0 der DR mit nachträglich eingebauten Seitentüren
Foto: Steckel

100 054 im Einsatz bei der DR
Foto: Blankenhagen

1 800 U/min. Bohrung 110 mm, Hub 140 mm. Vorkammerverfahren. Zweistufenregler.
Dieselmotor in vier Punkten starr auf Lokomotivrahmen. Kraftstoff aus Behälter am Vorbaudach durch Gefälle und zusätzliche Förderpumpe zur Einspritzpumpe.
Verbrennungsluft durch ölbenetzte Luftfilter aus dem Vorbau angesaugt.
Abgas vom Sammelrohr durch Schalldämpfer und Rohrleitung über Vorbauhaube.
Elektrisches Anlassen.
Kraftübertragung vom Dieselmotor zum Rädergetriebe mit Zwischenwelle und zwei Gummischeibenkupplungen. Dreistufiges mechanisches Schaltgetriebe in Bauart „kurz" oder „lang". Alle Räder ständig im Eingriff. Schalten mit Kupplungen. Erste Stufe bis 4 km/h, zweite Stufe 4 bis 8 km/h und dritte Stufe 8 bis 18 km/h. Kegelradwendestufe am Getriebeausgang. Ausgangswelle aus Getriebegehäuse verlängert, von dort mit Kettenrädern, 2"-Rollenkette und Kettenrädern auf die beiden Radsätze.
Hilfseinrichtungen: Elektroenergieversorgung aus Lichtmaschine am Dieselmotor und 12- oder 24-V-Bleibatterie.
Spitzen- und Schlußsignalleuchten nach Signalordnung. Beleuchtung und Steckdosen im Führerstand.
Akustische Signalgebung mit Abgaspfeife.
Handfeuerlöscher.
Bei wassergekühlten Motoren: einfacher Stirnkühler mit Keilriemenantrieb des Lüfters. Kühlermatte.
Bei luftgekühlten Motoren: Keilriemenantrieb des Kühlluftgebläses.

311 238 im Einsatz bei der DB
Foto: Sammlung Steckel

Steuerung mechanisch mit Handhebel und Seilzug auf Reglerhebel des Dieselmotors. Ganghebel auf beiden Seiten des Fahrpultes. Schaltung mechanisch mit Gestänge.
Mechanischer Wendeschalthebel im Fahrpult.
Überwachung: einfache Anzeigeinstrumente für Motorschmieröldruck und bei wassergekühltem Motor für Kühlwassertemperatur.

Literatur:

EJ 7 (1981) 2. – S. 36–41
Org 90 (1935) 6. – S. 104–106

Kö II, Köf II, Köe II
Kb II, Kbf II, Kbe II

DR Kö II, Köf II
ab 1970: 100.1 bis 100.9
DB Kö II, Köf II
ab 1968: 321, 322, 323, 324

B

ab 1933

Techn. Daten: Seite 191

Im Jahre 1932 bildeten die Deutsche Reichsbahn-Gesellschaft und die Lieferfirmen Deutz, Jung, Krauss-Maffei, Orenstein & Koppel sowie Schwartzkopff eine Arbeitsgemeinschaft, die die mit Kleinlokomotiven gewonnenen Betriebserfahrungen kritisch auswertete und die Baugrundsätze für eine Einheitslokomotive der Leistungsgruppe II aufstellte.
Ganz bewußt hatte die DRG für die Versuchsbauarten der Jahre 1929 bis 1931 nur wenige Hauptabmessungen und Bedingungen für den Einsatz vorgeschrieben. Die Bauarten der Motoren und der Kraftübertragungen sowie deren Anordnung blieben dem jeweiligen Hersteller überlassen. So konnten im Betrieb die einzelnen Ausführungen eingehend erprobt werden, um ihre Vor- und Nachteile zu demonstrieren. Der Betriebseinsatz der Versuchsausführungen war für die Fahrzeugart Kleinlokomotive so erfolgreich, daß sich die DRG zur Beschaffung größerer Stückzahlen entschloß. Aus betrieblichen und wirtschaftlichen Gründen war es aber wünschenswert, vorher zu einer Einheitsbauart zu kommen.
Die grundsätzlichen Forderungen und das Leistungsprogramm waren bereits im Jahre 1930 festgelegt worden. Zusätzlich wurden nun die einheitlichen Abmessungen, gleiche Fahrgestellbauweise, gleiche Kraftübertragungsanlagen, gleiche Anordnung der Baugruppen, gleiche Bedienungs- und Überwachungselemente als technische Bedingungen aufgestellt. Die Vereinheitlichung der Motoren wurde zunächst noch ausgesetzt. Lediglich der Leistungsbereich wurde mit 36,8 bis 51,5 kW bei 800 bis 1 200 U/min festgelegt. Er wurde später bis 109,6 kW erweitert.
Folgende Hersteller lieferten etwa 2 000 Einheitslokomotiven der Leistungsgruppe II seit 1933 an die Deutsche Reichsbahn-Gesellschaft, die Deutsche Reichsbahn und die Deutsche Bundesbahn: Berliner Maschinenbau AG (vormals Schwartzkopff), Borsig, Henschel, Jung, Klöckner-Humboldt-Deutz, Krauss-Maffei, VEB Lokomotivbau „Karl Marx", Orenstein & Koppel, Windhoff, Gmeinder & Co.
Nach dem Merkbuch für die Fahrzeuge der Deutschen Reichsbahn, Teil V Kleinlokomotiven, Ausgabe 1941, ergibt sich für die Einheitslokomotiven der Leistungsgruppe II bezüglich der erstmaligen

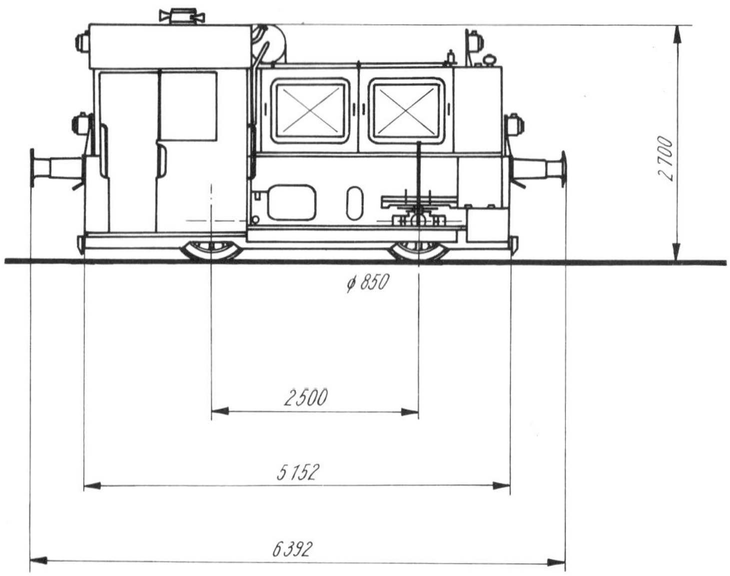

Kleinlokomotive der Leistungsgruppe II

Verwendung von Otto- bzw. Dieselmotoren und von mechanischen, elektrischen und hydraulischen Kraftübertragungen folgender geschichtlicher Werdegang:

Kb 4065 von Schwartzkopff: Beschaffungsjahr 1932, erste Kb mit 36,8-kW-Ottomotor und Einheitsrädergetriebe (Lok ist bei der DR),

Kö 4098 von Schwartzkopff: Beschaffungsjahr 1933/34, erste Kö mit 40,5-kW-Dieselmotor und Einheitsrädergetriebe (Verbleib unbekannt),

Köe 4078 von Borsig: Beschaffungsjahr 1933, erste Köe mit 55,2-kW-Dieselmotor, Generator und 39-kW-Fahrmotor (Verbleib unbekannt),

Kbe 4088 von Henschel: Beschaffungsjahr 1933/34, erste Kbe mit 54,4-kW-Ottomotor, Generator und 39-kW-Fahrmotor (Verbleib unbekannt),

Kbf 4736 von Schwartzkopff: Beschaffungsjahr 1933/34, erste Kbf mit 44,1-kW-Ottomotor und zweistufigem Strömungsgetriebe (Lok ist bei der DR),

Köf 4814 von Schwartzkopff: Beschaffungsjahr 1935, erste Köf mit 60,3-kW-Dieselmotor und zweistufigem Strömungsgetriebe (Lok ist bei der DR),

Köf 4853 von Deutz: Beschaffungsjahr 1935, erste Köf mit 60,3-kW-Dieselmotor und dreistufigem Strömungsgetriebe (Lok ist bei der DR).

Im Jahre 1935 waren bei der DRG bereits 749 Kleinlokomotiven der Leistungsgruppe II im Einsatz, davon waren noch 151 mit Vergasermotoren und 598 mit Dieselmotoren ausgerüstet. Über 40 Stück besaßen zu dieser Zeit eine elektrische Kraftübertragung.

Bei den weiteren Beschaffungen setzten sich dann endgültig die Dieselmotoren als Antriebsmaschinen durch. Dennoch wurden Mitte der dreißiger Jahre und nochmals während des zweiten Weltkrieges Versuche mit Kleinlokomotiven einer abweichenden Bauart durchgeführt: mit Antrieb durch Sauggasmotoren.

In Gasgeneratoren wurden Holz, Torf oder Braunkohlenschwelkoks vergast. Nach Reinigung und Trocknung wurde das Generatorgas als Motorkraftstoff benutzt. Auf diese Weise wollte man flüssige Kraftstoffe einsparen. Der Generatorgasbetrieb hatte jedoch soviel Nachteile (längere Betriebsvorbereitung, verminderte Leistung, erhöhte Schadanfälligkeit), daß eine allgemeine Einführung nicht in Frage kam und die damit ausgerüsteten Kleinlokomotiven später alle wieder auf die Einheitsbauart mit Dieselmotoren umgerüstet wurden. Ähnlich erging es einigen Versuchsmustern mit Flüssiggasantrieb.

Die einzige bekannt gewordene Kleinlokomotive mit Dampfmotorantrieb war von Henschel gebaut worden und kam vom Erstbesitzer, der Lübeck-Büchener Eisenbahn, 1938 zur DRG und erhielt dort die

Kö 4857 für die DRG bei der Auslieferung mit Rangierkupplung
Foto: Sammlung Glatte

Betriebsnummer Kd 4994. Auch diese Lokomotive wurden bereits 1940 mit Dieselmotor und Rädergetriebe der Einheitsbauart angeglichen und in Kö 4994 umgezeichnet. Während des zweiten Weltkrieges wurde ein Bauverbot für Verbrennungsmotorlokomotiven ausgesprochen (1942). Ausgenommen waren nur zwei Normalspurtypen, zu denen die Kleinlokomotive der Leistungsgruppe II gehörte und die bei militärischem oder dringendem kriegswirtschaftlichen Bedarf geliefert werden durften. Im Rahmen der vorliegenden Dringlichkeiten wurden in den Jahren 1942/44 226 Kleinlokomotiven der Leistungsgruppe II (damals als Kriegsmotorlokomotive 2 = KML 2 bezeichnet) gebaut. Davon erhielt die DRG 200 Stück, 26 Kleinlokomotiven wurden an andere Auftraggeber geliefert bzw. exportiert.
Nach 1945 wurden auf den Territorien der sowjetischen sowie der westlichen Besatzungszonen zahlreiche meist stark beschädigte Kleinlokomotiven der Leistungsgruppe II aufgefunden. Vorserienfahrzeuge und abweichende Bauarten wurden verkauft, verschrottet oder auf die Einheitsbauart mit Dieselmotor und Räder- oder Strömungsgetriebe umgebaut.
Der VEB Lokomotivbau „Karl Marx" Babelsberg begann bereits 1947 mit dem Bau von Schmalspur-Diesellokomotiven und kurze Zeit später mit dem Nachbau der bewährten Kleinlokomotiven. Unter der Werksbezeichnung N 3 mit 44 kW (60 PS) und als N 4 mit 66 kW (90 PS) waren diese Kleinlokomotiven mit vierstufigen Rädergetrieben ausgerüstet und hielten sich mit allen fahrzeugtechnischen Ausrüstungen sowie den Hauptabmessungen an die Einheitsbauart.
Die DR beschaffte 32 dieser Kleinlokomotiven und ordnete sie als Zweitbesetzung unter den Nummern Kö 4001 bis Kö 4032 ein. (Die Erstbesetzung erfolgte in den Jahren 1930/32. Diese Fahrzeuge waren zu diesem Zeitpunkt schon nicht mehr im Bestand der beiden

100 212 im Einsatz bei der DR
Foto: Blankenhagen

deutschen Staatsbahnverwaltungen.)
Eine weitere Beschaffung von Kleinlokomotiven entfiel für die DR, da bereits 1953 die Entwicklung der leichten Rangierlokomotiven V 10 B (Werksbezeichnung) begann, die später zu den DR-Baureihen 101 und 102 führte. Um eine rationelle Unter- und Erhaltung zu gewährleisten, wurden im Rahmen planmäßiger Raw-Aufenthalte zunächst bei allen Lokomotiven der Leistungsgruppe II wahlweise die beiden Dieselmotortypen 4 KVD 18 SRW oder 6 KVD 14,5 SRW eingebaut, später wurde nur noch auf die Sechszylindermotoren 6 KVD 14,5 SRW umgerüstet. Bei der Vergabe der EDV-gerechten Betriebsnummern im Jahre 1970 waren noch 295 Kleinlokomotiven mit mechanischer Kraftübertragung (Rädergetriebe) im Bestand der DR. Sie wurden von Kö 4000 und folgende in die neue Baureihe 100.1 bis 100.7 umgezeichnet. Die vorhandenen 78 Kleinlokomotiven mit hydraulischer Kraftübertragung wurden der Baureihe 100.8 bis 100.9 zugeordnet.
Während planmäßiger Unterhaltungsarbeiten wurden bei einigen Kleinlokomotiven Druckluftbremsen nachgerüstet. Außerdem wurden bei den Kleinlokomotiven der DR im Rahmen der Modernisierung die ursprünglich offenen Einstiege und Seitenöffnungen mit Drehtüren und zweiteiligen Schiebefenstern versehen.
Die DB konnte noch 444 Kleinlokomotiven der Leistungsgruppe II in ihren Anfangsbestand übernehmen, davon stammten 135 Lokomotiven aus den Baujahren 1939 bis 1944. Da während der fünfziger Jahre ein großer Mangel an leichten Rangierlokomotiven herrschte, ließ die DB von 1952 bis 1956 731 Kleinlokomotiven der Leistungsgruppe II nachbauen. Sie hatten die Grundkonzeption und die Hauptabmessungen der Einheitsbauart. Als Dieselmotoren wurden eingebaut: Kaelble GN 130 s (94 kW/128 PS), Deutz A 6 M 517 (87 kW/118 PS) oder Deutz A 6 M 617 (94 kW/128 PS). Alle Nachbaufahrzeuge erhielten hydraulische Kraftübertragung (Voith L 33 U) sowie Druckluftbremsen. Die Höchstgeschwindigkeit wurde während des Beschaffungszeitraumes von 30 auf 45 km/h erhöht. Außerdem wurde das Fassungsvermögen der Kraftstoffbehälter auf 150, später auf 180 und 200 l erhöht. Die Beschaffung wurde eingestellt, als der weitere Bedarf der DB durch die neuentwickelte Kleinlokomotive Köf III (später Baureihe 331, 332 und 333) gedeckt werden konnte.
Ab 1. Januar 1968 wurden auch die Kleinlokomotiven der DB in das neue EDV-gerechte Betriebsnummernsystem eingeordnet. Entsprechend dem damaligen Ausrüstungsstand erfolgte die Zuordnung nach folgendem Schema:

321 Köf II, v_{max} = 30 km/h, mechanische Bremse;
322 Köf II, v_{max} = 30 km/h, Druckluftbremse;
323/324 Köf II, v_{max} = 45 km/h, Druckluftbremse.

Während 1971 noch 47 Kleinlokomotiven der Baureihe 321 bei der DB im Einsatz waren, wurden in den Folgejahren an diesen Fahrzeugen Modernisierungen ausgeführt (z. B. Nachrüstung der Druckluftbremsanlage), und die Fahrzeuge wurden entsprechend ihrem technischen Ausrüstungsstand den Baureihen 322, 323 oder 324 zugeordnet.

Bestandsentwicklung 1971 bis 1975

Jahr	Baureihe				Gesamt
	321	322	323	324	
1971	47	172	888	42	1149
1973	16	188	886	54	1144
1975	–	191	884	58	1133

Weitere Modernisierungen betrafen auch die Vereinheitlichung der Dieselmotoren, die nun alle denen in den Neubau-Kleinlokomotiven entsprechen. Bei einigen Fahrzeugen wurden die Führerstände durch Türen und Fenster geschlossen.
Im Jahre 1976 begann eine verstärkte Ausmusterung von Kleinlokomotiven der Baureihen 322, 323, 324 bei der DB:

1976	43
1977	68
1978	70
1979	185
1982	52
1983	100
1984	39

Der Bestand an der ehemaligen Leistungsgruppe II ist bei der DB am 1. Januar 1985 auf 516 Fahrzeuge zusammengeschrumpft:
Baureihe 322 11,
Baureihe 323 492,
davon 35 Z-gestellt
Baureihe 324 13.
Eine 322 und acht 323 waren am 1. Januar 1985 in AW eingesetzt.
Ein Teil der ausgemusterten Fahrzeuge wurde an Werk- und Anschlußbahnen, u. a. auch nach Italien verkauft.
Zwei Kleinlokomotiven der Leistungsgruppe II unterhält die DB als Museumslokomotiven: Köe 6042 und Köf 6124 (letzte DB-Betriebsnummer 322 036). Gegebenenfalls wird auch noch die 322 001 zusätzlich aufbewahrt.

323 673 im Einsatz bei der DB
Foto: transpress-Archiv

Konstruktive Merkmale

Rahmen: Außenrahmen aus 30-mm-Längsblechträgern, versteiften Stirnblechen, ausgeschnittenem Deckblech und Querverbindungsblechen anfangs zusammengenietet, später geschweißt. Am hinteren Fahrzeugende nach unten stark durchgekröpft zur tiefen Lage der Flurhöhe von nur 380 mm über SO. Seitenlängsbleche mit zwei offenen Ausschnitten für die Radsatzlagergehäuse und zwei Durchbrüche zur Wartung und Reparatur der Rollenketten sowie Bremsgestänge und -klötze.

In den ersten Lieferungen Stangenpuffer, später Hülsenpuffer und Zughakenkupplung. Ursprünglich halbautomatische, mechanisch fernbetätigte Rangierkupplung, wegen erhöhter Unfallgefahr bereits bei der DRG wieder ausgebaut.

Neuere Fahrzeuge mit dickeren Stirnblechen zur Erhöhung der Reibungsmasse, ältere bei Modernisierung mit Ballastmassen versehen.

Aufbauten: Vorbauhaube im vorderen Fahrzeugteil umschließt Kühler, Dieselmotor (oder anfangs auch Vergasermotor), Räder- oder Strömungsgetriebe (oder früher auch Traktionsgenerator). Bei nachträglich umgerüsteten Kleinlokomotiven sowie bei Nachkriegsneubauten Unterbringung des Bremsluftverdichters ebenfalls unter der Vorhaube und Hauptluftbehälter auf der Vorhaube. Je zwei seitliche Klappen oder Steckbleche und eine obere Klappe in der Vorbauhaube zur Wartung und Reparatur der Maschinenanlage. Führerhaus anschließend an Vorbauhaube am hinteren Fahrzeugende reicht über ganze Fahrzeugbreite. Große vordere und hintere Stirnfenster sichern gute Strecken- und Puffersicht. Seitenfenster offen, mit Vorhängen verschließbar. Modernisierungslokomotiven der DR und DB mit Schiebefenstern versehen. Beide Seiteneinstiege ebenfalls offen, mit Einhängeketten gesichert. Modernisierte Lokomotiven mit Drehtüren und verglasten Fenstern. Fahrpult in der Mitte der vorderen Stirnwand, von beiden Fahrzeugseiten aus bedienbar.

Tiefliegende seitliche Laufbretter mit Handstangen gesichert, zum Mitfahren des Rangierpersonals.

Laufwerk: zwei rollengelagerte Radsätze, Radsatzlagergehäuse mit Beilageblechen an den Führungen zum Nachspannen der Antriebsrollenketten. Blattfedern oberhalb der Lagergehäuse.

Bremsen: ursprüngliche Bremsausrüstung umfaßte einfache Fußhebelbremse, Abbremsung etwa 60 % der Dienstmasse. Bremskraftübertragung vom Fußhebel über Welle und nachstellbares Gestänge mit hoher Übersetzung auf Grauguß-Bremsklötze, die einseitig alle Räder abbremsen. Raste hält Fußbremse in Bremsstellung fest. Bei DR einige Kleinlokomotiven mit Druckluftbremse nachträglich ausgerüstet, wirkt nicht auf die Lokomotive, sondern wirkt über Hauptluftleitung nur auf die angehängten Wagen. Betätigung mit verschließbarem Führerbremsventil St 124.

DB baute bei Modernisierung auch Bremszylinder für Druckluftbremse in Fahrzeugrahmen ein, d. h. Druckluftbremse wirkt nach Betätigen des Führerbremsventils St 125/1 auch auf das Gestänge der Fußbremse. Neubaulokomotiven der DB ebenfalls mit Druckluftbremsen ausgerüstet.

Bei druckluftgebremsten Kleinlokomotiven Führerbremsventil nur auf der rechten Fahrzeugseite, Fußhebel bei allen jedoch auf beiden Fahrzeugseiten.

Dieselmotor: anfangs zahlreiche Diesel- und Ottomotoren, untereinander austauschbar. In den dreißiger Jahren zunächst insgesamt über 30 verschiedene Verbrennungsmotorentypen zugelassen. Wichtigste Typen waren:

Deutz
Sechszylinder-Viertakt-Dieselmotor A 6 M 317,
48 kW bei 1 000 U/min,

MAN
Sechszylinder-Viertakt-Dieselmotor W 3 V 16/22,
44 kW bei 750 U/min,

Maybach
Sechszylinder-Viertakt-Ottomotor OS 1 200,
44 kW bei 1 200 U/min,

MWM
Vierzylinder-Viertakt-Dieselmotor GS 17 V,
46 kW bei 1 000 U/min,

Kämper
Vierzylinder-Viertakt-Ottomotor 120/176,
46 kW bei 1 000 U/min,

Mercedes-Benz
Vierzylinder-Viertakt-Dieselmotor OM 63,
44 kW bei 1 100 U/min,

Orenstein & Koppel
Vierzylinder-Viertakt-Dieselmotor 4 V 113,
51 kW bei 1 000 U/min,

Jung
Dreizylinder-Zweitakt-Dieselmotor SD 130,
40 kW bei 950 U/min.

Ab 1937 wegen Brandgefahr keine Beschaffung von Ottomotoren mehr, außerdem Vereinheitlichung für alle Neu- und Ersatzbeschaffungen durch Einschränkungen auf drei Dieselmotortypen von zwei Herstellern:

Deutz
Sechszylinder-Viertakt-Dieselmotor F 6 M 317,
48/55 kW bei 1 000 U/min,

Deutz
Sechszylinder-Viertakt-Dieselmotor A 6 M 517,
74/81 kW bei 1 200 U/min,

Kämper
Vierzylinder-Viertakt-Dieselmotor 4 D 12 R,
44 kW bei 1 100 U/min.

Nach 1945 bei beiden deutschen Bahnverwaltungen in Neubaulokomotiven oder aufgearbeiteten Fahrzeugen Einsatz neu- oder weiterentwickelter Dieselmotoren: In den Neubau-Kleinlokomotiven des VEB Lokomotivbau „Karl Marx" Babelsberg Typ N 3 Vierzylinder-Viertakt-Dieselmotor EM-4-15, 44 kW bei 1 500 U/min
und in den Typ N 4 Sechszylinder-Viertakt-Dieselmotor EM-6-15, 66 kW bei 1 500 U/min (beide vom VEB Dieselmotorenwerk Schönebeck).

Vorübergehend auch Einbau des Vierzylinder-Viertakt-Dieselmotors 4 KVD 18 SRW 59/77 kW bei 1 000/1 250 U/min (VEB Motorenwerke Johannisthal).

Später im Rahmen der planmäßigen Unterhaltung ausschließlicher Einbau der aus der EM-Baureihe entstandenen Neuentwicklung 6 KVD 14,5 SRW Sechszylinder-Viertakt-Reihendieselmotor, 92 kW bei 1 250 U/min, Wirbelkammerverfahren, Bohrung 120 mm, Hub 145 mm.

Bei DB Einbau in aufgearbeitete und neuaufgebaute Kleinlokomotiven 321, 322, 323 und 324:

Deutz
Sechszylinder-Viertakt-Dieselmotor A 6 M 517/617,
85/94 kW bei 1 300 U/min,

Kaelble
Sechszylinder-Viertakt-Dieselmotor GN 130 s,
87/94 kW bei 1 260 U/min.

Aufbau teilweise starr, teilweise elastisch auf Lokomotivrahmen.

Bei allen Dieselmotoren Anwendung von Zweistufenreglern, untere Leerlaufdrehzahl 500 bis 600 U/min, Höchstdrehzahlen entsprechen den genannten Nenndrehzahlen.

Kraftstoff mit Gefälle aus hochliegendem Kraftstoffbehälter, z. T. mit zusätzlichen Förderpumpen.

Verbrennungsluft ursprünglich über ölbenetzte Luftfilter unter der Vorbauhaube. DR-Kleinlokomotiven über Ölbadluftfilter links vorn außerhalb der Vorbauhaube mit Rohrleitung zum Ansaugkrümmer des Dieselmotors. DB-Lokomotiven ebenfalls durch Ölbadluftfilter, jedoch innerhalb der Vorbauhaube angesaugt.

Abgasführung durch tiefliegenden Schalldämpfer hinter vorderer Rahmenstirnwand durch Abgasrohr über Vorbaudach ins Freie.

Elektrische Anlasser (2,9 bis 4,4 kW).

K r a f t ü b e r t r a g u n g anfangs wahlweise mechanische, hydraulische oder elektrische Kraftübertragung.

Mechanische Kraftübertragung bei zahlreichen DRG-Kleinlokomotiven und in DR-Kleinlokomotiven der Baureihe 100.1 bis 100.7. Leistung vom Dieselmotor über zwei elastische Gummischeibenkupplungen und Zwischenwelle auf Rädergetriebe. Viergang-Stufengetriebe, Zahnradpaare ständig im Eingriff, Schalten der Getriebestufen mit vier Lamellenkupplungen, davon zwei Fahrkupplungen mit Reibbelägen außenliegend, zwei Haltekupplungen mit Stahllamellen innenliegend. Je Fahrstufe zwei Kupplungen in unterschiedlicher Kombination wirksam: Erste Fahrstufe Anfahren bis etwa 5 km/h, zweite Fahrstufe 5 bis 10 km/h, dritte Fahrstufe 10 bis 15 km/h und vierte Fahrstufe 15 bis 30 km/h. Abtrieb über Kegelradwendegetriebe auf beide seitlich außerhalb des Ge-

häuses angeordneten Kettenräder, von dort über 2″-Doppelrollenketten auf je einen Radsatz. Tauch- und Schleuderschmierung ohne Rückkühlung.
Hydraulische Kraftübertragung bei vielen DRG-Kleinlokomotiven, in den DR-Kleinlokomotiven der Baureihe 100.8 bis 100.9 und allen DB-Kleinlokomotiven der Baureihen 321, 322, 323 und 324.
Antrieb des Strömungsgetriebes L 33 U über elastische Gummikupplungen und Verbindungswelle oder über drehelastische Kupplung und Gelenkwelle.
Strömungsgetriebe dreistufig: Anfahrwandler/Kupplung/Kupplung.
Schalten der Getriebestufen durch selbsttätiges Füllen und Entleeren der Kreisläufe abhängig von der Fahrgeschwindigkeit: Anfahrwandler/Kupplung I bei 10 km/h, Kupplung I/Kupplung II bei 18 km/h (Umschaltpunkte bei DB-Kleinlokomotiven 323/324 entsprechend der größeren Höchstgeschwindigkeit 45 km/h höher). Weitere Übertragung wie bei Rädergetriebe über Kegelradwendegetriebe und Doppelrollenketten auf die Radsätze.
Elektrische Kraftübertragung bei DRG-Kleinlokomotiven Köe und Kbe vom Verbrennungsmotor über Zwischenwelle und Gummischeibenkupplung auf Gleichstromgenerator, dort erzeugter Strom trieb quer zur Fahrtrichtung angeordneten Gleichstromfahrmotor mit zwei Wellenenden, von jedem Wellenende Übertragung über Kettenräder und Doppelrollenketten auf die beiden Radsätze.
Hilfseinrichtungen: Elektroenergieversorgung für Bordnetz 24-V-Gleichspannung aus Lichtmaschine 500 bis 700 W und zwei in Reihe geschaltete Bleibatterien 12 V mit 180 bis 250 Ah. Batteriehauptschalter.
Versorgt elektrischen Anlasser, Glühkerzen, Führerstandbeleuchtung, Steckdose für Handlampe, ursprünglich je zwei Stirnlampen, jetzt Dreilicht-Spitzensignal an beiden Fahrzeugenden (Schlußsignal mit roten Vorsteckscheiben), einige Kleinlokomotiven mit elektrischen Scheibenwischern.
Kühleranlage für Motorkühlwasser und bei hydraulischer Kraftübertragung für Strömungsgetriebeöl. Kühlerblock aus Rundrohr- oder Flachrohrkühlelementen an der Fahrzeugstirnseite. Kühlwasserumwälzpumpe. Kühlerlüfter mit Keilriemen vom Dieselmotor angetrieben. Grobe Temperaturregelung mit teilweise und voll anknöpfbaren Kühlermatten oder mit handverstellbarer Kühlerjalousie. Einige Kleinlokomotiven mit Thermostatregelung.
Bei Lokomotiven mit Strömungsgetriebe: zwei der fünf Kühlerelemente des Kühlerblocks zur direkten Rückkühlung des Strömungsgetriebeöls in einem getrennten Kreislauf.
Bei Kleinlokomotiven mit Druckluftbremse über Keilriemen vom Dieselmotor angetriebener Dreizylinder-Luftverdichter, Leerlaufventil wirkt bei Erreichen des Höchstdrukkes. Zwei Hauptluftbehälter auf dem Vorbau- oder Führerstanddach.
Vorwärm- und Warmhaltebetrieb mit koksgefeuerten Warmwasseröfen oder elektrischen Heizpatronen, die mit 220 V/50 Hz aus dem Ortsnetz gespeist werden.
Akustische Signalgebung mit Auspuffpfeife, einige DB-Kleinlokomotiven mit Drucklufttyphon.
Mechanische oder elektrische Scheibenwischer an allen vier Stirnfenstern.
Sandung des jeweils nachlaufenden Radsatzes, mechanisch betätigte Sandkastenverschlüsse.
Handfeuerlöscher im Führerstand.
Steuerung: bei mechanischer Kraftübertragung (DRG Kö/Kb und DR 100.1 bis 100.7): Motorleistung durch Füllungsverstellung mittels rechts und links angeordneter Hebel. Einstellung der Getriebegänge mechanisch durch Handrad. Anzeige des eingeschalteten Ganges auf dem Fahrpult.
Bei hydraulischer Kraftübertragung (DRG Köf/Kbf, DR 100.8 bis 100.9, DB 321, 322, 323 und 324): mit Handrad Füllungssteuerung des Dieselmotors und Betätigung des Füllventils für Strömungsgetriebe über mechanisches Gestänge von beiden Fahrzeugseiten aus. Wendeschaltung in allen Lokomotiven mit mechanischem Schalthebel.
Einbau von Funkfernsteuerungen in einigen 322 und 323 der DB zum Einsatz im Rangierdienst und zur Bedienung von Wagenwasch- und Entseuchungsanlagen.
Überwachung: mit Anzeigeinstrumenten: Schmieröldruck und Kühlwassertemperatur des Dieselmotors, Ladekontrollampe. Fahrtwegschreiber bei der DB, Motorbetriebsstundenzähler bei der DR.
Einige DB-Kleinlokomotiven mit Fahr- und Stillstandsüberwachungseinrichtung (vereinfachte Sifa).

Literatur:

EI 14 (1963) 8. – S. 328–240
EJ 7 (1981) 2. – S. 36–41
GA 59 (1935) 8. – S. 83–88
ME 5 (1956) 5. – S. 149–150
Org 87 (1932) 14. – S. 269–275
Org 93 (1938) 2. – S. 24–32

Köf III

DB Köf 10, ab 1968: 331
DB Köf 11, ab 1968: 332, 333

B

ab 1959

Techn. Daten: Seite 191

Das Beistellen größerer Wagengruppen, die beschleunigte Erfüllung der Rangieraufgaben und die erweiterten Forderungen für den Einsatz im Streckendienst führten 1958 zum Forderungsprogramm für eine leistungsstärkere Kleinlokomotive. Auf zahlreichen Nebenstrekken hatte die Deutsche Bundesbahn den Reisezugverkehr auf Schienenomnibusse umgestellt. Auf vielen dieser Strecken war ein nur schwacher Güterverkehr zu verzeichnen, und man ermittelte, daß eine Leistung von etwa 180 kW für die Bewältigung dieser Aufgaben ausreicht.
Der hohe Mechanisierungsgrad in der Gleisunterhaltung führte zu schwereren Bauzügen und erforderte für diesen Zweck, der vorher oft von Kleinlokomotiven der Leistungsgruppe II erfüllt wurde, eine gesteigerte Motorleistung.

Aus diesen Einsatzvorstellungen entwickelte die DB ein Forderungsprogramm: installierte Dieselmotorleistung 176,5 kW (240 PS), Zughakenleistung 106,6 kW (145 PS), Höchstgeschwindigkeit 45 km/h. Die Kraftübertragung mit Strömungsgetriebe und Doppelrollenkettenantrieb auf die Radsätze sollte aufgrund der langjährigen guten Erfahrungen von den Einheitslokomotiven bei Anpassung an die höhere Zugkraft und Geschwindigkeit übernommen werden. Um auch für dieses Fahrzeug die vereinfachten Bauvorschriften in Anspruch nehmen zu können, war die Einordnung als Kleinlokomotive nun mit erhöhter Leistung, als Leistungsgruppe III, vorgesehen. Das heißt, es mußte die bei der DB geltende Definition eingehalten werden: Kleinlokomotiven sind Regelfahrzeuge mit einer am Zughaken gemessenen Leistung von höchstens 110,3 kW (150 PS) und einer Höchstgeschwindigkeit bis 45 km/h.
Mit einer geplanten Zughakenleistung von etwa 107 kW war also auch die Zuordnung als Kleinlokomotive gerechtfertigt. Danach wurden auch die weiteren technischen Entwicklungsforderungen von der DB aufgestellt:
- einfache Bedienbarkeit durch angelerntes Personal,
- niedrige Beschaffungs- und Unterhaltungskosten,
- kleinster befahrbarer Gleisbogenhalbmesser 50 m,
- Dienstmasse 22 bis 23 t,
- Anfahrzugkraft 53,9 kN,
- gute Sicht auf Puffer, Strecke, Bodensignale und unbeschrankte Bahnübergänge,
- rundherum geschlossener und heizbarer Führerstand,
- Ausrüstung mit Druckluftbremse.

Die DB erteilte 1958 der Firma Gmeinder & Co, Mosbach, den Auftrag zur Entwicklung dieser neuen Kleinlokomotive und zum Bau von acht Vorauslokomotiven. Sie wurden in den Jahren 1959/60 ausgeliefert und von der DB als Köf 10 001 bis Köf 10 003 (Höchstgeschwindigkeit 30 km/h) und als Köf 11 001 bis Köf 11 005 (Höchstgeschwindigkeit 45 km/h) eingeordnet. Sie wurden acht verschiedenen Bw und AW zu einer breiten und intensiven Betriebserprobung zugeteilt. Dabei sollte auch entschieden werden, welche der beiden versuchsweise eingebauten Dieselmotoren- und Strömungsgetriebebauarten für die folgenden Serienbeschaffungen endgültig vorzusehen waren. Die Ergebnisse der Betriebserprobung waren so gut, daß nur geringe Änderungen an einigen Bauteilen und -gruppen erforderlich wurden. Von den beiden erprobten Dieselmotoren Kaelble GO 135a und MWM RHS 518 fiel die Entscheidung zugunsten des MWM-Motors aus, der sich bereits in Dieseltriebzügen als Hilfsdieselmotor bewährt hatte und somit im DB-Erhaltungsbestand war. Als Strömungsgetriebe waren die beiden Bauarten von Voith L 33 yU (Wandler/Kupplung/Kupplung) und L 213 U (Wandler/Wandler/Kupplung) erprobt worden. Die Serie wurde mit dem Wandler/Wandler/Kupplungsgetriebe L 213 U ausgerüstet, das allerdings ab 1968 dann durch das Wandler/Wandlergetriebe L 203 kU ersetzt wurde.
1961 lief nach dem Bau weiterer 31 Vorausmuster die Serienfertigung an, an der nun auch andere Lokomotivhersteller in der Bundesrepublik beteiligt wurden. 1962 wurden die ersten Serienfahrzeuge dem Betriebsdienst als Köf 11 (in der Umgangssprache als Köf III be-

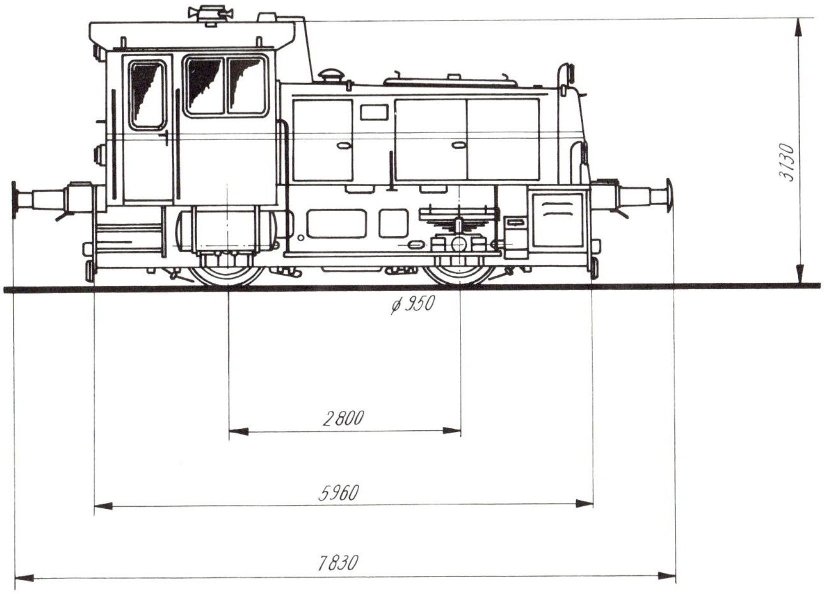

Neubau-Kleinlokomotive der Leistungsgruppe III der DB (später Baureihen 331, 332, 333)

zeichnet) übergeben. Sie bewährten sich hervorragend im leichten Rangierdienst, leichten Nahgüterverkehr sowie im Arbeitszugdienst und erfreuten sich wegen ihrer einfachen Bedienbarkeit, Leistungsfähigkeit und ihrer unkomplizierten Unterhaltung beim Fahr- und Werkstättenpersonal größter Beliebtheit. So kam es zu laufenden Nachbeschaffungen, und auch zahlreiche Anschlußbahnen und Privatgesellschaften führten diese Kleinlokomotive in ihren Fahrzeugpark ein.

Als 1968 die EDV-Bezeichnungen für die Triebfahrzeuge der DB eingeführt wurden, erhielten die Kleinlokomotiven der Leistungsgruppe III die Baureihenbezeichnungen 331, 332 und 333 nach folgender Zuordnung:

331 Baujahr 1959, v_{max} = 30 km/h, Radsatzantrieb über Rollenketten;

332 Baujahre 1959 bis 1966, v_{max} = 45 km/h, Radsatzantrieb über Rollenketten;

333 Baujahre ab 1967, v_{max} = 45 km/h, Radsatzantrieb über Gelenkwellen.

Während der Serienbeschaffungen, die 1975 mit der achten Bauserie abgeschlossen wurden, waren trotz der guten Betriebsbewährungen ständig Verbesserungen vorgenommen bzw. neu- oder weiterentwickelte Baugruppen eingesetzt worden. Die wichtigsten Entwicklungsetappen können der folgenden Aufstellung entnommen werden:

331 001 bis 331 003	Vorserie mit Kettenantrieb, v_{max} = 30 km/h;
332 001 bis 332 036	Vorserie mit Kettenantrieb und K-Bremse;
332 037 bis 332 117	1. Bauserie;
332 118 bis 332 217	2. Bauserie;
332 218 bis 332 317	3. Bauserie;
333 001	Prototyp mit Gelenkwellenantrieb und Kdi-Bremse, Versuchsströmungsgetriebe L 303 U;
333 002 bis 333 051	4. Bauserie neues Strömungsgetriebe L 203 kU;
333 052 bis 333 101	5. Bauserie;
333 102 bis 333 141	6. Bauserie, zusätzlich Fahr- und Stillstandsüberwachung;
333 142 bis 333 181	7. Bauserie, zusätzlich induktive Zugbeeinflussung;
333 182 bis 333 251	8. Bauserie, neuer Dieselmotor MWM D 601-6.

Zum Bestand der DB gehörten am 1. Januar 1985 nach einzelnen Ausmusterungen noch
alle drei Fahrzeuge der Vorserie 331,
317 Fahrzeuge der Unterbaureihe 332,
251 Fahrzeuge der Unterbaureihe 333
– also insgesamt 571 Fahrzeuge der ehemaligen Leistungsgruppe III.

In die Baureihe 333 wurden 1975 die beiden Diesellokomotiven V 18 STEEDEN und V 19 KERKERBACH-

Köf 11314, jetzt 332 314, im Einsatz bei der DB (Kettenantrieb, v_{max} = 45 km/h)
Foto: transpress-Archiv

TAL mit der Kerkerbachbahn AG von der DB übernommen und als 333 901 und 333 902 eingeordnet. Nachdem es mit diesen beiden Einzelgängern zahlreiche Probleme gab (Ersatzteilmangel), wurden sie 1980/81 ausgemustert und verkauft.

Konstruktive Merkmale

Rahmen: kastenförmig; robuster, geschweißter Außenrahmen aus 30-mm-Seitenblechen, 20-mm-Stirnplatten und 10-mm-Rahmendeckplatte. Eingeschweißte Kastenträger, der vordere davon zur Aufnahme von 800 kg Schwerspat als Ballast vorgesehen. Versteifte Kopfstücken nehmen austauschbare Verschleißpufferbohlen auf. Pufferbohlen tragen übliche Zug- und Stoßeinrichtungen, Rahmen jedoch schon für eine spätere Nachrüstung mit automatischer Mittelpufferkupplung vorbereitet.
Rahmenseitenwände mit Ausschnitten für Radsatzlagergehäuseführungen und je drei Durchbrüchen zur Wartung und Kontrolle von Bremsgestängen und -klötzen sowie Rollenketten. Aufhängeösen zum Verladen der Lokomotive mit standardisierten Containerhebezeugen.
Aufbauten: Vorbauhaube umschließt Kühleranlage, Dieselmotor, Luftverdichter sowie weitere Hilfseinrichtungen. Schweißkonstruktion aus 3-mm-Stahlblech und verstärkenden Profilen, drei große Klappen auf jeder Seite und eine Klappe im Vorbaudach für Wartungs- und Reparaturarbeiten am Dieselmotor und den Hilfseinrichtungen. Vorderer Haubenteil über Kühler getrennt abnehmbar. Gesamte Haube bei Motorausbau abzunehmen.
Führerstand über volle Fahrzeugbreite, ebenfalls aus 3-mm-Stahlblech und Versteifungsprofilen zusammengeschweißt. Allseitig geschlossen, schall- und wärmeisoliert, mittels Gummileisten auf Rahmendeckblech verschraubt und mit Gummiprofilen an die Vorbauhaube angeschlossen. Zwei seitliche verschließbare Drehtüren, große Stirn- und Seitenfenster, Fahrpult mittig an der Führerstandstirnwand mit Bedienmöglichkeiten von beiden Fahrzeugseiten. Zum Transport auf Güterwagen ohne Profilüberschreitung in AW ist Führerstand abnehmbar.
Seitliche Laufbleche zur Mitfahrt des Rangierpersonals, mit Handstangen gesichert.
Laufwerk: zwei Radsätze zylinderrollengelagert, untereinander gleich und tauschbar. 331 und 332 mit Doppelrollenketten angetrieben, 333 über Gelenkwellen und Radsatzgetriebe.
Nachspannen der Rollenketten bei 331 und 332 durch Paßblechbeilagen in Radsatzlagergehäuseführungen. Blattfedern mit elf Lagen über Lagergehäuse außerhalb des Rahmens. Gleitplatten anfangs aus Vulkolan, wegen einfacherer Unterhaltung ab achte Bauserie Stahlgleitplatten.
Bremsen: selbsttätige Knorr-Druckluftbremse K mit Einfachsteuerventil 14 sowie Zusatzbremse. Zwei Bremszylinder über nachstellbare Gestänge mit Kunststoff-Bremsklötzen einseitig auf alle vier Räder. 333 mit Bremse Kdi und ab achte Bauserie Bremskolbenhubanzeige zur Verschleißkontrolle. Handspindelbremse wirkt über Druckluftbremsengestänge auf vorderen Radsatz.
Dieselmotor: vier Vorauslokomotiven mit Kaelble MD 140 a. Achtzylinder-Viertakt-Dieselmotor 177 kW (240 PS) bei 1 600 U/min, direkte Einspritzung. Später umgerüstet

auf Serienausrüstung: MWM RHS 518 A. Achtzylinder-Viertakt-Reihendieselmotor, 177 kW (240 PS) bei 1 600 U/min, Vorkammerverfahren, Bohrung 140 mm, Hub 180 mmm. Ab achte Bauserie (333 182) serienmäßig. MWM-Nachfolgemotor D 601–6. Sechszylinder-Viertakt-Reihendieselmotor, 177 kW (240 PS) bei 1 600 U/min. Bohrung 160 mm, Hub 165 mm. Direkteinspritzung. Automatischer Spritzversteller.

Bei D 601–6 alle Bedienungs- und Wartungseinrichtungen auf einer Motorseite, damit günstige Unterhaltungsbedingungen. Elektrisches Anlassen.

Kraftstoff mit Förderpumpe an der Einspritzpumpe aus den seitlich im Rahmen liegenden Kraftstoffbehältern angesaugt.

Verbrennungsluft durch Ölbadluftfilter am Vorbaudach von außen angesaugt. Abgase durch Schalldämpfer im Lokomotivrahmen und Rohrleitung entlang der Führerstandvorderwand nach oben ins Freie. Dieselmotor gemeinsam mit Schmieröl- und Strömungsgetriebeöl-Wärmetauscher in Hilfsrahmen und dieser elastisch auf Rahmendeckblech montiert.

Kraftübertragung hydraulisch. Nach Vorerprobung mit Voith L 33 yU (Wandler/Kupplung/Kupplung) ausschließlicher Einbau der Getriebe Voith L 213 U (bis 1968) und L 203 kU (ab 1968) in die Serienlokomotiven.

Dieselmotor treibt über drehelastische Kupplung und Gelenkwelle das Strömungsgetriebe an.

L 213 U, dreistufig: Wandler/Wandler/Kupplung.

GL 203 kU, zweistufig: Wandler/Wandler.

Schaltung der Stufen wie üblich selbsttätig durch Füllen und Entleeren der Kreisläufe in Abhängigkeit von der Fahrgeschwindigkeit.

Bei 331 und 332: Kegelradwendegetriebe direkt am Strömungsgetriebe angeflanscht. Abtriebswelle mit Kettenrädern, Kraftübertragung mit Hochleistungsrollenketten vom rechten Kettenrad auf den vorderen und vom linken Kettenrad auf den hinteren Radsatz.

Bei 333: tiefliegende Abtriebswelle aus Wendegetriebe, Kraftübertragung mit Gelenkwellen und Radsatzgetrieben auf die Radsätze.

Getriebeblock starr im Lokomotivrahmen gelagert, nach unten ausbaubar.

Hilfseinrichtungen: Elektroenergieversorgung des Bordnetzes 24 V Gleichspannung aus zwei 12-V-Batterien (je 180 Ah) und bis siebente Bauserie mit Gleichstromlichtmaschine 700 W, ab achte Bauserie Drehstromlichtmaschine 1 000 W und Halbleitergleichrichter, speist Beleuchtung und Steckdosen im Vorbau und Führerstand, Dreilicht-Spitzensignal, elektrische Hilfs- und Überwachungskreise.

Kühleranlage mit Stirnkühler, bestehend aus elf Kühlelementen in Reihe geschaltet mit Kühlwasserumwälzpumpe, Wärmetauscher Motorschmieröl, Wärmetauscher Strömungsgetriebeöl und Dieselmotor. Kühlerlüfter durch Keilriemen vom Dieselmotor angetrieben. Kühlluft durch thermostatisch verstellbare Kühlerjalousie gesteuert.

Webasto-Kühlwasserheizgerät für Vorwärm- und Warmhaltebetrieb, thermostatgeregelt. Zwei Warmwasserheizkörper zur Führerstandbeheizung.

Ab achte Bauserie verbesserte Kühleranlage mit seitlichen Kühlerblökken, Kühlerlüfter mit Voith-Strömungskupplung angetrieben, selbsttätig geregelt, nach Motorbe-

333 003 (Gelenkwellenantrieb, v_{max} = 45 km/h) im Einsatz bei der DB
Foto: transpress-Archiv

333 190 aus der achten Bauserie mit neuem Dieselmotor und neuer Kühleranlage im Einsatz bei der DB
Foto: Rossberg

Literatur:

EI 28 (1977) 4. – S. 160–162
EJ 7 (1981) 2. – S. 36–41
ETR 24 (1975) 10. – S. 364–368
GA 61 (1937) 4. – S. 37–40
GA 87 (1963) 6./7. – S. 342–358

lastung und Außenlufttemperatur. Jalousien öffnen und schließen abhängig vom Staudruck. Neuer Zweikreis-Scheibenölkühler für Motorschmieröl und Strömungsgetriebeöl.
Luftpresser VV 100/100 über Keilriemen vom Getriebeeintrieb angetrieben, versorgt über zwei 150-l-Hauptluftbehälter (seitlich am Rahmen unter dem Führerstand) die Bremsanlage, die pneumatisch betätigte akustische Signalanlage (Typhone) und die Sandungseinrichtung.
Verstellbarer und wegklappbarer Drehhocker im Führerstand auf der rechten Seite, elektrische Scheibenwischer und elektrische Scheibenentfrostung aller Stirnscheiben.
Sandungseinrichtung für den jeweils vorauslaufenden Radsatz.
Handfeuerlöscher im Führerstand. Ab achte Bauserie Schmierölkreislauf serienmäßig mit Ölzentrifuge und Ausrüstung mit Einrichtungen für Zugbahnfunk.

Steuerung: mittels rechts und links am Fahrpult angeordneter Handräder, die die Reglerhebel an der Einspritzpumpe verstellen und über ein Gestänge das Füllventil des Strömungsgetriebes öffnen oder schließen. Wendeschaltung ebenfalls mechanisch über doppelt angeordnete Handhebel gesteuert.
Einige Fahrzeuge der BR 332 und 333 mit Funkfernsteuerung ausgerüstet (weiterentwickelter Mustereinbau in 333 108). Einsatz als Zugbildungslokomotiven oder in Zusatzeinrichtungen (z. B. Wagenwasch- und Entseuchungsanlagen).
Überwachung mit Anzeigeinstrumenten für Kühlwassertemperatur und Motorschmieröldruck, Fahrgeschwindigkeit und Ladekontrolle.
Temperaturwächter und Brennwächter für Vorwärmgerät. Ab sechste Bauserie (333 102) mit Fahr- und Stillstandsüberwachung (vereinfachte Sifa), ab siebente Bauserie (333 142) mit Fahrzeugeinrichtungen für induktive Zugbeeinflussung.

Literaturverzeichnis

Bücher

Arndt, G., Arndt, U.: Pionier- und Ausstellungsbahnen. – Berlin, 1981

Englmann, L.: Handbuch der Dieseltriebfahrzeuge der Deutschen Bundesbahn. – Frankfurt (Main), 1966

Fufrjanskij, N. A.: Die Entwicklung und Weiterentwicklung der Dieselzugförderung. – Moskau, 1969

Galle, Witte: Die Kleinlokomotive im Rangierdienst auf Unterwegsbahnhöfen der Deutschen Reichsbahn. – Berlin, 1932

Jakobson, P. W.: Die Geschichte der Diesellokomotive in der UdSSR. – Moskau, 1960

Jünemann, K., Kieper, K., Nickel, L.: Die Rügenschen Kleinbahnen. – Berlin, 1983

Kieper, K.: Die Franzburger Kreisbahnen Stralsund-Barth–Damgarten. – Berlin, 1982

Kieper, K., Preuß, R., Rehbein, E.: Schmalspurbahnarchiv. – Berlin, 1980

Kleinlokomotiven und die BR V 15. – Berlin, 1965

Kramer, E.: Die Entwicklung des Verkehrswesens in der DDR. – Berlin, 1978

Kunicki, H.: Deutsche Dieseltriebfahrzeuge – gestern und heute. – Berlin, 1966

Lehmann, H., Pflug, E.: Der Fahrzeugpark der Deutschen Bundesbahn und neue von der Industrie entwickelte Schienenfahrzeuge. – Berlin und Bielefeld, 1957

Lomonossoff, G.: Die dieselelektrische Lokomotive. – Berlin, 1924

Lomonossoff, G.: Diesellokomotiven. – Berlin, 1929

Messerschmidt, W.: Diesellok-Raritäten. – Stuttgart, 1980

Obermayer, H. J.: Taschenbuch Deutsche Diesellokomotiven. – Stuttgart, 1977

Rakow, W. A.: Lokomotiven und Triebwagen des Fahrzeugparks der Sowjetischen Eisenbahnen 1956 bis 1965. – Moskau, 1966

Reinhardt, L.: Rangier-Diesellokomotiven. – Berlin, 1977

Schnabel, H.: Handbuch Triebfahrzeugdienst. – Berlin, 1982

Stockklausner, H. K.: 50 Jahre Diesellokomotiven. – Basel und Stuttgart, 1963

Strecken-Diesellokomotiven. – Berlin, 1981

Taschenbuch Diesellokomotiven/VEB Lokomotivbau „Karl Marx" Babelsberg – Berlin, 1967

Triebfahrzeuge der Deutschen Bundesbahn. – Freiburg, 1983, 1984, 1985

sowie Firmendruckschriften der Hersteller von Diesellokomotiven und deren Baugruppen im In- und Ausland

Zeitschriften

DB	Die Bundesbahn
DRT	Diesel Railway Traction
EI	Eisenbahningenieur
EB	Elektrische Bahnen
E	Eisenbahn
EIII	Eisenbahn Illustrierte
EJ	Eisenbahn-Journal
EK	Eisenbahn-Kurier
em	eisenbahn magazin
DET	Deutsche Eisenbahntechnik
ETR	Eisenbahntechnische Rundschau
GA	Glasers Annalen
LT	Lokomotivtechnik
LM	Lok-Magazin
L	Die Lokomotive
ME	Der Modelleisenbahner
MTZ	Motortechnische Zeitschrift
Org	Organ für die Fortschritte des Eisenbahnwesens
Stz	Schienenfahrzeuge (bis 1964 Die Werkstatt)
SBZ	Schweizerische Bauzeitung
VB	Verkehrsgeschichtliche Blätter
VDI	Zeitschrift des VDI

Tabelle der Hauptkenndaten

Erläuterungen und Abkürzungen

Dieselmotor

Bauart

1. Ziffer		Zylinderzahl
1. Buchstabe		Zylinderanordnung
	R	Reihenmotor
	V	V-Motor
	E	Einzelzylinder
2. Ziffer		Taktzahl
2. Buchstabe		Art der Kühlung
	W	wassergekühlt
	L	luftgekühlt
3. und 4. Buchstabe		Füllungserhöhung
	A	Abgasturboaufladung
	L	Ladeluftkühlung

Kraftübertragung

(Zeile 1)

D direkter Antrieb
P pneumatische Kraftübertragung
HD hydrodynamische Kraftübertragung
HS hydrostatische Kraftübertragung
E elektrische Kraftübertragung
M mechanische Kraftübertragung

(Zeile 3)

Bauart im Falle hydrodynamischer Kraftübertragung (HD)

Stufen des Strömungsgetriebes:

W Drehmomentwandlerstufe
K Kupplungsstufe
EW Einspeiswandler zur Erhöhung der Traktionsleistung durch nicht benötigte Heizleistung
Br hydrodynamische Bremse

Bauart im Falle elektrischer Kraftübertragung (E)

1. Buchstabe: Traktionsgenerator

2. Buchstabe: Fahrmotoren
G Gleichspannung
X Wechselspannung

Bauart im Falle hydrodynamischer (HD) und mechanischer Kraftübertragung (M):
(Zahl)-Gang Anzahl der mechanischen Getriebeschaltstufen im Strömungs- bzw. Rädergetriebe

Kraftübertragung auf Radsatz

B Blindwelle
K Kolbenstange mit Kreuzkopfführung
S Treib- und Kuppelstangen
F Fahrmotor
Z Zahnradübersetzung
K Rollenketten
G Gelenkwellen
A Achsgetriebe

Art der Steuerung

m mechanische Übertragung
e elektrische Übertragung
p pneumatische Übertragung
h hydraulische Übertragung
E Einfachsteuerung
EW Einfachsteuerung mit Einrichtung für Wendezugbetrieb
V Vielfachsteuerung
D Doppelsteuerung
F Funkfernsteuerung

Art der Überwachung

A Anzeigeinstrumente
W Wächter mit Beeinflussung der Steuerung

Sicherheitsfahrschaltung und Zugbeeinflussung

e elektronische Sicherheitsfahrschaltung
W wegabhängige, mechanisch-elektrische Sifa
Z zeitabhängige, elektronische Sifa
K Wachsamkeitskontrolle
D punktförmige Drei-Frequenz-Zugbeeinflussung (gebräuchlich bei DR)
induktive Zugbeeinflussung – Indusi – (gebräuchlich bei DB)
FS Fahr- und Stillstandsüberwachung

Reisezugheizanlage

HK Heizkessel mit Öl- oder Dieselkraftstoffeuerung
AK Abgasheizkessel mit Zusatzfeuerung
ET elektrische Heizung aus dem Traktionsgenerator
EG elektrische Heizung aus einem Heizgenerator der vom Hauptantriebsmotor angetrieben wird
EV elektrische Heizung aus einem Heizgenerator, der von einer besonderen Verbrennungskraftmaschine angetrieben wird

Lieferwerke

Bor Borsig-Lokomotivwerke, Berlin-Tegel
ČKD Českomoravska-Kolben-Danék, Praha-Liben
DWK Deutsche Werke, Kiel (später MaK)
Gm Gmeinder, Mosbach/Baden (jetzt Carl Kaelble u. Gmeinder)
He Henschel-Werke, Kassel (später Rheinstahl Henschel, Kassel, jetzt Thyssen-Henschel, Kassel)
JW Jenbacher Werke, Jenbach in Tirol
Ju Arnold Jung, Jungenthal
KHD Klöckner-Humboldt-Deutz, Köln-Deutz
KM Krauss-Maffei, München-Allach
Kru Friedrich Krupp, Essen
LEW Kombinat VEB Lokomotivbau – Elektrotechnische Werke „Hans Beimler" Hennigsdorf
LH Linke-Hofmann, Breslau
LKM VEB Lokomotivbau „Karl Marx" Babelsberg
LTS Diesellokomotivfabrik „Oktoberrevolution" Woroschilowgrad (ab 1972: Lugansk)
ME Maschinenfabrik Esslingen
MKa Maschinenbaugesellschaft Karlsruhe
MaK Maschinenbau Kiel, Kiel-Friedrichsort (früher DWK, jetzt Krupp–MaK)
OK Orenstein & Koppel, Berlin und Dortmund
SACM Société Alsacienne de Constructions Mécaniques, Graffenstaden
SGP Simmeringer Waggonfabrik, Wien (jetzt Simmering-Graz-Pauker, Wien)
SH Fürst Stollberg-Hütte, Ilsenburg
SSW Siemens-Schuckert-Werke, Berlin und Erlangen
Sch Schwartzkopff, später: Berliner Maschinenbau-A. G., Wildau bei Berlin
Sul Gebrüder Sulzer, Winterthur
Wi Rheiner Maschinenfabrik, Windhoff, Rheine
23. Aug. Lokomotivwerke „23. August", Bukarest
RAW H Reichsbahnausbesserungswerk „Ernst Thälmann" Halle
RAW M Reichsbahnausbesserungswerk „Wilhelm Pieck" Karl-Marx-Stadt
RAW S Reichsbahnausbesserungswerk Stendal

DRG bis 1929	-	(DKS)[1]	V 3201	V 3602	V 6001
ab 1930	-	-	V 120 001	-	V 16 001
DR bis 30.06.1970	-	-	-	-	-
ab 1.07.1970	-	-	-	-	-
DB bis 31.12.1967	-	-	-	-	-
ab 1.01.1968	-	-	-	-	-
Achsfolge	-	2'B 2'	2'C 2'	B 1	B
Spurweite	mm	1435	1435	1435	1435
Länge über Puffer	mm	16600	16330	10200	7770
Achsstand, gesamt	mm	12700	12200	4400	3600
Achsstand, Triebgestell	mm	3600	4600	1700	3600
Achsstand, Laufgestell	mm	2200	2200	-	-
Treibraddurchmesser	mm	1750	1600	1250	1000
Laufraddurchmesser	mm	1000	850	1000	-
Dienstmasse (2/3 Vorräte)	t	95	124,6	44	30,2
Reibungsmasse	t	32	54,6	34	30,2
Mittlere Radsatzfahrmasse	t	16	18	17	15
Anfahrzugkraft	kN	30	108	54	
Dauerzugkraft	kN				10,8
Leistungsziffer	kW/t	9,3	7,1	3,68	3,9
Höchstgeschwindigkeit	km/h	100	80	40	26
Dieselmotor					
Anzahl	-	1	1	1	1
Typ	-		Lo 6 Vu 45/42	WuMAG	MWM
Bauart	-	4 V 2 W	6 R 4 W	6 R 4 W	4 R 4 W
Leistung	kW	883	883	162	118
Drehzahl	U/min	304	400	450	375
Kraftübertragung	-	D	P	HS	HS
Typ	-				
Bauart	-				
Kraftübertragung auf Radsatz		BS	KS	BS	BS
Art der Steuerung	-	mE	mE	mpE	mE
Steuerspannung	V	-	-	-	-
Art der Überwachung	-	A	A	A	A
Sifa	-	-	-	-	-
Zugbeeinflussung	-	-	-	-	-
Reisezugheizanlage	-	HK	HK	-	-
Heizleistung	kg Dampf/h oder kW			-	-
Heizspannung	V	-	-	-	-
Betriebsvorräte					
Dieselkraftstoff	l		2000	600	
Heizbrennstoff	l			-	-
Kesselspeisewasser	l			-	-
Lieferwerk	-	Bor/Sul	ME	Sch	MKa
Erstes Beschaffungsjahr	-	1912	1929	1925	1924

1) DKS = Diesel-Klose-Sulzer-Thermolokomotive der KPEV

2) DB V 36 310 mit Mittenführerstand

-	-	-	-	-	-
V 16 004	V 140 001	(Deutz 2'B 2')	(WR 200 B 14)	(WR 200 B 14)	(WR 360 C 14)
A 20 090	-	-	V 20	-	-
-	-	-	-	-	-
-	V 140 001	-	V 20	V 22/V 20	V 36 301, V 36 310 u. f.
-	-	-	270 001 bis 270 050	270 051 u. f.	-
Co	1'C 1'	2'B 2'	B	B	C
1435	1435	1435	1435	1435	1435
9100	14400	14550	8000	7700	9100
4200	10000	10750	3200	2900	4200 (3500)[2)]
4200	3800	2200	-	-	-
-	-	2500	-	-	-
1000	1400	1750	1100	1000	1250
-	850	850/1000	-	-	-
47,3	83	82	27	31	45
47,3	51,7	34	27	31	45
16	17,3	17	14	15,5	15
107,9	137,3	100	80		
42,7	46,1	30/45			
1,17	12,3	8,97	5,37	4,68	5,89
40	100	110	55	50	62,5
1	1	1	1	1	1
4 KVD 18 SRW	W 8 V 30/38		A 6 M 324/MS 24	MS 24	6 M 30
4 R 4 W	8 R 4 W A	3 E 2 L	6 R 4 W	6 R 4 W	6 R 4 W
55	1030	736	145	145	265
900	700	450	800/900	900	
E	HD	D	HD	HD	M
	JJ g 2 M	-	L 33 y	L 33 y	
G-G	W-K-K	-	W-K-K	W-K-K	
FZ	ZBS	KS	BS	BS	BS
eE	epEW	mpE	mE	mE	mE
	24	-	-	-	-
A	A	A	A	A	A
-	-	-	(W)	(W)	-
-	-	-	-	-	-
-	HK	-	-	-	-
-	-	-	-	-	-
-	-	-	-	-	-
150	1500	2950	300/400	300/400	700 (1000)[2)]
-	-	-	-	-	-
-	-	-	-	-	-
SSW	KM	KHD	Ju, Gm, KHD, Sch	DWK	DWK
1933	1936	1933	1936	1938	1938

DRG	bis 1929	-	-	-	-	-
	ab 1930	-	(WR 360 C 14)	(WR 360 C 14)	(WR 360 C 14)	(D 311)
DR	bis 30.06.1970	-	V 36	-	-	-
	ab 1.07.1970	-	103	-	-	-
DB	bis 31.12.1967	-	-	V 36	V 36	V 188
	ab 1.01.1968	-	-	236 101 bis 236 261	236 401 u. f.	288

Achsfolge	-	C	C	C	Do + Do
Spurweite	mm	1435	1435	1435	1435
Länge über Puffer	mm	9200	9200	9240	22510
Achsstand, gesamt	mm	3950	3950	4400	16350
Achsstand, Triebgestell	mm	-	-	-	6000
Achsstand, Laufgestell	mm	-	-	-	-
Treibraddurchmesser	mm	1100	1100	1100	1250
Laufraddurchmesser	mm	-	-	-	-
Dienstmasse (2/3 Vorräte)	t	42	38,5 bis 41	41	147
Reibungsmasse	t	42	38,5 bis 41	41	147
Mittlere Radsatzfahrmasse	t	14	12,8 bis 13,7	13,7	18,4
Anfahrzugkraft	kN	130	105	105	359,9
Dauerzugkraft	kN	46			
Leistungsziffer	kW/t	6,3	6,9	6,46	11,02
Höchstgeschwindigkeit	km/h	60/55	55	55	75
Dieselmotor					
Anzahl	-	1	1	1	2
Typ	-	6 NVD 36	V 6 M 436/RHS 235 S	RHS 335 S	MD 12 V 538 AT
Bauart	-	6 R 4 W	6 R 4 W	6 R 4 W	12 V 4 W A
Leistung	kW	265	265	265	810
Drehzahl	U/min	600	600	600	1500
Kraftübertragung	-	HD	HD	HD	E
Typ	-	L 37	L 37	L 37	
Bauart	-	W-K-K	W-K-K	W-K-K	G-G
Kraftübertragung auf Radsatz		BS	BS	BS	FZ
Art der Steuerung	-	mE/mD	mE/pD	mE/pD	eE
Steuerspannung	V	-	-	-	-
Art der Überwachung	-	A	A	A	AW
Sifa	-	(W)	(W)	(W)	W
Zugbeeinflussung	-	-	D	D	D
Reisezugheizanlage	-	-	-	-	-
Heizleistung	kg Dampf/h oder kW	-	-	-	-
Heizspannung	V	-	-	-	-
Betriebsvorräte					
Dieselkraftstoff	l	400	400/700	630/1500	1350
Heizbrennstoff	l	-	-	-	-
Kesselspeisewasser	l	-	-	-	-
Lieferwerk	-	OK, Kru, He, Ju, KHD, Sch	OK, Kru, He, Ju, KHD, Sch, (MaK)	MaK	Kru
Erstes Beschaffungsjahr	-	1938	1938 (1947)	1950	1939

-	-	-	-	-	-
-	-	-	-	-	-
V 15^{10}	V 15^{20-23}	-	V 23	-	V 60^{10}
101.0	101.1 bis 101.3	101.5 bis 101.7	102.0	102.1	106.0 bis 106.1
-	-	-	-	-	-
-	-	-	-	-	-
B	B	B	B	B	D
1435	1435	1435	1435	1435	1435
6940	6940	6940	6940	8000	10880
2500	2500	2500	2500	3560	5600
2500	2500	2500	2500	3560	5600
-	-	-	-	-	-
900	1000	1000	1000	1000	1100
-	-	-	-	-	-
20	21,5	21,5	24	24,3	55
20	21,5	21,5	24	24,3	55
10	10,7	10,7	12	12,2	13,8
	66		80	71	175
40,2	42		55		92
5,5	6,14	7,5	6,75	6,67	8,69
32	37	42	55	40	60
1	1	1	1	1	1
6 KVD 18 SRW	6 KVD 18 SRW	6 KVD 18/15-1	6 KVD 18/15-1	6 KVD 18/15-1	12 KVD 21 SVW
6 R 4 W	6 R 4 W	6 R 4 W	6 R 4 W	6 R 4 W	12 V 4 W
110	132	162	162	162	478
1500	1500	1510	1510	1510	1500
HD	HD	HD	HD	HD	HD
GSR 12/3,7	GSR 12/3,7	GSU 20/4,2	GSU 20/4,5	GSU 20/4,2	GSR 12/5,1
W-K-K	W-K-K	W-W	W-W	W-W	W-K-K
BS	BS	BS	BS	BS	BS
m/eE	m/eE	m/eE	m/eE	m/eE	ep/mE
24	24	24	24	24	110
A	A	A	A	AW	AW
-	-	-	-	eZK	WK
-	-	-	-	-	-
-	-	-	-	-	-
-	-	-	-	-	-
-	-	-	-	-	-
350	350	400	400	500	2100
-	-	-	-	-	-
-	-	-	-	-	-
LKM	LKM	RAW H	LKM	LKM	LKM
1959	1960	1975 (Umbau)	1968	1970	1960

DRG	bis 1929	-	-	-	-	-
	ab 1930	-	-	-	-	-
DR	bis 30.06.1970	-	V 60[12]	V 75	V 100[0]	V 100[2]
	ab 1.07.1970	-	106.2 bis 106.9, 105	107	110.0 bis 110.1	110.2 bis 110.9
DB	bis 31.12.1967	-	-	-	-	-
	ab 1.01.1968	-	-	-	-	-

Achsfolge	-	D	Bo'Bo'	B'B'	B'B'
Spurweite	mm	1435	1435	1435	1435
Länge über Puffer	mm	10880	12560	13940	13940/14240
Achsstand, gesamt	mm	5600	8700	9300	9300
Achsstand, Triebgestell	mm	5600	2400	2300	2300
Achsstand, Laufgestell	mm	-	-	-	-
Treibraddurchmesser	mm	1100	1000	1000	1000
Laufraddurchmesser	mm	-	-	-	-
Dienstmasse (2/3 Vorräte)	t	60	62,6	63,7	60
Reibungsmasse	t	60	62,6	63,7	60
Mittlere Radsatzfahrmasse	t	15	15,8	16,4	15
Anfahrzugkraft	kN	198	202	206,0	222,5
Dauerzugkraft	kN	96	102	136,4	151,9
Leistungsziffer	kW/t	7,97	8,82	11,55	12,27
Höchstgeschwindigkeit	km/h	60	60	100	100
Dieselmotor					
Anzahl	-	1	1	1	1
Typ	-	12 KVD 21 SVW	6 S 310 DR	12 KVD 18/21 A II	12 KVD 18/21 A II[1)]
Bauart	-	12 V 4 W	6 R 4 W	12 V 4 W A	12 V 4 W A
Leistung	kW	478	552	736	736
Drehzahl	U/min	1500	750	1500	1500
Kraftübertragung	-	HD	E	HD	HD
Typ	-	GS 12/5,2		GSR 30/5,7 AQ	GSR 30/5,7 AQ
Bauart	-	W-K-K	G-G	W-W-W	W-W-W
Kraftübertragung auf Radsatz		BS	FZ	GA	GA
Art der Steuerung	-	ep/mE	epV	epV	epV
Steuerspannung	V	110	110	110	110
Art der Überwachung	-	AW	AW	AW	AW
Sifa	-	WK/eZK[2)]	-	WK/ZK	eZK
Zugbeeinflussung	-	-	-	-	-
Reisezugheizanlage	-	-	-	HK	HK
Heizleistung	kg Dampf/h oder kW	-	-	800	800
Heizspannung	V	-	-	-	-
Betriebsvorräte					
Dieselkraftstoff	l	2100	2000	2600	2600
Heizbrennstoff	l	-	-	-	-
Kesselspeisewasser	l	-	-	2000	2000
Lieferwerk	-	LEW	ČKD	LEW	LEW
Erstes Beschaffungsjahr	-	1964	1962	1964/66	1969

1) auch 12 KVD 21 A-3
2) etwa ab V 60 1500 = 106,5 :eZK

-	-	-	-	-	-
-	-	-	-	-	-
-	-	-	V 100^0	V 100^2	V 100^0
110 156, 110 161	110961, 110980 u.a.	111	112.0 bis 112.1	112.2 bis 112.9	114.0 bis 114.1
-	-	-	-	-	-
-	-	-	-	-	-
B'B'	B'B'	B'B'	B'B'	B'B'	B'B'
1435	1435	1435	1435	1435	1435
13940	14240	14240	13940	13940/14240	13940
9300	9300	9300	9300	9300	9300
2300	2300	2300	2300	2300	2300
-	-	-	-	-	-
1000	1000	1000	1000	1000	1000
-	-	-	-	-	-
	62,2	62,2	64	64	
	62,2	62,2	64	64	
	15,5	15,5	16	16	
	147	207			
	93	142			
	11,8	11,8	13,8		
100	100	65	100	100	100
1	1	1	1	1	1
12 KVD 18/21 AII	12 KVD 21 A-3	12 KVD A-3	12 KVD 21 AL-4	12 KVD 21 AL-4	12 KVD 21 AL-4
12 V 4 W A	12 V 4 W A	12 V 4 W A	12 V 4 W AL	12 V 4 W AL	12 V 4 W AL
736	736	736	883	883	1100
1500	1500	1500	1500	1500	1500
HD	HD	HD	HD	HD	HD
GS 20-20/4,8	GSR 30/5,7	GSR 30/5,7		GSR 30/5,7	GSR 30/5,7
W-W+W-W	W-W-W	W-W-W	W-W-W	W-W-W	W-W-W
GA	GA	GA	GA	GA	GA
epE	epV	epV	epV	epV	epV
110	110	110	110	110	110
AW	AW	AW	AW	AW	AW
WK/ZK	eZK	eZK	WK/ZK	eZK	WK
-	-	-	-	-	-
-	-	-	HK	HK	HK
-	-	-	800	800	800
-	-	-	-	-	-
2600	2780	2780	2600	2600	2600
-	-	-	-	-	-
-	-	-	2000	2000	2000
DR	LEW	LEW	RAW S	RAW S	RAW S
1978 (Umbau)	1980	1982	1981 (Umbau)	1981 (Umbau)	1983 (Umbau)

DRG bis 1929	–	–	–	–	–
ab 1930	–	–	–	–	–
DR bis 30.06.1970	–	V 100^{2}	V 180^{0}	V 180^{1}	V 180^{2}
ab 1.07.1970	–	114.2 bis 114.9	118.0	118.1	118.2 bis 118.4
DB bis 31.12.1967	–	–	–	–	–
ab 1.01.1968	–	–	–	–	–
Achsfolge	–	B' B'	B' B'	B' B'	C' C'
Spurweite	mm	1435	1435	1435	1435
Länge über Puffer	mm	13940/14240	19460	19460	19460
Achsstand, gesamt	mm	9300	15600	15600	14510
Achsstand, Triebgestell	mm	2300	3400	3400	3600
Achsstand, Laufgestell	mm	–	–	–	–
Treibraddurchmesser	mm	1000	1000	1000	1000
Laufraddurchmesser	mm	–	–	–	–
Dienstmasse (2/3 Vorräte)	t		78	78	90
Reibungsmasse	t		78	78	90
Mittlere Radsatzfahrmasse	t		19,5	19,5	15
Anfahrzugkraft	kN		211	255	235
Dauerzugkraft	kN		122	160	152
Leistungsziffer	kW/t		8,49	9,44	8,18
Höchstgeschwindigkeit	km/h	100	120	120	120
Dieselmotor					
Anzahl	–	1	2	2	2
Typ	–	12 KVD 21 AL-4	12 KVD 18/21 A I	12 KVD 18/21 A II	12 KVD 18/21 A II
Bauart	–	12 V 4 W AL	12 V 4 W A	12 V 4 W A	12 V 4 W A
Leistung	kW	1100	662	736	736
Drehzahl	U/min	1500	1500	1500	1500
Kraftübertragung	–	HD	HD	HD	HD
Typ	–	GSR 30/5,7	L 306 rb[1]	GSR 30/5,7[2]	GSR 30/5,7[2]
Bauart	–	W-W-W	W-W-W	W-W-W	W-W-W
Kraftübertragung auf Radsatz		GA	GA	GA	GA
Art der Steuerung	–	epV	epV	epV	epV
Steuerspannung	V	110	110	110	110
Art der Überwachung	–	AW	AW	AW	AW
Sifa	–	eZK	WK/eZK	WK/eZK	WK/eZK
Zugbeeinflussung	–	–	–	–	D[3]
Reisezugheizanlage	–	HK	HK	HK	HK
Heizleistung	kg Dampf/h oder kW	800	800	800	800
Heizspannung	V	–	–	–	–
Betriebsvorräte					
Dieselkraftstoff	l	2600	3800	3700	3700
Heizbrennstoff	l	–	–	–	–
Kesselspeisewasser	l	2000	3000	3000	3000
Lieferwerk	–	RAW S	LKM	LKM	LKM
Erstes Beschaffungsjahr	–	1983 (Umbau)	1962	1965	1966

1) auch GSR 30/5,7
2) auch L 306 rb
3) 118 264 bis 118 282
4) auch 12 KVD 21 AL-4 (990 kW, 1500 U/min)

-	-	-	-	-	-
-	-	-	-	-	-
V 180^0	V 180^2	-	V 200	V 300	-
118.5	118.6 bis 118.8	119	120	130	130.1
-	-	-	-	-	-
-	-	-	-	-	-
B'B'	C'C'	C'C'	Co'Co'	Co'Co'	Co'Co'
1435	1435	1435	1435	1435	1435
19460	19460	19500	17550	20620	20620
15600	14510	14510	12800	15850	15850
3400	3600	3600	4200	3700	3700
-	-	-	-	-	-
1000	1000	1000	1050	1050	1050
-	-	-	-	-	-
		96	116	115	120
		96	116	115	120
		16	19,4	20	20,5
		198	300	250	250
		146	196	172	172
		20,6	12,67	19,13	18,33
120	120	120	100	120 (140)	120 (140)
2	2	2	1	1	1
12 KVD 18/21 AII	12 KVD 21 AL-4	MB 820 SR[4]	14 D 40	5 D 49	5 D 49
12 V 4 W A	12 V 4 W AL	12 V 4 W A	12 V 2 W A	16 V 4 W AL	16 V 4 W AL
736	883	990	1470	2200	2200
1500	1500	1500	750	1000	1000
HD	HD	HD	E	E	E
GSR 30/5,7		GS 30/5,5 A Pew			
W-W-W	W-W-W	W-W-EW	G-G	X-G	X-G
GA	GA	GA	FZ	FZ	FZ
epV	epV	ephV	epV	epV	epV
110	110	110	64	110	110
AW	AW	AW	AW	AW	AW
WK/eZK	WK/eZK	eZK	ZK	ZK	ZK
-	-	D	-	D	D
HK	HK	EG	-	-	ET
800	800	500	-	-	600
-	-	1000	-	-	1000
		4000	3900	6000	6000
-	-	-	-	-	-
		-	-	-	-
RAW M	RAW M	23. Aug.	LTS	LTS	LTS
1981 (Umbau)	1981 (Umbau)	1976	1966	1970	1972

DRG bis 1929	-	-	-	-	-	-
ab 1930	-	-	-	-	-	-
DR bis 30.06.1970	-	-	-	-	V 36[48]	-
ab 1.07.1970	-	131	132	142	-	199 301[2)]
DB bis 31.12.1967	-	-	-	-	-	-
ab 1.01.1968	-	-	-	-	-	-
Achsfolge	-	Co'Co'	Co'Co'	Co'Co'	B'B'	C
Spurweite	mm	1435	1435	1435	750	1000
Länge über Puffer	mm	20620	20820	20820	12100	8200
Achsstand, gesamt	mm	15850	16050	16050	8000	3100
Achsstand, Triebgestell	mm	3700	3700	3700	2000	3100
Achsstand, Laufgestell	mm	-	-	-	-	-
Treibraddurchmesser	mm	1050	1050	1050	800	900
Laufraddurchmesser	mm	-	-	-	-	-
Dienstmasse (2/3 Vorräte)	t	115	122	124,7	41,2	30
Reibungsmasse	t	115	122	124,7	41,2	30
Mittlere Radsatzfahrmasse	t	20	20,5	20,8	10,3	10
Anfahrzugkraft	kN	340	348	343	116	97
Dauerzugkraft	kN	270	204	241		
Leistungsziffer	kW/t	19,13	18,03	23,58	6,4	8,1
Höchstgeschwindigkeit	km/h	100	120	120	30	30
Dieselmotor						
Anzahl	-	1	1	1	2	1
Typ	-	5 D 49	5 D 49	16 Tsch N 26/26[1)]	6 KVD 18	6 VD 18/15 SRW
Bauart	-	16 V 4 W AL	16 V 4 W AL	16 V 4 W AL	6 R 4 W	6 R 4 W
Leistung	kW	2200	2200	2940	132	243
Drehzahl	U/min	1000	1000	1000	1500	1500
Kraftübertragung	-	E	E	E	HD	HD
Typ	-				GSR 12/3,7	
Bauart	-	X-G	X-G	X-G	W-K-K	W-W
Kraftübertragung auf Radsatz		FZ	FZ	FZ	BS	BS
Art der Steuerung	-	epV	epV	epV	mepE	mepE
Steuerspannung	V	110	110	110	24	24
Art der Überwachung	-	AW	AW	AW	AW	AW
Sifa	-	ZK	ZK	ZK	W	-
Zugbeeinflussung	-	D	D	D	-	-
Reisezugheizanlage	-	-	ET	ET	HK	-
Heizleistung	kg Dampf/h oder kW	-	600	600	300	-
Heizspannung	V	-	1000	1000	-	-
Betriebsvorräte						
Dieselkraftstoff	l	6000	6000	6000	700	500
Heizbrennstoff	l	-	-	-	500	-
Kesselspeisewasser	l	-	-	-	1500	-
Lieferwerk	-	LTS	LTS	LTS	LKM	LKM
Erstes Beschaffungsjahr	-	1972	1973	1977	1960	(1966) 1970

1) Hochaufladung

2) von 1970 bis 1973: 103 901

-	-	-	-	-	-	-
Kö I, Kb I	Kö II, Kb II	Köf II, Kbf II	-	-	-	-
Kö I	Kö II	Köf II	-	-	-	Köf 6001
100.0	100.1 bis 100.7	100.8 bis 100.9	-	-	-	100 901
Kö I	Kö II	Köf II	Köf III (Köf 10)	Köf III (Köf 11)	Köf III (Köf 11)	-
311	-	321, 322, 323, 324	331	332	333	-
B	B	B	B	B	B	C
1435	1435	1435	1435	1435	1435	750
5475	6450	6450[3]	7830	7830	7830	5356
2506	2506	2506[4]	2800	2800	2800	1800
2506	2506	2506[4]	2800	2800	2800	1800
-	-	-	-	-	-	-
850	850	850	950	950	950	700
-	-	-	-	-	-	-
10,2	16	17	22,3[6]	22,3[6]	22,3[6]	16,5
10,2	16	17	22,3[6]	22,3[6]	22,3[6]	16,5
5,3	8	8,5	11,3	11,3	11,3	5,5
26,5	39,2	27,5	54	75	75	
	6,9	9,8				
4,63 bis 2,75	5,75	5,4	7,93	7,93	7,93	4,67
18/23	30	30[5]	30	45	45	20
1[1]	1[2]	1[2]	1	1	1	1
4 KVD 14,5/12	6 KVD 14,5 SRW	6 KVD 14,5 SRW	RHS 518 A[7]	RHS 518 A[7]	RHS 518 A[8]	A 6 M 517
4 R 4 W	6 R 4 W	6 R 4 W	8 R 4 W	8 R 4 W	8 R 4 W	6 R 4 W
28	92	92	177	177	177	96
1250	1250	1250	1600	1600	1600	1250
M	M	HD	HD	HD	HD	HD
-	-	L 33 U	L 33 yU	L 213 U	L 213 U[9]	L 22
3-Gang	4-Gang	W-K-K	W-K-K	W-W-K	W-W-K	W-K
K	K	K	K	K	GA	BS
mE	mE	mE	mE	mE	mE	mE
-	-	-	-	-	-	-
A	A	A	A	A	A	A
-	-	FS[11]	-	FS (teilweise)	FS (teilweise)	-
-	-	-	-	-	D[10]	-
-	-	-	-	-	-	-
-	-	-	-	-	-	-
-	-	-	-	-	-	-
56, 110	110	110, 150, 180, 200	300	300	300	110
-	-	-	-	-	-	-
-	-	-	-	-	-	-
KHD, ME, Gm, Wi	Sch, He, Bor, Ju, KM, KHD, LKM, OK, Wi, Gm	Sch, He, Bor, Ju, KM, KHD, OK, Wi, Gm	Gm	Gm u.a.	Gm u.a.	Gm
1933	1932	1933	1959	1959	1967	1944

1) DRG: versch. Motoren,
DB: A 4 L 514 (37 kW, 1800 U/min)
2) DRG: versch. Motoren,
DB: A 6 M 517/617 (87/94 kW, 1300 U/min)
oder GN 130 s (87/94 kW, 1260 U/min)
3) auch 6392 mm
4) auch 2500 mm
5) DB 323 u. 324: V_{max} = 45 km/h
6) auch 24,2 t
7) auch MD 140a, 177 kW
8) auch D 601-6, 177 kW
9) ab 1968: L 203 kU, (W-W)
10) ab 333 142
11) teilweise bei DB

DRG bis 1929	-	-	-	-	-	-
ab 1930	-	-	-	-	-	-
DR bis 30.06.1970	-	Kö 6002	Köf 6003	Kö 6004	Kö 6005	-
ab 1.07.1970	-	-	100 902	-	-	199 007[1)]
DB bis 31.12.1967	-	-	-	-	-	-
ab 1.01.1968	-	-	-	-	-	-
Achsfolge	-	C	C	B	B	C
Spurweite	mm	750	750	750	750	750
Länge über Puffer	mm	5200	5350	4810/5210	4630/5520	5340
Achsstand, gesamt	mm	1500	1800	1500	1250	1800
Achsstand, Triebgestell	mm	-	-	-	-	-
Achsstand, Laufgestell	mm	-	-	-	-	-
Treibraddurchmesser	mm	700	700	600/560	700	700
Laufraddurchmesser	mm	-	-	-	-	-
Dienstmasse (2/3 Vorräte)	t		16,5	8/12	11	14,6
Reibungsmasse	t		16,5	8/12	11	14,6
Mittlere Radsatzfahrmasse	t		5,5	4/6	5,5	
Anfahrzugkraft	kN	40,2		19,6/	28,4	42,2
Dauerzugkraft	kN					
Leistungsziffer	kW/t		4,67	4,6/3,67	4,0	4,5
Höchstgeschwindigkeit	km/h	20	20	20	15	24
Dieselmotor						
Anzahl	-	1	1	1	1	1
Typ	-		A 6 M 517	4 KVD 14,5	4 KVD 14,5	6 KVD 14,5
Bauart	-	6 R 4 W	6 R 4 W	4 R 4 W	4 R 4 W	6 R 4 W
Leistung	kW		96	44	44	66
Drehzahl	U/min		1250	1500	1500	1500
Kraftübertragung	-	M	HD	M	M	M
Typ	-		L 22			
Bauart	-	4-Gang	W-K	3-Gang	3-Gang	4-Gang
Kraftübertragung auf Radsatz		AS	BS	K	BS	BS
Art der Steuerung	-	mE	mE	mE	mE	mE
Steuerspannung	V	-	-	-	-	-
Art der Überwachung	-	A	A	A	A	A
Sifa	-	-	-	-	-	-
Zugbeeinflussung	-	-	-	-	-	-
Reisezugheizanlage	-	-	-	-	-	-
Heizleistung	kg Dampf/h oder kW	-	-	-	-	-
Heizspannung	V	-	-	-	-	-
Betriebsvorräte						
Dieselkraftstoff	l		110	60	90	
Heizbrennstoff	l	-	-	-	-	-
Kesselspeisewasser	l	-	-	-	-	-
Lieferwerk	-	Sch	KHD	/Raw	LKM	LKM
Erstes Beschaffungsjahr	-	1937	1944	1942/1959	1954	1957

1) 1973 angekauft

-	-	-	-	-	-	-
-	-	-	-	-	-	-
Kö 6501	Kö 6502	-	-	-	-	-
100 903[2]	100 904[3]	199 003^{II}, 199 004^{II}[4]	100 905[5]	100 906[6]	199 101 und 199 102	-
-	-	-	-	-	-	Köf 99 501
-	-	-	-	-	-	329 501[7]
B	B	B	C	C	C	C
1000	1000	1000	1000	1000	600	1000
4200	4630	5350	5400	5400	5200	5566
1250	1250	2506	1800	1800	1800	1800
-	-	2506	1800	1800	1800	1800
-	-	-	-	-	-	-
700	700	850	700	700	700	700
-	-	-	-	-	-	-
11	11		16	16	16	16,5
11	11		16	16	16	16,5
5,5	5,5		5,3	5,3	5,3	5,5
28,4	28,4		48,0	48,0	48,0	50,0
4,0	4,0		4,68	4,68	4,68	5,7
15	15		24	24	24	20
1	1	1	1	1	1	1
4 KVD 14,5	4 KVD 14,5	6 VD 14,5 SRW	6 KVD 14,5	6 KVD 14,5	6 KVD 14,5	A 6 M 617
4 R 4 W	4 R 4 W	6 R 4 W	6 R 4 L	6 R 4 L	6 R 4 L	6 R 4 W
44	44	92	75	75	75	94
1500	1500	1250	1500	1500	1500	1500
M	M	M	M	M	M	HD
						L 22
3-Gang	3-Gang	4-Gang	4-Gang	4-Gang	4-Gang	W-K
BS	BS	K	BS	BS	BS	BS
mE	mE	mE	mE	mE	mE	mE
-	-	-	-	-	-	-
A	A	A	A	A	A	-
-	-	-	-	-	-	-
-	-	-	-	-	-	-
-	-	-	-	-	-	-
-	-	-	-	-	-	-
-	-	-	-	-	-	-
90	90	110	350	350	160	136
-	-	-	-	-	-	-
-	-	-	-	-	-	-
LKM	LKM	RAW H	LKM	LKM	LKM	Gm
1953	1953	1983 (Umbau)	1964	1964	1969	1952

2) ab 1973: 199 003^{I} (Erstbesetzung)
3) ab 1973: 199 004^{I} (Erstbesetzung)
4) Zweitbesetzung (1983)
5) ab 1973: 199 005
6) ab 1973: 199 006
7) anfangs: V 11 901

DRG bis 1929	-	-	-
ab 1930	-	-	-
DR bis 30.06.1970	-	-	-
ab 1.07.1970	-	-	-
DB bis 31.12.1967	-	Köf 99 502 und 99 503	-
ab 1.01.1968	-	329 502 und 329 503[1)]	329 504
Achsfolge	-	C	B
Spurweite	mm	1000	1000
Länge über Puffer	mm	5566	6090
Achsstand, gesamt	mm	1800	1800
Achsstand, Triebgestell	mm	1800	1800
Achsstand, Laufgestell	mm	-	-
Treibraddurchmesser	mm	700	700
Laufraddurchmesser	mm	-	-
Dienstmasse (2/3 Vorräte)	t	16,5	
Reibungsmasse	t	16,5	
Mittlere Radsatzfahrmasse	t	5,5	
Anfahrzugkraft	kN	50,0	
Dauerzugkraft	kN		
Leistungsziffer	kW/t	5,7	5,3
Höchstgeschwindigkeit	km/h	20	20
Dieselmotor			
Anzahl	-	1	1
Typ	-	A 6 M 617	A 6 M 517
Bauart	-	6 R 4 W	6 R 4 W
Leistung	kW	94	87
Drehzahl	U/min	1500	1500
Kraftübertragung	-	HD	HD
Typ	-	L 22	L 22
Bauart	-	W-K	W-K
Kraftübertragung auf Radsatz		BS	BS
Art der Steuerung	-	mE	mE
Steuerspannung	V	-	-
Art der Überwachung	-	-	-
Sifa	-	-	-
Zugbeeinflussung	-	-	-
Reisezugheizanlage	-	-	-
Heizleistung	kg Dampf/h oder kW	-	-
Heizspannung	V	-	-
Betriebsvorräte			
Dieselkraftstoff	l	136	
Heizbrennstoff	l	-	
Kesselspeisewasser	l	-	
Lieferwerk	-	Gm	KHD
Erstes Beschaffungsjahr	-	1957	1952

1) anfangs: V 11 902 und V 11 903

Lokomotiv-Archiv Baden

In diesem neuen Band der Lokomotiv-Archive für Länderbahnen geben die Autoren eine nahezu lückenlose Darstellung aller badischen Lokomotiven und Triebwagen vom Beginn des Eisenbahnbaus bis zur Übernahme durch die Deutsche Reichsbahn-Gesellschaft. Ausgehend von den politischen und geographischen Verhältnissen im damaligen Großherzogtum Baden, dem Bau der ersten Eisenbahnstrecken und dem Entstehen der badischen Lokomotivindustrie erlebt der Leser die Entwicklungsgeschichte der Lokomotiven und Triebwagen mit. Neben der Beschreibung der einzelnen Gattungen geben Lieferlisten Auskunft über die Lebensdaten jedes Triebfahrzeugs, und die konstruktiven Merkmale informieren in Stichworten über technische Details und Besonderheiten. Ein ausführlicher Tabellenteil erfaßt die Hauptkenndaten aller zuvor beschriebenen Triebfahrzeuge.

transpress
VEB Verlag für Verkehrswesen
DDR – Berlin 1086

H. Lohr/G. Thielmann

Lokomotiv-Archiv Baden

1. Auflage
200 Seiten –
200 Abbildungen –
30 Seiten Tabellen
Pappband cellophaniert 01980 –
Ausland 32,00 M
Bestellangaben:
ISBN 3-344-00210-4
567 227 3 / Lok-Arch. Baden

Reisezug-
wagen
Archiv 1

Dieser Band der Reihe Eisenbahn-Fahrzeug-Archiv stellt alle Reisezugwagen vor, die bei den Privat- und Länderbahnen, bei der Deutschen Reichsbahn-Gesellschaft und der Deutschen Reichsbahn gelaufen sind bzw. heute noch im Dienst stehen.
Am Anfang jedes Zeitabschnitts wird die allgemeine Entwicklung dargestellt und auf Nummernpläne und andere Kennzeichnungen eingegangen. Es folgen die Kurzbeschreibungen ausgewählter Fahrzeuge, ergänzt durch bildliche Darstellungen und Maßskizzen. Dabei erscheinen die Reisezugwagen innerhalb der Gattung in chronologischer Reihenfolge. Die tabellarisch zusammengefaßten technischen Daten am Schluß des Bandes vervollständigen den Überblick über den Reisezugwagenpark von den Anfängen bis in unsere Tage.

P. Wagner/S. Wagner

Reisezugwagen-Archiv 1
Länderbahnen,
Deutsche Reichsbahn-
Gesellschaft
und Deutsche Reichsbahn

1. Auflage
Etwa 388 Seiten –
640 Abbildungen –
30 Seiten Tabellen
Pappband cellophaniert 03600 –
Ausland etwa 32,00 DM
Bestellangaben:
ISBN 3-344-00170-1
566 784 5 / Wagner, Archiv
Reisezugw. 1
erscheint 1989

transpress
VEB Verlag für Verkehrswesen
DDR – Berlin 1086